공공성의 사상적 기초
다름과 어울림

도서출판 윤성사 214
공공성의 사상적 기초
다름과 어울림

제1판 제1쇄 2024년 1월 2일

지 은 이 임의영
펴 낸 이 정재훈
꾸 민 이 (주)디자인뜰

펴 낸 곳 도서출판 윤성사
주　　소 서울특별시 용산구 효창원로 64길 10 백오빌딩 지하 1층
전　　화 대표번호_02)313-3814 / 영업부_02)313-3813 / 팩스_02)313-3812
전 자 우 편 yspublish@daum.net
등　　록 2017. 1. 23

ISBN 979-11-93058-18-3 (93350)
값 22,000원
© 임의영, 2024

지은이와의 협의에 따라 인지를 생략합니다.

이 책의 전부 또는 일부 내용을 재사용하려면 반드시 사전에 저작권자와 도서출판 윤성사의 동의를 받아야 합니다.

잘못 만들어진 책은 구입하신 서점에서 교환 가능합니다.

이 저서는 2020년 대한민국 교육부와 한국연구재단의 저술출판 지원사업의 지원을 받아 수행된 연구임 [NRF-2020S1A6A4041895]

공공성의 사상적 기초

다름과 어울림

임의영

머리말

연구자에게 자신의 문제의식이나 성향에 맞는 주제를 만나는 것은 큰 복이다. 그런 면에서 공공성과 만난 나는 연구자로서 적지 않은 복을 누리고 있는 셈이다. 공공성은 도전해 볼 만한 좋은 주제다. 돌이켜보면 오랜 시간 동안 내가 공공성에 대한 사상적 연구를 지속적으로 진행할 수 있었고, 게다가 나름대로 이렇게 책으로 출간할 수 있게 된 것은 많은 사람의 도움이 있었기에 가능한 일이라 생각된다.

이 책은 최근에 학문적 시민권을 획득한 공공성의 개념, 원리, 실천전략에 대한 체계적인 이론화 작업의 결실로서, 공공성 담론의 사상적 기반을 견고하게 구축하고, 신자유주의 패러다임에 의해 야기되고 있는 사회적 위기를 조망할 수 있는 개념적 자원을 발굴할 목적으로 저술했다.

따라서 이 책은 오늘날 신자유주의를 둘러싼 논쟁의 원형으로서 공공성과 깊은 관련이 있는 문명의 흐름, 정부의 공적 기능, 공론장, 평등, 자유, 책임 등과 관련된 사상적 입장의 다름과 어울림을 살펴봄으로써 신자유주의에서 비롯된 사회적 위기를 극복할 개념적 거울을 제공했다는 데 의의가 있다고 하겠다.

남의 원고를 읽어 준다는 것이 보통 부담스러운 일이 아니다. 그럼에도 불구하고 기꺼이 원고를 읽어 준 권향원 교수, 김희강 교수, 김천영 교수, 신희영 교수, 한승주 교수 그리고 박광표 박사와 박사과정의 이상호 선생에게 감사드린다. 이분들이 던진 한 마디 한 마디가 원고를 수정하는 데 큰 도움이 됐다. 그리고 2023년 한국행정학회 하계학술대회에서 원고를 발표할 수 있도록 세션을 만들어 준 김명환 교수와 세미나에서 사회와 토론에 참여해 준 신현중 교수, 김상묵 교수, 김태은 교수, 박치성 교수, 이영철 교수에게 감사드린다. 한국연구재단의 저술지원사업의 지원은 이 책을 내는 데 특히 큰 도움이 됐다. 이 사업에 채택된 덕분에 강제적으로 원고를 쓰게 된 것이 무엇보다도 고마운 일이다. 한국연구재단에 감사드린다.

공부하고 글을 쓰는 일은 힘든 일이다. 그럼에도 불구하고 마음의 평안을 유지하며 원

공공성의 사상적 기초
다름과 어울림

고를 작성할 수 있었던 것은 아내 김미애의 따뜻한 지원 덕분이다. 감사드린다.
    요즘 출판 시장이 매우 어렵다. 이 책은 대중성이 떨어지기 때문에 상업성을 기대할 수 없음에도 불구하고 흔쾌히 이 책을 출판해 준 윤성사의 정재훈 대표님과 꼼꼼하게 편집을 진행해 준 직원분들께 감사드린다.

2023년 12월
저자 **임의영**

목차

머리말 / 4

제1장 서론 · 13

| 제1절 | 문제의식과 목적 · 13
| 제2절 | 공공성의 의미 · 15
      1. 왜 공공성인가? / 15
      2. 공공성의 이념, 원리, 실천전략 / 22
| 제3절 | 책의 구성: 공-통-인 전략을 중심으로 · · · · · · · · · · · · · · 25

제2장 공공성의 문명사적 조망: 문명은 타락인가 진보인가? · · · · · · · 29
    – 장-자크 루소 대 애덤 스미스 –

| 제1절 | 들어가며: 공공성과 문명 · 29
| 제2절 | 다름 · 30
      1. 계몽주의: 계몽주의의 반항아 대 전형적 계몽주의자 / 30
      2. 상업사회: 타락 대 진보 / 36
| 제3절 | 어울림 · 53
      1. 공-전략의 행위 주체: 사회적 조화를 추구하는 주체적 시민 형성 / 53
      2. 통-전략의 절차적 측면: 민주주의의 혁신과 소통 능력의 향상 / 60
      3. 인-전략의 내용적 측면: 불의에 대한 사회적 책임 / 67
| 제4절 | 나가며: 신자유주의 비판 · 74

공공성의 사상적 기초
다름과 어울림

제3장 공—전략의 행위 주체 측면:
정부는 효율적이어야 하는가 민주적이어야 하는가? ·········· 77
— 허버트 사이먼 대 드와이트 왈도 —

| 제1절 | 들어가며: 공공성과 정부 ························· 77
| 제2절 | 다름 ··· 78
      1. 접근 방법: 과학적 접근 대 규범적 접근 / 80
      2. 이념: 효율성 대 민주성 / 87
| 제3절 | 어울림 ··· 96
      1. 왈도: 규범적 지향점으로서 공공성 / 97
      2. 사이먼: 공공성의 과학적 토대 / 98
| 제4절 | 나가며: 신자유주의의 정부관 비판 ················ 103

제4장 통—전략의 절차적 측면:
공론장은 화해의 공간인가 투쟁의 공간인가? ·········· 107
— 한나 아렌트 대 샹탈 무페 —

| 제1절 | 들어가며: 공공성과 공론장 ······················ 107
| 제2절 | 다름 ··· 109
      1. 이론적 기획: 공론장의 복원 대 창출 / 109
      2. 정치적인 것: 설득 대 경합 / 115
      3. 공론장의 본질: 화해 대 투쟁 / 122
| 제3절 | 어울림 ······································· 138
      1. 다원주의: 개인적 다원주의와 영역적 다원주의의 조화 / 138

목차

    2. 자유와 평등: 과정적 측면과 목적적 측면의 조화 / 140
    3. 조화의 의미 / 141
| 제4절 | 나가며: 신자유주의의 공론장에 대한 관념 비판 · · · · · · · · · 143

제5장 인-전략의 내용적 측면 I : 정의는 단순 평등인가 복합 평등인가? · · · · · · · · 145
– 존 롤스 대 마이클 왈저 –

| 제1절 | 들어가며: 공공성과 정의 · · · · · · · · · · · · · · · · · · 145
| 제2절 | 다름 · 147
    1. 입장: 정치적 자유주의 대 정치적 급진주의 / 147
    2. 방법론: 정치적 구성주의 대 해석과 사회 비판 / 154
    3. 정의론: 공정으로서 정의 대 다원주의적 정의 / 164
| 제3절 | 어울림 · 175
    1. 평등관 / 175
    2. 국가 권력의 공적 기능 강화 / 177
    3. 복지국가를 넘어서 / 178
| 제4절 | 나가며: 신자유주의의 정의관 비판 · · · · · · · · · · · · 180

제6장 인-전략의 내용적 측면 II : 자유는 소극적인 것인가 적극적인 것인가? · · · · · · · · 183
– 존 스튜어트 밀 대 카를 마르크스 –

공공성의 사상적 기초
다름과 어울림

| 제1절 | 들어가며: 공공성과 자유 · 183
| 제2절 | 다름 · 185
      1. 사상의 성격 / 185
      2. 자유: 소극적 자유 대 적극적 자유 / 198
| 제3절 | 어울림 · 224
      1. 비판과 자유: 계몽된 공중의 형성 / 224
      2. 권력과 자유: 주권적 인민의 형성 / 226
      3. 평등과 자유: 연대하는 공동체적 인간 형성 / 228
| 제4절 | 나가며: 신자유주의의 자유관 비판 · · · · · · · · · · · · · · 228

제7장 인-전략의 내용적 측면Ⅲ:
책임은 의무적인 것인가 목적적인 것인가? · · · · · · · · · · 232
– 이마누엘 칸트 대 한스 요나스 –

| 제1절 | 들어가며: 공공성과 책임 · 232
| 제2절 | 다름 · 234
      1. 철학적 기획 / 234
      2. 책임윤리: 의무론 대 목적론 / 244
| 제3절 | 어울림 · 261
      1. 인간의 유한성과 절제의 미덕 / 262
      2. 정치적 책임과 시민사회의 토론문화 / 265
| 제4절 | 나가며: 신자유주의의 책임관 비판 · · · · · · · · · · · · · · 268

목차

제8장 결론 · 271

| 제1절 | 공공성 담론의 전제 · 271
    1. 맥락 관련 공공성 담론의 전제 / 271
    2. 공-전략의 행위 주체 관련 공공성 담론의 전제 / 273
    3. 통-전략의 절차 관련 공공성 담론의 전제 / 274
    4. 인-전략의 내용 관련 공공성 담론의 전제 / 276
| 제2절 | 사상 연구를 위해 · 277

참고 문헌 / 279

찾아보기 / 292

공공성의 사상적 기초

다름과 어울림

공공성의 사상적 기초
다름과 어울림

제1장

서론

제1절_ 문제의식과 목적

　공공성은 최근에 학문적 시민권을 획득한 개념이다. 공공성은 사회정치적 논평이나 언론에서 흔하게 사용되는 용어였지만, 공공성의 개념, 원리, 실천전략에 대한 체계적인 이론화 작업은 최근에야 이뤄지기 시작했다. 일반적으로 공공성 담론이 등장하게 된 계기를 전 지구적 삶의 패러다임으로 작동하고 있는 신자유주의에서 찾는다. 20세기 후반부터 지금까지 시장과 경쟁의 원리를 본령으로 하는 신자유주의는 불평등을 더욱 심화하고 있으며, 소수의 부자와 권력자에게는 천국의 쾌락을 향유하게 하고, 그 이외의 다수에게는 지옥의 고통을 겪게 한다는 인식이 팽배해졌다. 세상을 불평등의 나락에서 구제할 수 있는 길을 찾는 과정에서 공공성이 대안적 개념으로 인식됐다. "공공성은 고립된 개인보다는 사회적 존재로서의 인간을 존재론적 토대로 삼아, 경쟁보다는 연대를 바탕으로 삶을 영위하는 실천적 방법을 개발해, 사회적 대립보다는 사회적 평화를 지향하는 공존의 상상력을 담아낼 수 있는 개념으로 인식되고 있다"(임의영, 2019a: 4). 공공성에 대한 연구가 꾸준히 증가하고 있음에도 불구하고, 공공성은 여전히 불투명하다. 용어 자체가 추상적이고 모호한 구석이 적지 않기 때문이다. 공공성에 대한 그동안의 연구는 개념적 연구가 주를 이루고 있으며, 사상적 연구는 취약한 편이다. 어느 학문 분야든 사상적 연구는 그 분야의 토대를 굳건히 하는 데 필수적이다. 공공성에 대한 사상적 연구는 공공성 담론의 토대를 굳건히 하고, 공공성의 의미를 풍요롭게 하는 데 도움이 될 것이다. 이 책은 신자유주의 패러다임이 지배하는 세상이 안고 있는 문제들을 극복해야 한다는 현실적 문제의식과 사상적 연구를 통해 공공성 담론의 토대를 좀 더 견고하게 구축해야 할 필요가 있다는 학문적 문제의식에서 구상된 것이다.

  이 책은 두 가지 목적을 추구한다. 첫 번째 목적은 공공성 담론의 사상적 기반을 견고하게 구축하는 것이다. 공공성 담론은 규범적 성격이 강하기 때문에 공공성에 대한 철학적이고 사상적인 연구가 충분히 이뤄질 필요가 있다. 특히 공공성 담론의 뿌리를 단단히 하고 새로운 이론을 발전시키는 데 다양한 사상가들의 사상은 엄청난 자원이 아닐 수 없다. 그러한 의미에서 공공성 담론의 깊이를 심화하고, 그 범위를 넓히는 데 사상적 연구는 필수적이라 하겠다. 이를 위해 이 책에서는 다름과 어울림의 관점에서 공공성의 사상적 지향을 비교한다. 나는 지난 20년 간 공공성에 초점을 맞춰 사상가들에 대한 개별적인 연구를 진행해 왔다. 사상가들의 선택은 일종의 연쇄고리처럼 이뤄졌다. 어떤 사상가를 연구하다 보면 그 사상가와 관련된 다른 사상가가 눈에 들어오게 된다. 그러면 그 사상가를 연구하고, 그 사상가와 관련된 또 다른 사상가가 눈에 들어오면 그 사상가를 연구하는 식이다. 그 과정에서 나는 자연스럽게 비교연구의 필요성을 느끼게 됐다. 비교 연구는 사상들의 다름을 통해 각각의 사상이 공공성에 대해 갖는 의미를 좀 더 분명하게 드러낼 수 있다는 점에서, 그리고 사상의 어울림을 통해 더 많은 공공성의 실현을 위한 가능성을 모색할 수 있다는 점에서 중요한 의미를 갖는다. 비교연구는 개별연구와는 다른 통찰을 제공한다.

  두 번째 목적은 신자유주의 패러다임에 의해 야기되고 있는 사회적 위기를 조망할 수 있는 개념적 자원을 발굴하는 것이다. 시장과 경쟁의 논리를 기조로 하는 신자유주의 패러다임은 정부의 공적 역할의 최소화, 공론장의 도구화, 불평등의 심화와 양극화, 정치적 자유의 상업적 자유로의 대체, 모든 책임의 개인화 그리고 궁극적으로는 인간 문명사의 비인간화를 야기할 가능성이 농후하다.

따라서 이 책은 오늘날 신자유주의를 둘러싼 논쟁의 원형으로서 문명의 흐름, 정부의 공적 기능, 공론장, 평등, 자유, 책임 등과 관련된 사상적 입장의 다름과 어울림을 살펴봄으로써 신자유주의에서 비롯된 사회적 위기를 극복할 수 있는 개념적 거울을 제공하는 데 초점을 맞춘다.

제2절_ 공공성의 의미

1 왜 공공성인가?

1) 난제: 공과 사의 조화

사람들이 함께 살면서 마주하게 되는 어려운 문제 가운데 하나가 바로 공(公)과 사(私)의 조화를 이루는 것이다. 공공성은 공과 사의 조화를 추구하는 원리다. 멸사봉공(滅私奉公)이나 선공후사(先公後私)와 같이 사를 억제하고 공을 우선시하는 것을 미덕으로 내세우는 것은 자칫 공공성의 진의를 왜곡할 수 있다. 공공성의 핵심은 '조화'다. 공을 추구하는 것이 곧 사를 추구하는 것이 되고, 사를 추구하는 것이 곧 공을 추구하는 것이 되는 공과 사의 완벽한 조화를 추구하는 것이 공공성의 이념이다. 공과 사의 관계는 다차원적이다.

첫째, 철학적 차원에서 공과 사의 관계는 보편성과 특수성의 관계로 드러난다. 모든 존재는 보편성과 특수성을 동시에 내포한다. 예를 들어 '나'라는 개인은 인간이 갖는 보편적 속성과 다른 사람들과는 다른 특수한 속성을 동시에 내포한다. 어떤 살인은 사람을 죽였다는 보편적 속성과 다른 살인과는 다른 살인의 동기와 방법이라는 특수한 속성을 동시에 내포한다. 보편성이 압도하면 특수성이 억압되고, 반대로 특수성이 압도하면 보편성이 무너지게 된다. 인간의 보편성이 압도하게 되면 나다움이 억압되고,

특수성이 압도하게 되면 인간다움이 무너질 수 있다. 살인의 보편성이 압도하게 되면 다양한 살인의 동기와 방법이 고려될 수 없으며, 특수성이 압도하게 되면 살인 자체의 무도함이 무시될 수 있다. 따라서 공과 사의 조화는 보편성과 특수성 간의 조화가 실현될 수 있을 때 가능하다.

둘째, 정치적 차원에서 공과 사의 관계는 공적 권위와 사적 자율의 관계로 드러난다. 정치는 권력 관계를 본질로 하는 현상이다. 권력 관계는 공적 권위와 사적 자율의 관계로 나타난다. 공적 권위는 정치공동체의 모든 구성원이 복종해야 하는 명령권을 말한다. 사적 자율은 정치공동체 구성원이 사적으로 자신의 의지에 따라 결정하고 책임을 지는 원리를 말한다. 공적 권위가 압도하게 되면 사적 자율이 억압되고, 사적 자율이 압도하게 되면 공적 권위가 무너진다. 예를 들어, 독재 체제에서는 공적 권위가 압도적이기 때문에 사적 자율이 억압된다. 무정부 상태는 사적 자율이 압도적이기 때문에 공적 권위가 무너진 상태를 말한다. 정치적 차원에서 공과 사의 조화는 공적 권위와 사적 자율 간의 조화가 실현될 수 있을 때 가능하다.

셋째, 경제적 차원에서 공과 사의 관계는 공익과 사익의 관계로 드러난다. 일반적으로 공익은 실체적인 것으로 또는 과정의 결과물로 이해된다. 실체적인 것으로서 공익은 사익의 합이거나 사익의 합을 초월하는 전체 이익이다. 이 경우에 공과 사의 조화는 개인의 이익과 전체 이익 간의 조화가 실현될 수 있을 때 가능하다. 과정의 결과물로서 공익은 공동체의 구성원들이 합의한 규칙에 따라 결정된 것을 말한다. 민주주의 체제에서는 다수결의 원칙에 따라 의사결정이 이뤄진다. 이 경우에 공과 사의 조화는 다수의 이익과 소수의 이익의 조화가 실현될 수 있을 때 가능하다.

넷째, 사회적 차원에서 공과 사의 관계는 사회와 개인의 관계로 드러난다. 개인 없이는 사회가 존재할 수 없으며, 사회 없이는 개인이 존재할 수 없다. 그러나 개인의 가치를 과도하게 강조하게 되면 사회적 관계의 가치가 무너지고, 반대로 사회의 가치를 과도하게 강조하게 되면 개인의 개별성이 억압돼 공과 사의 조화를 기대할 수 없다. 예를 들어, 개인들 간의 경쟁을 지나치게 강조하게 되면 개인들 간의 사회적 관계는 무너지게 된다. 사회적 동질화를 지나치게 강조하게 되면 개인의 개별성이 억압된다. 사회적으로 공과 사의 조화는 개인과 사회의 조화가 실현될 수 있을 때 가능하다.

다섯째, 제도적인 차원에서 공과 사의 관계는 정부와 시장의 관계로 드러난다. 정부와 시장의 관계를 바라보는 관점은 정부 주도 관점과 시장 주도 관점으로 분류된다. 정부 주도의 관점에서는 시장 실패를 명분으로 시장에 대한 정부의 간섭을 정당화한다. 그러나 정부의 지나친 간섭은 시장의 자율성을 억압함으로써 효율성을 오히려 떨어뜨릴 수 있다. 시장 주도의 관점에서는 정부 실패를 명분으로 시장의 완전한 자율을 정당화한다. 그러나 시장의 자율성을 지나치게 강화하면 독점과 불평등의 문제를 야기할 수 있다. 따라서 제도적 차원에서 공과 사의 조화는 정부의 간섭과 시장의 자율 간의 조화가 실현될 수 있을 때 가능하다.

공과 사는 존재론적으로 서로의 존재 근거다. 그럼에도 불구하고 공과 사의 조화는 이루기 어려운 문제로 보인다. 보편성과 특수성, 권위와 자율, 공익과 사익, 사회와 개인, 정부와 시장은 근본적으로 긴장 관계에 있기 때문에 우리가 기대하는 조화는 항상 불안정한 것일 수밖에 없다. 오늘날 공과 사의 조화를 어렵게 하는 근본적인 이유는 어디에 있는가? 사회마다 다양한 이유가 있을 것이다. 예를 들어, 한국 사회는 이념적으로는 반공주의, 성장제일주의, 신자유주의, 정치적으로는 민주주의 및 법치주의의 불완전성과 구조화된 부패, 행정적으로는 기업의 관리를 모델로 하는 신공공관리적 행정 개혁과 업무적 연고 관계를 토대로 하는 관피아, 경제적으로는 저성장의 일상화, 고용의 질 저하, 실업의 증대, 불평등과 양극화의 심화, 사회적으로는 인구 감소와 인구구조의 노령화, 수도권과 비수도권 간의 공간적 불평등과 지역 소멸, 가족주의와 연고주의, 미디어 환경의 변화, 환경·에너지 차원에서 지구온난화와 에너지 문제 등을 공과 사의 조화를 어렵게 하는 요인으로 지적할 수 있다.

사회적 차이를 넘어서 공통적으로 공과 사의 조화를 어렵게 하는 근본적인 이유는 불평등에서 찾을 수 있을 것이다(Stiglitz, 2012). 특히 전 지구적으로 신자유주의의 물결이 휩쓸고 간 자리는 불평등과 양극화의 씨앗이 무럭무럭 자랄 수 있는 비옥한 토양이 됐다. 불평등은 절대적인 것이면서 동시에 상대적인 것이기도 하다. 절대적 불평등은 가진 자의 마음에 오만의 씨앗을, 못 가진 자의 마음에 시기심의 씨앗을 심는다. 상대적 불평등은 더 많이 가진 자의 마음에 오만의 나무가, 더 적게 가진 자의 마음에 시기심의 나무가 자라게 한다. 오만과 시기심이 부딪힐 때 경쟁의 불꽃이 튄다. 오만과 시기심 그리고 경쟁은 무엇이 먼저랄 것도 없이 서로를 자극한다. 오만과 시기심 그리고 경쟁의 굴레에서 벗어나지 못하면 사람들은 괴물이 돼 갈 것이고, 결국은 지옥문 앞에 서서 "여기 들어오는 너희 온갖 희망을 버릴진저"[1]라는 푯말을 마주하게 될 것이다. 이렇게 공과 사의 조화라는 희망은 사라지게 될 것이다.

2) 신자유주의 이펙트

1980년대에 전 지구적 차원에서 신자유주의가 사회적 삶의 패러다임으로 자리를 잡기 시작한다. 신자유주의자들에게 권위 또는 명령을 기본 원리로 하는 정부는 뿌린 만큼 거둬들이지도 못하는 비효율적이고 무능하며 부패하기 쉬운 애물단지일 뿐이며, 교환과 경쟁을 기본 원리로 하는 시장은 자원이 효율적으로 분배되는 일종의 만능 기제다. 그래서 신자유주의자들은 사회의 중심축을 시장에 둬야 한다고 주장한다(Friedman, 1962, 1979; Hayek, 1944).

신자유주의는 개인, 자유, 경쟁, 시장을 핵심 원리로 한다. 세상에는 사회라는 것은 없고 오직 개인만이 있을 뿐이다. 사회는 눈에 보이지 않는 허구일 뿐이고 눈에 보이는 실제적인 것은 개인뿐이다. 사람들이 추구해야 하는 최고의 가치는 자유다. 자유는 남에게 해를 끼치지 않는 범위 안에서 자신의 의지대로 행동하는 것이다. 자유의 조건은 남이 나에게 간섭하지 않는 것이며, 내가 남에게 간섭하지 않는 것이다. 자유는 간섭이 없는 상태를 말한다. 경쟁은 가치나 자원의 희소성을 가정한다. 가치나 자원은 사람들 모두가 필요로 하는 것이다. 모든 사람에게 기회를 균등하게 주고 일한 만큼 자기 몫을 가져가게 하는 것이 공정하다. 기회 균등과 실적주의는 희소한 자원을 공정하게 분배하는 기본 원리다. 시장은 개인들이 선택과 경쟁을 통해 가치와 자원을 추구하는 자유의 공간이다. 개인의 자유를 증대하기 위해서는 시장을 확대하는 것이 바람직하다. 정부가 시장에 간섭하는 것은 개인의 자유와 재산을 훼손하는 매우 위험스런 행위로 치부된다.

신자유주의의 핵심적인 실천 원리는 탈규제, 민영화, 시장화다. 탈규제는 민간 영역에 대한 정부의 간섭을 최소화하는 것이다. 이는 기능적으로 정부의 역할을 축소하는 것이다. 민영화는 정부나 공공기관이 하던 일을 기업이나 시민단체에 넘기는 것이

---

1) 단테, 2020, 『단테의 신곡』, 최민순 옮김, 서울: 카톨릭출판사, 62쪽(지옥편 3곡 7절).

다. 이는 조직적으로 정부의 규모를 축소하는 것이다. 시장화는 이윤 추구를 위한 상업적 활동의 영역을 사회의 전 영역—특히 교육, 복지, 보건, 환경 영역—으로 확대하는 것이다. 이러한 실천 원리가 지향하는 것은 개인의 권리를 보호하기 위해 고전적 자유주의가 지향했던 '작고 약한 정부'와 달리 '작지만 강한 정부'다. 이는 정부의 규모와 간섭은 최소화하되, 시장 질서를 세우는 데는 강력하게 개입한다는 것이다.

신자유주의자들이 주장하는 것처럼 신자유주의는 최적의 자원 배분을 통해 인류의 안녕과 번영을 약속하는 유토피아적 기획이라고 할 수 있을까? 전 지구적 차원에서 신자유주의의 원리가 지배적인 원리로 작동한 지난 40여 년간의 변화를 한마디로 표현한다면, 그것은 바로 '불평등의 심화' 또는 '양극화'라고 하겠다. '20 대 80 사회'나 '1 대 99'는 불평등을 단적으로 표현하는 상징적 기호가 됐다(Martin & Schumann, 1997; Reich, 2012). 이제 부(富)가 자유, 교육, 명예, 권력, 건강, 안전 등과 같은 다른 모든 가치의 분배를 결정하는 시대가 됐다. "오, 금! 휘황찬란한 황금이여! 이것만 있으면 검은 것도 희게, 추한 것도 아름답게, 틀린 것도 옳게, 천한 것도 귀하게, 늙은이도 젊게, 겁쟁이도 용감하게 만들 수 있다."[2] 또한 부가 세습되는 시대가 됐다. 계층 이동이라는 말은 한물간 사회학적 용어가 됐다. 그래서 신자유주의를 비판하는 사람들은 실적주의와 기회 균등에 드리워진 세습의 그림자를 보고, 작금의 자본주의를 세습자본주의라 부른다(Piketty, 2014; Sandel, 2020). 세습자본주의는 불평등의 대물림을 의미한다. 불평등은 공과 사의 조화를 어렵게 하는 근본적인 원인이다. 신자유주의는 불평등의 대물림을 구조화함으로써 공과 사의 조화라는 난제를 더욱더 어렵게 만들고 있다.

신자유주의 이펙트(effect)를 세분화해서 보자.

첫째, 정부의 규모와 기능이 축소되고, 시장의 범위와 기능이 확대되고 있다. 경제학 교과서에 따르면, 시장은 완전한 자유 경쟁의 조건 속에서 수요와 공급의 법칙에 의해 교환이 이뤄지는 공간이다. 그런데 실제로 시장을 주도하는 것은 기업이다(Lindblom, 2002). 시장의 확대는 곧 기업의 활동 범위와 자율권의 확대를 의미한다.

---

[2] W. Shakespeare. 2008. *The Life of Timon of Athens*. Cambridge/ New York: Cambridge University Press. 56-57쪽(4막 3장).

이는 불평등의 제도적 결과이자 원인으로 작용한다.

둘째, 불평등의 심화는 정치적 의사결정 과정에 왜곡을 가져온다. 실질적으로 의사결정을 주도하는 세력은 일반 국민보다는 기업 또는 대자본이다. 따라서 민주적 절차를 통해 만들어지는 정책이 기업 또는 있는 자들에게 유리한 것일 수밖에 없다. 이처럼 민주주의가 자본에 의해 관리되고 있다(Wolin, 2008).

셋째, 불평등은 궁극적으로 자원의 정의로운 분배를 왜곡한다. 재분배는 가진 자에게서 못 가진 자에게 자원을 이전하는 것이 아니라 못 가진 자에게서 가진 자에게 자원을 이전하는 것으로 전도된다(Harvey, 2007). '빈익빈 부익부(貧益貧富益富)'가 자연법칙으로 치부된다. 한마디로 신자유주의 이펙트는 정부의 공적 기능 약화, 민주주의의 형식화, 정의의 타락이다.

3) 담론 투쟁의 길

전 지구적으로 사회적 삶의 지배적인 실천 원리로 작용하고 있는 신자유주의를 합리화하고 유포하는 담론이 헤게모니 담론으로서 자리를 잡고 있다. 헤게모니 담론은 한마디로 상식적인 담론을 말한다. 개인, 자유, 경쟁, 시장, 탈규제, 민영화, 시장화가 인류의 번영에 이바지할 것이라는 주장을 담은 담론이 당연한 상식으로 받아들여지고 있다. 1997년 아시아의 경제 위기, 2008년 미국 발 세계 경제 위기는 신자유주의의 실패로 인식되고 있다. 경제 위기는 결국 그 위기의 장본인이라고 할 수 있는 가진 자에게 새로운 기회의 창을 열어 줬고, 못 가진 자에게는 더 큰 절망을 안겨 줬다. 불평등을 강화하는 빈익빈 부익부의 법칙이 잔인하게 작동한 것이다(Harvey, 2005, 2007; Klein, 2007). 신자유주의가 불평등을 해소할 수 없다는 인식이 팽배하면서 신자유주의의 대안을 찾기 위한 노력이 시도되고 있다. 그러나 그러한 노력이 실질적인 효과를 얻기는 매우 어려운 상황이다. 그 이유는 실패한 신자유주의로부터 여전히 이익을 챙기는 세력, 즉 자본 세력이 전환을 달가워하지 않기 때문이다. 자본 세력에게 신자유주의는 여전히 성공적인 것이다(Crouch, 2011). 자본 세력이 신자유주의를 지지하는 한 그것을 넘어서려는 노력이 무망해 보이고 냉소주의가 확산될 가능성이 크다. 냉소주의는 해봤자 소용없다는 의식과 태도로서 세련돼 보이지만 위험한 패배주의의 변형일 뿐이다(Sloterdijk, 1983). 신자유주의적 자본주의는 지속적으로 그리고 반복적으로 경제 위기를 유발할 것이다. 위기는 지속적으로 그리고 반복적으로 가진 자에게 새로운 기회의 창을 열어 줄 것이고, 못 가진 자에게는 더 큰 절망을 안겨 줄 것이다. 냉소주의는 이러한 악순환의 늪에 사람들이 더 깊이 빠져들게 할 뿐이다.

나는 우리가 아이러니스트(ironist)가 될 필요가 있다고 생각한다. 실패할지라도 마치 성공할 수 있을 것처럼 계속 시도하자는 것이다. 신이 시시포스(Sisyphus)에게 내린 형벌은 계속되는 실패를 경험해야 하는 고통을 맛보게 하는 것이지만, 역설적이게도 포기하지 않고 계속 바위를 밀어 올리는 시시포스가 신에게 오히려 위협적이고 모욕적이지 않을까? 아이러니스트는 시시포스가 보여 준 '소극적인 저항'을 시도하는 자다(Camus, 2003; Rorty, 1989). 소극적 저항의 출발점은 담론 투쟁이다. 담론 투쟁은 헤게모니 담론에 대한 대항 담론 또는 반(反)헤게모니 담론을 개발하고 유포하는 것이다. 이를 통해 기존의 헤게모니 담론을 무너뜨리고 대항 담론이 헤게모니를 쟁취하게 하는 것이다(Mouffe, 2005, 2007). 공공성 담론은 신자유주의에 대한 대항 담론으로 주목받고 있다. 사람들은 개인보다는 사회 또는 사회보다는 개인이 아니라 개인과 사회의 조화, 자유보다는 평등 또는 평등보다는 자유가 아니라 자유와 평등의 조화, 경쟁보다는 협력 또는 협력보다는 경쟁이 아니라 경쟁과 협력의 조화, 시장보다는 정부 또는 정부보다는 시장이 아니라 시장과 정부의 조화를 추구하는 공공성 개념에서 신자유주의 담론을 넘어설 수 있는 새로운 길을 찾을 수 있을 것이라는 기대를 담고 있다.

조화를 추구하는 공공성 담론은 일부는 승자가 되고 일부는 패자가 되는 길이 아니라 모두가 승자가 되는 공존공영의 길을 추구해야 한다. 이를 위해 공공성 담론은 "결코 딱딱하게 굳어지지 않는 마음, 결코 지치지 않는 성격, 결코 상처를 주지 않는 손길"[3]을 장려하는 것이 돼야 한다. 자신에게 미움과 분노를 일으키는 사람들에게조차도 결코 딱딱하게 굳어지지 않는 마음, 그러한 사람들로 인해 지속적으로 시험에 빠지더라도 결코 지치지 않는 성격, 적대적인 사람들에게조차도 결코 상처를 주지 않고 위안과 도움을 주는 손길 말이다.

---

3) C. Dickens. 1971. *Our Mutual Friend*. Harmondsworth: Penguin. 498쪽(3권 2장).

❷ 공공성의 이념, 원리, 실천전략

1) 이념과 원리

공공성의 이념은 공과 사의 조화다. 우리가 당면하고 있는 문제를 중심으로 고찰해 보면, 공공성의 이념을 실현하기 위해서는 행위 주체 측면에서는 다양한 행위 주체의 공적 기능을 강화하고, 절차적 측면에서는 형식적인 민주주의를 실질적인 민주주의로 개혁하며, 내용적 측면에서는 진정한 의미에서 정의의 가치를 실현하는 데 주목할 필요가 있다. 따라서 공공성의 이념과 원리는 다음과 같이 정의할 수 있다(임의영, 2003a, 2010b, 2018, 2019a).

- 공공성의 이념은 공과 사의 조화다.
- 공공성의 원리는 공동체의 행위 주체가 민주적 절차를 통해 정의의 가치를 실현하는 것이다. 단, 절차와 내용은 변증법적인 관계에 있다.

첫째, 공동체는 전 지구적 차원, 지역적 차원, 국가적 차원, 지방적 차원의 공동체를 의미한다. 일반적으로 사람들이 강한 소속감을 갖는 공동체는 국가적·지방적 차원의 공동체다.

둘째, 공공성의 행위 주체는 좁은 의미에서는 정부, 공공기관 등의 공공 부문과 공무원을 필두로 하는 공공 부문의 종사자들이 해당된다. 넓은 의미에서는 공적 활동에 참여하는 국민 또는 인민, 공익을 추구하는 결사체(정당, 시민단체, 종교단체, 사회적 기업, 조합 등), 심지어는 사회적 책임을 이행하는 기업도 행위 주체에 포함될 수 있다. 다양한 행위 주체가 존재하기는 하지만 특히 광범위하게 영향력을 행사하는 정부의 역할이 특히 중요하다.

셋째, 공공성의 절차적 측면에서는 의사결정 기제로서 민주주의에 초점을 맞춘다. 규범적으로 민주주의는 인민 주권의 원칙을 토대로 하며, 주권자들의 자유와 평등을 전제 조건으로 한다. 의사결정 기제로서 민주주의는 이러한 원칙과 조건을 충분하게 실현할 수 있도록 제도화되고 운영돼야 한다. 민주적 절차와 관련된 규범이나 원리로는 공개성, 개방성, 대표성, 참여, 토의 및 숙의, 공론장, 다양성, 관용, 포용, 공감, 비판성 등을 고려할 필요가 있다.

넷째, 공공성의 내용적 측면에서는 정의의 가치에 초점을 맞춘다. 정의는 일반적으로 유형, 무형의 재화를 분배하는 문제와 관련된다. 즉, 사람들에게 합당한 자기 몫을 분배하는 데 초점을 맞춘다. 자기 몫을 분배하는 기준과 방법은 다양하다. 그러므로 정의는 논쟁적인 문제라고 할 수 있다. 내용적 측면에서 가치 배분에 초점을 맞추는 정의와 관련된 규범으로 안전, 자유, 평등, 공익, 책임, 신뢰, 공공재, 공유, 공정성, 형평성, 인권 등을 고려할 필요가 있다.

다섯째, 민주적 절차와 정의의 가치가 변증법적인 관계에 있다는 점에 주목할 필요가 있다. 민주적 절차를 통해 결정된 것이라고 해서 항상 정의로운 것은 아니다. 민주적 절차에 따라 결정된 것이 민주주의를 배반할 수도 있고, 정의의 가치를 훼손할 수도 있다. 전자는 민주적 선거를 통해 전제적인 리더가 선출되는 경우를 그 예로 들 수 있다. 후자는 민주적 절차를 통해 누진세를 완화하고 간접세를 인상함으로써 있는 자에게 유리한 입법을 하는 경우를 그 예로 들 수 있다. 거꾸로 정의로운 분배 방식을 알고 있는 천사의 독재는 허용해도 되는가? 그렇지 않다. 이는 사람들의 자율성을 훼손하게 된다. 장기적으로 사람들은 스스로 생각하는 능력과 자율적인 선택 능력을 상실하게 된다. 아무리 선의의 지배가 이뤄진다고 하더라도 지배와 피지배라는 사회구조가 존재하는 한 왜곡이 발생하기 나름이다. "다스리는 자와 다스림을 받는 자가 다 함께 그들을 가두고 있는 울타리에 대한 깊은 각성에 도달하지 못하는 한, 다스리는 자는 결국 그의 무리를 일방적으로 조작해 나가게 마련이며, 다스림을 당하는 자들 또한 다스리는 자의 뜻을 재빨리 수락하고 그것에 봉사해 나갈 수밖에 없게 된다는 말씀입니다."[4] 어떤 선택이 민주적 절차를 통과한 것이라 하더라도 정의의 관념에 반하는 것이라면 공공성의 이념을 실현한 것이라고 할 수 없다. 거꾸로 선택의 내용이 정의의 관념에 비춰 타당한 것이라 하더라도 민주적 절차를 거친 것이 아니라면 공공성을 실현한 것이라고 볼 수 없다. 공공성은 민주적 절차와 정의의 가치를 동시에 실현하는 것이어야 한다.

---

4) 이청준, 2020. 『당신들의 천국』. 서울: 문학과지성사. 476쪽.

2) 실천전략: 공—통—인(共—通—仁) 전략

신자유주의와의 대결 구도 속에서 공공성의 실천전략은 존재론, 인식론, 윤리론의 측면에서 구상할 수 있다(임의영, 2017a, 2019a).

첫째, 존재론적 측면에서 신자유주의는 인간과 자연의 대립, 개인과 사회의 대립을 전제로 인간의 본성을 찾는다. 인간은 분리된 독자적 개인이라는 것이다. 공공성은 자연은 인간의 본성을 이루며, 사회는 개인의 본성을 이룬다고 본다. 신자유주의가 분리의 존재론이라면, 공공성은 관계의 존재론이라고 할 수 있다. 관계의 존재론에서는 인간이 자연과 조화를 이루고, 개인들이 연대하며 평화를 이루는 전략이 도출될 수 있다. 이것을 공(共)-전략이라고 한다. 공-전략은 인간과 자연의 공생, 사회적 연대와 공동체적 삶의 가능성, 사회 조정 기제로서 적절한 거버넌스 양식을 모색하는 데 초점을 맞춘다.

둘째, 인식론적 측면에서 신자유주의는 도구적 가치의 관점에서 대상을 인식한다. 인간은 이용의 대상으로, 자연은 착취의 대상으로 인식된다. 공공성은 목적적 가치의 관점에서 대상을 인식한다. 인간은 자율적 존재로, 자연은 공존의 대상으로 인식된다. 신자유주의는 도구적 인식론을, 공공성은 목적적 인식론을 토대로 한다. 목적적 인식론에서는 사람들이 다른 사람들과 인격적 소통을 통해 공감을 나누고, 자연과는 생태친화적인 교류의 가능성을 증대시키는 전략이 도출될 수 있다. 이것을 통(通)-전략이라고 한다. 통-전략은 사회적 의견이 효율적으로 교환될 수 있는 다양한 공론장 형태의 구상과 공론장을 토대로 하는 민주주의의 활성화에 초점을 맞춘다.

셋째, 윤리론적 측면에서 신자유주의는 전적으로 개인에게 책임을 묻는다. 개인이 처한 상황이 자신의 인생 전망을 실현하는 데 유리한 것이건 불리한 것이건, 그 상황에서 이뤄진 선택의 모든 결과에 대해서는 바로 그 개인이 책임을 져야 한다는 것이다. 공공성은 사회구조, 상황 변화, 미래와 같이 개인이 통제할 수 없는 영역이 존재하기 때문에 개인에게 전적으로 책임을 물을 수 있는 영역이 제한적이라는 점을 강조한다. 신자유주의는 개인적 책임론을, 공공성은 공유적 책임론을 강조한다. 공유적 책임론에서는 사회적 불의와 생태계의 파괴에 대해 사람들이 적극적으로 함께 대응하는 전략이 도출될 수 있다. 이것을 인(仁)-전략이라고 한다. 인-전략은 재분배를 통해 불평등을 완화함으로써 진정한 자유를 실현하고, 인간과 자연의 지속가능성을 강화하는 책임을 사람들로 하여금 공유하게 하는 데 초점을 맞춘다.

공-전략, 통-전략, 인-전략은 별개의 것이 아니다. 세 개의 전략은 상호의존적인 관계에 있다. 그래서 공공성의 실천전략을 '공-통-인(共-通-仁) 전략'이라고 명명한다. 지금까지 약술한 공공성의 이념과 원리 및 실천전략을 포함하는 공공성의 개념도는 [그림 1-1]과 같다.

이념	공과 사의 조화		
원리	공동체의 행위 주체가 민주적 절차를 통해 정의의 가치 추구		
실천전략	공(共)-전략	통(通)-전략	인(仁)-전략
토대	관계적 존재론	목적적 인식론	공유적 책임론
요소	행위 주체	절차: 민주주의	내용: 정의의 가치
	정부 및 공공기관, 공무원, 국민, 공익적 결사체 (정당, 시민단체, 종교단체, 사회적 기업 및 협동조합 등)	공개성, 개방성, 대표성, 참여, 토의 및 숙의, 다양성, 관용, 포용, 공감, 공론장	정의, 안전, 자유, 평등, 공익, 신뢰, 공공재, 공유, 공정성, 형평성, 인권, 평화, 지속가능성 등
전략 목표	공생, 연대 협력적 거버넌스	민주주의의 대표성 강화 공론장의 활성화	불평등 완화 지속가능성 강화

[그림 1-1] 공공성 개념도

제3절_ 책의 구성: 공-통-인 전략을 중심으로

이 책의 내용은 공공성의 원리와 공-통-인 전략을 준거로 구성한다.

첫째, 공공성은 문명과 깊은 관련이 있다. 그러므로 공-통-인 전략은 장기적이고 거시적인 문명의 궤도 위에서 구상되고 실행돼야 한다. 문명에 관한 쟁점들 가운데 하나는 "문명은 타락인가 진보인가?" 하는 것이다. 근대 및 현대 문명에 관한 논의는 주로 자본주의 체제의 발달이 갖는 의미에 초점을 맞춘다. 오늘날 이뤄지고 있는 자본주의 체제의 명암에 대한 논의의 원형은 18세기 계몽주의 시대 지식인들의 상업사회에 대한 논의에서 찾아볼 수 있다. 당대의 지식인들은 자본주의 사회가 아니라 상업사회라는 용어를 사용했다. 상업사회에 대한 논의는 인간의 타락을 경고하면서 대안 사회를 추구하는 흐름과 인간의 진보를 기대하면서 상업사회 안에서 개선을 시도하는 흐름으로 나뉜다. 전자를 대표하는 이론가로는 장-자크 루소(Jean-Jacques Rousseau, 1712~1778)가 있고, 후자를 대표하는 이론가로는 애덤 스미스(Adam Smith, 1723~1790)가 있다. 따라서 제2장에서는 문명, 즉 상업사회와 관련해 루소와 스미스의 다름과 어울림에 대해 논의한다. 이 논의는 「공공성의 도덕철학적 기초: A. Smith의 공감을 중심으로」(2019b), 「공공성의 정치철학적 기초: J.J. Rousseau의 문명관과 일반의지를 중심으로」(2020) 등을 토대로 해서 이뤄진다.

둘째, 공-전략의 영역에서는 공공성의 행위 주체로서 가장 큰 영향력을 행사하는 정부와 관련된 사상을 다룬다. 정부와 관련해서 가장 논쟁적인 문제는 "정부는 효율적이어야 하는가 민주적이어야 하는가?"하는 것이다. 정부에 대한 규범적 입장은 투입 대비 산출의 극대화를 의미하는 효율성을 강조하는 흐름과 인민 주권과 자유와 평등을 토대로 하는 민주성을 강조하는 흐름으로 나뉜다. 전자를 대표하는 이론가로는 허버트 사이먼(Herbert A. Simon, 1916~2001)이 있고, 후자를 대표하는 이론가로는 드와이트 왈도(Dwight Waldo, 1913~2000)가 있다. 따라서 제3장에서는 정부에 대한 규범적 지향과 관련해 사이먼과 왈도의 다름과 어울림에 대해 논의한다. 이 논의는 「행정학의 규범적 논의의 형성 계기로서 왈도의 정체성 위기론에 관한 일 고찰」(1994), 「Dwight Waldo의 행정학과 관료제 다시 보기」(2012), 「Herbert A. Simon의 인간관 고찰」(1988), 「합리성의 행정철학적 논의 구조와 H.A. Simon의 합리성 개념」(2006), 「H.A. Simon의 제한된 합리성과 행정학」(2014) 등을 토대로 해서 이뤄진다.

셋째, 통-전략의 영역에서는 공공성 실현의 핵심적인 기제인 공론장과 관련된 사상을 중점적으로 다룬다. 공론장과 관련해 논쟁적인 문제 가운데 하나는 "공론장은 화해의 공간인가 투쟁의 공간인가?" 하는 것이다. 공론장에 관한 논의는 이성적 논변과 설득을 통해 합의 또는 화해가 이뤄지는 공간으로 보는 흐름과 사회 세력 간의 담론 투쟁이 이뤄지는 공간으로 보는 흐름으로 나뉜다. 전자를 대표하는 이론가로는 한나 아렌트(Hannah Arendt, 1906~1975)가 있고, 후자를 대표하는 이론가로는 샹탈 무페(Chantal Mouffe, 1943~)가 있다. 따라서 제4장에서는 공론장의 성격과 관련해 아렌트와 무페의 다름과 어울림에 대해 논의한다. 이 논의는 『한나 아렌트의 공공영역과 행정』(공저, 2014), 「경합공간으로서 공론영역과 행정: C. Mouffe의 급진민주주의를 중심으로」(2015a) 등을 토대로 해서 이뤄진다.

넷째, 인-전략의 영역에서는 공공성의 내용적 가치로서 정의, 자유, 책임과 관련된 사상들을 중점적으로 다룬다. 공공성이 추구하는 가치로서 정의는 공정한 분배에 초점을 맞춘다. 그래서 정의의 문제는 평등을 중심축으로 해서 논의된다. 정의에 관한 쟁점 가운데 하나는 "정의는 단순 평등인가 복합 평등인가?" 하는 것이다. 정의에 관한 논의는 가치를 분배하는 거대한 하나의 원칙을 모색하고 정당화하는 흐름과 가치의 성격에 따라 맞춤형 분배 원칙을 모색하고 정당화하는 흐름으로 나뉜다. 전자를 대표하는 이론가로는 존 롤스(John Rawls, 1921~2002)가 있고, 후자를 대표하는 이론가로는 마이클 왈저(Michael Walzer, 1935)가 있다. 따라서 제5장에서는 정의와 관련해 롤스와 왈저의 다름과 어울림에 대해 논의한다. 이 논의는 「신행정학의 규범적 가치로서 사회적 형평성: 민주주의의 기본 원리에 기초한 정치철학적 비판」(1994), 「사회적 형평성의 개념적 심화를 위한 정의론의 비교연구: Rawls에 대한 Nozick, Walzer, Young의 비판적 논의를 중심으로」(2003b), 「사회적 형평성의 정의론적 논거 모색: M. Walzer의 다원주의적 정의론을 중심으로」(2009), 『형평과 정의』(2011) 등을 토대로 해서 이뤄진다.

공공성이 추구하는 궁극적인 가치는 자유라고 할 수 있다. 안전이나 평등은 자유를 위한 조건이라고 할 수 있다. 자유에 관한 쟁점 가운데 하나는 "자유는 소극적인 것인가 적극적인 것인가?" 하는 것이다. 자유에 관한 논의는 간섭이 없는 상태를 자유로 규정하는 흐름과 행위자가 주도적으로 원하는 것을 행하는 상태를 자유로 규정하는 흐름으로 나뉜다. 전자를 대표하는 이론가로는 존 스튜어트 밀(John S. Mill, 1806~1873)이 있고, 후자를 대표하는 이론가로는 카를 마르크스(Karl Marx, 1818~1883)가 있다. 따라서 제6장에서는 자유와 관련해 밀과 마르크스의 다름과 어울림에 대해 논의한다. 이 논의는 「공공성의 사상적 기초: J.S. Mill의 공과 사의 조화

논리를 중심으로」(2021a), 「공공가치의 윤리적 기초: I. Kant의 의무론과 J.S. Mill의 목적론을 중심으로」(2021b), 「공공성의 사상적 기초: K. Marx의 소외론을 중심으로」(2023) 등을 토대로 해서 이뤄진다.

공공성이 추구하는 가치로서 책임은 사회적 신뢰와 연대 그리고 인간과 자연의 공존을 이루는 데 매우 중요한 의미를 갖는다. 책임에 관한 쟁점들 가운데 하나는 "책임은 의무적인 것인가 목적적인 것인가?" 하는 것이다. 책임에 관한 논의는 보편적인 도덕 법칙에 대한 의무를 강조하는 흐름과 시공간적 맥락에 초점을 맞춰 행위의 목적을 강조하는 흐름이 있다. 전자를 대표하는 이론가로는 이마누엘 칸트(Immanuel Kant, 1724~1804)가 있고, 후자를 대표하는 이론가로는 한스 요나스(Hans Jonas, 1903~1993)가 있다. 따라서 제7장에서는 책임과 관련해 칸트와 요나스의 다름과 어울림에 대해 논의한다. 이 논의는 「공공성의 윤리적 토대: Hans Jonas의 책임윤리를 중심으로」(2017b), 「공공가치의 윤리적 기초: I. Kant의 의무론과 J.S. Mill의 목적론을 중심으로」(2021b), 「공공성의 철학적 기초: I. Kant의 사상을 중심으로」(2022) 등을 토대로 해서 이뤄진다.

제2장

공공성의 문명사적 조망

문명은 타락인가 진보인가?
- 장-자크 루소 대 애덤 스미스 -

제1절_ 들어가며: 공공성과 문명

신자유주의는 20세기 말부터 현재에 이르기까지 전 지구적 삶을 지배하는 패러다임이라고 할 수 있다. 시장과 자유 경쟁을 강조하는 신자유주의는 불평등이라는 사회적 악을 생산하는 데 전례 없는 생산력을 보이고 있다. 그러다 보니 신자유주의를 둘러싼 논쟁이 그치질 않고 있다. 공공성 담론은 신자유주의에 대항하는 대표적인 담론이라고 하겠다. 오늘날 신자유주의를 둘러싼 논쟁의 원형은 18세기 장-자크 루소의 상업사회 비판론과 애덤 스미스의 상업사회 옹호론에서 찾아볼 수 있다. 루소는 문명사적으로 상업사회가 인간의 본성을 타락시키고 있다고 본다. 그래서 그는 상업사회를 넘어선 세상, 즉 평등한 사회계약을 통한 새로운 사회의 건설을 제안한다. 스미스는 상업사회가 안고 있는 문제들을 인식하면서도 이전의 사회에 견줘 진보했다는 점을 부각시킨다. 그래서 그는 상업사회 안에서 공감에 기초한 정의로운 사회 질서의 건설을 제안한다. 이들은 이러한 입장의 차이에도 불구하고 상업사회의 불평등이 인간의 행복을 위협하고 있다는 문제의식을 공유한다. 이러한 문제의식은 오늘날 공공성 담론이 등장하게 된 결정적인 계기다. 그런 점에서 18세기 상업사회에 대한 논쟁은 공공성 담론이 지향해야 할 바를 숙의하는 데 유의미한 길잡이가 될 수 있을 것이다.

이 장에서는 루소와 스미스의 주의주장을 계몽주의와 상업사회에 대한 입장의 차이를 중심으로 살펴본다. 다음으로 공-전략의 행위 주체 측면에서 인간, 통-전략의 절차적 측면에서 민주주의, 인-전략의 내용적 측면에서 정의 관념 등을 통해 이들이 어울릴 수 있는 가능성을 살펴본다.[1]

제2절_ 다름

■ 계몽주의: 계몽주의의 반항아 대 전형적인 계몽주의자

루소와 스미스는 동시대 인물로 계몽주의 시대를 다른 방식으로 살았다. 루소는 계몽주의가 추구하는 진보의 위선을 집요하게 비판하면서 파란만장한 삶을 살았던 계몽주의의 반항아였다. 반면 스미스는 학자로서 스코틀랜드 계몽주의를 선도하면서 진보의 희망을 설파한 전형적인 계몽주의자였다.

1) 루소: 계몽주의의 반항아

루소는 파란만장한 삶을 살았다. 당대의 유럽인들은 루소에 열광하기도 했고, 그를 악마시하기도 했다. 말년에 루소는 자신의 처지를 이렇게 묘사했다. "이제 나는 이 지상에 혼자다. 오직 나 자신뿐, 형제도 이웃도 친구도 사교도 없다. 세상에서 가장 원

---

1) 인용은 다음과 같은 약어를 사용한다. 루소 2005: 폴란드, 2007a: 산에서, 2007b: 몽상, 2007c: 학문, 2008: 신엘로이즈, 2012a: 고백, 2012b: 대화, 2014a: 보몽, 2014b: 에밀, 2015a: 계약, 2015b: 정치경제, 2018: 불평등 / 스미스 1976: 도덕, 1978: 법, 1980a: 천문학, 1981: 국부.

만하고 애정이 넘치는 한 사람이 이렇게 그들에게서 만장일치로 추방됐다"(몽상: 23). 어떻게 해서 루소는 이러한 상황에 처하게 된 것일까?

첫째, 루소는 철저하게 자유로운 삶을 추구했다. 그의 자유 관념은 기본적으로 원하지 않는 것을 하지 않는 것이다(몽상: 127). 그는 '예속이라면 어떤 것이든 죽기보다 싫어하는 성격'의 소유자였다(고백Ⅰ: 184). "내 정신은 자신의 리듬에 따라 움직이려 하며, 타인의 리듬에 복종할 수가 없는 것이다"(고백Ⅰ: 190). 루소는 루소일 뿐이다. "오직 나뿐이다. … 나는 다르다. 자연은 나를 주조했던 거푸집을 깨뜨려 버렸다"(고백Ⅰ: 12). 그에게 자유는 자연이 그에게 선물한 개성을 실현하는 유일한 길이다. 그에게 구속과 예속은 자연에 거스르는 것이다. 그렇다면 루소에게 구속은 무엇을 의미하는가? 그것은 자신이 원하지 않는 것을 하게 하거나 하게 할 가능성이 있는 것 일체를 말한다. 루소는 의무와 책임이 수반되는 사회적 관계를 형성하는 것 자체를 회피하려고 했다. 그는 주위 사람들이 베푸는 선의마저도 받아들이려고 하지 않았다. 선의라 하더라도 의무감을 불러일으키기 때문이다. 그러다 보니 사람들로부터 오해를 받을 수밖에 없었다. 또한 그는 사람들이 '완전히 가면 속에 있는'(에밀 Ⅱ: 52) 사교계의 풍습과 여론의 구속으로부터 벗어나기 위한 '자기개혁'을 감행한다(고백Ⅱ: 148-149). 그는 사람들이 일반적으로 당연하게 생각하는 삶의 방식을 거부함으로써 사람들로부터 별종 취급을 받게 된다.

둘째, 루소는 철저하게 비판적이었다. 그의 비판은 당대의 구시대적 사상은 물론 새로운 흐름을 주도했던 사상에 대한 도전이었고, 너무나도 당연하게 받아들여지고 있던 종교관에 대한, 그리고 그것에 의존하고 있던 기존의 정치 질서에 대한 도전이었다. "우리 시대의 현자들이 제시하는 학설에서는 오류와 어리석음만을, 우리의 사회 질서에서는 압제와 비참함만을 보게 됐다"(고백Ⅱ: 234). 계몽주의 철학자들은 인간의 이성과 진보를 최고의 가치로 삼고 당대의 질서에 도전하면서 새로운 시대의 문을 열고 있었다. 루소는 그들과 친밀하게 인간적·지적 교류를 유지하고는 있었으나, 그들이 자부심을 느끼고 있던 인간 문명에 대해 비판적이었다. 계몽주의자들에게 인간의 행복을 약속하는 듯이 보였던 문명이 그에게는 인간에게 비참을 가져오는 흉물로 인식됐다. 루소는 계몽주의의 자기비판을 시도한다(Hulliug, 1994; Melzer, 1995). 그러다 보니 적대적이었던 계몽주의 철학자들은 물론이고 본래부터 친밀한 관계에 있던 계몽주의 철학자들과도 멀어지게 된다. 루소가 특히 유럽 사회에서 괴물 취급을 받게 된 것은 그의 종교관 때문이었다. 『에밀(Émile, ou De L'Éducation)』(1762)의 '사부아 보좌신부의 고백'과 『사회계약론』(1762)의 '시민종교'에서 드러난 그의 자연종교와 종교적 관용에 대한 견해가 프랑스와 루소의 조국 제네바 당국으로부터 이단으로 규정되는 계기가 됐으며 정치적 탄압의 명분이 됐다. 그는 사람들로부터 '부도덕한 자, 무신론자, 미치광이, 광견병자, 야수, 늑대'(고백: 490)라는 야유를 받았으며, 피신처를 찾아 유럽 전역을 헤매는 신세가 됐다.

루소는 '반항하는 인간'이었다(Shklar, 1969: 1). "반항하는 인간이란 … '아니오'라고 말하는 사람이다. 그러나 그는 거부는 해도 포기는 하지 않는다. … 반항하는 인간의 논리는 인간 조건의 불의에 또 다른 불의를 보태지 않도록 정의에 봉사하고, 세상에 가득한 거짓을 심화시키지 않도록 명료한 언어를 쓰며, 인간의 고통에 맞서서 행복을 위해 투쟁하는 데 있다"(Camus, 2003: 31, 464). 루소는 정치, 경제, 사회, 문화, 종교, 예술 등에 관한 기성의 고정관념에 대해 끊임없이 의문을 제기하고 논쟁을 피하지 않았으며, 자신의 목숨이 걸린 상황에서도 타협하지 않았다. 그러다 보니 주위에 있던 사람들이 점점 그로부터 멀어지는 곤란을 겪게 된다. 그는 철저하게 홀로 남게 된다. 루소는 자유로운 삶을 추구했고, 타협이 없는 비판을 감행함으로써 사람들로부터 오해와 미움을 받았다.

실재보다는 외관을 중시하는 사회적 삶에서는 모든 것이 불투명하다. 루소의 눈에 비친 사람들은 자신의 정체성이나 개성을 상실해 가고 있으며 다른 사람의 진실한 면을 보는 능력을 상실했다. 투명한 인식과 사회적 관계를 방해하는 장애물을 제거하는 것이 루소의 삶과 사상의 핵심이다(Starobinski, 2012). 그는 실제 삶에서 그리고 글을 통해 무모하리만치 그 가능성을 실험하고 주장했다. 루소는 사람들이 자신의 진의를 제대로 이해하지 못하고 있다고 생각했다. 그래서 그는 자신을 정당화하는 글을 쓰지 않을 수 없었다. 『고백록』(1782), 『고독한 산책자의 몽상』(1782), 『대화: 루소, 장 자크를 비판하다』(1782) 등은 자신을 정당화하는 대표적인 글이다. 그리고 그는 자신의 글에 대한 비판에 적극적으로 대응함으로써 수많은 논쟁적인 편지를 남겨 놓았다.

아마도 당대의 사람들이 루소의 진의를 오해한 것은 그가 먼 미래로부터 온 사람이었기 때문일 것이다. 그는 너무 앞서 나간 사람이었다. 오히려 오늘날의 우리에게 루소의 문명에 대한 비판, 사회적 불평등에 대한 비판, 소유에 대한 비판, 종교적 불관용에 대한 비판, 지배와 예속을 근간으로 하는 사회 질서에 대한 비판, 부당한 사회 질서를 옹호하는 학문과 예술에 대한 비판이 전혀 낯설지 않다. 그가 남긴 유산 가운데 무엇보다도 주목할 만한 것은 비참한 문명의 창조자가 바로 인간 자신이라는 점과 그렇기 때문에 인간만이 문명의 궤도를 바꿀 수 있다는 점을 우리에게 일깨우고 있다는 점이다. 『인간불평등기원론』(1755)에서는 "노상 자연에 대해 불평하는 어리석은 자들이여 그대들의 모든 불행은 그대들로부터 생겨나 그대들에게 오는 것임을 알라"(고백 Ⅱ: 188)는 메시지를 던진다. 『사회계약론』(1762)에서는 우리가 실현해야 하는 바람직한 사회의 구성 원리를 제시한다. 루소는 기존의 사회 질서를 넘어서 더 나은 세상을 꿈꾸는 반항아의 전형이다.

2) 스미스: 전형적 계몽주의자

스미스는 18세기의 스코틀랜드 계몽주의를 이끌었던 전형적인 계몽주의자다(Phillipson, 2023). 역사적으로 스코틀랜드는 유럽의 다른 지역에 비해 상대적으로 낙후된 상태에 있다가 1707년 잉글랜드와 통합함으로써 갑작스럽게 근대와 마주하게 된다. 오늘날 스코틀랜드 계몽주의자라 불리게 된 당대의 스코틀랜드 지식인들은 토지귀족을 중심으로 스튜어트 왕가의 복권을 시도했던 재커바이트 반란(Jacobite risings)에 반대했으며, 더 발전된 잉글랜드와의 통합을 지지했다. 스코틀랜드 계몽주의자들의 관심은 "잉글랜드에서 구현된 문명의 발전, 특히 사회적·경제적 관계의 변형이 스코틀랜드에서 어떻게 재현될 수 있는가"(박상현, 2015: 289)하는 데 있었다.

스미스를 포함한 스코틀랜드 계몽주의자들이 당면한 근대는 '상업의 시대'였다. 스미스는 상업사회를 분업과 교환에 기초한 사회로 규정한다. "일단 노동분업이 전면적으로 확립되면, 개인은 자신의 노동 생산물로 욕구의 극히 적은 부분만을 충족시킬 수 있다. 그는 자기 노동의 잉여생산물을 교환함으로써 훨씬 더 많은 욕구를 충족시킨다. 모든 인간은 교환을 통해 살아가거나 어느 정도 상인이 된다. 그리고 사회 그 자체는 성장해서 소위 상업사회가 된다"(국부: 37). 새로운 사회는 새로운 삶의 원리를 요청한다. 스미스에게는 새로이 당면하게 된 상업사회에서 인간다운 삶의 원리를 찾는 것이 무엇보다 시급한 문제였다. "이는 결국 경쟁과 개인의 사적 이익 추구라는 특징을 지닌 상업사회에서 사회생활의 포괄적 원칙을 발견하는 것과 관련된다. 상업사회에서 원자화된 개인은 어떻게 함께 어울려 살 수 있는가? 경제적 개인주의가 지배하는 사회가 산산조각나지 않도록 하는 방안은 무엇인가? 개인보다 공동체의 공동선을 우선시하는 시민적 덕목을 개인주의적 사회 질서 속에서 존속시킬 수 있는가? 이런 질문이 바로 스코틀랜드 문필가들이 고민한 문제였다"(이영석, 2014: 236).

    그렇다면 이러한 문제들에 대한 답을 찾기 위해 스미스는 어떠한 방법을 취했는가? 첫째, 그는 합리주의에 반해 경험적인 탐구 방법을 취했다. 둘째, 그는 감정과 감각에 중요성을 부여했다. 그는 감정 또는 정감을 "모든 행동을 발생시키는 근원이자 모든 행동의 선악을 결정하는 것"(도덕: Ⅱ. i .§2)[2]으로 규정한 바 있다. 셋째, 그는 평생지기였던 데이비드 흄(David Hume)의 『인간본성론』(1739~40)에서 볼 수 있는 것처럼, 잘못된 신념과 참된 신념을 구분하기 위해 인간 본성에 관한 과학에 의존했다.

    스미스는 이러한 방법에 의존해 상업사회에서 조화로운 삶을 인도할 수 있는 도덕철학을 세우고자 했다. 그는 도덕철학을 세우기 위해 아이작 뉴턴(Isaac Newton)의 과학을 모델로 삼는다. "아이작 뉴턴 경은 탁월한 천재성과 영민함으로 행성들의 운동을 너무나도 익숙한 하나의 연결 원리로 연결할 수 있음을 발견함으로써 철학에서 일찍이 일궈내지 못했던 … 가장 위대하며 가장 찬탄할 만한 진보를 이뤄냈다"(천문학: 98). 스미스가 뉴턴을 높게 평가한 것은 중력(重力)이라는 '하나의 연결 원리'로 천체의 모든 현상을 설명하는 데 성공한 점이다. 그는 도덕철학에서도 뉴턴처럼 '하나의 연결 원리'를 찾아 모든 현상을 설명하는 새로운 방법을 적용할 필요성을 강조하며, 그 스스로도 그러한 방법에 따라 도덕철학을 구축하고자 한다. 스미스는 도덕철학을 다음과 같이 정의한다. "일상생활의 준칙은 사람들이 소수의 법칙으로 자연 현상을 정리하고 연결시키려 했던 것과 같은 방식으로 소수의 일반 원리에 의해 어느 정도 체계적으로 정리됐으며 서로 연결됐다. 그러한 연결 원리를 탐구하고 설명하려는 과학이 도덕철학

---

2) 『도덕감정론』(1976)의 인용은 '부(로마자 대문자).편(로마자 소문자).장(아라비아 숫자).절(§아라비아 숫자)'의 형태로 표시한다. 이는 원본과 번역서를 동시에 참조할 수 있도록 하기 위한 것이다. 인용문은 번역서를 따르되, 필요한 경우에 원본을 기초로 삼아 부분적인 수정을 했다. 대표적으로 동감은 공감으로, 공정한 방관자는 공평한 관찰자로, 시인은 인정으로 번역한다.

이라 불리는 것이다"(국부: 769). 스미스는 『도덕감정론』에서는 공감을, 『국부론』에서는 분업을 하나의 연결 원리로 삼아 논의를 전개한다. 이처럼 스미스가 뉴턴의 세계관과 탐구 방법을 자신의 도덕철학에 철저하게 적용하려고 했다는 점에서, 우리는 그를 '도덕철학의 뉴턴'이라 부를 수 있을 것이다(김지원, 2010).

스미스는 궁극적으로 도덕철학 체계를 구축하려고 했던 것으로 보인다(박세일, 2009). 그가 활동하던 당시에는 오늘날처럼 학문의 분화가 이뤄지지 않았다. 당대의 철학은 요즘의 철학과는 달리 학문 자체를 의미하는 것이었다. 그런 의미에서 도덕철학은 다양한 분야를 아우르는 종합 학문이라고 하겠다. 실제로 스미스의 도덕철학 강좌는 자연신학, 윤리학, 법학, 경제학으로 구성돼 있다. 윤리학과 관련된 강의는 『도덕감정론』의 토대가 됐으며, 경제학과 관련된 강의는 『국부론』의 토대가 됐다. 자연신학과 관련된 강의 내용에 대한 정보는 남아 있는 것이 없는 상태이며, 법학과 관련된 강의 내용은 학생들의 수업 노트를 통해 전해지고 있다. 『도덕감정론』 최종판의 일러두기를 보면, 스미스가 애초부터 거대한 도덕철학 체계의 설계도를 그렸던 것으로 보인다. "이 책의 초판 마지막 구절에서 나는 정의와 관련된 것뿐만 아니라 경찰, 세입, 군대, 그 밖에 법의 대상이 되는 모든 것과 관련된 것에서 법과 정부의 일반 원리, 그리고 그러한 것이 다른 시대와 시기에 겪었던 변혁에 대해 또 다른 논문에서 설명하겠다고 말했다. 나는 『국부론』에서 적어도 경찰, 세입, 군대 문제를 다룸으로써 약속의 일부를 이행했다. 남은 것은 내가 오랫동안 계획해 왔던 법 이론이다. 그러나 나는 이 책의 개정 작업을 방해했던 것과 똑같은 문제들 때문에 지금까지 그 작업을 착수하지 못하고 있다. 고령의 나이 때문에 내가 만족할 정도로 이 거대한 작업을 이행할 수 있을 것이라 기대하기 어렵다는 것을 알고 있지만, 나는 이 계획을 완전히 포기하지 않았으며, 여전히 내가 할 수 있는 무엇인가를 해야 한다는 의무감을 가지고 계속하기를 바라고 있다. 그래서 나는 이 책의 초판에서 선언했던 모든 것을 의심의 여지없이 이행할 수 있을 것이라 생각했던 30년 전에 출판된 그대로 그 구절[법 이론에 대한 계획-필자]을 남겨 두기로 했다"(도덕: A.§2).

스미스는 『도덕감정론』의 공감에 기반을 둔 사회적 인간관과 『국부론』의 이익을 추구하는 이기적 인간관이 서로 모순된다는 비판을 종종 받는다(김광수, 2015; 이근식, 2006; 임일섭, 2017; 2008, 조현수, 2016; 도메 다쿠오, 2010; Buchan, 2008; Dickey, 1986;

Göçmen, 2007; Montes, 2003; Wight, 2017; Witztum, 1998). 스미스가 세우고자 했던 도덕철학 체계를 보면 이러한 모순은 어렵지 않게 해소된다. 그는 『도덕감정론』에서 이기적으로 사익을 추구하는 것과 공감에 의해 도출된 미덕과의 관계를 다음과 같이 설명한다. "사익은 신중과 정의 범위 안에서 통제되는 한, 항상 세상 사람들의 찬탄을 받게 될 것이다"(도덕: Ⅲ.6.§7). 스미스는 이기심이 진보의 원동력이라고 본다. 다만 이 기심은 신중하고 정의로운 방식으로 표출되는 것으로 공감을 얻을 수 있을 때만이 인정받을 수 있다는 단서를 붙인다. 그는 공감에 의해 통제되는 이기심에서 사회적 조화와 번영을 기대하는 것으로 보인다. 이처럼 스미스는 도덕철학 체계를 통해 진보의 조건을 구축하고자 한 전형적인 계몽주의자라고 하겠다.

2 상업사회: 타락 대 진보

루소는 자연 상태에서 문명사회 또는 상업사회로의 이행을 타락의 과정으로 본다. 그래서 그는 평등한 사회계약을 통해 상업사회를 넘어서는 대안적인 세상을 꿈꾼다. 그에 반해 스미스는 상업사회에 많은 문제가 있다는 것을 인정하면서도 과거의 시대에 견줘 상당한 진보가 이뤄진 것으로 본다. 그래서 그는 상업사회 안에서 개량된 세상을 꿈꾼다(Rasmussen, 2008).

1) 루소: 타락

(1) 문명사: 자연 상태에서 상업사회로의 타락

루소가 역사를 연구하는 궁극적인 목적은 연대기를 서술하거나 변화의 인과율을 발견하는 데 있는 것이 아니라 '인간의 마음'을 읽는 데 있다. "역사를 통해서 … 인간의 마음을 보게 될 것이다"(에밀 I : 66). 그는 자연적인 인간의 마음이 사회적 관계 속에서 어떻게 변화하는지를 보고자 한다. 루소의 문명사는 자연 상태에서 사회 상태의 단계로 전개된다.

① **자연 상태: 순진무구의 시대**

　루소가 추론하는 자연 상태는 토머스 홉스(Thomas Hobbes)가 말하는 전쟁 상태와는 전혀 다르다. 자연 상태에서는 사람들이 더 많은 이익을 위해 다른 사람들을 해치거나 불행에 빠뜨려야 할 특별한 이유가 없다. 자연은 사람들이 먹고 살기에 충분한 음식을 제공한다. 자연 상태의 인간들은 오직 자신의 본능적 욕구의 충족에 충실하며 각자도생의 삶을 산다. "원시의 인간은 일도 언어도 거처도 없고, 싸움도 교제도 없으며, 타인을 해칠 욕구가 없듯이 타인을 필요로 하지도 않고, 어쩌면 동류의 인간을 개인적으로 단 한 번도 만난 적 없이 그저 숲속을 떠돌아다녔을 것이다. 그는 얼마 안 되는 정념의 지배를 받을 뿐 스스로 자족하면서 자신의 상태에 맞는 감정과 지적 능력만을 갖고 있었다. 원시의 인간은 자신의 진정한 필요만을 느꼈고, 눈으로 봐서 흥미롭다고 여겨지는 것만을 쳐다봤다. 그의 지능은 그의 허영심과 마찬가지로 발달하지 못했다. 우연히 그가 어떤 발견을 한다고 해도 그는 자신의 지식조차 기억하지 못하기 때문에 그것을 전수할 수 없었다. 기술은 발명자와 더불어 소멸했다. 교육이란 것은 존재하지 않았으며 아무런 진보도 없이 세월이 흐름에 따라 세대가 이어질 뿐이었다. 그리고 각각의 세대는 언제나 똑같은 지점에서 출발했으므로, 최초의 시대의 모든 조야함 속에서 수백 년이 되풀이되며 흘러갔다. 종(種)은 이미 늙었으나 인간 개체는 항상 어린애로 머물러 있었다"(불평등: 98-99).

　자연 상태의 인간의 마음에서는 어떠한 원리가 작용하는가? 루소에 따르면, 인간의 마음에는 두 개의 원리가 작동한다. "하나는 우리의 안락과 자기 보존에 대해 스스로 큰 관심을 갖는다는 원리이며, 다른 하나는 모든 감성적 존재, 주로 우리 동포가 죽거나 고통을 당하는 것을 보면 자연스럽게 혐오감을 느낀다는 원리다"(불평등: 43). 전자는 자신을 향한 '자기애'이며, 후자는 다른 사람을 향한 '연민'이다. 자연 상태를 지배하는 원칙은 이 두 가지 원리의 상호 작용에 의해 만들어진다. 물론 자기애가 연민보다는 더 크게 작용하는 것이 자연스러운 일이지만, 연민은 타인의 고통을 야기할 수 있는 자기애의 과잉을 제한하는 성질을 갖는다.

　루소가 추론한 자연 상태의 인간은 동물과 크게 다르지 않다. 그럼에도 불구하고 루소는 인간의 고유한 두 가지 특성을 제시한다. 첫째, 인간은 단순히 본능만을 따르는 존재가 아니라 선택하는 능력이 있는 '자유로운 주체'라는 것이다. "우선 나는 모든 동물을 하나의 정밀한 기계로밖에 보지 않는다. 자연은 기계가 스스로 작동할 수 있도록, 또한 그것을 고장 내거나 파괴하려는 경향이 있는 모든 것에 대해 어느 정도까지는 스스로를 지킬 수 있도록 감각이라는 것을 부여했다. 나는 인간이라는 기계도 마찬가지라고 본다. 다만 동물의 활동에서는 자연만이 오로지 모든 것을 행하는 데 반해 인간은 자유로운 주체로서 자연의 활동에 협력한다는 것이 다를 뿐이다. 즉, 동물은 본능에 따라, 인간은 자유로운 의사에 따라 취사선택을 하게 된다"(불평등: 66). 자연 상태에서 인간은 '자연적 자유'를 향유한다. 자연적 자유는 마음이 내키는 대로 취할 수 있는 모든 것에 대한 무제한의 권리이며, 개인의 힘에 의해서만 제한을 받는다(계약: 37). 둘째, 인간은 제한된 능력에 갇혀 있는 존재가 아니라 한계를 넘어 자신을 향상시키는 '완성가능성'을 특징으로 한다는 것이다. "인간은 환경의 도움을 얻어 다른 모든 능력을 점차 발전시켜 가는 이러한 가능성을 … 가지고 있다"(불평등: 68). 완성가능성이 발전시키는 능력은 이성, 언어, 사회적 덕, 통찰, 상상력, 도구 사용 능력 등을 아우른다(MacLean, 2002: 31).

그렇다면 자연 상태에서의 인간의 마음은 어떤 상태에 있는가? 자연 상태에서 인간의 마음은 '투명'하다. 보이는 것이 다이기 때문에 이성적 사고가 필요하지 않다. 자원은 희소하지 않다. 사람들이 필요 이상의 것을 소유해야 할 이유가 없다. 또한 남에게 잘 보여야 할 이유도 없고, 남보다 잘났다는 허영의 늪에 빠져야 할 이유도 없다. 사람들은 겉과 속이 다르지 않다. 그러다 보니 모든 것이 투명하다. 자연 상태의 사람들은 마치 선악과를 따 먹기 이전의 아담과 이브처럼 선악을 모르며, 오직 본능과 감정에 충실하게 산다(불평등: 86). 그런 의미에서 자연 상태의 단계를 '순진무구의 시대'라고 할 수 있을 것이다.

② **사회 상태: 타락의 시대**

인간에게는 자유의지와 완성가능성이라는 고유한 능력이 있다. 자유의지는 자연의 질서를 거스르는 선택의 가능성을, 완성가능성은 자연의 굴레에서 벗어날 수 있는 가능성을 내포하고 있다. 어떤 사람들에게는 인간의 완성가능성이 문명의 발전을 가져오는 선물로 보일 수도 있겠으나, 루소는 그것에서 "인간을 자기 자신과 자연에 대한 폭군으로 만드는" 타락의 가능성을 본다(불평등: 69). 그래서 루소는 이렇게 말한다.

"모든 것은 조물주의 손에서 나올 때는 완전하나 인간의 손에 들어오면 변질되고 만다"(에밀 I : 57). 인간은 자유의지와 완성가능성을 발휘해서 문명사회를 만든다. 서로 무관심하게 개별적으로 각자의 삶을 살던 사람들 사이에 교류가 늘고, 결과적으로 서로에 대한 의존이 심화된다. 자연 상태의 각자도생의 원리는 폐지된다. 이제 모든 사람은 다른 사람 없이는 아무것도 할 수 없게 된다.

사람들은 상호 교류 과정에서 자신과 다른 사람을 비교하고 평가하는 이성의 능력을 발전시키게 된다. 비교는 단순한 다름의 평가에서 우열의 평가로 전개된다. 우열의 평가는 경쟁을 불러일으킨다(불평등: 113-114). 경쟁은 사회적으로 가치 있는 것들에 대한 소유를 자극한다. 루소는 소유를 문명사회의 시초이자, 사회적 불평등의 근원으로 본다(불평등: 104). 문명사회에서는 사회적 가치들 가운데서도 부(富)가 가장 중요한 의미를 가지며, 부의 불평등이 모든 불평등의 근원으로 작용한다는 것이다. "일반적으로 부, 신분이나 지위, 권력, 개인적인 장점이 주요한 구분 기준이 되며 여기에 따라 사회 속에서 개인들이 위치를 차지하므로, … 이 네 가지 불평등 중에서 … 부가 다른 불평등들이 귀착되는 근원적인 불평등임을 보여 줄 수 있다. 부는 가장 직접적으로 안락을 위해 도움이 되며 가장 쉽사리 전할 수 있으므로 인간은 그 밖의 모든 것을 사들이기 위해 부를 자유롭게 사용하기 때문이다"(불평등: 146).

루소에 따르면, 문명사회가 전개되는 궤적은 불평등의 극단을 향한다. "모든 변천 가운데서 불평등의 진행을 따라가 보면, 법과 소유권의 설정이 제1단계이고, 행정 권력의 제도화가 제2단계이며, 합법적인 권력에서 독단적인 권력으로 변화하는 것이 제3단계임을 알 수 있다. 따라서 부자와 빈자의 상태는 첫 번째 시대에, 강자와 약자의 상태는 두 번째 시대에, 주인과 노예의 상태는 세 번째 시대에 성립됐다. 주인과 노예의 상태는 불평등의 마지막 단계로서, 새로운 변화가 나타나 정부 권력을 완전히 해체하거나 정당한 제도에 가깝게 만들 때까지는 다른 모든 단계가 거기로 귀착된다"(불평등: 143-144).

그렇다면 문명사회의 인간은 어떠한 상황에 있는가? 첫째, 인간의 마음을 움직이는 원리에 변화가 일어난다. 즉, 인간의 자연적 속성인 자기애와 연민의 조합에 변화가 발생한다. 연민의 통제권을 벗어난 자기애의 과잉, 즉 이기심이 모든 행동을 지배하게 된다. 이기심은 사회 안에서 생기는 상대적이고 인위적인 감정이다. 그것은 각 개인이 자기를 누구보다도 우선시하며 사람들이 서로 간에 행하는 모든 악을 일깨운다(불평등: 218 저자 주 98). 루소에 따르면, 연민은 모든 미덕의 근원이다. 그런 의미에서 연민이 없는 인간이나 자신의 이기심을 연민으로 통제할 수 없는 인간은 괴물과 다를 바 없다(불평등: 90-91).

둘째, 사람들은 도구나 다른 사람들의 도움 없이는 혼자의 힘으로 아무것도 할 수 없다(불평등: 58; 에밀Ⅰ: 146). 그래서 인간은 완성가능성이라는 고유한 능력을 발휘해 더욱 개량된 기술의 개발에 몰두하게 되는데, 그렇게 할수록 도구에 대한 의존도는 더욱 커지게 된다. 또한 다른 사람의 도움을 안정되게 확보하기 위한 노력이 지배와 피지배의 관계를 더욱 발전시키게 된다. 지배와 피지배의 관계가 강화될수록 사람들의 의존 관계는 더욱 강화된다. 기술의 개발과 지배 관계의 강화는 의존 관계를 더욱 강화하는 쇠사슬이 된다. 이는 사람들이 자신이 원하는 것을 하거나 원하지 않는 것을 하지 않을 수 있는 자유의지를 발휘하기 어려운 상황에 처해 있음을 의미한다. 그러한 의미에서 모든 인간은 예외 없이 자유를 빼앗기고 쇠사슬에 묶인 노예 상태로 전락한다. "사람은 자유로운 존재로 태어나지만, 어디에서나 쇠사슬에 얽매어진다"(계약: 21).

셋째, 사람들은 계급적인 지배와 피지배의 관계에 예속된다. 상류계급은 자기 계급의 사적인 이익이 사실은 다른 계급의 희생을 전제로 하는 것임에도 불구하고, 자신들의 사익을 모든 사람을 위한 공공의 이익이나 정의로 둔갑시킨다(에밀Ⅱ: 64). 이는 문명사회에서 이뤄지는 기만적 사회계약, 즉 부자들의 교묘한 술책을 통해 더욱 강화된다(불평등: 126-127). 강제적이고 기만적인 사회계약의 실체는 다음과 같다. "나는 너와 계약을 맺는다. 그 계약의 부담은 전적으로 네가 지고 혜택은 전적으로 내가 누린다. 내가 원하는 한, 나는 그 계약을 지킬 것이니 너도 지켜라"(계약: 30).

문명사회의 인간은 루소에 의해서 자신의 이익만을 생각하는 이기적 인간, 연민이 없는 인간, 혼자서는 아무것도 할 수 없는 유약한 인간, 노예적 상황에 만족하는 인간, 계급적 허위의식에 사로잡힌 인간, 계속되는 경쟁 속에서 항상 불안에 싸여 있는 인간, 한마디로 비참한 인간으로 그려지고 있다. 그렇다면 문명사회의 인간의 마음은 어떤 상태에 있는가? 문명사회의 인간은 자신을 있는 그대로 드러낼 수 없다. 문명인은 다른 사람들의 눈을 의식해 가면을 쓰지 않을 수 없다. 따라서 문명인은 '불투명'하다. "자기 이익을 위해서는 실제의 자기와 다른 모습을 보여 줄 필요가 있었다. 그리하여 실체와 외관은 서로 전혀 다른 것이 됐다"(불평등: 122). 실체와 외관의 괴리는 남을 희생시켜 자기의 이익을 도모하려는 숨겨진 욕망의 결과다(불평등: 123). 문명사회에서 사람들은 자신의 욕망을 숨기기 때문에 다른 사람들에게 자신을 있는 그대로 보여 줄 수도 없고, 다른 사람들을 있는 그대로 볼 수도 없는 상황, 요컨대 외관에 더욱 집착하는 상황에 처해 있다. 그런 의미에서 사회 상태의 단계를 자연 상태의 순진무구를 상실한 '타락의 시대'라고 할 수 있을 것이다.

(2) 상업사회를 넘어서: 평등한 사회계약

루소는 타락의 근원을 제도에서 찾는다. "인간은 자연적으로 선량하며 인간이 나쁘게 된 것은 오로지 이러한 제도 때문"(고백Ⅱ: 130: 각주 8)이다. 루소는 타락으로부터 인간을 구제하기 위한 길을 어디에서 찾는가? 그는 자연에서 그 답을 찾는다. "자연을 관찰하고 자연이 여러분에게 제시해 주는 길을 따르도록 하라"(에밀Ⅰ: 77). 자연은 모든 것을 최선의 상태로 만들기 때문에(에밀Ⅰ: 137) "자연 이외의 곳에서 완벽함을 구해서는 안 된다"(고백Ⅱ: 496)는 것이다. 그렇다면 타락으로부터 벗어나는 길은 순진무구의 자연 상태로 되돌아가는 것을 의미하는 것인가? 그렇지 않다. 사회 상태에서 인간의 마음에 자기애와 연민의 균형을 유지하면서 자율적이며 자연에 복종하는 인간을 되살리는 것이다.

루소는 이러한 목적을 실현하기 위해 두 가지 방법을 제안한다. 첫째, 인민은 정부가 만드는 대로 만들어지는 존재이기 때문에, 정치적으로 새로운 제도를 구축하는 것이다(정치경제: 243). 요컨대 자연적 차이가 만악의 근원인 사회적 불평등으로 전개되는 것을 차단할 수 있는 정치제도를 찾는 것이다. 루소는 『사회계약론』에서 새로운 정치제도의 가능성을 제시한다. 그것은 불평등한 사회계약에 대비되는 평등한 사회계약에 기초한 '평등한 사람들의 자유공동체'다. 사회계약에서 루소의 근본적인 문제의식은 개인의 자율성과 정치적 권위 간의 조화를 실현하는 데 있다(정치경제: 239; Cohen, 2010: 15). 루소는 이를 위해 계약에 참여하는 '각자가 모두에게 자신을 양도'하는 사회계약 방식을 제안한다. 이러한 양도 방식에 따르면, 계약자는 누구나 자기가 남에게 양도하는 것과 똑같은 권리를 남에 대해서 획득하게 된다. 이렇게 해서 "우리 각자는 자신의 신체와 모든 능력을 공동으로 일반의지의 최고 지휘 아래 두며, 우리는 전체에서 분리될 수 없는 부분인 각 성원(成員)을 한 몸으로 받아들인다. 곧바로 이런 결사 행위는 각 계약 당사자의 개인적 인격 대신에 정신적 집합체를 창출한다. … 그 단체는 바로 이 같은 행위를 통해 스스로 동일성과 공동체적 자아와 생명 및 의지를 얻는다. 모든 사람의 결합에 의해 형성되는 이런 공적 인격은 과거에는 도시국가라 불렸고, 지금은 공화국이나 정체(政體)라고 불린다"(계약: 33). 각자가 모두에게 자신을 양도하는 과정에서 형성되는 것이 일반의지이며, 일반의지를 통해 각자는 전체와 하나가 된다. 정치적 권위로서 일반의지의 명령은 구성원 자신의 명령이기 때문에, 거기에서는 구성원 자신이 명령하고 스스로 복종하는 자율과 자치의 원리가 작동한다(계약: 32). 이러한 원리가 작동하는 정체로서 평등한 사람들의 자유공동체는 각 구성원의 완전한 정치적 자율성이 보장된다는 의미의 자유 이념, 구성원들이 공동선에 대한 공유된 이해와 그에 대한 절대적 충성을 배경으로 한다는 의미의 공동체 이념, 그리고 모든 구성원이 동등한 권리와 의무를 향유한다는 의미의 평등 이념이 동시에 실현된 결사체다(Cohen, 2010: 16). 이 결사체는 유덕하고 현명한 국민을 양성하는 데 가장 적절하며, 정치적 권위와 개인의 자율성이 조화를 이루는 정치 체제라고 하겠다(고백Ⅱ: 215).

둘째, 새로운 교육 방식을 적용하는 것이다. 그것은 수동적인 인간을 형성하는 교육자의 적극적인 개입과 피교육자의 피동적인 학습모형 대신 교육자의 소극적인 개입과 피교육자의 능동적인 학습모형을 통해 자율적인 인간을 양성하는 것이다. 루소는 『에밀』에서 새로운 교육모형, 즉 자연주의적 교육모형을 제시한다. 교육의 목적은 "사회의 소용돌이 속에 갇혀 있다고 하더라도 그곳에서 정념이나 사람들의 평판에 의해 이끌려 다니지 않고, 자기 눈으로 사물을 보고, 자기 마음으로 사물을 느끼고, 자기 자신의 이성의 권위 이외에는 어떠한 권위에 의해서도 지배당하지 않는"(에밀Ⅱ: 102) 인간을 형성하는 것이다. 그러한 인간형은 자연 상태의 자연인으로의 회귀가 아니라 "도시에서 살도록 만들어진 미개인"(에밀: 364)이다.

새로운 정치 체제의 형성과 그에 적합한 인간을 형성하기 위한 교육 방법의 모색은 플라톤(Platon)에서 시작해 토머스 모어(Thomas More, 1478~1535)에 이르는 유토피아주의의 전통을 따른다. 이러한 의미에서 루소는 유토피아주의자라고 할 수 있다(Shklar, 1969: 1; Adrews, 1901). 그에 따르면, 타락은 일종의 삶의 법칙과도 같은 것이다. 그의 유토피아적 사유는 그러한 과정에 대한 상상적인 중단에서 비롯된 것이다 (Shklar, 1969: 9).

그렇다면 대안적 사회 상태의 인간은 어떠한 상황에 있게 될 것인가? 첫째, 불평등은 자기애의 과잉과 연민의 부재를 가져온다. 평등한 사람들의 자유공동체인 대안적인 사회 상태에서는 필요 이상의 것을 소유하기 위한 경쟁이 존재하지 않을 것이다. 그러한 측면에서 대안적 사회 상태의 인간의 마음에서는 자기애가 연민의 통제권을 벗어나지 않을 것이다. 둘째, 대안적 사회 상태에서 인간은 사회계약을 통해 문명사회의 노예적 상황에서 벗어나 새로운 자유를 향유한다. 그것은 사회적 자유와 도덕적 자유다. 사회적 자유는 다른 사람들이나 국가의 간섭이 없이 법의 범위 안에서 스스로 선택하는 시민적 자유와 주권자로서 법을 제정하는 정치적 자유를 의미한다. 도덕적 자유는 개인이 스스로 정한 원칙에 복종하는 것으로 개인적 차원의 자율성을 의미한다(계약: 37-38; Simpson, 2006). 셋째, 인간의 완성가능성은 문명사회의 경쟁 원리를 벗어나게 되면, 전혀 다른 방향으로 전개될 것이다. 요컨대 인간이 인간 자신과 자연환경을 개선하는 데 자연성을 그대로 살리는 방향을 우선으로 하게 될 것이다. "자연이 모든 것을 하도록 관리하는 것"이 인간이 따라야 할 기본 원칙이 될 것이다(신엘로이즈Ⅱ: 108).

그렇다면 대안적 사회 상태의 인간의 마음은 어떤 상태에 있게 될 것인가? 문명사회 또는 상업사회는 불투명성을 특징으로 한다. 진의(眞意)를 보이면 경쟁에서 이길 수 없고 더 많은 부(富)를 축적할 수도 없다. 그래서 불신과 불안이 사람들의 마음을 지배한다. 그러다 보니 모든 것이 불투명할 수밖에 없다. 평등한 사람들의 자유공동체에서는 모두가 평등하고 자유로우며, 공동선을 추구하기 때문에 자신을 감춰야 할 이유가 없다. 모든 것이 '투명'하다. "국가의 원칙은 분명하고 명쾌하며, 국가에는 복잡하고 모순된 이해관계가 없다. 또한 공동선이 어디에서나 명백히 드러나 상식만 있으면 공동선을 알아볼 수 있다"(계약: 123). 루소의 대안사회 모델은 사람들이 문제의식을 가지고 의지적으로 구성해야 할 공동체다. 그것은 선악을 모르는 순진무구한 사람들의 선택이 아니라 거짓과 불의가 무엇인지를 아는 사람들의 정의로운 선택을 토대로 하기 때문에, 우리는 사회계약 이후의 대안적 사회의 단계를 '순수의 시대'로 규정할 수 있을 것이다.

2) 스미스: 진보

(1) 문명사: 전(前) 상업사회에서 상업사회로의 진보

스코틀랜드 계몽주의자로서 스미스는 인류의 역사를 진보적인 것으로 본다. 그는 근대 세계의 실패를 관찰하고 성장 및 발전에 방해가 되는 요소들을 지속적으로 지적하면서도 주의 깊게 진보적인 관점을 취한다. 이러한 의미에서 스미스의 관점을 비판적 진보주의라고 할 수 있다. 스미스는 역사 발전 4단계론을 통해 인류가 어떻게 수렵사회에서 상업사회로 발전했는지를 보여 주고자 한다. 그에게 역사는 인류가 자연을 점점 더 광범위하게 정복하는 과정이다. 인류는 원시 단계에서 자연이 제공하는 것을 받아들이는 것으로 만족해야 했지만, 사회가 발전하면서 자연에 대한 통제를 확대·강화함으로써 좀 더 편안한 삶을 향유하게 됐다는 것이다. 스미스가 묘사하고 있는 역사의 단계별 특성을 살펴보자.

첫 번째는 수렵 단계다. 이 단계는 가장 낮고 조잡한 사회 상태로서 북아메리카의 부족들 사이에서 찾아볼 수 있다(국부: 689-90). 이 단계에서는 동물의 가축화나 농작물 재배가 없다. 사람들은 사냥, 낚시, 채집으로 연명한다. 분업이나 교환이 거의 없이 자급자족적인 생활 방식을 취한다(국부: 276). 수렵사회는 상대적으로 규모가 작고 유목생활을 한다. 많은 사람이 한 곳에서 사냥감과 야생 초목을 확보하는 것이 불가능하기 때문이다. 수렵사회는 일반적으로 방어를 목적으로 함께 살고 이동하는 수십 개의 가족(약 150명 정도)으로 구성된다(법: 213). 이러한 사회는 생계 수단이 극도로 제한돼 있기 때문에 일반적으로 재산 축적이나 정부 같은 것이 거의 존재하지 않는다. "재산이라고 할 만한 것이 거의 존재하지 않거나 2~3일 노동의 가치를 초과하는 재산은 없다. 따라서 상설 행정관이나 통상적인 사법 행정이라고 할 만한 것이 거의 존재하지 않는다"(국부: 709). 이 단계에서는 개인의 자질(예: 힘이나 지능)이나 나이 때문에 어떤 사람이 다른 사람보다 더 많은 영향력을 미칠 수는 있지만 이러한 권력 관계가 제도화돼 있지는 않다. 그러므로 사람들은 일반적으로 동등한 위치에 있다(법: 202; 국부: 712-13). 여기에서 주목할 필요가 있는 것은 스미스가 수렵사회가 전(前) 정치적이라고 주장하면서도, 결코 전(前) 사회적이라고 주장하지는 않는다는 점이다. 그는 수렵사회의 사람들이 루소의 자연 상태의 사람들처럼 각자도생의 삶을 사는 것이 아니라 공동의 삶을 산다고 생각한다.

스미스에 따르면, 가장 미개한 사람들도 다른 사람을 필요로 하고 다른 사람과 공감하는 경향이 있다. 그러므로 "인간은 사회에서만 생존할 수 있기 때문에 천성적으로 자신이 만들어진 그 상황에 적합하다"(도덕: Ⅱ.ⅱ.§1). 스미스에 따르면, 사람들은 또한 노동을 분담하는 자연스러운 경향이 있다. 그는 노동분업이 인간의 타고난 교환 성향에서 비롯된 것으로 본다. 그리고 그는 이러한 성향은 궁극적으로 서로를 설득하려는 사람들의 타고난 욕구에서 비롯된 것이라고 주장한다(국부: 25; 도덕: Ⅶ.ⅳ.§25). 그리고 노동분업은 경제 발전의 원동력이기 때문에 시간이 지남에 따라 사람들은 점점 더 효율적인 생활 수단을 개발해 더 문명화된 사회로 발전하는 경향이 있다. 루소와는 달리 스미스는 문명의 원인이 인간 본성에 존재하는 것으로 본다. 사회는 우연의 연속이 아니라 인간의 타고난 능력과 성향의 결과로 진보한다는 것이다.

두 번째는 사람들이 가축을 키우는 목축 단계다. 이 단계에서는 생계가 수렵 단계만큼 불안정하지 않기 때문에 목축사회의 규모는 수렵사회보다 훨씬 더 클 수 있으며 종종 수천 명에 이른다(법: 408, 583; 국부: 691). 이 사회는 일반적으로 동물이 이동 가능하고 신선한 초목과 풀을 먹을 수 있는 온화한 기후가 필요하기 때문에 대체적으로 유목사회의 성격을 띤다(국부: 690). 이 단계에서 가장 중요한 발전은 동물이 소유물로 간주된다는 것이다. 소유는 최초로 부의 불평등을 야기한다. 그리고 그러한 불평등한 소유를 보호하기 위한 정부가 필요하게 된다(법: 203; 국부: 715).

정부는 이론적으로 목자들 사이에서 민주적인 상태를 유지하는 경향이 있지만, 부자가 과도하게 영향력을 행사하는 경향이 있으며, 가장 많은 가축을 소유한 사람이 항상 우두머리가 된다(법: 203; 국부: 712, 714). 스미스는 "재산의 우선성이 그 재산을 소유한 사람들에게 그렇게 큰 권한을 부여한 시대는 없었다"(국부: 713)고 주장한다. 이 단계에서는 사치품이나 공산품이 거의 없기 때문에 부자가 자신의 부를 사용하는 유일한 방법은 자신에게 의존하는 수천 명의 사람을 부양하는 것이다(국부: 712). 재산을 축적할 수 있는 능력이 처음으로 불평등, 정부, 그리고 예속을 가져온다는 점을 감안할 때, 수렵 단계에서 목축 단계로의 진전은 다른 모든 단계들 가운데 가장 큰 사회의 진보라는 것이다(법: 107). 스미스에 따르면, 정부는 사회의 진보 및 소유의 증가와 함께 점진적으로 '자연스럽게' 형성된다(국부: 715). 그는 정치 권력이 공식적인 사회계약의 결과라는 생각을 거부한다(법: 315-18). 스미스는 사람들이 자연적으로 다른 사람보다 우월성을 갖게 되는 특성으로 개인적 자질(예: 힘, 아름다움, 지혜 또는 미덕), 나이, 부, 출생을 든다(국부: 710-13). 이 가운데 개인적 자질과 나이만이 수렵사회에서 중요하다. 그 사회에서는 소유가 없기 때문에 출생으로 권리를 주장할 수 있는 가족이 없다. 그러나 목축사회에서는 막대한 소유와 정부가 등장함에 따라 부와 출생이 지배하기 시작한다(국부: 713-15). 『에딘버러 리뷰(Edinburgh Review)』에 보낸 편지에서 스미스는 루소와 마찬가지로 정부를 부자들의 발명품이라고 언급한 바 있다(Smith, 1980b: 251). 그는 재산의 불평등을 유지하기 위해 정부와 정치 권력이 발생한다고 믿는다. 그렇다고 정부와 정치 권력이 부자연스럽거나 부당하다고 생각하지는 않는다. 그는 불평등과 예속이 폭력이나 기만의 결과가 아니라 자생적인 것이라고 본다. 그는 또한 그것들이 관련된 모든 사람에게 궁극적으로 유익하다고 본다.

세 번째는 사람들이 땅을 경작하는 데 전념하기 시작할 때 발생하는 농업 또는 경작의 단계다. 스미스는 이러한 단계의 대표적인 사례로 로마제국의 몰락 이후 유럽의 봉건적 시기를 든다. 농업으로 생계를 유지하는 사회에서는 정착생활이 유목생활을 대체하게 되고(국부: 693), 소유 관념이 확장돼 토지가 소유의 대상이 된다(법: 28). 인구 규모는 목축사회보다 훨씬 크다(법: 15). 그러나 목축 단계에서 발견되는 불평등과 예속의 패턴은 대체로 존속된다. 비록 토지가 가축떼보다 더 중요해졌지만 재산은 여전히 권력의 자원이다(국부: 717). 그리고 대지주들은 여전히 많은 수의 부양 가족을 유지하는 것 외에는 사실상 재산을 지출할 일이 없다. 왜냐하면 이 단계에서는 일반적으로 여전히 외국 무역이 거의 없고 가족이 자급자족을 위해 만든 것 이외의 제조품이 없기 때문이다(법: 49-51). 이 단계에서 사회의 규모가 커지고 인구가 증가해 정부가 이전보다 훨씬 더 복잡해졌지만 실제로 권력은 대체로 대지주들의 손에 남아 있다.

마지막 네 번째는 상업 단계다. 이 단계에서는 모든 사람이 교환을 통해 살아가거나 어느 정도 상인이 되는 지점까지 노동분업이 이뤄진다(국부: 37). 수렵사회 이래로 어느 정도의 교환이 존재했지만 상업사회에서는 사람들이 교환을 통해 살아간다는 점이 특징적이다. 스미스가 『국부론』 제1장에서 언급했듯이 "모든 발전된 사회에서 농부는 농부일 뿐이고, 제조업자는 제조업자일 뿐이다"(국부: 15-16). 다시 말해, 상업사회에서 사람들은 하나의 작업에 특화돼 있으며, 자신의 욕구를 충족하기 위해 자신들의 잉여생산물을 다른 사람들과 교환하려는 분명한 의도를 가지고 그렇게 한다. 상업사회에서는 모든 재화와 서비스에 가격이 책정된다. 이는 노동분업을 더욱 촉진해 생산성을 향상시킨다. 그리고 개인들이 서로 교환하며 살아가는 것처럼, 국가들도 상업의 무대에서 서로 교환하며 살아간다(법: 15-16). 스미스는 18세기 후반까지 상업사회는 서유럽과 북미 지역에서만 완전한 형태로 등장한 것으로 본다.

상업사회에 대한 스미스의 논평 일반과 『국부론』 제4권의 '상업 체제'에 대한 논평은 구별해서 볼 필요가 있다. 스미스는 상업사회의 한 형태인 중상주의를 나타내기 위해 상업 체제라는 용어를 사용한다. 반면 그는 또 다른 형태의 상업사회를 "명백하고 단순한 자연적 자유 체제"(국부: 687) 또는 "완벽한 자유와 정의의 자연적 체제"(국부: 606)라고 부른다. 중상주의는 18세기 영국을 지배한 제도였다. 스미스는 그것을 '근대적 체제' 즉 "우리나라와 우리 시대에 가장 잘 이해되는" 체제라고 본다(국부: 428). 반면 자연적 자유의 체제는 사실상 그에게 실현되기 어려운 것처럼 보인다. "대영제국에서 무역의 자유가 완전히 회복될 것이라고 기대하는 것은 유토피아가 언젠가 영국에 세워질 것이라고 기대하는 것만큼이나 터무니없다"(국부: 471). 자신이 살고 있던 사회와 중상주의에 대한 스미스의 비판은 반드시 상업사회 일반에 적용되는 것은 아니다. 반대로 그는 중상주의가 '자연적 자유의 체제'로 대체된다면 상업사회와 관련된 많은 병폐가 완화될 것이라고 생각한다.

스미스가 중상주의를 상반된 두 방향에서 평가하고 있다는 점 역시 주목할 필요가 있다. 한편으로, 그는 중상주의와 그것을 추동하는 독점을 대영제국의 전체 상업 체제에 대한 위협으로 본다. 다른 한편으로, 그는 중상주의를 자신이 옹호하는 '자연적 자유의 체제'와 많은 중요한 요소를 공유하는 상업사회의 한 형태로 본다. 또한 그는 중상주의가 '자연적 자유 체제'의 잠재적인 이점과 비교할 때 여러 면에서 해롭다고 주장하지만, 과거의 봉건시대에 비해 크게 개선된 것으로 본다. 실제로 영국이 시민들에게 제공하는 자유와 안전에 대한 그의 과도한 칭찬은 적어도 부분적으로는 중상주의 체제와 관련된 것이다(국부: 425, 540, 610). 스미스가 전(前) 상업사회에 견줘 자신이 적대적으로 생각하는 중상주의에서조차 미덕을 찾으려 한 것은 그가 상업사회의 진보에 얼마나 큰 의미를 부여하고 있는지를 잘 보여 준다.

(2) 상업사회 안에서: 공감에 의한 이기심의 제어

① 상업사회 비판

스미스는 상업사회가 안고 있는 문제들에 대해 분명한 문제의식을 가지고 있었다. 그 가운데 노동분업, 불평등, 도덕 감정의 타락, 행복에 대한 스미스의 비판은 주목할 만하다.

첫째, 노동분업에 대한 스미스의 문제의식을 살펴보자. 스미스는 노동분업이 상업사회의 존재 근거이자 사회적 생산력 향상의 원동력이라고 생각하면서도 노동자 개인의 인격적 능력을 저하시킬 수 있다는 점을 간과하지 않는다. "노동분업이 진행됨에 따라 노동으로 생활하는 사람들, 즉 인민의 가장 큰 부분의 고용은 매우 단순한 몇 가지 작업에, 종종 한두 가지 작업에 국한돼 가고 있다. 상당 부분의 사람들의 이해력은 필연적으로 평범한 고용에 의해 형성된다. 결과가 언제나 같거나 거의 같은 단순한 몇 가지 작업을 수행하는 데 평생을 바쳐온 사람은 결코 발생하지 않은 어려움을 제거하기 위한 대책을 발견하는 데 자신의 이해력을 활용하거나 자신의 창의력을 발휘할 계기를 갖지 못한다. 따라서 그는 자연스럽게 그러한 노력의 습관을 상실하게 되고, 인간 피조물로서 가장 어리석고 무지한 상태에 빠지게 된다. 그는 마음의 무기력 때문에 합리적인 대화에 참여하거나 거기에서 즐거움을 느낄 수 없을 뿐만 아니라 관대하고 고귀하며 부드러운 감정을 가질 수 없게 됨으로써 결과적으로 사생활의 일상적인 의무들 가운데 많은 부분에 대해 합당한 판단을 내릴 수 없게 된다. … 자기 자신의 특수한 작업에서 그의 기교는 이렇게 지적·사회적 미덕과 용감한 미덕을 대가로 획득되는 것으로 보인다"(국부: 781-782). 스미스는 노동분업으로 인해 무기력증, 창의력의 상실, 합리적 대화의 회피, 감정의 고갈, 판단력의 약화 등 인격을 훼손하는 심각한 문제가 발생할 수 있음을 지적한다.

둘째, 불평등으로 인해 발생할 수 있는 문제에 대한 스미스의 문제의식에 대해 살펴보자. 그에 따르면, 재산 소유에 의해 불평등이 발생하며, 불평등은 부자와 빈민 간의 갈등을 유발한다는 것이다. "부자의 탐욕과 야심 그리고 빈민의 노동 혐오와 당장의 안일과 향락에의 심취는 다른 사람의 재산에 대한 침해를 조장하는 정념이다. 그 정념은 작용할수록 더욱더 견고해지고 그 영향력은 더욱더 커진다. 큰 재산이 있는 곳에는 반드시 큰 불평등이 존재한다. 한 명의 큰 부자를 위해서는 적어도 500명의 빈민이 있어야 하며, 소수의 풍요는 다수의 빈곤을 전제로 한다. 부자의 풍요는 빈민의 분노를 자극한다"(국부: 709-910).

셋째, 불평등이 도덕 감정에 미치는 영향에 대한 스미스의 문제의식을 살펴보자. 무엇보다 눈에 띄는 것은 도덕 감정의 '타락'이다. "부자와 권세가에 대해서는 감탄하고 또 거의 숭배하기까지 하는 성향, 그리고 가난하고 비천한 상태에 있는 사람들을 경멸하거나 아니면 적어도 무시하는 성향은 계급 차별과 사회 질서의 확립 및 유지에 필수적인 것이지만, 동시에 우리의 모든 도덕 감정을 타락시키는 가장 크고 가장 보편적인 원인이다. 지혜와 미덕에만 바쳐져야 할 존경과 감탄으로 부와 권세를 대하는 것, 그리고 부도덕한 행위와 우둔함만이 그 대상이 돼야 할 멸시가 극히 부당하게도 흔히 빈궁과 연약함에 가해지고 있다는 사실에 모든 시대의 도덕철학자들은 불만을 품어 왔다"(도덕: Ⅰ.ⅲ.3.§1). 스미스는 인격이 아니라 부와 권력이 도덕적 판단의 기준이 되고 있는 세태를 지적한다.

넷째, 스미스가 '가난한 사람의 아들'에 관한 예화(例話)를 통해 상업사회에서의 행복에 대해 말하고자 하는 바가 무엇인지를 살펴보자. "신이 화가 나서 야심을 보내어서 가난한 사람의 아들을 징벌하게 했는데, 그 아들이 주위를 둘러보기 시작했을 때, 그는 부자들의 생활 여건에 대해 부러워하게 된다. … 그는 만약 자신이 이 모든 것을 얻는다면 아주 만족한 채 앉아서 자신의 처지에 대해 행복감을 누리면서 조용히 지낼 수 있으리라고 생각한다. … 그는 부와 권세를 추구하는 데 자신의 모든 것을 바친다. … 불면의 근면함으로 그는 자신의 모든 경쟁자보다 우월한 재능을 획득하기 위해 밤낮으로 노력한다. … 그가 전 생애를 통해 추구하는 이상은 자신이 결코 도달하지 못할지도 모르는 어떤 실적이고 우아한 휴식의 관념인데, 그것을 위해 그는 어느 때든지 자신의 힘으로 쉽게 이룩할 수 있는 진정한 마음의 평정을 희생한다. … 인생의 최후의 순간이 돼 그의 육체가 고통과 질병으로 쇠약해지고, 자신의 적들의 불의, 동지들의 배신과 망은 때문에 그가 받아 왔던 수많은 상처와 실망의 기억에 의해 그의 마음이 쓰라리고 괴로울 때가 돼서야 비로소 그는 그러한 부와 권세가 사소한 효용만을 지닌 허접한 것에 불과하고, … 그것을 가지고 있는 사람에게 줄 수 있는 편리함 이상으로 번거로움을 더 많이 준다는 것을 깨닫기 시작한다"(도덕: Ⅳ.1.§8). 스미스에게 야심은 신이 인간의 마음에 심어 놓은 벌과도 같은 것이다. 그것이 벌인 이유는 언제든 마음만 먹으면 얻을 수 있는 행복을 영원히 도달할 수 없는 신기루로 만들어 버리기 때문이다. 그리고 인생의 최후의 순간에서야 사람들은 자신이 야심에 속았음을 깨닫게 된다는 것이다. 스미스의 예화는 상업사회에서 인간은 행복을 추구하지만 실제로 추구하는 것은 불행일 뿐이라는 역설을 보여 준다.

② 공감에 기초한 사회 질서 형성

스미스는 상업사회가 안고 있는 문제를 해결하기 위한 원리로서 공감을 제시한다. 그리고 공감의 원리를 토대로 공평한 관찰자의 관점에서 정의를 구축하는 것이 건전한 사회를 이루는 길이라고 생각한다.

스미스는 상업사회에서 주로 관찰되는 인간의 본성은 이기심이지만, 실제로는 그것 이외에도 다양한 본성이 존재한다고 생각한다. "인간이 아무리 이기적인 존재라고 하더라도, 인간에게는 분명 이와 상반되는 본성이 존재한다. … 연민과 동정심이 이런 종류의 본성에 속한다. 이것은 타인의 고통을 보거나 또는 그것을 아주 생생하게 느낄 때 우리가 느끼는 종류의 감정이다"(도덕: Ⅰ.1.§1).

인간이 타인의 고통에 대해 연민과 동정을 느끼는 능력을 공감이라고 한다. 공감은 상상과 소통을 통해 다른 사람의 느낌을 함께 느끼는 동류의식이다(도덕: Ⅰ.1.§5). 공감은 동류의식이기 때문에 다른 사람들의 감정에 영향을 미친다. 우리의 슬픔에 다른 사람이 공감하면 그 슬픔이 덜어지고, 즐거움에 공감하면 그 즐거움은 더 커지지만, 우리의 기쁨이나 슬픔에 다른 사람이 공감하지 않으면 충격을 받고 고통스러워할 것이다(도덕: Ⅰ.2.§1). 공감한다는 것은 곧 그 느낌이나 감정을 인정한다는 것을 의미하며, 공감하지 않는다는 것은 그 느낌이나 감정을 인정하지 않는다는 것을 의미한다. 이러한 의미에서 사람들이 공감을 주고받는 것은 인간으로서 서로를 인정하는 가장 기본적인 조건이다. 따라서 공감은 인간의 도덕적 행위를 안내하는 도덕 감정이라고 하겠다. 타인의 공감을 얻을 수 있는 행동이 도덕적이라는 것이다.

문제는 감정의 기복이나 친소 관계에 따라 인간이 공감하는 범위와 강도가 달라질 수 있다는 데 있다. 스미스는 이러한 문제를 해결하기 위해서는 우리 안에 '공평한 관찰자'를 세워야 한다고 생각한다. 그 방법으로 '시각의 원리'를 제시한다. 눈으로 사물을 보면 가까운 곳에 있는 것은 커 보이고, 먼 곳에 있는 것은 작아 보인다. 눈에 보이는 사물의 대소는 진정한 크기에 대응하는 것이 아니라 눈과의 거리에 영향을 받는다. 시각의 원리는 사물의 진정한 크기의 대소를 가늠하기 위해서는 상상 속에서 사물을 같은 거리에서 볼 수 있는 제3의 장소로 우리 자신을 이동시켜야 한다는 것이다. 이와 마찬가지로 자기 자신뿐만 아니라 다른 사람들의 행위의 적정성을 판단할 때, 우리는 자신도 아니고 타인도 아닌 제3자의 눈으로 봐야 한다는 것이다. "우리는 여러 이해관계를 우리 자신의 입장으로부터도 아니고 더구나 상대방의 입장으로부터도 아닌, 제3자의 눈과 입장에서 보지 않으면 안 된다. 그 제3자라는 것은 어느 한쪽에 특별한 관계를 갖지 않고 공평하고 중립적으로 판단하는 사람이다"(도덕: Ⅲ.3.§3).

그러나 인간에게는 '자기기만'이라는 치명적인 약점이 있다(도덕: Ⅲ.4.6). 자기기만은 '자기애'에 눈이 멀어 자신의 진정한 모습을 보지 못하는 것을 말한다(도덕: Ⅲ.4.§3). 자기기만은 반드시 연약한 인간에게만 해당되는 것이 아니라 현명한 인간에게도 커다란 위협이 된다. "우리 자신의 이기적 격정들의 폭력과 부정은 때때로 가슴 속에 있는 사람으로 하여금 사건의 실제 상황으로 볼 때 정당하다고 인정될 수 있는 것과는 매우 다른 보고를 하도록 유도한다"(도덕: Ⅲ.4.§1).

그렇다면 인간의 치명적인 약점은 극복할 수 있는가? 스미스에 따르면, 인간에게는 치명적인 약점을 갖게 하는 본성이 있지만 또한 그것을 극복하는 데 도움이 되는 본성도 있다. "조물주는 이처럼 중요한 약점을 전혀 어떤 구제책도 없이 그대로 내버려 두지는 않았다. 조물주는 우리를 완전히 자기애의 망상에 빠지도록 내버려 두지 않았다. 다른 사람들의 행위에 대한 지속적인 관찰을 통해 우리는 자신에 대해 무엇은 하고 무엇은 하지 말아야 타당하고 적당한가에 대한 어떤 일반규칙을 형성한다"(도덕: Ⅲ.4.§7). 일반규칙은 '공감적 상호 작용의 경험'을 통해 세워진다. 그 규칙은 소극적으로는 공평한 관찰자의 관점에서 처벌받아 마땅한 행위는 회피해야 한다는 것이고, 적극적으로는 공평한 관찰자의 관점에서 칭찬받아 마땅한 행위는 장려해야 한다는 것이다. 스미스는 전자를 '정의(正義)'라고 하고, 후자를 '자비'라고 한다.

스미스는 사람들이 행위를 판단하거나 이행할 때 '일반규칙을 존중하는 것'을 '의무감'이라고 한다. 그리고 그것은 "인간의 생활에서 가장 중요한 하나의 원칙이며, 대다수의 사람이 이것을 기준으로 자신의 행동을 지도할 수 있는 유일한 원칙"(도덕: Ⅲ.5.§

1)이라는 것이다. 의무감에는 내적인 상벌이 수반된다. "신민들을 규제하는 법률처럼, 일반규칙은 인간의 자유로운 행동을 지도하는 규칙이다. 이 규칙은 합법적인 상급자에 의해 가장 확실히 규정되며, 또한 보상과 처벌에 관한 조항도 붙어 있다. 신이 우리의 내면에 세워 놓은 대리인은 이 일반규칙을 위반한 자를 내적 수치심과 자책의 고통으로써 처벌하지 않고 내버려 두는 일이 결코 없다. 그리고 이와 반대로 일반규칙을 준수하는 자에 대해서는 항상 마음의 평정과 만족, 그리고 자기만족으로써 보상해 준다"(도덕: Ⅲ.5.§6). 스미스에 따르면, 일반규칙의 형성과 그것을 준수해야 한다는 당위의 감각으로서 의무감은 궁극적으로 인간의 행복에 기여한다. 그것이 마음의 평정이라는 행복의 조건을 충족시켜 줄 수 있기 때문이다.

인간 본성의 다양한 특성들 때문에 사회의 구성원들은 서로의 도움을 필요로 하는 동시에 서로에게 해를 입힐 가능성도 있다. 따라서 일반규칙은 일종의 의무로서 자비와 정의를 요청한다. 그렇다면 처벌받아 마땅한 행위를 회피해야 한다는 정의 관념과 칭찬받아 마땅한 행위를 장려해야 한다는 자비 관념 가운데 어느 것이 더 중요한가? 스미스는 자비보다는 정의가 사회의 유지에 더 중요한 가치가 있다고 생각한다. 그 이유는 자비가 없다고 하더라도 사회는 유지될 수 있으나, 정의가 없다면 사회 자체가 존립할 수 없기 때문이다. 자비가 건물의 장식이라면, 정의는 건물의 기둥이라고 할 수 있다는 것이다. "조물주는 인간에게 상당한 보상이 있을 것이라는 즐거운 인식을 심어 줌으로써 자비를 실천하도록 권고하고는 있지만, 그렇다고 해서 그것을 실천하지 않을 경우 그에 상응하는 처벌이 있을 것이라는 공포를 줌으로써 그것의 실천을 보장하고 강제할 필요는 없다고 생각했다. 자비는 비유하자면 건물을 지탱하는 기초가 아니라 건물을 아름답게 꾸미는 장식이므로, 그 실천을 권고하는 것으로 충분하고 그것을 강제할 필요는 결코 없는 것이다. 반면에, 정의는 모든 건물을 지탱하는 주요 기둥이다. 만약 그것이 제거되면 거대한 인간 사회라는 구조물은 틀림없이 한순간에 산산이 부서지고 말 것이다. … 조물주는 인간의 가슴속에 악행에는 악한 응보가 따른다는 인식과, 정의를 위반할 때 가해지는 응분의 처벌에 대한 공포를 인간사회의 위대한 파수꾼으로서 심어 줬다"(도덕: Ⅱ.ⅱ.3.§4).

사회의 기둥으로서 정의를 실현하는 구체적인 방법은 엄밀하고 강제력을 동반하는 법을 제정하는 것이다(김병곤, 2011; 조현수, 1998). 정의의 감정적 근원은 처벌받아 마땅한 행위에 대한 분노다. 그런데 인간은 분노의 감정을 좋아하지 않는다. 그러한 의미에서 보면 법은 분노를 제어하기 위한 장치라고 할 수 있다. 그리고 사람들이 법을 준수하는 이유는 처벌받아 마땅한 사람이 되지 않기 위해서다. 이렇게 사회 질서는 유지된다.

제3절_ 어울림

루소는 상업사회의 타락을 비판하고, 상업사회의 대안으로서 평등한 사람들의 자유 공동체를 제안한다. 스미스는 상업사회의 의의와 문제들을 동시에 평가하고, 문제들을 해결하기 위한 방안으로 상업사회 안에 공감의 원리에 기초한 정의 원칙을 확립할 것을 제안한다. 그렇다면 루소와 스미스가 더 많은 공공성의 실현을 위해 교차하는 지점이 있을까? 여기에서는 루소와 스미스가 교차하는 지점을 공–통–인 전략의 측면에서 살펴본다.

1 공-전략의 행위 주체: 사회적 조화를 추구하는 주체적 시민 형성

공–전략의 행위 주체 측면에서 루소는 주체적이고 유덕한 시민의 형성을 통해 개인과 사회의 조화를 추구하며, 스미스는 도덕적으로 자율적인 시민의 형성을 통해 개인과 사회의 조화를 추구한다. 이러한 의미에서 이들은 사회적 조화를 추구하는 주체적 시민의 형성이라는 공통된 관심을 바탕에 두고 있다고 하겠다.

1) 루소: 주체적이고 유덕한 시민의 형성

공공성을 실현하는 데 가장 기본이 되는 것은 행위 주체를 형성하고, 그들이 서로 조화를 이루며 공동체적 삶을 영위할 수 있는 방법을 찾는 것이다. 루소는 대안적인 사회 모델을 제시하는 과정에서 행위 주체의 형성에 특히 중요성을 부여한다. 이는 『사회계약론』과 『에밀』이 거의 동시에 저술됐다는 점과 『에밀』의 후반부에 정치교육의 내용을 설명하면서 『사회계약론』의 내용을 그대로 활용하고 있다는 점에서 분명하게 확인할 수 있다.

그렇다면 루소가 추구하는 혹은 형성하고자 하는 행위 주체는 어떤 존재인가? 이 물음에 답하기에 앞서 루소가 극복해야 할 대상으로 봤던 타락한 인간이 어떤 존재인지를 확인할 필요가 있다. 루소는 타락한 인간의 전형을 '부르주아'로 규정한다. 부르주아는 '자신이 무엇을 원하는지 알지 못하는 사람', '언제나 자신과 모순되고 항상 자신의 성향과 의무 사이에서 방황하면서 결코 인간도 시민도 되지 못하는 사람', '결국은 자기 자신은 물론 어느 누구에게도 도움이 되지 않는 사람', 문명사회 또는 상업사회에서 열심히 일하고 자신들의 능력을 넘어서는 욕망을 추구하며 살아가는 '평범한 사람', '알맹이가 없는 사람'이다(에밀Ⅰ: 63-64). 문명사회 또는 상업사회의 전형적 인간으로서 부르주아는 '인간적 비참'의 상황에 처해 있다고 하겠다(Melzer, 1980: 1018). 그에게는 알맹이가 없으면서도 알맹이가 있는 것처럼 보여야 하는 기만이 존재 이유가 된다. 부르주아는 "완전히 가면 속에 있다. … 그에게는 진정으로 자신이 어떤 사람인가 하는 것은 아무 의미도 없고, 자신이 어떤 사람으로 보이는가 하는 것이 전부다"(에밀Ⅱ: 52). 이러한 의미에서 부르주아는 '이중적 인간'이다. 그는 '겉으로는 타인에게 좋은 것을 추구하는 것처럼 보이지만, 실제로는 자신에게 좋은 것을 추구하는 표리부동한 인간'이다. 루소의 선악 관념에 따르면, 부르주아는 악인이다. "선인(善人)은 전체와의 관계 속에서 자기에게 질서를 부여하는 데, 악인(惡人)은 자신과 관련해서 모든 것에 질서를 부여한다. 악인은 스스로 만물의 중심이 되고, 선인은 원둘레에 자리를 잡는다"(에밀Ⅱ: 171). 이러한 의미에서 부르주아는 공공성을 위협하는 타락한 인간의 전형이다.

루소에게 부르주아는 극복해야 할 인간상이다. 이를 위해 그는 인간의 본성을 바꿔야 한다고 생각한다. 그것은 '완전하고 고립된 전체로서의 개인을 더 큰 전체의 일부로 변형'시키고 '자연으로부터 받았던 독립적이고 육체적인 존재 양식을 사회에 소속된 도덕적인 존재 양식으로 대체'하는 것으로서 '사람들이 다른 사람들과 함께하지 않고는 아무 존재도 아니고 아무것도 할 수 없는' 인간을 형성하는 것이다(계약: 58-59). 이는 자기애를 추구하는 고립된 개인으로서 자연 상태의 자연인과 이기심의 지배를 받는 경쟁적 개인으로서 사회 상태의 자연인(부르주아)을 극복하는 인간의 조건이다. 루소는 이를 통해 개별적 자아가 아니라 공동적 자아를 정체성의 근거로 삼는 공동체적 인간으로서 사회인 모델을 제시한다. "자연인은 온전히 홀로 존재한다. 그는 수로 표시하면 1, 즉 그 자체와만 관계가 있는 절대적 전체다. 사회인은 분수로 표시하면 분모에 의존하는 분자 1일 뿐이다. 그의 가치는 전체, 즉 사회와의 관계에 의해서 결정된다. 좋은 사회제도는 인간을 탈자연화하고, 인간으로부터 절대적 존재 양식을 제거해 그에게 상대적 존재 양식을 부여하며, '나'를 전체로 이동시키는 방법을 가장 잘 아는 제도다. 결과적으로 각 개인은 더 이상 자신을 단일한 개체가 아니라 전체의 일부로 생각하고, 오직 전체 안에서 자신을 느끼게 된다"(에밀Ⅰ: 62-63).

'인간의 탈자연화'는 새로운 사회제도와 교육의 몫이다(에밀Ⅱ: 384). 루소의 교육 방법의 요체는 인간을 인간답게 기르는 것(에밀Ⅰ: 135), 아이를 아이로 바라보는 것(에밀Ⅰ: 136), 자연으로 하여금 인간을 교육하게 하는 것,[3] 자기와 같은 사람들과 함께 사는 방법을 알게 하는 것 등으로 정리할 수 있다(고봉만, 2013). 교육이 지향하는 바는 바람직한 인간형으로 표현되는데, 루소의 경우는 두 측면에서 설명할 수 있다. 하나는 '주체적 인간'을 형성하는 것이며, 다른 하나는 '유덕한 시민'을 형성하는 것이다.

먼저 주체적 인간에 대해 살펴보자. 주체성은 사람들이 '자신의 주인'이 되는 것, 즉 자신의 의지에 따라 '자신의 자유를 지배하고 자신의 힘을 사용하는 것'을 의미한다(에밀Ⅰ: 106). 따라서 주체적 인간을 양성하는 교육은 '자기충족성과 자기지배권'을 함양하는 데 초점을 맞춰야 한다(오수웅, 2015: 289). 이를 위해 '욕망과 능력 계발의 균형'을 이루게 하는 교육 방법을 적용한다(Cook, 1975). 그것은 '능력에 비해 과도한 욕망을 줄이고 능력과 의지를 완전히 동등하게 만드는 방식'이다(에밀Ⅰ: 137). 요컨대 자연이 부여한 힘을 남용하지 않게 해야 하고, 육체적 필요를 충족시켜 줘야 하며, 욕망

---

[3] 자연주의적 교육의 핵심은 루소의 소극적 교육 개념에 담겨 있다. "적극적 교육은 성숙하기도 전에 정신을 형성하고 어린아이에게 인간의 의무에 관한 지식을 부여하려는 교육을 말한다. 소극적 교육은 지식을 가르치기 이전에 지식의 도구인 기관을 완전하게 하고, 감각의 훈련을 통해 이성으로의 길을 준비하는 교육을 말한다"(보몽: 41-42).

이 필요를 넘지 않게 해야 한다. 이를 위해 물질적 · 도덕적 · 인지적으로 독립적인 존재가 되는 방법을 터득함으로써 상업사회의 악덕과 거리를 두게 하는 방식과 자신의 순수성을 지키면서 생존할 수 있는 능력을 계발하는 방식을 병행한다(Oelkers, 2002; Rousselière, 2016; 박주병, 2008; 이상오, 2013). 한마디로 주체적 인간은 자유로운 인간이다. "당신의 자유와 능력은 당신의 자연이 부여한 힘만큼만 확장될 뿐 그 이상은 아니다. 그 이외의 모든 것은 예속, 환상, 기만에 불과하다. … 자신의 의지대로 행동하는 유일한 사람은 그렇게 하기 위해 다른 사람에게 의존할 필요가 없는 사람이다. 여기에서 모든 선(善) 중에서 최고의 것은 권위가 아니라 자유라는 결론이 나온다. 진정으로 자유로운 사람은 자신이 할 수 있는 것만을 원하고 자기 뜻에 맞는 것을 행한다. 이것이 나의 기본적인 격률이다"(에밀 I : 143-144).

다음으로 유덕한 시민에 대해 살펴보자. 루소에 따르면, 덕은 개별의지가 일반의지와 합치하는 것을 말한다(정치경제: 244). 따라서 유덕한 사람은 모든 측면에서 자신의 개별의지가 일반의지와 일치하는 사람이다(정치경제: 247). 루소는 유덕한 사람의 모습을 다음과 같이 묘사한다. 유덕한 사람은 "자신의 애착을 극복할 줄 아는 사람이다. 왜냐하면 그때 그는 자신의 이성과 양심을 따르고, 자신의 의무를 이행하며, 스스로 규율을 지키고 그 무엇도 그를 거기에서 벗어나게 할 수 없기 때문이다"(에밀Ⅱ: 452). 사람들이 덕의 길로 가기 위해서는 먼저 이기심을 다른 사람들에 대한 애정으로 승화해야 한다. "이기심을 다른 존재에게 펼쳐 보자. 그러면 그것은 미덕으로 변화할 것이다. 모든 인간의 마음에는 이러한 미덕의 뿌리가 존재한다"(에밀Ⅱ: 97-98). 루소가 자신의 모든 저작에서 전제하고 있는 '인간의 선한 본성'이 바로 미덕의 뿌리다(보몽: 29-30; Melzer, 1990). 그렇기 때문에 사람들이 자신의 이성과 양심에 따라 생각하고 판단한다면, 삶의 '영원한 법칙'(에밀Ⅱ: 502), 칸트가 말하는 정언명령을 인식할 수 있을 것이다(Reisert, 2012). 그 법칙을 따를 때 사람들은 자유로워진다. 국가의 구성원으로서 시민은 영원한 법칙인 일반의지를 실현한 '법'을 준수함으로써 또는 그러한 준수를 의무로 받아들임으로써 유덕해지고 자유로워진다.

루소에 따르면, 대안적 사회의 실현은 제도와 인간에 달려 있다. 특히 제도가 아무리 잘 설계돼 있다고 하더라도 사람이 적절하게 조응하지 못한다면 실패할 가능성이 매우 높다. 따라서 그는 시민교육에 큰 관심을 기울인다. 루소의 행위 주체 형성 과정에 대한 논의를 보면, 공공성 실현의 행위 주체는 주체적 인간이어야 하고, 공동체의 구성원으로서 유덕한 시민이어야 한다. 주체적 인간과 유덕한 시민은 상보적 관계에 있다. 주체적 인간만이 유덕한 시민이 될 수 있고, 유적한 시민만이 주체적 인간이 될 수 있다는 것이다. 사회는 그러한 인간을 양성하는 학교로서 역할을 해야 하며, 교육 현장에서는 적절한 교육 방법을 개발하고 적용해야 한다.

2) 스미스: 도덕적으로 자율적인 시민의 형성

스미스는 경험적 탐구를 토대로 인간의 본성적 특성을 제시하고, 그것을 바탕으로 인간의 본성에 적합한 행위 규범을 제시한다. 일반적으로 신자유주의 담론에서는 인간을 이기적이고 합리적인 존재, 즉 경제인으로 가정한다. 스미스가 말한 교환의 성향과 이기심을 가진 인간은 바로 신자유주의적 인간관의 토대를 이룬다. 그렇다면 신자유주의자들이 스미스에게서 발견한 인간관은 스미스의 인간관의 전모를 드러낸 것으로 볼 수 있을까? 그렇지 않다. 스미스가 발견한 인간 본성의 몇 가지 특성을 살펴보자.

첫째, 인간은 사회적 존재다(도덕: Ⅲ.1.§3). 스미스에 따르면, 우리는 우리가 다른 사람을 보듯이, 다른 사람들 역시 우리를 보고 있다는 사실을 안다. 그래서 우리는 다른 사람들이 우리를 어떻게 보고 있는지를 의식하고 상상한다. 우리는 다른 사람의 시선으로 우리 자신을 본다. 다른 사람들이 우리들의 공감에 기뻐하듯이, 우리도 다른 사람들의 공감에 기뻐한다. 이처럼 사람들은 다른 사람들과의 사회적 상호 작용을 통해 감정과 행위를 표출하는 적절한 방법을 학습하게 된다. 그러한 의미에서 우리들의 자아는 하늘에서 떨어지는 것이 아니라 사회적으로 구성되는 것이다. 사회는 우리를 비추는 거울이다. 스미스의 '사회적 자아' 관념은 자유주의자들이 일반적으로 전제하고 있는 '무연고적 자아'(Sandel, 1996: 11-13) 관념에서 벗어나 있다. 스미스에 따르면, 인간은 본질적으로 사회적 상호 작용을 통해 자아를 형성하고, 사회적 관계 자체를 존립 근거로 하는 사회적 존재, 즉 '사회인'이다. '사회인'은 스미스를 대표하는 이익을 추구하는 '경제인'의 관념과 어떤 관계에 있는가? 스미스는 다양한 사회적 행위에 관심을 가지고 있는데, 경제적 행위는 그 가운데 하나일 뿐이다. 그는 그것이 다른 사회적 행위를 지배하는 것이 아니라 조화로운 사회적 관계를 가능하게 하는 조건에 의해 제어돼야 한다고 본다(Grampp, 1948).

둘째, 인간은 복합적 존재다. 스미스는 인간을 하나의 본성으로 규정하는 것은 경험적으로 볼 때 비현실적이라고 생각한다. 인간은 이기적이기도 하고 이타적이기도 하다. 인간은 이성적이기도 하고 감정적이기도 하다. 스미스가 주목한 공감은 감정이나 격정 또는 욕구가 아니라 마음의 작용을 말한다. 공감은 감정이나 행위의 표출을 야기한 상황에 대한 이해력, 다른 사람의 내면적 상태를 상상하는 능력, 다른 사람이 느끼고 있는 것을 그대로 따라 느끼는 능력, 그리고 감정이나 행위의 적정성을 판단하는 능력 등으로 구성된다. 공감을 통해 사람들은 자기 안에 공평한 관찰자 또는 양심을 형성하게 된다. 공평한 관찰자는 감정이나 행위의 적정성을 조절하는 자기제어의 축으로 작동한다. 이는 사람들의 감정이나 행위가 매우 복잡한 과정을 거쳐서 표출된다는 사실을 보여 준다. 이러한 의미에서 사람들의 모든 행위를 '이기심'의 발로쯤으로 치부하는 것은 불완전하고 위험한 접근 방식이라고 하겠다. 신자유주의자들은 이기심을 가장 기본적인 행위의 동기로 보고 있기 때문에 사회문제에 대한 진단과 처방을 이기심의 원리에 따라 행한다. 진단과 처방은 이기심을 자극하는 것으로서 일반적으로는 경쟁을 촉발한다. 이기심은 경쟁 체제에서 야심으로 강화되고, 사람들은 허영을 좇는 연약한 인간으로 변질된다. 허영은 겉치레에 집착하는 것으로서, "허영심이 많은 사람은 표리부동해서, 자기 마음속 깊은 곳에서는 자신의 우월성에 대한 확신을 하지 못하면서도, 자신에게 그러한 우월성이 있다고 당신이 인정해 주기를 바란다"(도덕: Ⅵ.ⅲ.§1). 이는 사회 질서와 번영을 위해 바람직한 것이 아니다. 인간은 본질적으로 다양한 감정, 격정, 태도, 능력을 가지고 있는 '복합인'이며, 공감 능력을 매개로 다양한 성향을 조절하는 존재다.

셋째, 인간은 감정적 존재다. 우리는 인간이 이성적 존재라는 규정에는 매우 익숙하다. 그에 비해 감정적 존재라는 말은 생소하고 적합하지 않다고 생각한다. 감정은 불안정하고 불규칙하며 예측불가능하기 때문에, 그리고 그것이 이성의 냉정한 사리 분별 능력을 방해한다는 인식이 지배적이기 때문에 인간의 본성을 규정하는 데 적합하지 않다고 생각한다. 그래서 많은 사상가는 도덕의 원리나 삶의 원리를 찾기 위해 주로 신이나 이성에서 그 근거를 찾는다. 그러나 스미스는 도덕의 기원을 감정에서 찾는다(도덕: Ⅱ.ⅰ.§2). 그렇다고 이성이 도덕과 무관하다는 것은 아니다. 다만 사람들이 상황을 대하는 과정을 보면, 감정이 이성에 앞선다는 것이다. 사람들의 사회적 관계 역시 감정의 공유가 이뤄지지 않으면, 이성적 논의가 허공을 맴돌 뿐이다. 감정의 공유를 바탕으로 하지 않는 이성적 판단은 억측과 왜곡을 불러올 가능성이 크다. 신자유주의자들은 이성적이고 합리적인 판단을 강조한다. 이성적인 것은 자기 이익을 계산하는 것을, 합리적인 것은 자기 이익을 극대화하는 데 가장 적합한 방법을 선택하는 것을 의미한다. 이러한 접근 방식은 사람들이 본래적으로 가지고 있는 감정을 고려하지 않기 때문에, 사람들이 느끼는 감정을 공유하기 어렵다. 이는 사람들이 인간적인 관계를 형성하는 데 도움이 되지 않는다.

넷째, 인간은 인정의 욕구를 가지고 있다(도덕: Ⅲ.2.§6). 공감은 기본적으로 인정을 지향한다. 감정이나 행동의 표현의 적정성을 판단한다는 것은 그러한 표현을 인정할 것인가 말 것인가를 판단하는 것을 의미한다. 사람들이 공감에 민감한 이유는 그것이 인간으로서 인정을 받는 통로이기 때문이다. 사람들이 서로 공감을 얻음으로써 기쁨을 느끼고, 공감을 얻지 못함으로써 고통을 느낀다는 스미스의 관찰은 인간의 생물학적 욕구만큼이나 인정이 사회적 욕구로서 중요한 의미를 갖는다는 것을 보여 준다. 문제는 어떻게 인정을 받느냐에 달려 있다. 스미스는 '현명한 사람'으로서 인정받는 길을 안내한다. 동등한 인격적 관계 속에서 인정받을 만한 사람이 되는 것이 현명한 사람이라는 것이다. 그런 면에서 보면 신자유주의자들은 '연약한 사람'으로서 인정받는 길을 안내하는 것으로 보인다. 그들은 인격이 아니라 부와 권력을 통해 인정받는 길을 제시한다. 이는 불평등한 관계를 전제로 하는 인정을 말한다. 부유하고 권력이 있는 사람들은 빈궁하고 권력이 없는 사람들로부터 인정을 받을 수 있다는 것이다. 그러나 인정은 본래 동등한 관계에서 이뤄져야 한다. 약자가 강자를 인정하는 것은 그가 인정받을 만하기 때문이 아니라 인정을 하거나 하지 않을 때 돌아올 상벌 때문이다. 이것은 참다운 인정이라고 할 수 없다. 참다운 인정을 받는 길은 동등한 사회적 관계의 형성을 통해 가능한 것이다.

다섯째, 인간은 행복을 추구하는 존재다(도덕: Ⅲ.5.§7). "조물주가 인간과 기타 모든 이성적 동물을 창조할 때, 그의 원래의 목적은 그들을 행복하게 해 주려는 것이었던 것 같다"(도덕: Ⅲ.5.§7). "행복은 마음의 평정과 즐거움에 있다. 평정 없는 즐거움이 있을 수 없고, 완전한 평정이 있는 곳에 즐거움이 없을 수 없다"(도덕: Ⅲ.3.§30). 탐욕은 마음의 평화를 깨고, 삶을 고통으로 만든다. 탐욕은 다른 사람보다 더 소유하려는 욕망이다. 탐욕은 경쟁적 관계 속에서 만들어지는 사회적 욕망이다. 신자유주의는 사람들의 탐욕을 자극해 더 많이 가짐으로써 행복해질 수 있다는 환상을 심어 준다. 스미스에 따르면, 행복은 다른 사람들과 어떤 관계를 형성하는가에 달려 있다. 그는 자기제어를 통한 조화와 공존을 권한다. "완전한 신중, 엄격한 정의, 적절한 자비의 원칙에 따라 행동하는 사람은 완전하게 도덕적인 사람이라고 할 수 있을 것이다. … 그러한 원칙을 아무리 가장 완벽하게 알고 있다 하더라도, 완벽한 자기제어에 의해 그것이 뒷받침되지 않는다면, 그것이 항상 그로 하여금 자신의 책무를 다하도록 해 주지는 못할 것이다"(도덕: Ⅵ.ⅲ.§1). 현명한 사람들은 자기제어를 통해 양심에 꺼리는 것이 없는 상태에 이르게 되고, 사람들 간의 관계에서 진정한 행복을 얻을 수 있다는 것이다. 행복은 더 많이 가지고 누리는 데 있는 것이 아니라 다른 사람들과 좋은 관계를 형성하는 데 있다는 것이다.

행위 주체로서 인간은 사회적 존재, 복합적 존재, 감정적 존재, 인정의 욕구를 추구하며, 궁극적으로 행복을 추구하는 존재다. 사회적 존재로서 개인의 행복은 사회와의 조화 없이는 불가능하다. 개인은 사회와의 조화를 위해 자기제어 능력을 함양해야 한다. 이러한 의미에서 스미스가 바람직하게 생각하는 행위 주체는 자기제어 능력이 있는 도덕적으로 자율적인 시민이다. 도덕적으로 자율적인 시민은 마음 안에 공평한 관찰자의 거처를 마련해 자기제어의 축으로 삼고, 일반규칙의 준수를 의무로 삼는 시민을 말한다.

2 통-전략의 절차적 측면: 민주주의의 혁신과 소통 능력의 향상

통-전략의 절차적 측면에서 민주주의와 소통은 핵심적인 메커니즘이다. 루소는 인민 주권이라는 민주주의의 근본 이념을 실질적으로 실현하기 위한 방법을 찾기 위해 민주주의의 제도적 혁신에 주목한다. 스미스는 특히 인간의 소통 능력을 향상시키는 방안으로 감정 소통을 강조한다. 감정 소통은 토론 과정에서 상호 이해와 신뢰를 이루는 토대가 된다고 본다. 이러한 의미에서 루소와 스미스는 민주주의의 혁신과 소통 능력을 향상하는 데 상보적 관계에 있다고 하겠다.

1) 루소: 인민 주권을 위한 민주주의의 지속적인 혁신

공공성의 절차적 측면에서 주목해야 할 것은 민주주의 원리다. 루소는 일반의지 개념을 통해 인민주권사상의 토대와 자치라는 민주주의의 가장 기본이 되는 원리를 제시한다. 루소가 생각하는 민주주의를 좀 더 구체적으로 살펴보자.

첫째, 마음속으로 언제나 '제네바의 시민'이었던 루소가 생각하는 민주주의는 『인간불평등기원론』의 헌사 '제네바공화국에 바치는 글'에 압축적으로 잘 드러나고 있다. "저는 국가기관의 모든 활동이 궁극적으로 공동의 행복을 지향하도록 하기 위해, 주권자와 국민의 이해관계가 일치하는 나라에 태어나기를 바랐을 것입니다. 그러나 그런 일은 국민과 주권자가 동일한 인간이 아닌 이상 있을 수 없으므로, 결과적으로 저는 현명하게 조절된 민주적인 정부에서 태어나기를 원했겠지요"(불평등: 18-19). 루소는 민주주의는 기본적으로 국민과 주권자가 일치하는 정체(政體)이며, 이러한 체제에서 공동의 행복을 기대할 수 있음을 강조한다. 일반의지는 인민의 자발적 결사를 통해 형성된다. 노예 계약에 자발적으로 참여할 사람은 없을 것이다. 인민은 계약을 통해 일반의지를 행사하는 주체, 즉 주권자가 된다. 루소는 이처럼 인민이 주권자가 되는 체제를 민주주의라고 생각한다. 그리고 주목할 것은 민주주의 체제에서만이 인간의 행복을 기대할 수 있다고 생각한 점이다. 실존적으로 표현하면, 이는 인간은 자신의 주인이 될 때 참다운 행복을 기대할 수 있다는 생각을 전제로 한다. 루소는 민주주의를 정치적으로 그리고 실존적으로 인간이 자신의 주인이 돼 참다운 행복을 추구할 수 있는 바람직한 정체로 보고 있다. 루소에 따르면, 행복 추구와 인민 주권은 민주주의의 가장 기본이 되는 권리이자 원리다.

둘째, 루소가 생각하는 민주주의는 기본적으로 직접민주주의다. 이는 국가의 구성원 모두가 공동체의 의사결정에 직접 참여하는 것이다. 그는 직접민주주의의 조건을 다음과 같이 제시한다(계약: 86). (ⅰ) 국가가 아주 작아서 인민이 쉽게 함께 모일 수 있고, 각 시민이 다른 시민을 쉽게 알 수 있어야 한다. 이는 국가의 공간적·인구적 조건과 밀접한 관련이 있다. 국가는 공간적으로 소규모여야 하며, 인구는 사람들이 서로를 알 수 있는 정도의 규모여야 한다는 것이다. 이는 민주주의가 가능하기 위해서는 국가가 형식적 혹은 제도적 체제에 머물러서는 안 되고, 친밀성에 기초한 '삶의 공동체'가 돼야 한다는 생각을 담고 있다. (ⅱ) 풍속이 아주 단순해서 업무가 많지 않고 까다로운 논쟁이 없어야 한다. 민주주의는 공동체의 문제 해결 기제라고 할 수 있다. 그런데 인민은 충분한 지식을 가지고 있는 전문가들이 아니다. 이처럼 비전문가들의 능력에 비해 해결해야 할 문제가 너무 복잡하고 어렵다면, 문제 해결 기제로서 민주주의는 그 실효성을 의심받게 된다. (ⅲ) 지위와 재산이 최대한 평등해야 한다. 민주주의가 추구해야 할 최고의 가치는 자유와 평등이다. 특히 루소가 중시하는 것은 평등이다. "평등 없이는 자유가 존속할 수 없기 때문이다"(계약: 70). 극심한 부(富)의 불평등이 존재하게 되면, '공적 자유의 불법 매매'가 관례화된다. 이는 문명사회 혹은 상업사회에서 벌어지고 있는 정치적 현실에 대한 강력한 비판이라고 할 수 있다. 그래서 루소는 다음과 같이 조건을 제시한다. "어떤 시민도 다른 시민을 살 수 있을 만큼 부유해서도 안 되며, 누구도 자신을 팔아야 할 만큼 가난해서도 안 된다"(계약: 70). 이는 정치적 평등이 경제적 평등과 불가분의 관계에 있음을 시사한다. (ⅳ) 사치가 거의 없거나 전혀 없어야 한다. 사치는 부의 결과이거나 부가 필요하게 만든다. 사치는 부자와 빈자를 함께 타락시킨다. 부자는 부를 소유함으로써 타락하고, 빈자는 부를 탐냄으로써 타락한다. 역사적 경험에 비춰 볼 때, 공동체가 허영에 빠져 풍속이 타락하면, 국가의 몰락을 자초하게 된다.

 셋째, 루소는 직접민주주의의 조건을 충족시키는 것이 현실적으로 어렵다는 것을 잘 안다. "진정한 민주정은 이제까지 절대 존재하지 않았고 앞으로도 절대 존재하지 않을 것이다"(계약: 86). 그렇다면 다른 정체는 어떤가? 루소의 귀족정(貴族政)에 대한 설명에 주목할 필요가 있다. 귀족정은 정부를 소수의 정무관(政務官)에게 위임하는 정체다. 그것의 유형으로는 자연적 귀족정, 선거제 귀족정, 세습제 귀족정이 있는데, 루소는 그 가운데 선거제 귀족정을 최선의 형태로 본다(계약: 88). 선거제 귀족정은 일종의 대의민주주의라고 할 수 있다(김주형, 2016: 36). 선거제 귀족정의 가장 중요한 조건은 주권자의 권력(입법권)과 정부의 권력(집행권)을 명확히 구분해야 한다는 것이다. 그리고 입법권이 집행권에 우선해야 한다는 것이다. "입법권은 국가의 심장이고, 행정권은 국가의 뇌"이며, "국가가 존속하는 것은 입법권을 통해서"다(계약: 108). 그러나 실제로 입법권과 집행권이 구분되고, 그 계층적 관계가 적절히 유지되는 경우는 별로 없다. "실제로 두 권력이 그렇게 분리된 국가는 없다"(산에서: 257). 루소는 소위 행정권 혹은 집행권의 강화로 인한 선거제 귀족정의 실패를 말하고 있는 것이다.

그렇다면 현실적 대안으로서 대의민주주의는 어떤가? 루소는 대의민주주의에 대해 상당히 비판적이다. 그가 생각하는 대의민주주의의 가장 기본이 되는 정신은 선거로 선출된 사람이 인민의 대표가 돼서는 안 된다는 것이다. "인민의 대의원은 인민의 대표가 아니며 대표일 수도 없다. 그들은 단지 인민의 대리인일 뿐이다"(계약: 114). 대리인은 결정을 수행하는 사람이지 어떠한 결정도 내릴 수 없는 사람이다. 그러나 현실에서는 그렇지 않다는 것이다. "영국 인민은 의회 의원 선거를 할 때만 자유롭다. 의회 의원이 선출되는 즉시 영국 인민은 노예가 되고 아무것도 아닌 존재가 된다"(계약: 115). 이는 대표로 선출된 의회 의원들이 인민의 의사를 적절히 반영하지 못하고 있다는 인식에 기반한다. 소위 대의민주주의의 실패를 말하고 있는 것이다.

넷째, 직접민주주의는 일종의 이상형이다. 대의민주주의는 현실적 대안이지만 인민 주권의 정신을 유지하기 어렵다. 그렇다면 현실적인 대안은 존재하는가? 루소에게서 서로 밀접하게 관련된 두 가지 유의미한 처방을 찾아볼 수 있다. 하나는 '인민의 정기 집회'이며 다른 하나는 '숙의(熟議)'다. 먼저 정기 집회에 대해 살펴보자. "집회에 참석한 인민이 법체계를 승인함으로써 국가의 구성이 일단 결정되는 것으로는 충분하지 않다. 인민이 영구적인 정부를 수립하거나 전체 정무관을 선출하는 선거를 한 번만 하는 것으로도 충분하지 않다. … 어떤 이유로도 폐지되지 않거나 연기할 수 없는 규칙적인 정례 집회가 있어야 한다"(계약: 110). 국가의 상황이 변화할 수 있고, 구성원들도 내외적으로 새로이 충원된다. 따라서 사회계약을 일회적인 것으로 보는 것은 위험하다. 사회계약은 정기적으로 지속되는 과정이어야 한다. 이를 통해 시민들은 국가를 구성하는 기본적인 원리를 확인하고 수정하는 과정에 지속적으로 참여할 수 있어야 한다. 루소의 제안이 시사하는 것은 대의민주주의를 보완하기 위해 "주권자가 자신을 더 빈번하게 드러낼 수 있는"(계약: 111) 방법을 찾아야 한다는 것이다.

다음으로 숙의 또는 토의에 대해 살펴보자. 루소는 때때로 공적 토론이나 논쟁에 대해 부정적이라는 비판을 받기도 한다. 그러나 그의 진의는 숙의 무용론이 아니라 바람직한 숙의가 이뤄지기 위한 조건과 한계에 대한 인식을 분명히 하는 데 있다고 보는 것이 타당할 것이다(강정인, 2009).

먼저 성공적인 숙의의 조건을 보자. (ⅰ) 공적인 숙의에 참여하는 사람들에게는 충분한 정보가 주어져야 하고, 사적인 이해관계를 공유하거나 파당을 형성하기 위한 사적 소통을 배제해야 한다. 그럴 때 의견이나 생각의 차이가 충분하게 드러나고 숙의가 내실 있게 이뤄져 그 결과가 일반의지에 접근할 가능성이 높다는 것이다. "충분한 정보를 가진 인민이 숙의할 때, 시민들이 자기들끼리 아무런 의사소통을 하지 않는다면, 언제나 수많은 사소한 차이로부터 언제나 일반의지가 나올 것이고 그 숙의는 항상 좋을 것이다"(계약: 46). (ⅱ) 숙의에 참여하는 사람들에게는 누구나 발언을 할 수 있는 기회가 주어져야 한다. "건전한 시민이 무언가 유용한 말을 하려 할 때 말하지 못하게 막는 것은 훨씬 더 큰 해악이다. 의회에서 특정한 사람들에게만 발언이 허용되고, 심지어 그들조차도 말하는 것이 금지된다면, 그들은 권세 있는 사람들을 기쁘게 할 만한 것 말고는 더 이상 아무 말도 하지 않을 것이다"(폴란드: 205). (ⅲ) 숙의에 참여한 사람들은 자신들의 의견을 명확하게 표현해야 한다. "장황하고 횡설수설하는 언사를 어느 정도 막기 위해 모든 발언자에게 법정에서 소송행위자들이 하는 것처럼 서두에 자신이 주장하고자 하는 바를 말하고, 논변을 제시한 후에는 결론을 요약해서 진술할 것을 요구해야 한다"(폴란드: 205). 이처럼 루소는 정보의 충분성, 사적 이해관계의 배제, 공정한 발언 기회, 발언의 명료성 등을 성공적 숙의를 위한 조건으로 제시한다. 그렇다고 해서 루소가 숙의에 절대적인 신뢰를 갖는 것은 아니다. 앞에서 말한 조건을 충족시키는 것이 현실적으로 매우 어렵기 때문이다. "인민의 숙의가 항상 올바르다는 … 것은 아니다"(계약: 46).

루소가 제시하는 민주주의의 기본 원리와 목적은 인민 주권 및 자유와 평등의 원리 그리고 참여와 숙의를 통해 궁극적으로 인민의 행복을 실현하는 것이다. 루소에 따르면, 공공성의 실현을 위한 절차로서 민주주의는 완벽한 제도가 아니다. 직접민주주의도 대의민주주의도 한계를 갖는다. 민주주의는 불완전하기 때문에 지속적으로 검토되고 비판되고 개선돼야 한다(Inston, 2010). 그 기준은 루소가 제시한 민주주의의 기본 원리와 목적이어야 한다.

2) 스미스: 감정적 소통

스미스가 민주주의에 대해 체계적으로 논의를 전개한 경우는 찾아보기 어렵다. 『도덕감정론』, 『국부론』의 색인에는 민주주의가 없으며, 『법학강의』에서 삼권 분립의 원리가 작동하며 전체 인민에 의해 운영되는 공화주의적 통치 체제를 민주주의로 정의하고 있는 정도다(법: 200). 따라서 공공성의 절차적 측면에서 스미스가 기여할 수 있는 이론적 자원이 거의 없는 것으로 보일 수 있다. 그러나 절차적 측면에서 공론장의 원리를 발전시키는 데 도움이 될 수 있는 이론적 자원을 스미스의 논의에서 찾아볼 수 있다.

공공성은 절차적 측면에서 민주적 소통을 위한 장치로 공론장을 강조한다. 일반적으로 공론장 이론은 이성적인 소통에 초점을 맞춘다. 존 롤스(John Rawls)의 원초적 입장은 사적인 이해관계를 배제함으로써 이성적인 토론을 통해 합당한 선택이 이뤄지는 공론장이다. 위르겐 하버마스(Jürgen Habermas)의 이상적 담화 상황은 권력 관계가 배제된 상태에서 이성적인 토론을 통해 합리적인 선택이 이뤄지는 공론장이다. 한나 아렌트(Hannah Arendt)의 공론장은 이성적인 설득을 통해 합의를 도출하는 화해의 공간이다. 샹탈 무페(Chantal Mouffe)의 공론장은 이성적 담론 투쟁을 통해 헤게모니를 쟁취하는 투쟁의 공간이다(4장 참조). 이들이 이성을 강조하는 것은 규범적인 것이다. 현실의 공론장에서는 감정 개입이 일반적이기 때문에 좀 더 이성적일 것을 요청하는 것이라고 할 수 있다. 이는 감정이 토론, 설득, 합의, 투쟁에 방해가 된다는 부정적 인식을 저변에 깔고 있다. 그러나 감정은 부정적으로 작용할 수도 있지만 긍정적으로 작용할 수도 있다. 또한 사람들 간의 소통에서 감정은 배제될 수도 없다. 그러므로 감정은 소통과 공론장 이론에서 중요하게 다룰 필요가 있다.

스미스는 소통에서 감정의 중요성에 주목한다. 그는 이성적 소통에 '감정적 소통'이라는 또 다른 차원의 원리를 제공한다(야마와키 나오시, 2011: 131). 우리가 소통 과정에서 전달하는 것은 이성적 의견과 감정이다. 우리는 소통 과정에서 상대가 하는 말의 내용을 이성적으로 이해할 뿐만 아니라 그 말에 섞여 있는 감정을 동시에 느끼지 않을 수 없다. 감정의 공유와 성실한 대화는 순환적인 관계에 있다. 감정의 공유가 이뤄지지 않는다면, 성실한 대화는 불가능하다. "당신이 내가 당한 재난에 대해 어떠한 동류의식도 가지지 않거나 또는 나를 괴롭히고 있는 슬픔을 조금도 함께 나눠 갖지 않는다면, 또 당신이 내가 당한 침해에 대해 전혀 의분을 느끼지 않는다면, 나를 화나게 하는 분개를 조금도 함께 나눠 갖지 않는다면, 우리는 이것들을 주제로 대화를 계속할 수 없다"(도덕: I.ii.4.§5). 또한 성실한 대화가 이뤄지지 않는다면, 감정의 공유는 근원적으로 불가능하다. "가장 간단한 질문마저 회피하는 사람, 추호도 악의가 없는 질문에 대해서조차 만족스러운 답변을 해 주지 않는 사람, 뚫고 들어갈 수 없는 모호함 속에 자신을 감싸 안고 있는 사람, 이런 사람들은 말하자면 자신의 가슴 주변에 담장을 쌓아 놓는 것과 같다"(도덕: Ⅶ.iv.§28). 이처럼 감정의 공유와 성실한 대화가 동시에 이뤄지지 않는다면 감정적 소통은 불가능하다.

따라서 스미스는 소통 과정에서 솔직함과 개방성을 바탕으로 신뢰를 구축하고, 그 위에서 의견과 감정을 자유롭게 교환하는 것이 감정적 소통의 핵심이라고 주장한다. "솔직함과 개방성은 신뢰를 가져온다. … 이와 반대로 과묵과 은폐는 불신을 초래한다. … 대화와 교제의 큰 즐거움은 감정과 의견이 어느 정도 일치하고 속마음이 어느 정도 조화를 이루는 데서 생겨나는데, 그것은 수많은 악기처럼 서로 조화를 이루고 또한 서로 박자가 맞아야 한다. 그러나 이러한 유쾌한 조화는 감정과 의견의 자유로운 소통이 없으면 이뤄질 수 없다. 이러한 이유로 우리 모두는 서로 어떻게 느끼는지 알고자 하고, 서로의 가슴속 깊이 들어가서 그 진실한 감정과 정서를 보고자 하는 것이다. 우리로 하여금 이 천연의 격정에 탐닉하게 하는 사람, 자신의 가슴속으로 우리를 초대해 주는 사람, 말하자면 자신의 가슴의 문을 활짝 열어 주는 사람은 다른 무엇보다도 사람들을 더 즐겁게 해 주는 일종의 후한 대접을 베풀어 주는 것으로 보인다. 양호한 기질을 가진 사람은, 만약 그 자신이 느끼는 진실한 감정을, 그리고 그가 그것을 느끼기 때문에, 말로 표현할 용기가 있다면, 그는 언제나 사람들을 유쾌하게 할 수밖에 없다"(도덕: Ⅶ.iv.§28).

공공성의 절차적 측면에서 소통을 활성화하는 전략의 핵심은 감정적 소통을 장려하는 것이다. 감정적 소통은 공론장 이론을 지배하고 있는 이성적 소통 관념을 확장하는 데 의미 있는 계기를 제공할 수 있을 것이다. 감정적 소통은 이성적 사유를 배제하지 않는다. 감정적 소통은 대화와 이해 그리고 감정의 상상, 느낌, 공유를 모두 포괄한다. 감정의 흐름을 배제한 채 소통을 이론화하고 규범화하는 것은 소통의 포괄적인 흐름을 부분적으로만 바라보는 것이다. 그것은 물의 성질을 설명하면서 산소와 수소를 분리해 산소에 대해서만 말하는 것과 다르지 않다.

❸ 인-전략의 내용적 측면: 불의에 대한 사회적 책임

인-전략의 내용적 측면에서 루소는 평등에 기초한 정의에 초점을 맞추고 있는 반면, 스미스는 자유에 기초한 정의와 자선에 초점을 맞춘다. 이들은 대립하는 정의관을 가지고 있는 것으로 보이지만, 상업사회에서 관찰되는 불평등을 불의(不義)로 보고 있다는 점과 불의에 대해서는 사회적으로 책임을 공유해야 한다는 점에서 입장을 공유한다.

1) 루소: 평등에 기초한 정의

루소의 사상적 문제의식을 한마디로 표현한다면 그것은 사회적 불평등, 즉 부정의다. 불평등에는 두 가지 유형이 있다. 하나는 "나이, 건강, 체력의 차이와 정신이나 영혼의 자질의 차이와 같이 자연에 의해 정해지는" 자연적 불평등이다. 다른 하나는 "일종의 약속에 의해 좌우되고, 사람들의 동의로 정해지거나 적어도 용인되는 것"으로 도덕적 또는 정치적 불평등이다(불평등: 49). 후자를 사회적 불평등이라고 한다. 루소에 따르면, 자연적 차이는 '일종의 약속'에 의해 구성되는 사회제도에 의한 불평등에 비하면 사소한 것이다. 그가 당대에 목격한 것은 부자들의 간교한 술책으로 왜곡된 약속을 통해 사회제도가 만들어짐으로써, 자연적 불평등이 사회제도의 불평등에 의해 한층 심화되고 있다는 것이다(불평등: 99-100). 루소의 관심은 인류가 불평등한 세상에서 평등한 세상으로 나아갈 수 있는 방법을 찾는 데 있다. 그가 제시한 답은 사회계약을 통해 정체를 구성하고 일반의지의 명령에 따라 사회적 삶을 살아가는 것이다. 일반의지는 항상 옳고 정의롭기 때문이다.

루소는 인간에 대한 이해를 통해 부정의의 기원을 찾는다. 인간은 천성적으로 선한 존재이기 때문에 인간에게서 부정의의 기원을 찾을 수 없다.[4] 문제는 사회에 있다. 그래서 루소는 타락한 사회와 그로 인해 오염된 인간의 천성적 선성(善性)을 회복하는 데서 문제의 해결책을 찾는다. 그는 선한 인간에게서 부정의를 혐오하고 정의를 추구하는 계기를 찾는다. 그것은 자기애와 연민(동정) 그리고 양심이다. 첫째, 자기애는 자신의 생존과 보존에 대한 관심을 말한다. 그것이 지나치면 이기심으로 타락한다. 둘째, 연민은 타인의 고통에 대한 측은지심이다. "연민은 각 개체에서 자기애의 작용을 완화하면서 종(種) 전체의 상호적 보존에 기여함이 분명하다. 남이 고통받는 모습을 보고 깊이 생각할 여지도 없이 도와주러 나서게 되는 것은 바로 연민 때문이다. 연민은 자연 상태에서 법과 풍속과 미덕을 대신하며, 아무도 그 부드러운 목소리에 저항할 시도를 하지 않는다는 이점을 누린다"(불평등: 92). 연민 또는 동정심은 타인의 감정을 따라 느끼는 것으로서 '상상력'에 의존한다(에밀Ⅱ: 39). 연민과 관련해서 루소는 세 개의 준칙을 제시한다. 제1준칙은 인간의 마음으로는 자기보다 더 행복한 사람들의 편에서 생각할 수 없고, 자기보다 더 동정을 받아야만 하는 사람들의 처지에 설 수 있다는 것이다(에밀Ⅱ: 40). 제2준칙은 사람은 자기도 똑같은 고통을 겪을 수 있다고 생각하지 않으면 결코 다른 사람의 고통을 동정하지 않는다는 것이다(에밀Ⅱ: 41). 제3준칙은 사람들이 다른 사람의 고통에 대해 느끼는 동정심은 그 고통의 양에 의해서가 아니라 그 고통으로 괴로워하고 있는 사람에게 부여하는 감정으로 측정된다는 것이다. 우리가 불행한 사람을 동정하는 것은 그 사람이 동정받을 만하다고 생각되는 한에서만 그렇다는 것이다(에밀Ⅱ: 43). 이러한 연민으로부터 파생되는 도덕률은 "타인의 불행을 되도록 적게 함으로써 너의 행복을 이룩하라"(불평등: 92-93)는 것이다. 셋째, 양심은 도덕적 존재로 살게 하는 원리다. "인간의 영혼 속에는 정의와 덕의 생득적인 원리가 있어, … 우리는 그것에 따라 자신의 행동과 다른 사람의 행동을 좋다 나쁘다 판단한다.

---

4) "내가 나의 모든 저작에서 생각했던 모든 도덕의 기본 원리는 … 인간이 천성적으로 정의와 질서를 사랑하는 선한 존재라는 것이다. 그리고 인간의 마음에는 원초적인 악이라는 것이 존재하지 않으며, 자연의 최초의 움직임은 항상 옳다는 것이다. 나는 인간이 타고난 유일한 정념, 즉 자기애는 그 자체로는 선악과 무관한 정념이라는 것과 그것은 우연이나 그것이 전개되는 상황에 따라 선하거나 악하게 된다는 것을 보여 줬다. 나는 인간의 마음에 새겨진 모든 악이 천부적이지 않다는 것을 보여 줬다. 나는 그러한 악이 탄생하는 과정에 대해 말했다. 요컨대 나는 그것들의 계보학을 살펴봤다. 그리고 나는 인간이 천부적인 선의 지속적인 타락을 통해 어떻게 궁극적으로 현재의 그들이 됐는지를 보여 줬다"(보몽: 29-30).

바로 이러한 원리에다 나는 양심이라는 이름을 부여한다"(에밀Ⅱ: 165). 정의와 덕은 바로 양심에 근거를 둔다. 그렇다면 양심은 어떻게 작동하는가? 양심은 이성의 안내를 받아 작동하기 시작한다. "선을 아는 것이 선을 사랑하는 것은 아니다. 인간은 선에 대한 생득적 지식을 갖고 있지 않다. 그러나 그의 이성이 선을 그에게 알려 주기만 하면, 곧 그의 양심은 선을 사랑하도록 그를 인도한다. 이것이야말로 생득적 감정이다"(에밀Ⅱ: 168). 루소는 인간에게 내재하는 양심에 엄청난 의미를 부여한다. "양심! 양심이여! 신성한 본능이여! 불멸의 천상의 목소리여! 무지하고 유한하지만 지성적이고 자유로운 존재의 확실한 안내자여! 오류를 범하지 않는 선악의 심판자로 인간을 신과 같이 만드는 이여! 그대만이 인간의 본성을 우월하게 만들고 인간의 행위를 도덕적으로 만든다. 그대가 없다면, 나는 규칙이 없는 오성과 원칙이 없는 이성의 도움을 받아 계속되는 오류 가운데 방황하는 서글픈 특권 이외에 나를 짐승보다 높은 곳으로 고양시켜 주는 어떠한 것도 내 안에서 느끼지 못한다"(에밀Ⅱ: 169).

자기애와 연민 그리고 양심을 계기로 삼아 사람들이 일반의지에 자신들의 개별의지를 일치시키는 것을 사회적 덕이라고 한다. "인간의 선성은 동류 인간에 대한 사랑"(에밀Ⅱ: 98)을 의미하며, 사회적 덕의 실천은 인류애를 실현하는 방법이다(에밀Ⅱ: 93). 그리고 인류애는 "정의를 사랑하는 것"(에밀Ⅱ: 159)이다. 이러한 맥락에서 루소는 몇 가지 중요한 정의관을 도출한다.[5] 첫째, 사람이 삶의 진리를 사랑하고 알기를 원한다면, "일을 처리할 때 항상 자신을 멀리해야 한다"(에밀Ⅱ: 98)는 것이다. '자신을 멀리하라는 것'은 자신의 이해관계나 가치관과 같은 주관적 요소를 배제함으로써 '공정성'을 확보하라는 것이다. 둘째, 정의는 '각자에게 속하는 것을 각자에게 돌려주는 것'이다(에밀Ⅱ: 159). 이는 합당한 원칙에 따라 사회적 가치를 분배하는 것으로서 '분배적 정의'를 말한다. 셋째, 인류애는 비참한 존재에 대한 연민을 바탕으로 한다. 따라서 인류애를 실현하는 방법은 "타인의 불행을 되도록 적게 함으로써 너의 행복을 이룩하는 것"

---

5) 양심은 도덕감에 선행하는 무엇이지만, 그럼에도 불구하고 그것은 본질적으로 도덕적인 것이다. 질서에 대한 사랑은 그 자체가 도덕 원리다. 질서에 대한 사랑은 선, 덕, 정의의 본래적 의미를 구성한다. 선하다는 것은 자연적 질서를 유지하는 것이다. 유덕하다는 것은 개인의 의지를 일반의지에, 즉 이성이 주재하는 질서에 일치시키는 것이다. 그리고 정의는 개인이 인간으로서 자연적 질서에, 시민으로서 이성적 질서에 적합한 방식으로 사는 것이다(Cooper, 1999: 95-96).

(불평등: 92-93) 또는 각자가 자신의 이익을 추구하되, "가난한 사람의 이익이 항상 자신의 이익이 되게 하는 것"(에밀Ⅱ: 93)이다. 이는 사회적으로 가장 열악한 상황에 있는 사람들에게 최대의 혜택을 제공하라는 롤스의 '차등 원칙'의 정수라고 하겠다(5장 참조). 따라서 루소의 정의관은 공정성과 분배적 정의 그리고 그 실현의 방법으로서 차등 원칙으로 집약할 수 있다.

루소는 이러한 정의관을 토대로 정의로운 사회의 조건을 제시한다.

첫째, 공정성을 확보하기 위해서는 법의 지배가 확립돼야 한다는 것이다. "인간에 대한 의존은 무질서해서 온갖 악을 만들어 낸다. … 이와 같은 사회의 악을 치유할 수 있는 방법이 있다면, 그것은 인간을 법으로 대체하고 모든 개별의지가 행하는 행위보다 우월한 실제적 힘을 일반의지에 부여하는 것이다"(에밀Ⅰ: 146). 일반의지를 근원으로 하는 법은 정의와 부정의의 규칙으로서 구성원들이 다른 구성원들과 그리고 국가와 관계하는 적절한 방식을 안내한다(정치경제: 236).

둘째, 정부는 불평등의 문제를 해결하는 데 집중해야 한다는 것이다. "정부가 해야 할 일 가운데 가장 필요하면서도 가장 어려운 것은 모든 사람에게 진실로 정의를 행하는 것이며, 특히 부자의 폭정에서 빈자를 보호하는 것이다. … 정부의 가장 중요한 과업 가운데 하나는 극심한 불평등을 방지하는 것이다"(정치경제: 252). 그렇다고 해서 정부가 있는 자들의 재산을 빼앗아 없는 자들에게 나눠 줘야 한다고 주장하는 것은 아니다. 루소는 정부가 제도적으로 형평성을 기반으로 하는 조세 체계를 구축함으로써 불평등의 정도를 완화해 나갈 수 있다고 생각한다. 대표적으로 보면, 하나는 재산 혹은 소득의 양을 반영하는 것이다. 더 많이 소유하거나 버는 사람에 대해 더 많은 세금을 부과하는 누진적 조세 체제를 도입하는 것이다. 다른 하나는 용도의 관계, 즉 필수와 잉여를 구별해 세금을 부과하는 것이다. 필수품을 가진 자에게는 세금을 부과하지 않고, 잉여를 가진 사람에 대해서는 필수품을 초과하는 부분에 대해 세금을 부과해야 한다는 것이다(정치경제: 266). 루소의 정의관은 전체적으로 평등한 사회를 지향하고 있는데, 이를 위한 방법으로 일반의지를 토대로 하는 법의 지배와 조세 형평을 제안한다.

2) 스미스: 자유에 기초한 정의와 자비

스미스는 정의와 자비의 관계를 건물의 기둥과 장식으로 비유한 바 있다(도덕: Ⅱ.ⅱ.3.§4). 이 비유는 사회 질서를 유지하는 데 정의와 자비의 상대적 중요성을 설명하기 위한 것이지만, 다른 한편으로는 정의와 자비의 상보적 관계를 표현하는 것으로 이해할 수도 있다. 그러므로 공공성의 내용적 측면과 관련해서는 정의와 자비의 문제를 동시에 고려할 필요가 있다.

먼저 정의에 대해 살펴보자. 스미스에 따르면, 건물의 기둥으로서 정의는 사회 질서의 필수적인 조건이다. 그렇다면 스미스가 그리는 정의로운 사회는 어떤 사회인가? 그것은 한마디로 '자연적 자유 체제'다(국부, 606, 687). '자연적 자유 체제'는 말처럼 자연적으로 형성되는 것이 아니라 구체적이고 세밀한 법치를 통해 이뤄질 수 있다. 법은 부당한 특혜나 제한을 폐지하고 개인에게 최대한의 권리를 부여하는 것이어야 한다. 요컨대 법은 개인의 생명, 재산, 권리를 보호하는 데 초점을 맞추는 것이어야 한다(도덕: Ⅱ.ⅱ.2.§2). 그리고 사람들은 법을 위반하지 않는 한 최대한의 자유를 누릴 수 있어야 한다. 이러한 법치가 이뤄질 때, 자연적 자유 체제가 실현될 수 있다는 것이다. "특혜를 주거나 제한을 가하는 모든 제도가 완전히 철폐되면 분명하고 단순한 자연적 자유의 제도가 스스로 확립된다. 이 제도하에서 모든 사람은 정의의 원칙을 위반하지 않는 한, 완전히 자유롭게 자기의 방식대로 자신의 이익을 추구할 수 있으며, 자신의 근면과 자본을 바탕으로 다른 누구와도 완전히 자유롭게 경쟁할 수 있다. … 자연적 자유의 제도하에서는 국왕은 오직 세 가지 의무에 유의해야 하는데 … 사회를 다른 사회의 폭력과 침략으로부터 보호하는 의무, 사회의 각 구성원을 다른 구성원의 불의와 억압으로부터 보호하는 의무, 일정한 공공시설과 공공사업을 건설하고 유지하는 의무다"(국부: 687-688). 자연적 자유 체제하에서 국가의 역할은 대외적으로 외세의 침략으로부터 국가를 수호하고 독립을 유지하는 것, 대내적으로 개인의 생명, 재산, 자유를 최대한 보장하고 보호하기 위한 법치를 강화하는 것 그리고 공동생활에 필수적인 공공시설과 사업을 수행하는 것으로 최소화된다.

스미스에 따르면, 자연적 자유 체제의 실현을 가능하게 하는 법만이 정의로운 법이다. 정부가 법에 기초해서 국가의 자연적 자유 체제를 적절히 관리하면, 행복에 필요한 재화의 평등한 분배가 이뤄지고, 국민들의 행복감도 증진될 수 있다는 것이다. 자연적 자유 체제하에서는 소위 '보이지 않는 손'(국부: 456; 도덕: Ⅳ.1.§10)이 작용해 이기적인 선택이 궁극적으로 이타적인 결과를 가져올 수 있다고 본다(Grampp, 2000; Kennedy, 2009; Oslington, 2012; Rothschild, 1994). 이는 공공성의 가장 큰 숙제인 공익과 사익의 조화를 이루는 하나의 원리다. 스미스에 따르면, 내용적 측면에서 공공성을 실현하는 전략은 정의로운 법의 지배를 근간으로 하는 것으로서 사람들의 기본권을 보호하고, 특히 강자로부터 약자의 권리를 보호해,(법: 402) 사람들에게 자유로운 이익 추구활동을 보장함으로써, 사람들의 행복을 증진시키는 것이다. 그런 의미에서 정부활동은 사람들의 행복을 증진시킬 수 있는 능력에 의해 평가해야 한다는 것이다. "정부의 모든 기구는 오로지 그 아래에서 생활하고 있는 사람들의 행복을 증진시키는 경향에 비례해 그 가치가 평가되며, 이것이 그것들의 유일한 용도이자 목적이다"(도덕: Ⅳ.1.§11). 사람들의 행복에 크게 기여할 것으로 기대되는 자연적 자유 체제는 스미스 자신이 유토피아에 비유한 것처럼 실제로 실현하기 매우 어려운 것이다(국부, 471). 그럼에도 불구하고 두 가지 측면을 강조할 필요가 있다. 하나는 자연적 자유 체제가 국가의 개입을 토대로 이뤄지는 인공적 체제라는 사실을 명확히 한 점이다. 이는 자연적 자유 체제가 아닌 상업사회에서는 국가의 개입이 불가피하다는 것을 의미한다. 특권과 제한을 폐지하기 위한 국가의 개입이 사회적 저항과 갈등 속에서 어떤 결과를 가져올지는 예측할 수 없지만 국가는 특권과 제한의 폐지를 시도해야 한다는 것이다. 그것이 공정한 경쟁을 가능하게 하기 때문이다. 다른 하나는 개인 특히 약자의 권리 보호를 강조한 점이다. 본래 법치 관념은 왕권으로부터 시민의 권리를 보호하기 위해 탄생한 것이다. 법치는 피지배자를 위한 것이다. 스미스의 법치는 이를 확장해 있는 자로부터 없는 자를 보호하는 데 초점을 맞춘다. 정부는 법을 통해 있는 자가 없는 자에게 무엇을 해 줘야 한다는 적극적인 행위를 요구할 수는 없지만, 적어도 있는 자가 없는 자의 권리를 훼손해서는 안 된다는 소극적인 최소한의 조치를 취해야 한다는 것이다. 스미스에 따르면, 법치를 통해 평등한 자유와 자유로운 이익 추구활동이 보장된다면 사회적으로 정의로운 분배가 이뤄질 수 있다는 것이다.

다음으로 자비에 대해 살펴보자. 스미스는 자비를 건물의 장식에 비유한다. 그렇다고 해서 자비가 필요 없다는 말은 아니다. 사회 질서를 유지하는 데 자비가 법 기반의

정의의 중요성에 비해 상대적으로 덜 중요하다는 의미이지 필수적이지 않다는 것은 아니다. 건물은 기둥과 장식으로 이뤄진다. 마찬가지로 사회 질서는 법 기반의 정의와 자비로 이뤄진다. 그렇다면 자비의 원천은 어디에서 찾을 수 있을까? 스미스에 따르면, 인간은 사회적 존재다. 이러한 타고난 본성을 완성하는 길은 다른 사람에 대한 사랑에서 찾을 수 있다. "이처럼 다른 사람에 대해서는 많이 느끼고 자기 자신에 대해서는 적게 느끼는 것, 다시 말해서 자기 자신을 위하는 사심(私心)은 억제하고 남을 위하는 자비심은 방임하는 것이 곧 인간의 천성을 완미하게 만드는 길이다. … 우리 자신을 사랑하는 것처럼 우리의 이웃을 사랑하는 것이 기독교의 위대한 율법인 것처럼, 이웃을 사랑하는 것처럼 우리 자신을 사랑하는 것은 자연계의 위대한 계율이다"(도덕: Ⅰ.ⅰ.5.§5). 자비의 원천은 사랑이다. 사랑을 실천하는 방법은 자기절제를 통해 사리사욕을 억제하고 다른 사람에 대한 자비를 실천하는 것이다.

자비는 어떤 공감의 메커니즘을 통해 발생하는가? 스미스에 따르면, 공감은 환희보다는 비애와 더 친화적이다. "비애에 대한 우리의 공감이 환희에 대한 우리의 공감에 비해 더 진실한 것이라고 할 수는 없지만 더 많은 주목을 받아 왔다. 그 가장 적절하고 본래적인 의미에서 공감이라는 말은 다른 사람들의 기쁨에 대해서가 아니라 그들의 고통에 대한 우리의 동류의식을 나타내는 것이다"(도덕: Ⅰⅲ.1.§1). "비애에 동감하려는 우리의 경향은 대단히 강하고, 환희에 동감하려는 우리의 의향은 매우 약하다"(도덕: Ⅰⅲ.1.§4). 이런 측면에서 보면, 환희에 대한 공감보다는 비애에 대한 공감이 '보편적'이라고 할 수 있다(도덕: Ⅰⅲ.1.§2).

그렇다면 자비의 실천은 어떤 방식으로 이뤄질 수 있는가? 자비는 일반적으로 자선의 형태를 띤다. 그렇다면 자선이 사적으로 이뤄지는 것이 바람직한가 아니면 공적으로 이뤄지는 것이 바람직한가? 스미스의 입장은 분명하지 않다. 자연적 자유 체제에서는 부(富)의 분배가 적절하게 이뤄지기 때문에 자선의 필요성은 줄어들 것이다. 그러나 자연적 자유 체제가 아닌 상업사회에서는 부의 분배가 적절하지 않기 때문에 자선의 필요성이 증대할 수밖에 없다. 자연적 자유 체제는 실제로 이뤄질 수 없는 유토피아와 같은 상태이기 때문에 자선은 사적으로든 공적으로든 필요하고 장려할 만한 가치가 있다. 일반적으로 사적인 차원의 자비를 자선이라 하고, 공적 차원의 자비를 복지라고 한다. 스미스의 자비는 사적인 자선과 공적인 복지 관념이 내포된 개념이라고 할 수 있다(Birch, 1998; 김영례, 2015).

제4절_ 나가며: 신자유주의 비판

이상에서 상업사회에 대한 루소와 스미스의 입장을 다름과 어울림의 측면에서 살펴봤다. 그 내용을 정리하면 〈표 2-1〉과 같다.

〈표 2-1〉 루소와 스미스의 문명관 비교

기준		장-자크 루소	애덤 스미스
다름	계몽주의	계몽주의의 반항아	전형적 계몽주의자
	상업사회	타락: 자연 상태에서 사회 상태로	진보: 수렵사회에서 상업사회로
		상업사회를 넘어 대안적 사회의 건설 평등한 사람들의 자유 공동체	상업사회 안에서의 개선 공감에 의한 이기심 제어
어울림	공-전략	사회적 조화를 추구하는 주체적 시민 형성	
		주체적이고 유덕한 시민의 형성	도덕적으로 자율적인 시민의 형성
	통-전략	민주주의의 혁신과 소통 능력의 향상	
		민주주의의 지속적인 혁신	감정적 소통
	인-전략	불의에 대한 사회적 책임	
		평등에 기초한 사회 정의	자유에 기초한 정의와 자비

루소와 스미스의 사상에서 공공성 담론의 자원이 신자유주의의 한계를 드러내는 데 어떤 의미가 있는지를 살펴보자.

첫째, 공-전략의 행위 주체 측면에서 루소는 상업사회의 타락한 인간상을 부르주아로 규정하고, 부르주아적 인간상을 넘어서 사적으로는 주체적 인간, 공적으로는 일반의지와 자신의 의지를 일치시키는 유덕한 시민의 등장을 기대한다. 스미스는 인간에 대한 경험적 탐구를 토대로 해 사적으로는 도덕적으로 자율적인 인간, 공적으로는 사회적 일반규칙을 준수하는 시민의 등장을 기대한다. 루소는 개혁적이고 스미스는 보수적이지만, 두 사람은 공통적으로 개인과 사회의 조화가 실현될 수 있는 행위 주체의 등장을 기대한다. 이처럼 공과 사의 조화가 실현될 수 있는 행위 주체는 더 많은 공공성을 실현하는 필수 조건이다. 행위 주체 측면에서 루소와 스미스는 사회 같은 것은 없고 오직 개인만이 존재한다는 신자유주의의 대전제를 의심스럽게 만든다.

둘째, 공-전략의 절차적 측면에서 루소는 상업사회의 정치 체제를 부자와 권력자의 이해관계를 적극적으로 반영하는 정치 체제로 규정하고, 그것을 넘어서 인민 주권이 실현될 수 있는 민주주의의 혁신을 추구한다. 스미스는 상업사회의 소통을 이해타산적이고 도구적인 것으로 규정하고, 그것을 넘어 공감에 기초한 감정적 소통이 이뤄지는 공론장이 진정한 인간관계와 의사결정의 토대가 되기를 기대한다. 절차적 측면에서 민주주의는 특수의지가 아니라 일반의지가 결집되는 과정이어야 한다. 이를 위해서는 인민들의 토론과 숙의가 필수적이다. 스미스는 토론과 숙의의 원리로서 감정적 소통을 제시함으로써 공동체의 일반의지 형성의 통로를 넓혀 준다. 루소의 인민 주권과 스미스의 감정적 소통은 공과 사의 조화를 위한 절차를 유의미하게 만든다. 절차적 측면에서 루소와 스미스의 입장은 시장의 탈정치화를 주장하면서 정치의 시장화를 조장함으로써 도구적 소통을 통해 특수의지를 일반의지로 둔갑시키는 신자유주의의 기만을 비추는 거울이다.

셋째, 인-전략의 내용적 측면에서 루소는 상업사회의 불평등을 악의 근원으로 규정하고, 그것을 극복하기 위해 평등에 기초한 정의를 제안한다. 그는 평등에 기초한 정의를 자기애와 연민이라는 인간의 본성을 통해 정당화한다. 스미스 역시 상업사회의 불평등을 불의로 규정하고, 그것을 극복하기 위해 자유에 기초한 정의와 자선을 제안한다. 그는 자유에 기초한 정의를 인간의 고통과 비애에 대한 공감 능력을 통해 정당화한다. 평등에 기초한 정의와 자유에 기초한 정의는 다른 접근 방법으로 보이지만 루소와 스미스는 평등이 자유의 토대라는 생각을 공유한다. 루소와 스미스는 상업사회의 불평등과 그로 인해 발생하는 고통과 비애를 국가가 정의로운 법과 분배 원칙을 통해 해결해야 할 책임이 있음을 강조한다. 루소와 스미스의 입장은 불평등과 그로 인한 고통과 비애를 개인의 책임으로 치부하고, 국가에 대해서는 어떠한 기대도 하지 못하게 하는 신자유주의의 비정함을 비추는 거울이다.

공공성 담론은 행위 주체의 측면에서 절제를 모르고 탐욕에 휘둘리는 인간과 위임된 공권력을 소수의 부자와 권세가를 위해 휘두르는 정부, 절차적 측면에서 헌법의 문자로만 명맥을 유지하면서 자본가에 의해 관리되는 민주주의, 내용적으로는 불의, 고통, 비애에 대해 어느 누구도 책임지려 하지 않는 비정한 사회를 개혁해야 하는 '문명사적' 과제를 푸는 데 초점을 맞춘다. 그런 의미에서 공공성 담론은 당면한 문제들을 단기적인 관점을 넘어 장기적인 문명사적 관점에서 바라볼 수 있는 렌즈를 장착할 필요가 있다.

제3장

공-전략의 행위 주체 측면

정부는 효율적이어야 하는가 민주적이어야 하는가?

- 허버트 사이먼 대 드와이트 왈도 -

제1절_ 들어가며: 공공성과 정부

공공성 실현을 위한 공-전략의 행위 주체는 다양하다. 정부와 공공기관 및 공무원과 공공기관의 종사자, 국가를 구성하는 국민이나 지방자치단체를 구성하는 주민과 같은 정치공동체의 구성원, 시민사회의 시민단체나 미디어, 시장의 사회적 책임을 이행하는 기업, 사회적 기업이나 협동조합 등 다양한 행위 주체가 공공성의 실현에 기여할 수 있다. 그 가운데서도 정부는 현실적으로 공공성의 실현에 가장 중요한 기능을 하는 행위 주체라고 할 수 있다. 정부는 다른 행위 주체와는 달리 강력한 권력과 엄청난 재정 그리고 거대하고 체계적인 조직을 특징으로 하기 때문이다. 한마디로 정부는 권력, 자금력, 조직력 면에서 가히 독보적이다.

정부는 넓게는 입법부, 사법부, 집행부를 아우르는 말로, 좁게는 집행부 즉 행정부만을 지칭하는 말로 사용된다. 현대 국가는 행정국가다. 행정은 현대 국가의 핵심이라고 할 수 있다. 행정의 이념이나 활동 방식이 사회의 공공성에 미치는 영향은 가늠하기 어려울 정도로 크다고 하겠다. 공공행정은 정부가 공공의 목적을 달성하기 위해 사람과 자원을 합리적으로 조직·관리하는 협동적 행위다(Waldo, 1955: 1-14; Simon et. al., 1958: 3, 7).

공공성의 행위 주체 가운데 가장 중요한 정부와 그것을 연구하는 학자들은 언제나 정부의 공적 기능을 강화하기 위한 방법을 모색하는 데 초점을 맞추고 있다. 정부의 행정활동이 어떠한 이념을 따라야 사회의 공공성을 실현하는 데 더 유익한지를 판단하는 것은 쉬운 일이 아니다. 정부 연구를 주로 하는 행정학 분야에는 두 개의 커다란 흐름이 존재한다. 하나는 행정의 최고선을 효율성에서 찾는 흐름이고, 다른 하나는 그것을 민주성에서 찾는 흐름이다. 효율성은 최소의 비용으로 최대의 서비스를 제공하는 데 초점을 맞춘다. 효율성에 초점을 맞춘 학자들은 행정활동이 국민의 혈세로 이뤄진다는 사실을 강조한다. 행정학의 과학화에 지대한 영향을 미친 허버트 사이먼(Herbert A. Simon)은 행정의 효율성에 큰 관심을 보인 대표적인 학자다. 민주성은 인민 주권, 자유, 평등, 우애와 같은 민주주의의 기본적인 규범을 실현하는 데 초점을 맞춘다. 민주성을 강조하는 사람들은 행정활동이 국민을 주인으로 인정하고 세워야 한다는 규범적 의무를 강조한다. 행정학의 규범적 연구에 지대한 영향을 미친 드와이트 왈도(Dwight Waldo)는 행정의 민주성에 큰 관심을 보인 대표적인 학자다.

사이먼과 왈도는 행정학 분야에서 과학적 연구와 규범적 연구의 초석을 다진 학자들이다. 그들은 상이한 접근 방법과 규범을 강조하면서도 행정학의 본령인 공공성의 실현이라는 목표를 공유한다. 따라서 이 장에서는 사이먼과 왈도의 차이를 접근 방법과 이념의 차원에서 살펴보고, 더 많은 공공성의 실현이라는 측면에서 두 학자의 입장이 서로 어울릴 수 있는 가능성을 논의한다.

제2절_ 다름

사이먼과 왈도의 학문적 경로는 같아 보이면서도 다르고 달라 보이면서도 같다. 두 사람 모두 정치학 박사 학위를 취득했다. 그런 점에서는 두 사람의 학문적 경로는 같아 보인다. 그러나 그들의 학문적 관심은 현저하게 달랐다. 사이먼은 행태주의 운동을 주도했던 시카고대학(University of Chicago)에서 정치학을 공부했다. 사이먼이 평생 품고 있던 연구 과제는 '인간의 의사결정 메커니즘'을 과학적으로 해명하는 것이었다. 그러다 보니 그는 하나의 학문 분야에 연구 영역을 제한할 수 없었다. 그는 정치학뿐만 아니라 행정학, 경제학, 관리과학, 심리학, 컴퓨터과학 등 수많은 학문 분야를 섭렵했다. 놀랍게도 그는 자신이 발을 들여놓았던 학문 분야에서 엄청난 족적을 남겼다. 그는 경제학 분야에서 금과옥조로 삼고 있던 인간은 합리적(rational) 존재라는 대전제를 부정하고 합리지향적(intendedly rational) 존재로서 인간관을 제시함으로써 1978년에 노벨 경제학상을 받았다(Simon, 1955, 1956). 또한 인지심리학과 컴퓨터과학 분야에서는 인공지능(AI) 연구의 길을 열었다(Simon, 1969/1996b). 행정학 분야에서는 자신의 박사 학위 논문을 출판한 『행정행태: 행정조직에서의 의사결정과정에 관한 연구』(1947a)를 통해 '과학적' 행정학의 길을 열었다. 이 책은 행정학을 공부하는 사람이라면 반드시 읽어야 하는 고전 중의 고전이다.

왈도는 본래 정치학을 연구했으나 박사 학위 논문을 작성하면서 행정학에 본격적인 관심을 갖게 됐다. 정치사상과 정치이론에 익숙한 그는 민주주의라는 미국 사회의 정치 이념에 입각해서 당시까지 발표된 행정학 문헌들을 전체적으로 분석했다. 이때부터 그는 미국 사회의 이데올로기와 행정학과의 연관성, 그리고 그러한 관련성 때문에 발생하는 문제점 등을 포괄적으로 검토했다. 그는 자신의 학위 논문을 바탕으로 『행정국가: 미국 행정의 정치이론에 관한 연구』(1948)를 출판했다. 이 책 역시 행정학계에서는 고전 중의 고전으로 인정받고 있다. 당시에 정치학계에서는 행정 연구를 학문으로 인정하지 않는 분위기가 강했다. 그래서 왈도는 정치학계에서 배척을 당하게 된다(Waldo, 1968). 어찌 보면 왈도는 정치학계의 배척으로 말미암아 행정학계에 발을 디디게 됐다고 할 수도 있다. 이처럼 어려운 상황에도 불구하고 그는 1968년 시라큐스대학(Syracuse University)에서 젊은 행정학자들을 중심으로 하는 미노브룩 학술대회(Minnoowbrook Conference)를 후원함으로써 행정학의 근본적인 문제들을 비판적으로 논의할 수 있는 발판을 마련한다. 당시의 학술대회는 주류행정학에서 배제됐던 '규범적인 접근 방법'을 다각도로 모색했다. 이 회의를 계기로 규범적 연구를 강조하는 신행정학이 등장하게 됐다(Marini(ed.), 1971; Waldo(ed.), 1971).

　사이먼은 행정에 관한 과학적 연구를, 왈도는 행정에 관한 규범적 연구를 강조한다. 또한 사이먼은 과학적 연구가 행정학이 최고선으로 삼고 있는 효율성을 실현하는 데 유익하다고 본다. 반면 왈도는 규범적 연구가 미국의 정치 이념인 민주주의를 행정에서 실현하는 데 유익하다고 본다. 여기에서는 사이먼과 왈도의 다름을 접근 방법과 추구하는 이념의 관점에서 살펴본다.

❶ 접근 방법: 과학적 접근 대 규범적 접근

1) 사이먼의 과학적 접근 방법: 행태주의

　행정학에서 과학적 연구에 대한 관심이 고조된 것은 1920년대 중반 이후부터 1950년대에 이르는 기간 동안 정치학계에서 불던 행태주의운동에 영향을 받은 데 연유한 것으로 볼 수 있다. 행태주의가 거대한 흐름을 형성하게 된 배경을 간단히 살펴보자. 로버트 달(Robert A. Dahl)에 따르면, 미국 정치학계에서 행태주의가 발달하게 된 이유는 복합적이다(Dahl, 1961). 첫째, 미국 사회는 실용주의, 사실중심주의, 과학에 대한 신념이 강해 행태주의가 자리를 잡기에 좋은 토양이었다. 둘째, 미국 정치학계에서 행태주의적 전회가 발생했다. 1925년 미국정치학회장에 취임한 찰스 메리엄(Charles E. Merriam)은 연구 방법이 바뀌어야 할 때가 됐다고 선언하고 정치 행태 연구의 중요성을 강조했다. 그가 재직하던 시카고대학은 행태주의적 접근 방법을 일반화하는 데 주도적인 역할을 했다. 셋째, 미국 학계 전반에 유럽 학자들의 거대한 유입이 이뤄졌다. 1930년대 유럽의 학자들이 대거 미국으로 망명했다. 이를 계기로 미국의 대학에서는 이들 학자를 유입할 수 있는 좋은 기회를 얻게 됐다. 그 과정에서 유럽의 사회학이나 심리학이 소개됐으며, 유럽 사회과학자들의 연구물(硏究物)이 유입됐다. 넷째, 제2차 세계대전은 학자들에게 큰 영향을 미쳤다. 전쟁 기간 동안 워싱턴에서 근무했던 정치학자들은 전통적인 이론 정치학이 현실을 이해하고 예측하는 데 무기력하다는 인식을 갖게 됐다. 다섯째, 실재론자인 에드워드 펜들턴 헤링(Edward Pendlton Herring)이 미국 사회과학의 연구를 주도했던 사회과학연구회(Social Science Research Council)를 책임지게 되면서, 정치 행태와 관련된 위원회를 구성하고 그 분야의 연구를 독려했다. 여섯째, 유권자의 투표 행태를 분석하기 위한 서베이 기법이 급속도로 확산됐다. 그와 더불어 통계적 분석기법도 발달했다. 마지막으로 학술활동을 지원하던 각종 재단(카네기, 록펠러, 포드재단)이 과학적 연구를 집중적으로 지원했다. 따라서 학자들은 행태주의적 접근 방법에 적응하기 위해 노력하게 됐다. 정치학계에서 행태주의 형성에 영향을 미친 이러한 계기는 직간접으로 행정학계에서 행태주의가 주도권을 잡는 데 영향을 미쳤다.

사이먼은 이러한 행태주의의 세례를 받았으며, 행정학의 과학화에 결정적인 영향을 미쳤다. 그는 1933년 수리사회과학자가 되기를 희망하면서 시카고대학에서 수학하게 된다. 사이먼은 행태주의운동의 본거지에서 다양한 학문을 섭렵하면서 행태주의의 핵심을 이론적 도구로 발전시킨다. 그는 경제학이나 정치학 관련 지식을 넓게 습득하고, 방법론으로 수학, 상징 논리, 통계학 등과 관련된 지식을 습득하기 위해 노력한다. 사이먼이 가장 많이 영향을 받은 사람은 그의 멘토였던 수리경제학자 헨리 슐츠(Henry Schultz)였으며, 논리학 분야에서는 루돌프 카르납(Rudolf Carnap), 수리생물리학 분야에서는 니콜라스 라셰프스키(Nicholas Rashevsky), 정치학 분야에서는 해롤드 라스웰(Harold D. Lasswell)과 찰스 메리엄이었다. 그 이후 사이먼은 두 가지 원칙에 따라 학자적 삶을 살았다. 하나는 연구를 수행하는 데 필요한 방법론적인 도구를 개발해 사회과학을 좀 더 과학적으로 다지는 것이며, 다른 하나는 공공정책을 수행하는 데 자연과학적 지식과 사회과학적 지식을 함께 활용할 수 있도록 두 분야의 관계를 좀 더 긴밀하게 연계하는 것이다.[1]

사이먼은 원리주의를 주장하는 학자들과 과학적 연구에 회의적인 논의를 펼친 학자들에 대해 단호한 입장을 피력한다. 첫째, 원리주의자들은 자신들이 제시하는 원리—명령 통일의 원리, 통솔 범위 적정화의 원리, 계층제의 원리, 분업의 원리 등—를 조직에 적용하면 조직의 유효성이 향상될 것이라는 과학적 인과성을 주장한다. 사이먼은 원리주의가 가설을 세우고 검증하는 과학의 기초적인 작업이 누락된 것으로 과학

---

1) http://www.nobelprize.org/nobel_prizes/economics/laureates/1978/simon-autobio.html

이라기보다는 경구들(proverbs)을 나열한 것에 불과하다고 비판한다. 게다가 제시된 원리들은 서로 충돌하는 양상마저 보임으로써 논리적 엄밀성마저 떨어진다고 비판한다(Simon, 1946, 1947a: chapterⅡ).

둘째, 과학적 연구에 회의적인 논의를 펼친 학자들에 대해서는 비판적이면서도 상당히 혁신적인 생각을 제시한다(Simon, 1947a: 250-251). 과학적 연구에 회의적인 논의의 핵심은 인간 사회를 연구하는 사회과학과 자연을 연구하는 자연과학은 다르다는 것이다. 사이먼은 사회과학과 자연과학의 차이를 부각시키는 기존의 사고방식에 이의를 제기한다. 가령 사회 현상은 자연 현상보다 복잡하기 때문에 과학적 연구가 어렵다는 것이 일반적인 생각이다. 사이먼은 사회 현상과 자연 현상의 차이는 정도의 문제에 불과하다고 본다. 자연 현상도 얼마든지 복잡하다는 것이다. 또한 사회과학에서는 실험이 불가능하다는 것이 일반적인 생각이다. 사이먼은 자연과학의 시작은 실험이 아니라 관찰이라는 점을 부각시킨다. 실험은 자연과학의 다양한 장치 가운데 하나에 불과하다는 것이다. 자연과학과 사회과학 간에 차이가 있다면, 그것은 단지 연구 대상의 차이일 뿐이라는 것이다. 사회과학은 지식과 기억, 그리고 기대에 영향을 받아 행동하는 의식적 인간을 다룬다는 것이다. 그는 이러한 의식적 인간을 연구하는 데 이미 높은 수준의 과학적 연구를 수행하고 있는 사회심리학이 좋은 이론적 안내자가 될 수 있다고 생각한다. 그래서 사이먼은 사회심리학의 연구에 주목할 것을 권한다. "조직에서의 인간 행태에 관한 순수과학을 창조하기를 원한다. … 사회심리학의 토대 위에서 좀 더 엄밀한 이론을 정립할 것을 제안한다"(Simon, 1947b: 202). 물론 그의 요지는 사회심리학 이론의 수입을 주장하는 것이라기보다는 사회심리학이 따르고 있는 과학적 방법론에 주목하라는 것이다.

사이먼은 20세기 초 미국의 행태주의와 유럽의 비엔나 학파(Wiener Kreis)가 구축한 논리실증주의에 의존해서 행정학의 과학화를 추구한다.[2] 논리실증주의에 따르면, 이론은 명제로 구성되기 때문에 명제의 엄밀성을 확보하는 것이 무엇보다 중요한 과제라는 것이다. 명제가 과학적으로 의미 있는 것이 되기 위해서는 두 가지 조건을 충족

---

[2] 논리실증주의는 유럽을 배경으로 하고, 행태주의는 미국 정치학계를 배경으로 한다. 양자는 과학적 방법을 학문 연구의 유일한 방법론으로 채택해야 한다는 신념을 공유한다.

해야 한다. 하나는 명제가 내적으로 일관성이 있어야 한다는 것이다. 가령 '남성은 여성이다'라는 명제는 주어와 술어 사이에 일관성이 없기 때문에 명제로서의 기본적인 조건을 충족시키지 못한 것이다. 다른 하나는 명제가 검증 가능해야 한다는 것이다. 실증적으로 참과 거짓을 판별할 수 있는 명제만이 과학적으로 의미 있다는 것이다. 가령 '꽃이 아름답다'는 언명은 실증적으로 참인지 거짓인지를 판별할 수 없기 때문에 과학을 구성하는 명제가 될 수 없다. 반면 '홍길동은 꽃이 아름답다고 말했다'는 언명은 참과 거짓의 확인이 가능하기 때문에 과학을 구성하는 명제다. 내적 일관성과 검증가능성의 조건을 충족한 행정에 관한 명제로 이론이 만들어질 때, 행정학은 과학이 될 수 있다. 이를 위해 가장 먼저 해야 할 것은 과학적으로 다룰 수 있는 것과 그럴 수 없는 것을 구분하는 일이다. 따라서 사이먼은 사실과 가치의 분리를 강조한다. 사실판단은 과학의 대상이고, 가치판단은 윤리학의 대상이라는 것이다. 다시 말해서 가치판단과 관련된 문제는 윤리학에 맡기고, 행정학은 사실판단과 관련된 문제에 집중하자는 것이다. 물론 사이먼이 '현실에서' 사실과 가치의 분리가 가능하다는 것을 말하는 것이 아니다. 다만 그는 분석적인 차원에서 사실과 가치를 분리하는 것이 행정학을 과학화하는 데 유익하다고 봤다.

2) 왈도의 규범적 접근 방법: 정치사상

왈도의 글에서 빠지지 않고 등장하는 용어 가운데 하나가 '자기의식적'이라는 말이다. 자기의식은 자기 자신을 사유의 대상으로 삼는 사고 능력을 말한다. 그렇다면 특정 학문 앞에 수식어로서 자기의식적이라는 말이 사용되는 경우는 어떻게 이해할 수 있을까? 그것은 학문적 연구를 하는 사람들이 자신이 몸담고 있는 학문이 어떤 길을 걸어서 지금까지 왔으며, 어디로 향하고 있는지, 그리고 그 길이 합당한 것인지를 지속적으로 고민하는 학문적 태도를 의미하는 것이다. 그렇다면 왈도의 자기의식적 연구는 어떠한 방법으로 이뤄지고 있는가? 방법적인 측면에서 두 가지 주목할 만한 특징이 있다.[3] 하나는 '맥락주의'이고, 다른 하나는 '관점 바꿔 보기'(Waldo, 1956: 1)다.

---

3) 왈도는 과학적인 방법과는 차별적으로 다원적·다차원적·역사적·성찰적·비교적인 방법을 모두 사용한

이들은 사회과학에서는 과학적 법칙과 같은 영원 불변의 진리가 존재할 수 없다는 것을 대전제로 한다.

첫째, 맥락주의는 맥락을 떠나서는 개념이나 언명의 의미를 정확하게 파악할 수 없다는 입장을 말한다. 따라서 행정이론에 내재된 의미를 파악하기 위해서는 당연히 그 이론이 등장한 역사적 맥락에 대한 이해가 선행돼야 한다. 왈도의 자기의식적 태도는 사실상 역사적 상황의 변화에 대한 민감성에서 기인하는 것으로 보인다. 실제로 그는 『행정국가』를 행정학이 등장하게 된 '물질적·이데올로기적 배경'에 대한 논의에서 시작한다. 그리고 그는 1960년대의 혼란스러운 상황을 '혁명의 시대'(Waldo, 1968b)나 '소용돌이의 장'(Waldo(ed.), 1971)으로 진단하고 시대적 상황과 행정학의 적실성에 대한 자기의식적 성찰을 요청하기도 한다. 행정학계에서는 이러한 방식의 저술을 만나기가 쉽지 않다(StillmanⅡ, 2008; Stiver, 2008).

둘째, 관점 바꿔 보기는 관점의 편협성이나 경직성에서 벗어나 상황을 균형 있게 사유하는 태도를 말한다. 이는 무엇보다도 행정학을 과학으로 만들려는 노력에 대한 일종의 반테제(anti-thesis)로 볼 수 있다. 과학과 관련된 다양한 편견들, 가령 오직 진리는 하나라는 것, 우리는 그 불변의 진리를 발견할 수 있다는 것, 자연과학은 사회과학의 미래라는 것 등과 같은 편견을 깨기 위해 그가 제안한 것이 바로 관점 바꿔 보기다. 관점 바꿔 보기를 통해 그는 "사회과학과 비사회과학 간의 명확한 경계선을 찾는 것은 불가능하며, 중요한 의미에서 모든 과학은 사회적이다"(Waldo, 1956: 24)라는 도전적인 생각을 제시한다. 또한 행정을 이해하기 위한 관점이 과학 하나가 아니라 매우 다양하다는 점을 강조한다. 과학은 물론이고 정치학, 경제학, 사회학, 인류학, 심리학, 역사학, 철학, 문학, 예술 등 수많은 관점이 행정을 이해하는 데 도움을 줄 수 있다는 것이다(Waldo, 1956: 26-49). 이러한 관점의 다양성을 받아들일 때, 우리는 균형 있는 자기의식적 성찰의 길로 들어설 수 있게 된다는 것이다.

왈도는 맥락주의적 성찰과 관점 바꿔 보기를 통해 자기의식적 행정학의 내용을 채우고자 했다. 그것은 특히 행정학의 학문적 성격과 과제에 대한 그의 사고에서 잘 드러나고 있다. 왈도가『행정국가』를 출판하던 시기를 전후해서 행정학을 과학화하고자

다. 이를 왈도적 접근 방법(Waldonian approach)이라 부르기도 한다(Carrol & Frederickson, 2001: 3).

하는 움직임이 있었다. 자기의식적인 성찰을 추구하는 그에게 과학지향적인 연구는 행정 현상을 이해하는 데 적합하지 않은 것으로 보였을 것이다. "사회과학으로서 행정 연구는 기본적으로 사고하고 가치를 판단하는 인간에 관심을 갖는다. 기존의 과학적 기법은 사고하고 가치를 판단하는 인간에게는 적합하지 않다"(Waldo, 1948: 181). 그는 과학으로서 행정학을 세우는 데서 벗어나, 행정이론을 일종의 정치이론으로 삼고자 했다. "행정학이 보편적으로 타당한 원리를 가지고 있는 과학이라는 일반적인 주장에도 불구하고, 미국 행정학은 고유한 경제적, 사회적, 정부적 그리고 이데올로기적 사실과 분명하게 연관된 정치이론을 발전시켜 왔다"(Waldo, 1948: 3). 그에 따르면, 『행정국가』는 정치이론서이며, 정치사상사적으로도 유의미하고, 정치이론가들이 심각하게 고려할 만한 가치가 있다는 것이다(Waldo, 1965a). 이처럼 왈도는 행정 관련 문헌은 물론이고 조직 관련 문헌을 읽을 때조차도 정치이론을 떠올린다. "조직 관련 문헌을 읽을 때마다 내가 자주 느끼는 것 중의 하나는 내가 전에 참으로 다른 언어로, 즉 정치이론의 언어로 그것을 읽었다는 것이다"(Waldo, 1961: 225). 왈도는 이와 같이 정치이론사의 한 장을 장식하는 것으로서 자기의식적인 행정학을 보는 것이 행정학에 유익했음을 회고한 바 있다(Waldo, 1984b: xi).

왈도가 『행정국가』에서 취한 분석틀은 정치사상적 접근 방법의 핵심을 담고 있다. 그 분석틀은 다섯 가지의 정치철학적 논의의 범주로 구성돼 있다. 첫째, 정치철학이나 정치사상은 우리가 추구해야 할 목표로서 이상적인 사회상이나 이상적인 삶의 이미지를 구상한다. 이러한 관점에서 보면, 행정이론에 내포된 '좋은 삶의 본질'에 대한 관념을 드러내는 것이 행정 연구의 과제라는 것이다(Waldo, 1948: 65). 둘째, 정치철학이나 정치사상은 좋은 삶을 실현하기 위해 우리가 "무엇을 해야 하는가?" 하는 물음에 대한 답을 찾고자 한다. 이 물음에 답하기 위해서는 우리가 규범적으로 따라야 하는 '행위 기준' 혹은 '의사결정의 근거'를 제시해야 한다. 이러한 관점에서 보면, 행정이론에 내포된 행위 기준이나 의사결정의 근거를 드러내는 것이 행정 연구의 과제라는 것이다(Waldo, 1948: 76). 셋째, 정치철학이나 정치사상은 좋은 삶을 이루기 위해서는 누가 지배해야 할 것인지에 관심을 갖는다(Waldo, 1948: 90). 그것은 좋은 삶의 본질과 그것을 실현하기 위한 행동의 기준에 대한 충분한 지식과 실천력을 가지고 있는 사람들이 어떤 사람인지를 찾는다. 이러한 관점에서 보면, 행정이론에서 어떤 사람들이 그러한 능력을 가지고 있다고 생각하는지를 드러내는 것이 행정 연구의 과제라는 것이다. 넷째, 권력의 집중은 사람들의 자유와 민주주의에 위협적이다. 그래서 정치철학이나 정치사상은 자유를 보호하는 데 유익한 권력의 배치 방식에 관심을 가지며, 민주주의 이념을 실현하기 위한 제도적 방안으로서 '권력분립'에 초점을 맞춘다. 이러한 관점에서 보면, 행정이론에서 정치와 행정의 관계에 대한 관념을 드러내는 것이 행정 연구의 과제라는 것이다. 다섯째, 정치철학과 정치사상은 근대 국가의 형성에 관심을 갖는다(Waldo, 1948: 130). 근대 국가의 형성과 관련해 두 가지 경향이 서로 대립하면서 나타난다. 하나는 대규모의 대의정부와 민주주의 이념을 강조하는 경향이며, 다른 하나는 과학기술의 발전과 전문가의 중요성을 강조하는 경향이다. 전자는 사회 권력의 분권화를, 후자는 집권화를 촉진하거나 정당화하는 근거가 된다. 이러한 관점에서 보면, 행정이론에서 분권을 촉진하는 원심력과 집권을 촉진하는 구심력의 관계에 대한 관념을 드러내는 것이 행정 연구의 과제라는 것이다.

3) 논쟁

사이먼과 왈도는 학문적 배경과 관점 그리고 입장이 서로 다르다. 행정학계에서는 학문적 논쟁이 흔하지는 않았지만 그들 사이에 학문적 충돌이 일어난다 해도 전혀 이상한 일은 아니었을 것이다. 논쟁은 왈도의 도발에서 시작됐다. "나는 가치가 배제된 사실적 결정의 영역은 존재하지 않는다고 믿는다. 결정은 대안을 선택하는 것이다. 대안을 선택하는 과정에 가치가 개입한다. 사이먼은 분명히 행정 연구에 크게 기여했다. 그러나 그의 기여는 그가 주장하는 방법론으로부터 자유로울 때 이뤄진 것이다"(Waldo, 1952a: 97). 왈도의 비판은 사이먼의 과학적 방법론을 표적으로 한 것이다. 이러한 비판에 대해 사이먼은 왈도가 자신의 진의를 제대로 이해하지 못했다는 점과 학문적 엄밀성마저 결여하고 있음을 지적한다. 이에 대해 왈도는 사이먼의 과학적 방법론에 대한 신념이 거의 종교적이라고 조롱한다.

> 왈도 씨의 전제가 옳고 그름을 떠나서, 우리들이 그나 대부분의 다른 정치이론가들이 취하고 있는 느슨하고 문학적이며 경구적인 스타일로 계속 생각하고 글을 쓴다면,

정치철학이 어떻게 진보할 수 있을지 도무지 알 수 없다. 정치이론에서는 엄밀하지 않은 기준을 용인하고 있는데, 그 정도로는 아리스토텔레스 논리학이건 상징논리학이건 기초 과정에서 낙제할 것이다. 나는 정치철학자들이 실증주의의 와해 공작으로부터 민주주의를 보호하고 싶다면, 무엇보다도 먼저 실증주의자들을 공격할 수 있는 기술적 능력을 현대의 논리 분석에서 충분히 습득할 것을 제안한다. 그렇게 되면 나와 친분이 있는 대부분의 실증주의자들과 경험주의자들은 그들을 적으로 대하기보다는 오히려 진리를 추구하는 동맹자로 받아들이게 될 것이다(Simon, 1952: 496).

사이먼 교수는 내가 논리실증주의의 신성한 장소를 모독한 데 대해 책임을 묻고 있다. 나도 혹시 그렇지나 않았을까 하고 걱정이 된다. 내가 보기에 사이먼 교수는 세속화된 우리 시대에 깊은 신앙심을 가진 아주 희귀한 사람이기 때문에 이렇게 말하는 것이다. 그의 믿음은 교조적이고 완고하다. 이교와 죄에 대해 그는 전혀 관용할 줄 모른다. 구원의 길은 오직 하나밖에 없다. 우리는 우리의 죄를 겸손하게 고백하고 말씀을 받아들이고 루돌프 카르납(Rudolf Carnap)과 앨프리드 에이어(Alfred Jules Ayer)의 피로 깨끗하게 정화돼야 한다. 그때 그는 우리가 더 이상 적이 되지 않을 것이라고 말한다(Waldo, 1952b: 501).

❷ 이념: 효율성 대 민주성

1) 사이먼: 효율성 실현을 위한 합리성의 원리

전통적으로 행정이론은 효율성을 행정의 목표이자 행정활동의 판단 기준으로 삼는다. "정부의 업무 수행에서 효율성을 주창하는 것은 대부분이 납세자 운동이었다. 정부의 비효율은 비용을 많이 들게 하고 세금 인상을 야기한다. 따라서 정부활동을 새로운 영역으로 확장하는 것을 극렬하게 반대하는 사람들조차도 필요하다고 생각되는 활동에서는 언제나 효율적이어야 한다고 주장했다. 이론적으로 효율성 향상과 반정실주의 운동은 정책과 행정의 엄격한 구별을 전제함으로써 가능하게 됐다. 의원들과 선출직 공무원들은 정책을 수립하고 행정직 공무원들은 단지 정책을 수행할 것이라고 가정했다. 첫째로 선출직 공무원들만이 정치적으로 책임질 필요가 있다는 전제 위에서 행정은 민주주의의 손실 없이 공무원제도의 절차에 따라 선발된 중립적인 공무원들에게 위임될 수 있다. 둘째로 공무원들은 정책 수립에 대해 책임지는 것이 아니라 공금의 낭비 없이—가능하면 효율적으로—정책을 수행해야 할 책임이 있다. 공공행정에 관한 대부분의 이론화와 이 주제와 관련해 학자들이 제안한 대부분의 행정 원리는 효율성이 정부기관의 행정을 판단하는 기준이라는 전제를 수용했다"(Simon, et. al., 1958: 17-18).

사이먼 역시 효율성을 행정의 최고선으로 삼는 전통에 속한다. 그가 제시한 효율성 개념은 "주어진 자원을 이용해서 최대의 결과를 생산하는 대안을 선택하는 것"(Simon, 1947a: 179)이다. 그러나 두 가지 측면에서 그는 효율성을 조직활동에 적용하는 데 신중한 입장을 견지한다. 하나는 상업적 조직과 정부조직과 같은 비상업적 조직에서 효율성을 판단하는 방식이 같을 수 없다는 것을 강조했다는 점이다. 다른 하나는 인간은 완전한 인과지식을 가지고 있지 못하기 때문에 완벽하게 효율성을 실현할 수 없고, 오류를 범할 가능성도 있다는 것을 강조했다는 점이다. 특히 사이먼은 두 번째 측면에서 독보적인 논의를 전개함으로써 합리성의 개념사에 획기적인 족적을 남긴다. 효율성은 최소 비용으로 최대 결과를 산출하라고 명령하지만 그렇게 하기 위해 어떻게 행동해야 하는지에 대해서는 아무런 말을 하지 않는다. 사이먼은 합리성에 대한 논의를 통해 '어떻게'의 문제를 정밀하게 다뤘다는 점에서 효율성 논의에 기여한 바가 적지 않다. 사이먼의 합리성에 관한 논의는 다음과 같이 정리할 수 있다(임의영, 2014).

첫째, 합리성이 행정이론의 중심이 돼야 한다는 것이다. 고전적 행정이론에서는 효율성을 행정이론의 중심으로 삼았다. 효율성은 바람직한 상태를 기술하는 하나의 개념적 정의로 볼 수는 있으나, 행동의 원리로 보기는 어렵다. 그것은 행정활동의 목적이 목표 달성의 극대화라는 것을 말해 줄 뿐, 어떻게 목표 달성을 극대화할 것인지에 대한 답을 제시하지는 않는다. 합리성에 대한 논의를 통해 그 방법을 찾을 수 있다. 따라서 특정한 목표를 달성하기 위한 의사결정의 적합성, 즉 의사결정의 합리성이 행정이론의 핵심적인 관심사가 돼야 한다는 것이다.

둘째, 합리성은 맥락 의존적이다(Simon, 1976: 240). 합리성은 행위자가 가지고 있는 가치 체계에 비춰 바람직한 결과를 가져오는 행동 대안을 선택하는 것을 의미한다. 그러다 보니 합리성의 판단은 상대적일 수밖에 없다. 그러므로 합리성을 말할 때, 적절한 수식어를 사용하는 것이 모호성을 최소화하는 길이다. 적절한 수식어는 합리성을 판단하는 맥락, 즉 조건을 표현하는 것으로 볼 수 있다. 단순히 합리성이라는 표현보다는 경제적 합리성, 정치적 합리성, 개인적 합리성, 조직적 합리성 등과 같은 표현이 합리성을 판단할 수 있는 맥락을 명확하게 드러낸다. 이처럼 합리성은 맥락 의존적이며, 상대적이다.

셋째, 인간은 합리지향적 존재다. 고전 경제학에서는 완벽하게 합리적인 존재로서 경제인을 전제한다. 고전적 행정이론 역시 경제인과 동일한 의미로 행정인을 전제한다. 그러나 합리성은 해결해야 할 문제와 문제해결자의 능력에 따라 결정된다. 현실적으로 문제의 규모가 문제해결자의 능력을 훨씬 초과하는 것이 일반적이다. "복잡한 문제를 구성하고 해결하기 위한 인간 정신의 능력은 실제 세계에서 해결을 위해 객관적으로 합리적인―혹은 그러한 객관적 합리성에 근접하는―행동을 요구하는 문제의 규모에 비해 매우 작다"(Simon, 1957: 198). 이처럼 인간은 완벽하게 합리적일 수 없는 제약 조건, 즉 제한된 합리성(bounded rationality)의 상황에 있다. 그럼에도 불구하고 인간은 제한된 범위 안에서 합리적이려고 노력한다는 것이다. 이렇게 해서 합리적인 존재로서의 인간관은 합리지향적 존재로서의 인간관으로 수정된다(Simon, 1957: 200).

넷째, 실체적 합리성을 실현하는 것은 불가능하다(Simon, 1976: 130). 실체적 합리성이란 주어진 목표를 달성하는 데 최선의 대안을 선택하는 경우, 즉 완벽하게 효율성이 실현된 상태를 말한다. 이는 완벽하게 합리적인 의사결정을 통해 실현될 수 있다. 조직에서 완벽하게 합리적인 의사결정을 하기 위해서는 행위자의 목표에 대한 명확한 인식, 그것을 이루기 위한 모든 대안에 대한 지식, 모든 대안이 가져올 모든 결과에 대한 지식, 결과에 대한 행위자의 명확한 선호도나 효용함수의 존재 등과 같은 조건을 충족해야 한다(March & Simon, 1958: 137-138). 그러나 현실적으로 조직의 구성원인 인간은 습관이나 반사와 같은 무의식적 측면, 조직활동에 대한 개인적인 동기나 가치관, 지식의 한계 때문에 완벽하게 합리적인 의사결정을 할 수 없다. 특히 인간의 인지과정이 불완전하기 때문에 완벽한 합리성을 실현하기 어렵다. 인간의 관심은 희소하다. 인간은 자신을 둘러싸고 있는 모든 것에 관심을 가질 수 없다. 인간은 다양한 제약 조건 때문에 선택적으로 무엇인가에 대해 관심을 갖게 된다. 또한 어떤 대상을 인지하는 과정에서 정보를 한꺼번에 처리할 수 없기 때문에 단순화와 요소화의 과정을 거쳐 복잡한 실제 세계를 인지한다(Simon, 1976: 81-83). 단순화는 복잡한 실제 세계에서 중요하다고 생각되는 변수들만을 추출해서 그것을 머릿속에 저장하는 것이다. 약도의 원리와 같다. 요소화는 어떠한 현상을 자신의 인지 능력으로 통제할 수 있는 최소한의 수준으로 쪼개는 것이다. 게다가 개인의 인지는 순차적으로 이뤄진다. 현상을 있는 그대로 인지하는 데 필요한 정보의 병렬 처리가 불가능하기 때문이다. 인간의 인지 과정은 복잡한 현실을 단순화시켜 가공한다는 점, 현실을 쪼갬으로써 요소들 간의 화학적 관계를 그대로 재구성하기 어렵다는 점, 현실의 동시성을 순차적인 것으로 처리할 수밖에 없다는 점에서 완벽한 지식을 구축하는 데 한계를 가질 수밖에 없다. 이처럼 지식과 함수 관계에 있는 합리성은 완벽할 수 없기 때문에 실체적 합리성에 도달하기 어렵다.

다섯째, 조직에서의 의사결정은 실제로 만족할 만한 수준에서 이뤄진다. 완벽한 합리성에 근거한 의사결정모형을 합리모형이라고 한다. 이 모형은 의사결정자가 완벽한 선호도와 효용함수를 가지고 목표를 이루는 데 적합한 모든 대안 가운데서 최선의 대안을 선택하는 것이다. 그러나 인간의 문제 해결 능력은 문제의 규모에 비해 작고, 의사결정자가 완벽한 선호도와 효용함수를 가지고 있지 않은 경우도 많기 때문에, 모든 대안을 계산해서 비교하는 것은 불가능하다. 따라서 의사결정자는 자신의 욕망 수준에서 대안을 탐색하고, 그것들 가운데서 만족할 만한 대안을 선택할 수밖에 없다. 이를 만족모형이라고 부른다(Simon, 1957: 204-205).

여섯째, 합리지향적 인간이 실현할 수 있는 합리성은 절차적 합리성이다(Simon, 1978). 인간은 완벽하게 합리적일 수 없기 때문에 실체적 합리성을 실현할 수 없다. 그럼에도 불구하고 인간은 합리적이려고 노력한다. 의사결정 과정에서 개인이 부딪히는 문제는 제한된 능력을 가지고 복잡한 문제를 해결해야 한다는 것이다. 만족할 만한 해결책을 찾는 것도 쉬운 일은 아니다. 따라서 사이먼은 대안 탐색의 과정을 효율화할 수 있는 절차에 관심을 갖는다. 그는 선택의 결과를 강조하는 실체적 합리성과 대비해 대안 탐색의 효율적인 절차와 그것의 수행을 강조하는 절차적 합리성에 초점을 맞춘다. 문제풀이를 위한 알고리즘, 조직의 표준운영절차, 정치적 의사결정 기제로서 민주주의 등은 절차적 합리성의 실현을 위한 대표적인 사례라고 하겠다.

2) 왈도: 민주적 행정이론의 발전

왈도의 민주적 행정이론의 발전에 대한 신념은 행정이 현대 정부의 핵심이라는 인식에 기초한다(Waldo, 1952a: 81). 행정이 현대 정부의 핵심이라면 민주주의를 추구하는 정치이론은 당연히 민주적 행정이론을 포함해야 한다는 것이다. 왈도는 민주주의의 핵심적인 의미를 자유, 평등, 우애라는 규범적 가치에서 찾는다(Waldo, 1952a: 82). 민주주의라는 이름을 걸고 존재하는 모든 제도가 이러한 가치와 무관하게 작동한다면 아무런 의미가 없다. 따라서 민주적 행정이론은 행정에서 민주주의적 가치를 정당화하고 그것을 실현하는 데 도움이 되는 제도를 설계하고 정책을 형성하는 데 초점을 맞춰야 한다. 왈도는 민주적 행정이론의 발전을 위한 조건으로 정치와 행정 간의 관계 재정립, 효율성을 행정의 중심 개념으로 생각하는 도그마(dogma)에서 벗어날 것, 집중과 집적이 효율성을 향상시킬 수 있다는 권위주의적 관념에서 벗어날 것 등을 제시한다(Waldo, 1952a: 87-88).

(1) 정치와 행정 간의 관계 재정립

일반적으로 정치-행정이원론을 행정의 효율성을 위한 조건이라고 생각한다. 왈도는 바로 이러한 관념이 행정의 민주성 문제를 다루는 데 방해가 된다고 본다. 다시 말해서, 행정의 효율성을 위한 정치-행정이원론은 행정의 민주성을 희생시킬 수 있다는 것이다. 그렇다면 왈도는 정치와 행정의 관계에 대해 어떤 생각을 가지고 있는가?

행정 연구가 활성화된 계기는 행정이 정치에 압도돼 행정에 전문 인력을 투입해 업무의 효율성을 향상시키거나 행정 업무의 계속성을 확보하기 어렵다는 당대의 인식에서 찾을 수 있다. 따라서 행정 연구는 정치와 행정을 엄격하게 분리하는 개혁 논리를 전개하게 된다(Waldo, 1948: 206; 1955: 40). 정치-행정이원론은 이렇게 탄생된 것이다. 그러나 행정 연구가 축적되면서 행정학자들은 정치-행정이원론이 비현실적이라는 인식을 공유하게 된다. "최근에 정치-행정 도식에서 양자의 확실한 분리를 주장하는 … 권위 있는 학자들에 맞서 좀 더 새로운 이론을 옹호하는 새로운 발전이 이뤄졌다. 그것은 정치-행정 도식 자체를 반대하는 것이 아니라 엄격한 분리주의 정신에 반대하는 것이다. 어떤 의미에서 이는 현실에 좀 더 가까이 접근하는 것이다. 어떤 의미에서 그것은 … 행정의 실제 과정과 연구가 성숙했으며, 그것이 더 이상 정치의 세균으로부터 격리될 필요가 없다는 느낌으로부터 등장한 것이다. 심지어 행정이 정치의 영역, 즉 정책결정의 영역을 침범하는 것에 대해 생각할 수도 있다"(Waldo, 1948: 121).

그렇다면 왈도는 정치와 행정의 관계에 대해서 어떠한 입장을 취하고 있는 것일까? 그는 정치-행정이원론이 비현실적임에도 불구하고 정치와 행정을 분리해서 보는 관점은 나름대로 의미가 있다고 본다. "양자의 구분은 상식적인 논리이고, 일반적으로 수용되는 것이며, 실용적으로 유용하다. 구분은 우리의 언어와 제도에서 지배적이다. 구분은 버릴 수 있는 카드가 아니다"(Waldo, 1987: 106). 따라서 정치-행정 도식 혹은 결정-집행 도식은 공공행정에 관한 연구와 활동이 이뤄지는 복잡한 장(場)을 구성하는 '영구적인 부분'으로 받아들여져야 한다는 것이다. 정치-행정 도식에 대한 왈도의 입장은 분명해 보인다. 그것은 폐지될 수 없으며, 공공행정의 본질을 이해하는 데 필수적이라는 것이다. "우리의 목적은 정치-행정이원론을 폐지하거나 무시하는 것이 아니다. 그것은 폐지할 수 없다. 그리고 그것을 무시하는 것은 아무런 가치가 없으며 아마도 위험스럽기까지 할 것이다. 우리의 과제는 그것을 이해하고, 두 영역을 서로 연결하는 건설적인 방법을 찾기 위해 노력하는 것이다"(1984a: 232).

왈도는 정치와 행정의 완전한 통합은 우리를 유토피아가 아니면 전체주의로 인도한다고 본다(Waldo, 1990: 82). 그는 유토피아는 불가능한 길이기 때문에 정치와 행정의 분리가 오히려 우리의 자유를 가능하게 한다고 말한다. 정치와 행정의 "분리는 부담뿐만 아니라 이익도 가져다준다. 즉, 정치와 행정의 완전한 통합은 오히려 전체주의를 가져올 수 있다. 자유는 아마도 분리의 산물일 것이다"(Waldo, 1987: 137).

왈도의 정치-행정의 도식은 공공행정을 이해하는 유의미한 관점을 제공할 수 있다. 그는 정치-행정이원론을 넘어서 정치와 행정의 조화 혹은 적절한 배합을 이루는 것이 공공행정의 지향점이라고 본다. 그런데 여기에서 우리가 주목해야 할 것은 그의 정치-행정 도식이 단순히 일차원적인 것이 아니라는 점이다. 정치와 행정의 관계는 다양한 차원에서 발현되는 층위구조를 갖는다. 첫째, 기능적인 차원에서 정치와 행정의 관계는 결정과 집행의 관계로 나타난다. 둘째, 의사결정 과정에서는 그것이 가치와 사실의 관계로 나타난다. 셋째, 권력구조의 차원에서는 그것이 입법부와 집행부의 관계로 나타난다. 넷째, 통치 체제와 관련해서는 그것이 민주주의와 관료제의 관계로 나타난다. 다섯째, 서구의 역사적 전통에서는 그것이 고대 그리스의 시민문화적 전통과 고대 로마의 제국적 전통의 관계로 나타난다. 여섯째, 행정학의 성격과 관련해서는 그것이 기예와 과학의 관계로 나타난다. 일곱째, 철학적 사유의 방식과 관련해서는 그것이 형이상학과 논리실증주의의 관계로 나타난다(Overeem, 2008: 42; Riccucci, 2006: 60). 그러므로 정치와 행정의 조화 혹은 적절한 배합은 다양한 차원에서 나타나는 대립항 간의 조화 혹은 적절한 배합을 다층적으로 포함하고 있는 것이다.

(2) 최고선으로서 효율성의 문제

민주적 행정이론의 발전을 위해서는 효율성을 행정의 중심 개념으로 생각하는 관념에서 벗어나야 한다. 왈도의 효율성에 대한 비판은 두 가지 측면에서 이뤄진다. 하나는 효율성 그 자체가 과연 행정의 최고선 또는 목적적 가치라고 할 수 있는가 하는 문제에 초점을 맞춘다. "민주이론의 발전에 장애가 되는 주요 요소는 효율성이 가치중립적이라거나 민주주의와 상반된다는 관념이다. 우리가 효율성을 과학의 중심 개념으로 취해야 하지만 그럼에도 불구하고 우리가 민주주의에 대한 신념을 가지고 있기 때문에 민주주의를 어느 정도 용인해야 한다고 생각하는 것은 미국 사회의 근간을 해치는 것이다. 효율성이 가치중립적이라고 하면서 동시에 그것을 행정 '과학'의 중심 개념으로 삼아야 한다는 제안을 따른다면 우리는 허무주의에 빠지고 말 것이다"(Waldo, 1952a: 97). 왈도는 효율성이 그 자체로 목적적 가치가 될 수 없다는 점을 분명히 한다. "효율성 그 자체는 가치가 될 수 없다. … 사태들 자체가 효율적이거나 비효율적인 것이 아니다. 사태들은 주어진 목적에 비춰 효율적이거나 비효율적인 것이다. 어떤 목적에 효율적인 것이 다른 목적에는 비효율적인 것일 수 있다. 예컨대 곰을 죽이기 위해서는 먹이보다는 총이 효율적이고, 곰을 살리기 위해서는 총보다는 먹이가 더 효율적이다"(Waldo, 1948: 202). 이처럼 효율성은 단지 수단적 가치에 불과하다는 것이다. 따라서 사람들이 목적에 대한 고려 없이 효율성만 강조하게 되면 내용 없는 형식에 얽매어 허무주의의 늪에 빠질 수밖에 없다는 것이다.

다른 하나는 행정학계에서 일반적으로 규정하는 효율성의 기계적 의미가 그 용어의 전모를 담을 수 있는가 하는 것이다. 왈도는 효율성에 대한 기계적 해석을 거부하는 당대의 극소수 학자들의 의견에 공감한다. 좋은 행정은 냉정하고 기계적인 것이 아니라 따뜻하고 인간적이며 생기가 있는 것이기 때문에 기계적 효율성 개념은 부적절하다는 것이다. 효율성은 행정이 추구해야 할 중요한 가치이기는 하지만, "사회적으로 그리고 인간적으로 해석해야 한다"는 것이다. 사회적 효율성이 아닌 효율성은 참된 효율성으로 볼 수 없다는 것이다. "사회적 효율성의 의미는 분명하다. 그것은 … 좋은 삶의 개념을 표현하는 적절한 상징이다. … 효율성이나 사회적 효율성은 엄밀하게 정의할 수 있는 과학적인 용어가 아니다. 그것은 상당한 정도로 감정을 담고 있으며 사회철학으로 가득 차 있다"(Waldo, 1948: 197). 효율성은 사회철학적 의미를 담고 있다는 말은 사람들에 대한 인정이나 인간적 관계의 관점에서 이해되고 해석될 수 있다는 것을 의미한다.

그렇다면 왈도는 민주성과 효율성은 대립적인 길항 관계에 있다고 보는가? 그렇지 않다. 그는 민주성을 위해 효율성을 희생해야 한다고 주장하지 않는다. 민주적 행정이론의 목표는 민주적 가치의 실현을 위한 효율적인 행정을 모색하는 것이다. 요컨대 왈도는 민주성과 효율성의 조화를 추구한다.

(3) 권위주의 문제

왈도는 행정이론 안에 권위주의적 사고방식이 지배적이며, 이것이 민주적 행정이론의 발전에 방해가 된다고 생각한다. 그는 권위주의적 사고가 지배하는 경향을 설명하는 과정에서 조직 및 행정에 대한 사회학적 연구들에 주목한다. 당시 조직과 행정에 대한 사회학적 연구들이 막스 베버(Max Weber)의 관료제론과 로베르트 미헬스(Robert Michels)의 과두제 이론에 의존하고 있음을 간파했기 때문이다.

왈도의 베버에 대한 해석은 논쟁의 여지가 있지만, 왈도는 베버의 관료제를 언급할 때마다 베버가 독일제국의 아들이라는 사실을 강조한다. 독일제국의 비민주적인 환경에서 자랐기 때문에, 베버가 관료제 조직 형태를 문명 발달의 최종적인 종착점인 것처럼 사고한다는 것이다. 그렇다면 베버와는 달리 민주적 환경에서 자란 왈도는 좀 더 민감하게 민주주의의 관점에서 관료제를 생각하지 않을 수 없다는 것일까? 그가 관료제에 대해 가지고 있던 고민은 이렇다. 대규모 정부조직과 행정으로서 관료제를 대신

할 대안이 없으며, 관료제 내에서 이뤄지는 많은 정책결정과 많은 권력 집행을 대신할 대안이 없다. 그런데 문제는 이러한 두 가지 측면을 미국의 헌법이나 역사, 가치, 신념으로 정당화하거나 합리화할 수 있는 방법이 없다는 것이다(Waldo, 1980: 89-90). 그래서 왈도는 자신이 해결해야 할 이론적 혹은 실천적 과제를 다음과 같이 정리한다. "나의 입장에서 볼 때, 해결해야 할 문제는 어떻게 민주주의와 관료제의 최적 배합을 이룰 것인가 하는 문제, 즉 믿기 어려울 정도로 복잡하고 계속적으로 변화하는 환경 속에서 어떻게 이러한 최적의 배합을 이룰 것인가 하는 문제다. 나는 민주주의를 평등과 자유를 추구하는 것을 의미하는 것으로 해석하며, 바람직하다고 본다. 나는 관료제가 필요한 만큼 바람직하다고 보지는 않는다. 나는 관료제가 민주적 선을 포함한 많은 선을 실현하는 데 도움이 되지만, 또한 많은 악을 수반하거나 수반할 가능성이 있다고 본다. 목표는 민주주의와 관료제를 함께 엮는 과정에서 효용을 극대화하고 비효용을 최소화하는 것이다. 그것은 사회적 역학의 문제다"(Waldo, 1977: 7-8; 1980: 90).

그렇다면 '사회적 역학'의 측면에서 관료제를 본다는 것은 무엇을 의미하는가? 왈도는 동심원의 이미지로 사회적 역학을 설명한다(Waldo, 1980: 43-44). 행정이 현대 정부의 핵심이라고 생각하는 왈도는 동심원의 중심에 공공관료제를 위치시킨다. 그 공공관료제의 핵심은 행정기구와 행정기술이다. 행정기술의 완벽성은 효율성을 보장하지만, 역설적으로 전체주의적 전제를 위한 도구로 이용될 가능성도 있다. 행정기술을 둘러싸고 있는 다음의 동심원에는 사회과학기술이 있다. 입법을 위해 사회과학이 제공한 지식은 진정한 것일 수도 있고 그렇지 않을 수도 있다. 사회과학의 수준에 따라 우리가 행정을 통해 하고자 하는 것들을 달성할 수 있는 방법에 대한 지식의 수준이 달라진다. 이들을 둘러싸고 있는 그다음의 동심원은 정치 체제다. 민주주의나 공화정과 같은 정치 체제는 행정을 둘러싸고 있으면서 심대하게 영향을 미친다. 그런데 그 영향은 긍정적인 것일 수도 있고, 부정적인 것일 수도 있다. 이에 덧붙여 경제 체제와 사회구조의 복잡성 역시 행정의 효율에 긍정적으로 혹은 부정적으로 영향을 미친다. 동심원 가운데 맨 바깥의 원은 행정과 관련된 사람들이다. 그런데 사람들은 매우 다양한 특성을 가지고 있다. 그리고 그러한 특성은 긍정적으로 혹은 부정적으로 영향을 미친다. 동심원의 이미지가 사회적 역학을 설명하는 데 적절한 비유일지는 단언할 수 없지만, 행정을 둘러싼 다양한 요인이 행정과 긍정적으로 혹은 부정적으로 영향을 주고

받을 수 있다는 사실을 이해시키는 데는 부족함이 없어 보인다. 실제로 관료제에 대한 이러한 관점은 폐쇄 체계로서, 다시 말해 단순히 조직구조로서 관료제를 설명하는 베버의 접근 방식과는 다른 것이다. 이제 문제는 이러한 영향의 관계, 혹은 사회적 역학에 대한 인식을 바탕으로 공공관료제가 그것을 둘러싸고 있는 환경 요인과 조화로운 관계를 실질적으로 이뤄낼 수 있는 방법을 찾을 수 있을 것인가 하는 데 있다. 통치의 관점에서 관료제와 민주주의를 연결시킨다는 것은 넓은 의미에서 '관료제적인 것'과 '정치적인 것'을 연결하는 문제의 한 측면이라고 할 수 있다"(Waldo, 1982(Ⅰ): 7; 1999: 12).

사회적 역학의 복잡성 그리고 관료제와 정치적인 것 간의 관계의 복합성 때문에, '관료제와 민주주의의 최적 배합', 혹은 '거대한 해법'을 찾는 것은 매우 어려워 보인다(Waldo, 1982(Ⅰ): 9-10; 1999: 16-17, Overeem, 2008: 39 재인용). 그러한 어려움 때문에, 왈도는 해법의 발견 가능성에 대해 때로는 낙관적으로, 때로는 비관적으로 전망한다(Waldo, 1982(Ⅸ): 6-7; 1999: 522-525, Overeem, 2008: 40 재인용).

제3절_ 어울림

사이먼과 왈도가 따르는 연구 방법론과 강조하는 규범적 가치가 서로 다르다. 사이먼은 방법론이 과학적으로 엄밀해야 할 필요성을 강조한다. 왈도는 과학적 방법을 배척하는 것이 아니라 그것 이외에도 지식을 획득할 수 있는 방법이 다양하다는 입장을 견지한다. 사이먼은 제한된 합리성 원리에 의존해서 현실적으로 효율성을 실현하기 위한 방법을 찾는 데 초점을 맞춘다. 왈도는 민주성을 우선시하면서도 효율성과의 적절한 조화를 위한 방법을 찾는 데 초점을 맞춘다. 두 사람의 입장은 달라 보이지만 공공성을 실현하는 데 서로를 보완할 수 있는 지점을 발견할 수 있다. 왈도는 공공성을 규범적 지향점으로 제시하고, 사이먼은 공공성의 과학적 토대를 제공함으로써 더 많은 공공성을 실현하는 데 서로 보완적인 관계에 있다고 하겠다.

1 왈도: 규범적 지향점으로서 공공성

왈도는 '공공행정'에 대한 이론적 연구가 일반적으로 '행정'에 집중된 반면 그 앞에 있는 '공공'의 의미를 도외시했다는 점을 발견한다. 그래서 그는 '공적(公的)인 것'에 대한 관심과 연구가 좀 더 신중하게 이뤄질 필요가 있음을 지적한다. "우리의 역사에서 많은 것이 '공적'이라는 형용사에 대한 관심을 빼앗고, '행정'이라는 명사에 집중적으로 초점을 맞추도록 작용했다. 따라서 역설적으로 자율성을 획득하기 위해 전략적으로 취했던 선택이 이제 와서 우리의 생각을 중요한 의미에서 부적절하거나 쓸모없는 것으로 만들 위험에 처하게 됐다. '공적'이라는 말이 단지 형식적인 법적 범주일 뿐, 기술적으로, 조작적으로, 과학적으로 그리고 철학적으로 무의미하다 하더라도, 정부는 계속해서 거대산업으로 성장할 것이기 때문에 행정학과와 교육과정은 매우 번성하게 될 것이다. 그러나 그것들은 시장에 단지 실용적으로 적응함으로써 학문적 정체성을 규정하고 방향을 이끌어 가는 학문의 핵심을 상실하게 될 것이다. 나는 형용사 '공적'이라는 말에 의미를 부여하기 위한 신중한 노력을 제안한다"(Waldo, 1965b: 55-56).

일반적으로 '행정'은 올바른 답, 합리적 실행, 질서, 결과, 진리 등을 강조하고, '공적'은 경합하는 질문, 논쟁, 개방성, 정치적 가치 등을 강조한다(Stivers, 2008: 56). 그러니까 공공행정은 말 그대로 '공적인 것'과 '행정'의 긴장을 본질로 하는 것이다. 정치사상적 접근 방법에 의존하는 왈도에게 공적인 것은 '정치적인 것'을 의미한다. 따라서 공공행정의 핵심은 정치와 행정의 이원론이나 일원론을 초월해 양자의 관계를 어떻게 조화시킬 것인가 하는 데 있다. 그에게 정치적인 것의 중심 이념은 민주주의이며, 행정의 핵심적인 수단은 관료제다. 이러한 의미에서 보면, 공공행정의 핵심적인 과제는 정치적 민주주의와 관료제적 행정 간의 조화 혹은 적절한 배합을 찾는 것이 된다. 즉, 민주행정이론을 구축하는 것이 행정이론의 목표가 돼야 한다는 것이다. "나는 행정 안에서 민주주의를 발전시키는 것이 정당하고 참으로 필요하다고 생각했습니다"(Brown & Stillman Ⅱ, 1986: 61). 민주주의에 대한 욕구와 행정에 필수적인 권위와의 조화가 공공행정의 긴장 관계에서 그가 얻고자 하는 것이다(Waldo, 1952a: 102).

사회가 발전할수록 '행정문화'의 지배력이 더욱 강화되고 있는데, 이는 사람들을 소외시키는 우려스러운 결과를 가져올 가능성이 크다. 그러나 왈도는 행정문화에는 소외적 계기도 있지만, 새로운 가능성을 열 수 있는 계기 또한 존재한다고 본다. 그는 행정문화가 지배하는 사회적 조건 속에서 바람직한 공공행정의 길을 제안한다. "나는 우리가 행정문화 안에 살고 있다는 사실을 받아들이고, 그 문화를 이용해서 가능한 한 많은 삶의 가치를 얻어낼 것을 제안한다. 나는 우리의 행정문화를 이용해서 그 문화를 더욱 인간적으로 만들고 지금 무자비하게 공격당하거나 부끄럽게 버려지고 있는 중요한 인간적 가치의 희생을 줄이자는 주장에 모순이 있다고 생각하지 않는다. 사실 행정문화는 바뀐 문화에 잘 순응하는 문화다. 우리가 지금보다 덜 조직적이기를, 혹은 덜 관료제적이기를 원하고, 그렇게 되기 위한 방법을 찾고자 하는 것은 당연한 일일 것이다. 그러나 나는 바로 그 행정문화 안에서 행정적 지식과 기능을 더 많이 습득하고, 더 많이 참여함으로써만이 이러한 목표를 이룰 수 있다고 생각한다"(Waldo, 1965b: 61).

2 사이먼: 공공성의 과학적 토대

사이먼은 신자유주의의 이념에 충실한 행정 개혁의 논리인 신공공관리론이 전제하고 있는 정치경제학의 원리에 대해 매우 비판적이다. 그는 정치경제학이 이론적 전제로 삼고 있는 인간의 이기심이나 효용의 극대화를 추구하는 성향이 과학적으로 정당화될 수 있는 것인지 의문을 제기한다. 그의 학문적 입장을 보면, 초기에서 후기에 이르기까지 일관성을 보인다. 그럼에도 불구하고 1990년대에 들어 논리실증주의에 대한 태도에서 약간의 변화를 볼 수 있다. 사이먼은 『행정행태』 4판에서 논리실증주의를 굳이 옹호할 생각이 없다고 말하고, 자신의 입장은 경험주의적이며 특별히 특정 학파에 속하는 것은 아니라고 주장한다(Simon, 1997: 68). 또한 그는 정치경제학이 가장 단순한 경험적 기초를 외면하고 있기 때문에 현실성이 결여된 관념적 이론 체계에 불과하다고 주장한다. 그는 좀 더 경험적인 토대 위에 공공행정학이 세워지기를 기대한다. 여기에서는 사이먼의 정치경제학에 대한 비판과 인간의 이타주의에 대한 진화론적 설명을 살펴본다. 이는 공공성의 과학적 토대를 구성하는 데 중요한 의미를 갖는다.

1) 정치경제학 비판

사이먼은 공공선택이론, 대리인이론, 거래비용이론에 기초하고 있는 정치경제학과 대립각을 세운다. 정치경제학이 이익추구자로서 인간관, 효용극대화나 실체적 합리성을 대전제로 하는 시장경제론의 논리를 그대로 따르고 있기 때문이다. 이러한 정치경제학의 입장에 대한 사이먼의 비판은 우선 전통적인 '시장경제'라는 관념에 대한 문제 제기에서 시작된다. 그는 흥미로운 상상으로 시작한다. 지구상에 있는 조직들을 녹색으로 표시하고 조직들 간의 거래를 빨간색 선으로 표시한다면, 외계인들이 지구 밖에서 지구를 바라보면서 어떤 관념을 갖게 될 것인가 하는 것이다. 외계인들은 아마도 빨간색 선으로 연결된 녹색의 덩어리들을 보게 될 것이다. 외계인들은 그들의 행성에 지구는 '조직경제'가 지배하는 행성이라고 보고할 것이다. 사이먼은 '조직의 편재성'을 배제하고 시장경제를 언급하는 것은 무의미하다고 본다. 이러한 비판의 이면에는 사회적인 행위 주체의 선택적 행위의 동기를 이기심이나 이익 혹은 효용의 개념으로만 환원하는 것은 지나친 단순화의 우(愚)를 범할 수 있다는 경계심이 작용하고 있다.

공공선택이론에 대한 사이먼의 비판은 간명하다. 그 이론은 실체적 합리성을 전제로 하는 고전경제학의 논리를 그대로 따르기 때문에, 제한된 합리성의 원리에 따르면 관념적이고 경험적 근거가 미약한 것으로 비판받을 수 있다. 공공선택이론의 경우는 비판의 표적이 명확하다. 그에 비해 대리인이론이나 거래비용이론은 제한된 합리성을 이론적인 전제로 삼고 있기 때문에 비판의 대상이라기보다는 사이먼의 이론을 계승한 것으로 보일 수 있다. 그러나 사이먼은 대리인이론이나 거래비용이론의 이론적 위험성을 경계한다. 대리인이론이나 거래비용이론에 대한 그의 생각을 살펴보자. 대리인이론이나 거래비용이론의 기본 관념은 경제적 현상을 주어진 거래 조건하에서 이뤄지는 계약 참여자들의 효용극대화 행태로 환원시키는 것이다. 계약 조건은 계약당사자들의 정보 접근 능력, 협상비용, 상대를 속일 수 있는 기회에 의해 영향을 받는다. 정보 접근 능력, 협상비용, 상대를 속일 수 있는 기회는 설명이 필요 없는 외생변수로 취급된다. 대리인이론이나 거래비용이론은 제한된 합리성을 행태를 이해하기 위한 전제로 도입하기는 하지만, 합리성의 제약을 외생변수로 삼아 효용이나 이윤의 극대화라는 마법의 영역 안에 머무르고 있다(Simon, 1991b: 26). 사이먼은 대리인이론이나 거래비용이론에서 이처럼 제한된 합리성이 이론의 장식으로 이용되고 있기 때문에 그 이론들이 근본적으로 효용극대화를 추구하고 있다는 사실을 포착하기 어려워 오히려 위험하다고 생각한다.

대리인이론이나 거래비용이론에 대한 사이먼의 비판이 얼마나 엄격한 것인지는 그의 제자였으며, 거래비용이론의 발전에 결정적인 역할을 한 올리버 윌리엄슨(Oliver E. Williamson)에 대한 비판에서 여실히 드러나고 있다(Augier & March, 2001: 225). 첫째, 윌리엄슨의 이론은 제한된 합리성을 대전제로 하고 있는 것으로 보이나, 이는 제한된 합리성을 가장한 포괄적 합리성에 불과하다는 것이다. 사이먼은 윌리엄슨의 조직 연구가 사람들이 먼저 문제들에 대해 포괄적으로 생각한 후에 행동한다는 전제 위에서 이뤄진 것으로 인식한다. 이것은 사이먼의 제한된 합리성의 원리와 정면으로 배치되는 것이다. 둘째, 윌리엄슨의 시도는 제한된 합리성을 주류경제학자들의 구미에 맞게 만들려는 것이며, 이러한 시도는 리처드 사이어트(Richard M. Cyert)와 제임스 마치(James G. March)의 『기업행태론』(1963)에서 그가 서술한 '합리적 관리행태모형' 장에서 명확하게 드러나고 있다고 사이먼은 생각한다. 그 모형은 기본적으로 주류 경제학의 일반적인 합리성을 전제하고 있다. 셋째, 윌리엄슨은 제한된 합리성을 존경할 만한 경제이론 정도로 치부하고 조직이론을 합리적 개별 행위자를 전제로 하는 이론으로 전락시켜 버렸다는 것이다. 사이먼에게 이것은 일종의 변절이다. 그는 윌리엄슨이 고전이론의 늑대를 만족화 이론의 양인 것처럼 꾸미고 있으며, 새로운 제한된 합리성이라는 포도주를 낡은 극대화이론의 부대에 쏟아 붓고 있다고 비난한다. 사이먼은 윌리엄슨이 전제하는 제한된 합리성을 가짜로 판정하고, 자신의 입장보다는 신고전경제학에 더 가까운 것으로 본다.

정치경제학에 내재된 시장편향성과 이윤추구 편향성은 정책적으로 어떠한 결과를 가져올 것인가? 사이먼에 따르면, 시장편향성은 정부에 의한 재분배정책에 대해 반감을 보이고, 비효율적인 평등보다는 효율적인 불평등을 선택하게 만든다. 또한 이윤추구 편향성은 민영화의 논리적 기초를 제공한다(Simon, 1999: 117). 만일 이러한 편향성이 말 그대로 근거 없는 편향에 불과한 것이라면, 이러한 정책 노선은 재고해야 한다는 것이 사이먼의 생각이다.

2) 진화론의 재구성: 순치성과 이타주의

사이먼은 가짜 제한된 합리성에 기초한 정치경제학을 진짜 제한된 합리성의 토대 위에 다시 세우고자 한다. 이를 위한 시도는 제한된 합리성과 진화론을 접목함으로써 이타주의가 진화적 합리성의 결과물이라는 점을 부각시키는 것이다. 사이먼이 진화론에 관심을 갖는 이유는 경제학자들이 진화론에서 경쟁과 생존의 메타포를 끌어내어 자신들의 이론적 전제와 주의주장을 정당화하고 있기 때문이다. 우리에게 익숙한 다윈주의에 따르면, 자연 선택의 적자생존은 '최적자'의 선택을 의미한다. 이는 좁은 의미의 진화 관념으로서 적합성에 초점을 맞추고, 단수의 적소(適所, niche) 혹은 고정된 적소들의 체계를 정복하기 위한 전투적인 경쟁을 진화의 원리로 해석한다. 여기에서 적합성은 자손 증식을 의미하며, 적소는 유기체의 생존과 자손 증식에 적합한 환경을 말한다. 이와 달리 유기체와 적소의 동태적인 상호 작용을 전제로 하는 넓은 의미의 진화 관념은 적소를 채우는 유기체들의 발전과 동시에 적소들의 체계 자체가 변화하고 발전하는 것을 진화의 원리로 해석한다(Simon, 1983: 46). 넓은 의미의 진화 관념에 따르면, 적소 체계 자체가 변화하기 때문에 유기체가 최적의 적합성을 실현하는 것은 불가능하다. 적소의 거대한 변화와 유기체의 미약한 적응 능력 간에는 격차가 발생할 수밖에 없다. 다시 말해서, 유기체는 제한된 합리성이라는 실존 조건하에서 적응적 합리성을 실현하는 방법을 찾을 수밖에 없다. 제한된 합리성의 원리에 따르면, 최적화는 비현실적인 논리다. 그러므로 적자생존은 '최적자'의 선택보다는 '상대적인 적자'의 선택을 의미하는 것으로 보는 것이 타당할 것이다(Simon, 1997b: 251).

제한된 합리성을 실존 조건으로 하는 인간이 적합성을 획득할 수 있는 방법은 무엇일까? 이에 대한 답을 찾아나가는 데 인간은 사회적 존재라는 또 다른 실존 조건을 전제하지 않을 수 없다. 제한된 합리성을 실존 조건으로 하는 인간은 자신의 물리적 힘과 지적인 능력을 이용해서 적합성을 증진시켜야 한다. 그러나 인간이 독자적으로 그러한 힘과 지능을 활용할 수 있는 방법을 터득한다는 것은 거의 불가능하다. 그것은 사회적 관계를 통해 습득될 수 있다. 따라서 사이먼은 사회의존적인 인간의 적합성에 기여하는 핵심적인 기제로 인간의 프로그램화 가능성 혹은 순치성을 제시한다(Simon, 1983: 55; 1990a: 1668; 1991b: 35). 순치성은 "선택을 위한 주요한 토대로서 사회적 통로를 통해 전달되는 지식과 충고에 의존하는 경향성"(Simon, 1997b: 244, 258)을 의미한다. 순치성이 훈육가능성을 의미한다고 해서 반드시 수동적인 것을 전제하는 것은 아니다. 사회는 인간에게 특정한 행위를 강요하는 것이 아니라 인간이 생존하고 성장하며 환경에 대해 행동하는 맥락을 제공한다. 사회적 영향에 대한 반응은 한편으로는 동기 부여에 의한 자발적인 학습이나 모방일 수도 있으며, 수동적인 복종이나 순응일 수도 있다. 순치적 인간은 기꺼이 사회적 환경 안에서 학습하며, 사회적으로 바람직한 것으로 인정받는 행태와 믿음을 습득하려는 경향이 있다. 따라서 사회적 존재로서 인간은 순치성이 높을수록 적응적 합리성을 실현할 가능성이 높다고 말할 수 있다.

순치성이 적응에 기여하는 속성으로 존속하기 위해서는 순치적인 개인들의 적합성에 평균적으로 기여해야 한다. 따라서 순치성은 개인적인 차원에서 볼 때, 유익한 것일 수도 있고 해로운 것일 수도 있다. 가령 국가를 위해 목숨을 바치는 것처럼, 개인적인 희생을 요구할 수도 있다. 일단 순치성이 인간의 속성으로 현존하면, 사회는 진정으로 이타적인 가치―자신의 적합성이 아니라 타인의 적합성에 기여하는 이타성―를 가르침으로써 순치성을 확보하려 한다. 그것이 사회를 구성하는 사람들의 평균적인 적합성을 증진하는 데 기여하기 때문이다. 순치성과 그것에서 비롯된 이타주의는 적자 선택의 전제와 완전하게 일관성을 갖는다. 자연선택이론은 사회적 동물에게 순치성과 이타주의의 현존을 강력하게 지지한다(Simon, 1991b: 36).

"이타주의는 순치성의 부산물이다"(Simon, 1990a: 1667). 이타주의는 다른 사람들의 적합성(자손 증식)을 위해 자기의 적합성을 희생하는 행태를 말한다(Simon, 1997b: 241). 그렇다면 이기적인 개인들과 이타주의자들의 상대적인 적합성은 어떠한 차이를 보일까? 사이먼의 논증을 따라가 보자(Simon, 1997b: 244-246). 개인들은 순치를 통해 사회에서 기술을 습득하고 사회가 인정하는 행동을 함으로써 자신들의 적합성을 증대시킨다. 사회는 순치를 통한 적합성의 증가분(d)에 대해 일종의 세금(t)으로 이타적인 행동을 부과할 수 있다. 여기에서 세금으로써 이타적인 행동은 사회 전체의 적합성에는 기여하지만 그 행위자의 적합성을 감소시키는 것을 의미한다. 따라서 개인들의 적합성에 대한 순치의 순기여분은 순치에 의한 적합성의 증가분에서 세금을 가감한 것($d-t$)이 된다. 이 모형에서 보상을 기대하는 호혜적 이타주의는 배제된다. 이러한 가정하에서 기본적인 수준의 적합성(X), 각 이타주의자들에 의해 만들어진 긍정적 기여분(b), 개체군에서 이타주의자들의 비율(p), 개인의 적합성에 대한 순치의 순기여분(d-t)을 가지고 계산해 보면, 이기적 개인들의 적합성(Fs)은 [X+bp]이고, 이타주의자들의 적합성(Fa)은 [X+(d-t)+bp]다. 만약 개인의 적합성에 대한 순치의 순기여분(d-t)이 0보다 크다면[(d-t)〉0], 이타주의자의 적합성이 이기적 개인들의 적합성보다 클 것이다[Fa〉Fs]. 그렇게 되면, 이타주의자들이 이기적 개인들보다 적합성이 더 높고, 점차적으로 개체군을 지배하게 될 것이다. 그렇다면 왜 현명한 이타주의자들은 세금을 회피하지 않는가? 그들은 지식과 계산 능력의 한계 때문에 사회가 그들에게 요구하는 행동들 가운데 어떤 것들은 그들의 적합성을 감소시킬 수도 있다는 사실을 알지 못한다. 따라서 개인의 적합성에 대한 순치의 순기여분(d-t)이 0보다 클 가능성이 매우 높다.

이와 같이 사이먼은 제한된 합리성에 기초해서 진화론을 재해석함으로써 경제학자들이 의존하고 있는 이기적인 이익 추구 동기와는 상반되는 순치성과 이타주의를 발굴해 낸다. 이로써 그는 이론적으로 "이타주의가 이기주의만큼이나 수용 가능하다"(Simon, 1997b: 247)는 인식을 심어 주고자 한다. 진화론은 적합성 면에서 이기적인 개인들의 우위성을 보장하는 장치가 아니다. 오히려 이타주의자들의 우위성을 논증하는 이론적 무기가 될 수도 있다. 인간을 이기적 존재와 이타적 존재 중 어느 하나로 가정하고 이론을 전개하는 것은 매우 위험하다. 이기적으로 이익을 추구하는 존재로서 인간을 전제하는 정치경제학은 이기적일 뿐만 아니라 이타적이기도 한 인간을 전제로 하는 이론으로 재구성돼야 한다.

제4절_ 나가며: 신자유주의의 정부관 비판

이상에서 정부의 규범적 지향에 대한 사이먼과 왈도의 입장을 다름과 어울림의 측면에서 살펴봤다. 그 내용은 〈표 3-1〉과 같다.

〈표 3-1〉 사이먼과 왈도의 정부관 비교

기준		허버트 사이먼	드와이트 왈도
다름	접근 방법	과학적 접근 방법 행태주의, 논리실증주의	규범적 접근 방법 정치사상
	이념	효율성	민주성
		• 제한된 합리성 원리 • 만족모형 • 절차적 합리성	• 정치와 행정의 조화 • 민주성과 효율성의 조화 • 민주주의와 관료제의 조화
어울림		• 공공성의 과학적 토대 • 정치경제학 비판 • 진화론의 재구성: 순치성과 이타주의	• 규범적 지향점으로서 공공성

　신자유주의의 정부관이 갖는 한계에 대해 살펴보자. 신자유주의를 토대로 하는 정부개혁의 논리는 신공공관리론에서 찾을 수 있다. 그것은 전통적인 관료제의 고비용 저효율의 문제를 극복하기 위한 원리로 제시된 것으로서 정부 실패를 정당성의 근거로 삼는다. 이론적으로 신공공관리론은 신관리주의와 신제도경제학을 토대로 한다. 신관리주의의 영향을 받은 신공공관리론은 기업의 경영기법을 공공 부문에 이식함으로써 행정의 효율성과 고객 대응 능력을 제고하는 데 초점을 맞춘다. 공공선택이론, 주인-대리인이론, 거래비용이론 등을 아우르는 신제도경제학의 영향을 받은 신공공관리론은 도덕적 해이에 빠지기 쉬운 이기적이고 이익의 극대화를 추구하는 인간들로 하여금 조직활동에 최선을 다할 수 있도록 동기를 부여할 수 있는 유인 체계를 설계하는 데 초점을 맞춘다. 신공공관리론에 의해 공공 부문과 민간 부문의 차이는 본질적으로 사라지고, 관리가 두 부문을 가로지른다(Box, 1999: 21).

　신공공관리론이 지향하는 행정개혁의 방향은 저비용 고효율의 행정을 실현하는 것이다(Hood, 1991). 이를 위한 기본 원리는 기업의 논리를 정부조직에 이식하는 것이다. 구체적인 방법은 다음과 같다. 첫째, 정부 관료는 기업의 관리자가 돼 시민을 소비자로 대우한다. 이는 정부는 기업의 수익모델을 추종해야 한다는 것과 주권자라기보다는 소비자로서 시민들의 다양한 요구에 효율적으로 대응해야 한다는 사고에 기초한다. 둘째, 정부조직의 규모와 기능을 축소함으로써 조직관리 비용을 감축하고 조직이 민첩하게 움직일 수 있는 구조로 바꾼다. 이를 위해 공공 업무나 공기업의 민영화나 민간위탁을 활용한다. 셋째, 좀 더 효율적인 관리 방식을 구축한다. 이를 위한 전제 조건은 정치와 행정의 완전한 분리를 통해 관리의 해방을 실현하는 것이다. 관리의 효율화를 위해 성과관리를 활용한다. 이는 과정보다는 결과를 통제하는 방식으로서 계약 방식을 도입하고, 명확하고 측정 가능한 성과 기준을 마련함으로써 개인들이나 부처들 간의 경쟁을 활성화한다. 넷째, 정부의 간섭을 최소화한다. 민간 부문의 효율성을 떨어뜨리지 않도록 규제의 범위와 강도를 완화한다.

공공성은 정부가 민주성과 효율성의 조화를 추구할 때 실현 가능하다. 신공공관리론의 전제는 효율적인 정부만이 국민의 세금을 낭비하지 않고 국민에게 더 나은 서비스를 제공할 수 있다는 것이다. 신공공관리론에 내재된 몇 가지 문제점을 살펴보자.

첫째, 신공공관리론의 기저에는 하나의 신화가 작용한다. 그것은 기업이 정부보다 효율적이라는 것이다. 그래서 기업의 논리를 정부에 이식하자는 것이다. 효율성은 중립적 가치다. 목표가 효율성을 판단하는 기준이다. 정부는 국민을 주인으로 세워야 하며 국민이 낸 세금을 효율적으로 사용해야 한다. 신공공관리의 논리에 따르면 기업의 논리가 돈을 아끼는 데는 정부의 논리보다 효율적일 수 있겠지만, 그렇다고 기업이 국민을 주인으로 세우는 데도 더 효율적이라고 할 수 있을까? 신공공관리론은 효율성을 과도하게 강조함으로써 민주성을 위협할 수 있다.

둘째, 신공공관리론의 기저에는 정부의 비용을 최소화해야 한다는 신념이 작용한다. 정부의 구조나 기능을 축소함으로써 비용을 절감하고 국민의 세금 부담을 줄이는 효과를 얻을 수 있을 것이다. 공공성의 초점은 국민의 기본권을 최대한 보장하기 위한 조건을 찾는 것이다. 신공공관리론이 권장하는 민영화의 사례들은 국민의 세금 감소분보다 서비스 구입비용의 상승분이 더 커지는 경우를 수없이 보여 주고 있다. 이는 정부의 효율성이 궁극적으로 국민의 재산권을 훼손하는 결과를 가져오는 것이라고 할 수 있다. 신공공관리론이 말하는 정부의 효율성은 국민의 비효율성을 담보로 하는 것이 아닐까?

셋째, 관리의 해방 관념의 기저에는 정치적 간섭이 효율성을 저해한다는 신념이 작용한다. 행정에 대한 정치적 통제는 민주공화주의의 토대라고 할 수 있는 권력분립 원리에 입각한 것이다. 공공성의 초점은 정치와 행정의 분리가 아니라 정치와 행정의 적절한 관계 방식을 찾는 것이다. 관리의 해방은 견제와 균형보다는 정부의 독주를 정당화하고 권위주의를 미화하는 장식이라는 혐의로부터 자유로울 수 있을까?

넷째, 규제 완화 관념에는 규제가 효율성을 저해한다는 신념이 작용한다. 공공성은 공익의 실현에 초점을 맞춘다. 규제는 공익—국가안보, 국민의 기본권, 공정한 경제활동, 환경 보호 등—을 위해 이뤄지는 국가 작용이다. 민간 부문의 효율을 지향하는 규제 완화가 공익을 증대하는 결과를 가져올 수 있지만, 공익의 증가분이 규제 완화로 인한 공익의 감소분을 상쇄할 수 있을 정도로 크다고 말할 수 있을까?

정부는 그 자체가 공공성을 실현하기 위해 존재하는 것이다. 그러므로 정부의 공공성 실현 여부가 정부의 정당성을 판단하는 중요한 기준이라고 하겠다. 정부가 공공성의 실현을 위해 저비용 고효율의 전략뿐만 아니라 국민을 주권자로 세우는 전략을 채택하는 것은 당연하다. 문제는 양자의 배합이 어떠한 방식으로 이뤄지는 것이 바람직한가를 판단하는 데 있다. 사회적으로 난제(wicked problem)들이 기하급수적으로 증가하고 있는 데 반해서 정부의 문제 해결 능력은 상대적으로 완만하게 향상되고 있다. 그러다 보니 정부가 효율성이든 민주성이든 어느 하나를 실현하는 데도 많은 어려움을 겪고 있다. 사람들이 정부의 전통적인 거버넌스 방식에 회의를 갖게 되는 것은 자연스런 현상이라고 할 수 있다. 따라서 정부가 더 많은 공공성을 실현하기 위해 고민해야 할 과제는 효율성과 민주성의 조화를 이룰 수 있는 거버넌스를 설계하는 것이라고 하겠다.

제4장

통-전략의 절차적 측면

공론장은 화해의 공간인가 투쟁의 공간인가?
- 한나 아렌트 대 샹탈 무페 -

제1절_ 들어가며: 공공성과 공론장

공공성 실현을 위한 통-전략의 절차적 측면에서 가장 중요한 원리는 민주주의와 공론장(公論場, Öffentlichkeit, public sphere)이다. 민주주의는 인민 주권 및 자유와 평등을 그 전제이자 목표로 하는 의사결정의 원리다. 공적인 토론과 숙의가 이뤄지는 공론장은 민주주의를 실현하는 핵심적인 장치다. 이 장에서는 공공성의 절차적 원리로서 공론장에 초점을 맞춘다.

공론장은 공동의 문제의식을 가진 공중이 토론과 논쟁을 통해서 여론을 형성하는 공간을 말한다(Habermas, 1974). 그러다 보니 공론장은 공공성을 실현하는 데 가장 주목받는 실천 원리로 인식되고 있다. 공론장과 관련해서는 공론장의 본질과 한계, 공론장에서 공중이 갖춰야 할 소통 능력과 따라야 할 규범, 공론장의 플랫폼이라고 할 수 있는 미디어 문제, 정책적으로 공론장을 구성하는 방법 등 다양한 측면에서 논의가 전개되고 있다. 공론장과 관련해서는 대립되는 두 개의 흐름이 존재한다. 하나는 공론장을 토론과 숙의를 통해 합의를 도출하는 공간으로 보는 것이며, 다른 하나는 담론 투쟁을 통해서 헤게모니를 쟁취하기 위한 공간으로 보는 것이다. 전자를 대표하는 이론가로는 한나 아렌트(Hannah Arendt)가 있으며, 후자를 대표하는 이론가로는 샹탈 무페(Chantal Mouffe)가 있다(Wenman, 2003).

아렌트는 근대의 특성을 사회 영역의 등장에서 찾는다. 사회는 개인들이 각자의 욕망과 이해관계를 실현하기 위해 경쟁하는 사적 영역을 말한다. 아렌트가 생각하는 근대 사회의 결정적인 문제는 사적 영역이 공론장을 압도한다는 것이다. 다시 말해서 개인들이 각자의 이해관계를 추구하는 사적 영역에 의해 개인들이 함께 살기 위해 공동의 문제를 함께 토론해야 하는 공론장이 식민화된다는 것이다. 그럴수록 공론장의 필요성은 더욱 커지게 된다. 따라서 아렌트는 고대 아테네의 폴리스(polis)를 머리에 그리면서 공론장을 '복원'하기 위한 길을 찾아 나선다. 정치공동체를 구성하는 다양한 시민들이 수다스럽게 토론을 벌이는 아고라(Agora) 광장에 적극적으로 참여하는 '시민공화주의'의 이상을 현대 사회에서 복원하는 것이 아렌트 필생의 과제라고 하겠다.

무페는 지배와 피지배가 구조화된 사회를 변혁하는 데 초점을 맞춘다. 그녀는 사회주의는 계급적 관점에 집착해 다양한 차원에서 구조화된 사회의 권력 관계를 변혁하는 데 한계를 보인다고 생각한다. 자유주의는 개인을 행위 주체로 상정함으로써 집단적 정체성에 기초한 권력 관계에서 야기되는 문제들을 해결하는 데 한계를 보인다고 생각한다. 무페는 다양한 차원에서 구조화된 사회적 권력 관계와 사람들의 집단적 정체성에 기초한 담론 투쟁이 이뤄지는 공론장을 '창출'하기 위한 길을 찾아 나선다. 기존의 사회적 권력 관계를 정당화하는 주류 담론에 도전하는 대항 담론이 투쟁하는 공간으로서 공론장을 창출하는 것이 무페 필생의 과제라고 하겠다. 이를 통해 그녀는 평등을 근간으로 하는 민주주의를 좀 더 철저하게 발전시키고자 한다. 그래서 그녀가 추구하는 민주주의를 급진민주주의라 부르기도 한다.

아렌트는 공론장에서 사람들이 설득을 통해 서로를 이해하고 화해를 이루는 인간적 실존의 가능성에 초점을 맞춘다. 무페는 사회적 지배를 정당화하는 주류 담론에 대한 투쟁을 통해 대항 담론이 헤게모니를 쟁취하는 데 초점을 맞춘다. 물론 대항 담론은 피지배자가 지배자가 되기 위한 것이 아니라 지배자도 피지배자도 없는 세상을 추구하는 것이어야 한다. 여기에서는 아렌트와 무페의 공론장 이론의 다름과 어울림에 대

해 살펴본다.[1]

제2절_ 다름

아렌트와 무페가 공론장에 대해 취하고 있는 입장은 몇 가지 측면에서 다르다. 첫째, 이론적 기획의 측면에서 아렌트는 공론장의 '복원'에 초점을 맞추는 데 반해서 무페는 공론장의 '창출'에 초점을 맞춘다. 둘째, 정치적인 것의 개념과 관련해서 아렌트는 개인적 차원에서 자유로운 자기 표현과 설득에 초점을 맞추는 데 반해서 무페는 집단적 차원에서 적과 동지의 경합에 초점을 맞춘다. 셋째, 공론장의 본질과 관련해서 아렌트는 실존적 주체로서 개인들 간의 화해에 초점을 맞추는 데 반해서 무페는 사회적인 권력 관계에서 지배집단과 피지배집단 간의 담론 투쟁에 초점을 맞춘다.

1 이론적 기획: 공론장의 복원 대 창출

1) 아렌트: 공론장의 복원

아렌트는 학문의 길에 들어설 때 철학에 관심을 가졌으나, 나치를 경험하면서 정치 이론에 관심을 갖게 된다. 아렌트의 정치사상에 영향을 미친 실존적 조건은 '유대인'과 '무국적자'라는 두 단어로 압축될 수 있다. 유대인이었던 그녀는 나치의 반유대인 정책으로 말미암아 조국을 떠나야 했고, 18년 동안 무국적자로서의 삶을 살아야 했다. 아렌트는 유대인으로서의 정체성을 인정하면서도 상당히 비판적인 관점에서 유대인 문

---

[1] 인용은 다음과 같은 약어를 사용한다. 아렌트 1958: 인간, 1970: 폭력, 2004: 혁명, 2005a: 사이, 2005b: 약속, 2006a: 전체, 2011: 공화국 / 무페 2005: 정치, 2006: 역설, 2007: 귀환,

제를 논의한다. 특히 유대인들이 정치적으로 스스로를 조직화하지 못한 부분에 대한 비판적 성찰이나 아이히만에 대한 예루살렘의 재판을 비판적으로 보고한 부분은 커다란 논쟁을 불러일으키기도 했다. 아렌트는 무국적자로서의 삶을 경험하면서 정치학 분야에서 다뤄지지 않았던 '권리를 가질 권리'라는 의미 있는 개념을 고민하게 된다(Young-Bruehl, 2007).

나치의 반유대인 정책으로 죽음의 문턱까지 갔던 아렌트는 시체를 산업적으로 생산하는 죽음의 수용소에 엄청난 충격을 받고, 전체주의 연구에 몰두하게 된다. 그녀는 히틀러의 독일과 스탈린의 소련에서 등장한 전체주의 체제에 대한 연구를 집약해『전체주의의 기원』(1951)을 발표한다. 아렌트는 전체주의를 전례가 없는 전혀 새로운 형태의 통치 체제로 이해한다. 과거의 독재정치나 전제정치는 공포를 정적 제거를 위한 도구로 사용하는 데 그쳤다. 그러나 전체주의 체제에는 공포가 체계적으로 배태돼 있다. 이를 통해 전체주의는 인간의 본성을 완전히 개조하겠다는 거대한 목표를 추구한다. "전체주의 이데올로기의 목표는 외부 세계의 변형이나 사회의 혁명적 변화가 아니라 인간의 본성 자체를 바꾸는 것이다"(전체: 251). 이는 세상에 존재하는 다양한 인간상 대신에 한 부류의 위대한 인간상을 창조하는 것이다. "무한히 많고 다양한 인간들을 마치 모든 인간이 하나의 개인인 것처럼 조직하고자 한다"(전체: 218). 이러한 의미에서 수용소는 공포의 실험장이자 전체주의적 통치의 핵심이다. "전체주의 정권의 강제수용소나 집단학살 수용소는 '모든 것이 가능하다'는 전체주의의 기본 신앙이 실증될 수 있는 실험실 기능을 한다"(전체: 218). 아렌트는 이러한 전체주의를 플라톤 이래 서구에 깊게 뿌리 내리고 있는 '반정치적 편견'의 병리적 표현으로 본다(Villa, 2009: 29). 소크라테스의 죽음 이후 설득과 토론의 가치에 대한 실망으로 플라톤은 초점을 정치에서 철학으로 이동시킨다. 지혜의 화신인 철인왕(哲人王)의 지배는 '정치적인 것'이 이뤄지는 공론장의 대체재로 등장한다. 이러한 대체의 과정에서 전체주의는 서구의 사상적 유전자로 자리 잡게 된다. 그래서 아렌트는『전체주의의 기원』에서 묵시론적인 예언을 남긴다. "전체주의라는 해결책은 강한 유혹의 형태로 전체주의 정권의 몰락 이후에도 생존할 것이다. 인간다운 방식으로 정치적, 사회적 또는 경제적 고통을 완화하는 일이 불가능해 보일 때면 언제나 나타날 강한 유혹의 형태로 생존할 것이다"(전체: 253).

전체주의에 대한 연구 이후, 아렌트는 기념비적인 저서 『인간의 조건』(1958)을 발표한다. 이 책은 아렌트 정치사상의 정수가 모두 담겨 있다 해도 과언이 아니다. 이 책은 잊혀져 버린 공론장의 이념과 비도구적인 프락시스(prãxis, 행위 개념)를 복원하는 데 초점을 맞춘다. 그녀가 공론장의 복구에 집착하는 이유는 정치적으로는 전체주의의 위협, 사회경제적으로는 이기적이고 상업적인 인간 관계가 지배하는 '사회 영역'의 위협, 문명적으로는 과학기술의 비약적인 발전이 가져올 위협 등이 현실화되고 있기 때문이다. 아류 전체주의의 등장 가능성, 약탈적 경제행위의 제도화, 국가 간 경쟁으로 인한 가공할 무기의 대량생산 체제는 '정치적인 것'의 복원을 통하지 않고는 견제될 수 없다는 시대적 절박성이 내재돼 있다. 이 책이 특히 의미 있는 것은 정치이론에서 일반적으로 당연하게 생각하는 개념들—가령 정치, 권력, 자유, 행위 등과 같은 개념들—을 고대 그리스-로마 시대의 '오래된 과거'의 기억을 소환해 재전유하는 놀라운 통찰력을 보여 주고 있기 때문이다.

아렌트는 정치적인 것의 핵심을 자유에서 찾는다. 그녀가 말하는 자유는 개인의 내면적인 자유나 선택의 자유와 같은 사적인 자유가 아니라 자신의 생각을 행위와 말로 표현하는 '공적 자유'다. 그리고 이러한 공적 자유가 실현되는 공론장에서 권력이 작동한다. 『혁명론』(1963)에는 이러한 공적 자유와 권력에 대한 논의가 집약돼 있다. 아렌트에게 혁명은 '새로운 시작'을 의미하며, 그것의 궁극적인 목적은 자유를 세우는 데 있다(혁명: 95). 그녀는 근대 혁명의 의의를 헌정주의적이고 공화주의적인 새로운 정치질서의 창조를 통해 새로운 공론장을 세운 것에서 찾는다. 이 책은 공론장의 복원이라는 아렌트의 이론적 기획에서 차지하는 중요성에도 불구하고, '악의 평범성'이라는 충격적인 개념을 제시한 『예루살렘의 아이히만』(1963)을 둘러싼 세계적인 관심과 논쟁으로 충분한 관심을 받지 못했다.

아렌트는 미국 시민으로서 미국의 정치에 관심을 갖고, 『공화국의 위기』(1972)를 발표한다. 그녀는 소용돌이의 시대라 할 수 있는 1960년대의 흑인 민권운동과 학생운동 그리고 베트남 전쟁에 대한 시민들의 반응을 관찰하면서 시민권의 복원과 헌법에 의해 보장되는 자유의 공론장을 유지하고 활성화할 필요성을 강조한다. 다시 말해서 정부의 투명성, 공적 관심, 공적 참여를 강조한다.

아렌트의 학문적 삶을 관통하는 이론적 기획은 공론장의 본질을 밝히고 그것을 복원하는 것이다. 그녀는 고대 그리스 아테네의 폴리스를 모델로 삼아, 시민공화주의 전통에 따라 다양하고 평등한 사람들이 말하고 행위할 수 있는 공론장을 복원하는 데 필생의 학문적 역량을 집중한다.

2) 무페: 공론장의 창출

무페는 벨기에의 가톨릭 루뱅대학(Université Catholique de Louvain)에서 철학을 전공했고, 파리대학(Université de Paris)에서 구조주의 마르크스주의자인 루이 알튀세르(Louis P. Althusser)에게 철학을 배웠다. 그리고 1970년대 초에는 컬럼비아국립대학(Universidad Nacional de Columbia)에서 철학을 가르쳤다. 그녀는 컬럼비아의 정치적 현실과 사회운동을 경험하면서 철학에서 정치학으로 관심을 선회하게 된다. 그리고 무페는 에섹스대학(University of Essex) 정치학 석사과정에서 컬럼비아의 산업화에 대한 연구로 학위를 받는다(Mouffe · 곽준혁, 2009: 130-131). 그 이후 그녀는 민주주의의 급진화를 위한 이론적 기획에 집중한다(Mouffe(ed.), 1992; Smith, 1998; Torfing, 1999: 256).

무페의 이론적 기획은 기본적으로 사회주의운동의 이론적 실천적 한계에 대한 인식에서 비롯된다. 이러한 문제의식과 기획은 에르네스토 라클라우(Ernesto Laclau)와 함께 저술한 『헤게모니와 사회주의전략: 급진민주주의 정치를 향하여』(1985)에서 분명하게 제시되고 있다. "오늘날 좌파 사상은 갈림길에 서 있다. 과거의 명확한 진리는 그러한 진리가 구성됐던 기반을 허물어뜨리며 쇄도하고 있는 역사적 변환에 의해 심각한 도전을 받고 있다"(Laclau & Mouffe, 2012: 27). 역사적 변환은 계급주의, 국가주의 그리고 생산주의의 한계에 대한 인식을 자극한다(Laclau & Mouffe, 2012: 303-304; Torfing, 1999: 1-2). 첫째, 1968년 이후 유럽에서 여성, 평화, 환경, 성 등을 이슈로 하는 신사회운동이 증폭되면서 사회변혁운동에서 노동계급의 우위성에 대한 믿음이 약화되기 시작한다. 그에 따라 다양한 사회운동의 주체를 담아낼 수 있는 이론을 구상할 필요성이 커지게 된다. 둘째, 1970년대의 오일 쇼크 이후 국가가 경제 성장과 사회적 조화를 회복하는 데 실패함으로써 계획경제에 대한 신뢰가 약화된다. 그리고 민주주의에 위협적인 신자유주의 담론과 실천이 헤게모니를 획득하게 된다. 그에 따라 신자유주의에 대항할 수 있는 담론을 구상할 필요성이 커진다. 셋째, 대량생산의 포드주의 체제의 위기와 생태 파괴의 위협에 대한 인식이 커지면서 지속적인 경제 성장을 목적 자체로 인식하는 것이 어렵게 된다. 그에 따라 경제활동과 환경의 조화를 추구하는 이론을 구상할 필요성이 커지게 된다. 『헤게모니와 사회주의전략』에서는 이러한 문제의식을 담아낼 수 있는 이론적 기획을 '포스트마르크스주의'로 규정한다(Laclau & Mouffe, 2012: 32). '포스트'는 경직된 마르크스주의에 내재하는 경제결정론이나 계급환원론과 같은 배타적 본질주의로부터 벗어나는 것을 의미한다. '마르크스주의'는 마르크스주의의 이론적 실천적 발전 과정에서 개발된 헤게모니 개념을 좌파 담론의 중심에 놓는 것을 의미한다(Mouffe(ed.), 1979).[2]

　『헤게모니와 사회주의전략』에서 개진된 문제의식이나 이론적 기획에 대해 공저자인 라클라우와 무페는 상이한 길을 걷게 된다. 라클라우는 이론적으로『헤게모니와 사회주의전략』의 관점을 공고히 하고 더욱 발전시키는 데 집중한다. 반면 무페는 정치철학으로 방향을 선회하고, 자신과 유사한 입장에 있는 이론들을 비판적으로 접합하면서 급진민주주의 이론을 구성하는 데 집중한다(Townshend, 2004). 무페의『정치적인 것의 귀환』(1993)은 급진적이고 다원적인 민주주의를 정치철학적으로 정당화하는 데 초점을 맞춘다. 이 책은 기존에 발표된 논문들을 편집한 것으로서 정교하게 체계화된 논의가 전개되고 있다고 할 수는 없으나, 반본질주의라는 하나의 일관된 관점을 견지한다(귀환: 9). "나는 시종일관 전체 차원의 본질주의든 요소 차원의 본질주의든 본질주의 일체를 거부한다"(귀환: 20). 『헤게모니와 사회주의전략』이 마르크스주의에 내재된 본질주의를 비판적으로 극복하는 데 초점을 맞췄다면, 『정치적인 것의 귀환』은 정치철학 일반에서 발견할 수 있는 본질주의에 대한 비판에 초점을 맞추고 있다. 무페는 한편으로 롤스의 정치철학, 자유주의, 공동체주의 등에 내재된 본질주의적 성격을 비판하면서, 다른 한편으로는 그 입장들이 가지고 있는 긍정적 측면을 적극적으로 전유한다. 그녀는 '정치적인 것'의 특성을 카를 슈미트(Carl Schmitt)에 의존해서 적과 동지의 적대 관계에서 찾는다. 그런데 본질주의는 사회에 내재하는 다양한 권력 관계 혹은 지배와 피지배 관계를 인식하지 못하게 함으로써 정치적인 것의 작동을 불가능하게 한

---

2) 포스트마르크스주의에 대한 비판과 대응에 대해서는 Geras(1987)와 Laclau & Mouffe(1987) 참조.

다는 것이다. 따라서 무페는 본질주의를 극복함으로써 '정치적인 것의 귀환'을 모색한다. 이를 통해 성, 인종, 연령, 지역, 종교 등 사회의 다양한 관계에서 지배 세력과 피지배 세력 간의 적대 관계를 드러내고 지배를 해체하는 것이 현대 민주주의의 존재 조건임을 강조한다. 급진민주주의는 이러한 적대 혹은 경합적 다원주의를 민주주의의 당연한 조건으로 삼는다(귀환: 15).

무페는 『민주주의의 역설』(2000)에서 정치철학이 풀어야 할 가장 중요한 과제를 책 제목 그대로 '민주주의의 역설'로 제시한다. 근대 민주주의의 특성으로서 자유민주주의는 역사적 필연성이 없는 두 개의 전통이 접합된 것이다. 하나는 법의 지배, 인권의 보장과 개인적 자유에 대한 존중 등의 가치로 구성되는 자유주의 전통이고, 다른 하나는 인민 주권 등의 사상으로 구성되는 민주주의 전통이다(역설: 15-16). 전혀 다른 두 전통이 자유민주주의로 접합된 것은 우연적인 사건이다. 그러다 보니 어느 하나를 강조하다 보면 다른 하나가 억압되는 역설이 존재한다. 토의민주주의는 이러한 역설을 해소하기 위한 대안으로 제안된 것이기도 하다. 무페는 그것이 내포하고 있는 동의와 화해가 본질적으로 사회에 편재하는 권력 관계를 적절하게 반영하지 못하고 있다는 점에서 한계를 가질 수밖에 없다고 본다. 그리고 그녀는 민주주의의 역설을 해소하기 위한 대안으로 경합적 민주주의 모델을 제안한다. 그것은 사회에 편재하는 권력 관계를 민주주의의 존재 조건으로 삼는다.

'정치적인 것'의 본질에 대한 성찰은 『정치적인 것에 대하여』(2005)에서 집중적으로 이뤄진다. 무페는 '좌와 우를 넘어서는' 정치적 비전에 비판의 초점을 맞춘다. 그녀는 그것을 '탈(脫)정치적 비전' 혹은 '반(反)정치적 비전'으로 규정한다. 당파성을 초월한 정치는 정치적인 것이라고 할 수 없기 때문이다(정치: 6). 따라서 무페는 다음과 같이 주장한다. "민주주의 이론가나 정치가들의 과제는 헤게모니를 잡기 위한 상이한 정치적 기획을 드러낼 수 있는 활기찬 경합적 공론 영역의 창출을 구상하는 것이어야 한다"(정치: 3).

무페의 이론적 기획은 민주주의의 급진화다. 그것의 조건은 일체의 본질주의나 근본주의로부터 벗어나는 것이다. 본질주의나 근본주의는 사회의 지배 관계를 정당화하고 강화하는 작용을 하기 때문이다. 그러한 관계는 당연한 것으로 받아들여질 가능성이 크기 때문에, 그러한 지배 관계가 사람들에게 저절로 드러나거나 인식되기 어렵다.

민주주의의 급진화는 이러한 권력 관계를 의식적으로 드러내고 무너뜨릴 수 있는 대항 담론을 만들어 경합함으로써 권력 관계를 해체하는 것, 그리고 이러한 시도를 사회의 모든 부문으로 확산시키는 것을 의미한다. 그래서 무페는 민주주의의 급진화를 위한 전략으로서 경합적 공론장을 창출하는 데 초점을 맞춘다.

❷ 정치적인 것: 설득 대 경합

1) 아렌트: 설득

일반적으로 근대적 의미의 정치는 마키아벨리적인 성격을 갖는 것으로 이해된다. 목적을 추구하는 수단적 행위로서 정치는 지배와 피지배 혹은 명령과 복종이라는 권력 관계를 조건으로 한다. 아렌트는 이러한 정치관의 기원을 소크라테스의 죽음에서 찾는다. 토론과 설득을 본령으로 하는 폴리스에서 당대에 지혜의 화신이었던 소크라테스를 죽음으로부터 구해 내지 못했다는 절망적인 경험은 복수의 인간들에 대한 불신으로 이어졌고, 결국 지혜의 화신인 철인왕 한 사람의 지배에 기대감을 갖게 했다. 다시 말해서, 철학이 정치를 주조하는 일종의 '정치의 철학적 전환'이 이뤄진 것이다. 복수의 인간에 의한 토론과 설득을 본령으로 하는 본래적인 정치 개념이 진리를 아는 한 사람의 지배 개념으로 전환된 것이다. 이와 더불어 플라톤에 의해 정치가 이뤄지는 정치 영역을 진리를 탐구하는 아카데미아로 대체하려는 시도가 이뤄진다. 철인왕의 지배는 근대에 이르러 정치를 주조하는 철학이 배제되고 오직 지배만이 정치를 의미하게 된다. 토론으로서의 정치가 지배로서의 정치로 변질됨으로써 오히려 '비정치성 혹은 정치적 무관심'이 정상적인 것이 돼 버린다(약속: 174-175). 지배로서의 정치는 '자유의 억압'을 본질로 한다.

아렌트는 정치의 본래적 의미를 복원하기 위해 철학적 전환 이전의 폴리스(polis)에 주목해, 정치적인 것을 "자유로운 사람들이 폭력, 강압, 지배를 넘어서 서로 동등한 존재로서 연합해, 전시(戰時)와 같이 필요할 때만 서로에게 명령하고 복종하며, 그 밖의 다른 모든 문제는 토론과 상호 설득을 통해 해결하는 것"(약속: 117)으로 정의한다.

토론과 설득으로서의 정치는 '자유의 실현'을 본질로 한다. 이러한 정치적인 것의 정의에 내포된 의미를 세부적으로 살펴보자.

첫째, 정치는 다양한 사람들이 함께 살아야 한다는 사실에 토대를 둔다(인간: 7). 아렌트에 따르면, 인간은 삶의 조건에 능동적으로 적응하는 존재다(인간: 9). 인간은 생명 유지를 위해 노동을 하며(인간: 7, 84, 115), 자연을 인간에 맞게 변형해 인간세계를 창조하기 위해 제작을 한다(인간: 7, 136, 139). 그리고 인간은 함께 살아야 하는 사람들의 다양성에 대응하기 위해 행위를 한다. 아렌트가 말하는 행위는 바로 정치를 의미한다. 따라서 정치는 인간의 다양성이라는 삶의 조건에 대한 능동적 적응 방식이라고 하겠다. 그런 의미에서 정치는 인간의 다양성에 기초한다고 할 수 있다(약속: 93). 정치는 다양한 사람들 '사이에' 이뤄지는 것이다(약속: 95).

둘째, 정치는 폭력이 아니라 말을 통해 이뤄진다. 인간은 행위를 통해 다양성이라는 인간 조건에 대응한다. 그 행위는 말하기를 중심으로 이뤄진다. 같은 세상을 다른 관점에서 볼 수 있는 능력은 말을 통해 배가된다. "다양한 사람들은 함께 대화하면서 서로를 그리고 스스로를 납득시킬 수 있기 때문에 풍부한 의미를 발견할 수 있다"(인간: 4). 인간은 말할 수 있기 때문에 정치적일 수 있다. "말로 성패가 결판나는 곳에서는 어디에서나 문제들이 정의상 정치적인 것이 된다. 왜냐하면 말이 사람을 정치적으로 만드는 것이기 때문이다"(인간: 3). 말하기는 단순히 말하는 데에 그치는 것이 아니라 듣는 이들을 설득하는 것이다. 그런 의미에서 정치는 설득의 기술이라고 할 수 있다. "설득(persuasion)은 페이테인(peithein)의 번역어로 빈약하고 충분하지 않다. 설득의 여신인 페이토(Peitho)가 아테네에 사원을 가지고 있었다는 사실에서 페이테인의 정치적 중요성을 알 수 있다"(약속: 7). 페이테인에는 두 가지 의미가 동시에 담겨 있다. 첫째로 그것은 우리가 사태를 보는 방식을 바꾸는 논변 능력, 즉 다른 사람들에게 우리의 견해를 전달하고, 그들의 관점에서 사태를 보고, 폭력 없이 차이를 해결하며, 강압 없이 시민들 사이에 합의 도출을 가능하게 하는 능력을 의미한다. 둘째로 그것은 아테네 통일 이후 아테네인들이 아크로폴리스의 남쪽 경사면에 신전을 세워 경의를 표한 여신 페이토를 지칭한다. 페이토는 인간을 지배하는 초월적인 여신이다. 이러한 의미에서 설득은 신성한 것이다. "페이테인, 즉 설득은 정치적인 연설의 형식이었고, 아테네인들은 야만인들과 달리 강제력을 쓰지 않고 연설의 형태로 정치적 업무를 수행하는 것을 자랑스러워했기 때문에 설득의 기술인 수사(修辭, rhetoric)를 최고 수준의 참된 정치적 예술로 여겼다"(약속: 7).

셋째, 정치적 삶은 사람들이 함께 살고 있는 세상에 대한 다른 관점을 명확하게 표현할 수 있는 공론장을 필요로 한다. "공론장은 공동의 세계를 바라보지만 공통의 척도나 분모가 결코 고안될 수 없는 무수한 관점의 동시적 현존을 토대로 한다"(인간: 57). 공론장이 없다면 정치는 불가능하다. 왜냐하면 그것이 없다면 공동 세계에 대한 소속감이 파괴되고 정치적 삶의 토대인 관점의 다양성이 억압되기 때문이다. 모두가 하나의 관점만을 공유하는 공동체 또는 다른 관점의 표현이 허용되지 않는 공동체는 정치적 공동체가 아니다.

넷째, 정치는 사람들이 공동선에 대한 인식을 가질 때만이 가능하다. 갈등은 공유된 이해관계가 특수한 이해관계를 압도할 때 정치적으로 해결될 수 있다. "문자 그대로 사이에 있는 것으로서(inter-est) 이해관계(interests)는 사람들 사이에 존재하는 것이며, 따라서 사람들을 서로 연결하고 묶을 수 있는 것이다"(인간: 182). 공동선에 대한 인식 없이 사람들이 단순히 함께 있는 곳에서는 정치가 존재할 수 없다. 통치 권력을 위한 경쟁이 지배를 위한 생사를 건 투쟁으로 타락하거나 통치자가 경쟁자를 희생시켜 자신의 이익을 취하기 위해 권력을 휘두르는 곳에서는 정치가 가능하지 않다. 사람들이 공동선에 대한 인식을 분명하게 가지면 가질수록 사익으로 인해 공동선이 훼손될 가능성이 줄어들고, 진정한 의미의 정치적 공동체가 건설될 가능성이 더욱더 커질 것이다.

다섯째, 정치적 사고는 판단에 기초한다(약속: 140-141). 아렌트는 '판단'을 정치의 핵심 기제로 생각한다. 일반적으로 판단에는 두 가지 의미가 있다(약속: 142). 하나는 보편적인 기준에 따라 특수한 것의 성격을 결정하는 경우다. 법에 따라 특수한 행위의 범법 여부를 판단하는 경우를 예로 들 수 있다. 이러한 의미의 판단이 갖는 한계는 보편적 기준 자체의 타당성이나 신뢰성에 대한 판단, 즉 메타 판단이 배제된다는 것이다. 다른 하나는 보편적인 판단 기준이 없는 경우다. 이러한 경우는 공론장에서 일반적으로 부딪히게 되는 상황이다. 공론장의 참여자들은 다양한 관점을 가지고 있기 때문에 서로가 제시하는 기준의 타당성이나 신뢰성에 대한 토론이 있을 수밖에 없다. 아렌트는 보편적 기준이 없는 상황에서 이뤄지는 판단의 기초로서 칸트가 제시한 '정신의 확장' 개념에 주목한다. 정신의 확장은 '정신이 대상을 모든 인식 가능한 관점에서 바라보고, 각각의 관점에서의 관찰을 다른 관점에서의 관찰을 통해 검증할 수 있도록 모든 측면에서 대상을 바라보며, 그 지평을 미시적인 관찰에서 일반적인 전망으로 확장'(Kant, 1772.2.21.)하는 것을 의미한다. 정신의 확장은 개인이 갖는 주관적 제약 요인을 극복할 수 있는 계기를 제공한다. 또한 정신의 확장은 고립적으로 이뤄진다 하더라도, 상상적으로 다른 사람들의 현존을 전제하기 때문에 공적인 성격을 갖는다.

여섯째, 정치는 자유를 위해 존재한다. "폴리스의 영역은 자유의 영역이다"(인간: 30). 아렌트에 따르면, 아테네인들은 지배받는 사람은 물론 지배하는 사람도 자유롭지 않다고 봤다. "자유롭다는 것은 생명의 필연성에 예속되지 않는 것 또는 다른 사람의 명령에 예속되지 않고 스스로가 명령하지 않는 것을 의미했다. 그것은 지배하지도 않고 지배받지도 않는 것을 의미했다"(인간: 32). "자유롭다는 것은 지배권에 존재하는 불평등으로부터 자유롭다는 것 그리고 지배도 피지배도 존재하지 않는 영역에서 움직이는 것을 의미했다"(인간: 33). 정치적 영역은 모든 형태의 지배를 배제하기 때문에 무엇보다도 자유가 가능한 공간이다. "정치의 존재 이유는 자유다"(사이: 146). "정치의 의미를 묻는 질문에 대한 … 결정적인 대답은 정치의 의미는 자유라는 것이다"(약속: 148).

일곱째, 정치는 자유와 권력의 조화를 가능하게 한다. 아렌트는 인간의 존엄성을 권력과 폭력을 구분하는 기준으로 삼는다. 인간을 수단적 존재로 격하하는 것은 폭력이고, 인간을 목적적 존재로 고양하는 것은 권력이다. 아렌트는 목적적 권력의 실현을 가능하게 하는 조건은 권력을 집단적 현상으로 이해하는 것이라고 본다. "권력은 단순히 행위하는 것이 아니라 공동으로 행위하는 능력에 상응한다. 권력은 결코 개인의 속성이 아니다. 그것은 집단에 속하며, 그 집단이 함께 있는 한에서만 존재한다"(폭력: 44). 아렌트가 생각하는 권력 현상은 다른 사람의 의지를 도구화하는 것이 아니라 소통을 통해 공동의 의지를 형성하는 과정이다(Habermas, 1977: 4). 자발적 참여를 통해 공동의 의지를 형성하고 그 결정에 책임을 지는 것은 인간의 자유로운 존재 방식의 전형이다. 공동 권력과 자유의 관계는 정치의 본질을 구성하는 동전의 앞면과 뒷면의 관계라고 할 수 있다. 폭력은 자유의 억압이고 권력은 자유의 실현이다. "모든 권력의 감소가 폭력에 대한 공개적인 초대라는 것을 … 알아야만 한다"(폭력: 87).

2) 무페: 경합

무페는 현대를 탈정치적인 시대정신이 지배하는 시대로 본다. 그녀는 탈정치적인 시대정신을 극복하기 위해 '정치'와 '정치적인 것'을 구별해야 할 필요성을 강조한다. 학문적으로도 정치와 정치적인 것에 대한 연구는 다르게 이뤄진다. 정치과학은 '정치'에 대한 경험적·사실적 연구에 초점을 맞춘다. 정치이론은 '정치적인 것'의 본질을 탐구하는 데 초점을 맞춘다. 무페는 존재적인 것과 존재론적인 것을 구분한 마르틴 하이데거(Martin Heidegger)에 의존해서 정치와 정치적인 것의 차이를 설명한다(정치: 8). 하이데거에 따르면, 존재적인 것은 실체의 현상(what)에 대한 접근을, 존재론적인 것은 실체의 존재 원리(how)에 대한 접근을 의미한다. 실체의 현상에 대한 접근은 기술적인 반면, 실체의 존재 원리에 대한 접근은 구성적이다. 그러나 존재적인 것과 존재론적인 것의 범주가 고정된 것은 아니다. 존재론적인 것이 존재적인 것이 될 수도 있다. 다시 말해서, 존재론적으로 구성된 것이 반복되면 존재적인 것이 되는 것이다. 하이데거의 구분에 따르면, 존재적인 것은 정치의 다양한 관행으로서 정치에 해당된다. 존재론적인 것은 사회가 구성되는 방식으로서 정치적인 것에 해당된다. 정치적인 것은 고정된 것이 아니라 변화 가능한 것이다. 변화 가능하다는 것은 인간의 의지가 작용할 수 있다는 것을 의미한다.

무페의 정치적인 것의 개념은 카를 슈미트(Carl Schmitt)에 의존한다. 슈미트에 따르면, 정치적인 것은 적과 동지의 구별을 본질로 한다. "적과 동지의 구별은 결합 내지 분리, 연합 내지 분열의 가장 강도 높은 경우를 나타낸다는 의미를 가지며, … 도덕적, 미학적, 경제적 또는 다른 모든 구별을 그것과 동시에 적용하지 않아도 이론적으로나 실천적으로 존립할 수 있다"(Schmitt, 2012: 39). 정치적인 것은 도덕적 선·악, 미학적 미·추, 경제적 손·익의 구별과는 독립적으로 적과 동지를 구별하는 행위라는 것이다. 아름답다고 해서 동지가 되고, 추하다고 해서 적이 되는 것은 아니다. 적과 동지를 구별하는 행위는 '그들'과 대립되는 것으로서 '우리'라는 집합적 정체성을 형성하는 것이다. 이처럼 정치적인 것을 '적대(antagonism)'로 이해한다면, 공론장은 토론과 설득을 통한 합의의 공간이 아니라 '결정의 공간'이 된다. 공론장에서 도달한 합의는 만장일치가 아니라 배제를 전제로 하는 것이다. 한마디로 완전하게 포용적인 합의는 불가능하다.

   그렇다면 정치적인 것의 본질적인 조건인 적대는 어떠한 상태를 말하는 것인가? 라클라우와 무페는 적대 개념을 명확히 하기 위해 칸트의 실재적 대립 및 논리적 모순 개념과 비교한다(Laclau & Mouffe, 2012: 222-223). 칸트에 따르면, 실재적 대립은 두 개의 독립적인 물리적 대상이 서로 충돌하는 경우를 말한다. 이를 도식화하면, [A-B] 관계 유형이다. 어떤 사람(A)이 길을 걷다가 전봇대(B)에 충돌한 경우 사람과 전봇대가 적대적 관계에 있다고 할 수는 없다. 따라서 물리적 대상들 간의 충돌을 의미하는 실재적 대립은 사회적 적대와 다르다. 논리적 모순은 두 개의 대립되는 명제가 서로를 규정하는 관계에 있는 경우를 말한다. 이를 도식화하면, [A-비(非)A] 관계 유형이다. '사슴은 사슴이다'라는 명제와 '사슴은 사슴이 아니다'라는 명제는 논리적 모순 관계에 있다. 사슴은 사슴이면서 동시에 사슴이 아닐 수 없기 때문이다. 논리적 모순 관계가 반드시 적대적 관계를 야기하는 것도 아니고, 적대적인 관계에 있다고 해서 반드시 거기에 논리적인 모순이 존재한다고 할 수는 없기 때문에, 적대와 논리적 모순은 다르다. 적대 개념을 실재적 대립이나 논리적 모순에 동화할 수 없는 이유는 무엇일까? 라클라우와 무페에 따르면, A의 정체성에 대한 근본적인 가정이 다르기 때문이다(Laclau & Mouffe, 2012: 227). 실재적 대립과 논리적 모순은 기본적으로 A를 완결된 것으로 가정한다. A의 정체성은 변함없이 그대로 존재한다는 것이다. 논리적 모순의 경우, A는 완전하게 A이기 때문에, A를 A가 아니라고 하는 것[A=비(非)A]은 모순적이며 불가능한 것이다. 실재적 대립의 경우, A는 완전하게 A이기 때문에, B와의 관계에서 충돌과 같은 객관적인 결과를 가져올 수 있는 것이다.

   사회적 적대는 타자가 A가 완전하게 A가 되는 것을 방해한다고 가정한다. A의 정체성이 적대 세력에 의해 위협을 받는다는 것이다. 이를 도식화하면, [A-반(反)A] 관계 유형이다(Torfing, 1999: 44-45). 적대는 정체성에 대해 양면적인 성격을 갖는다. 적대는 정체성의 형성을 가능하게 하는 조건인 동시에 불가능하게 하는 조건이다. 한편으로 적대 관계에 놓이게 되면 사람들[A]은 적대 세력[반(反)A]과 대립하는 사람들과 동지로서의 정체성을 형성한다. 이러한 의미에서 보면, 나의 적을 알면, 내가 어떤 사람인지 알 수 있다. 나와 적대 관계에 있는 사람이 개발주의자라면, 나는 환경론자인 것이다. 또한 나의 적의 적은 곧 나의 동지다. 나의 적의 적이 반개발주의자라면, 나는 반개발주의자인 것이다. 이처럼 적대 관계는 나의 정체성의 형성을 가능하게 한다. 다른 한편으로 적대 관계에 있는 나의 적대 세력은 나의 정체성을 위협한다. 적은 나를 전복할 수 있다. 예컨대 노동자[A]는 공장 소유주인 적대 세력[반(反)A]에 의해 공장에서 해고되면, 더 이상 노동자로서 정체성을 유지할 수 없다. 동지와 적은 변증법적으로 더 높은 단계로 상승하는 총체성의 계기가 아니다. 동지와 적 사이에서는 화해를 지향하는 변증법적 지양이 발생하지 않는다. 오히려 그러한 조화나 화해가 계속적으로 지연될 뿐이다.

무페는 이러한 적대와 정체성의 관계를 자크 데리다(Jacques E. Derrida)의 '구성적 외부' 개념으로 이해한다. 구성적 외부는 "모든 정체성이 관계적이라는 것 그리고 차이의 긍정이, 즉 외부를 구성하는 어떤 타자에 대한 인식이 모든 정체성의 존재를 위한 전제 조건이라는 것"(정치: 15)을 의미한다. 정체성의 형성은 차이를 정립하는 것이다. 차이는 종종 배제를 토대로 혹은 형상과 질료, 본질과 우연, 흑인과 백인, 남성과 여성 등, 두 극 사이의 계층적 구조를 토대로 정립되기도 한다. 이는 차이로 구성되지 않는 정체성은 존재하지 않으며, 사회적 객관성은 권력행위를 통해 구성된다는 것을 의미한다(귀환: 223-224). 따라서 사회에는 다양한 형태의 적대가 존재할 수 있다.

무페는 슈미트의 적과 동지의 구별로써 정치적인 것의 개념을 수용하지만, 적대 개념을 재구성한다. 적대는 우리와 그들이 공통의 끈이 없이 서로에 대해 극복해야 할 적으로 존재하는 경우를 말한다. 슈미트는 이러한 적대 개념에 충실하다. 무페에 따르면, 민주주의 정치의 중요한 과제는 사회적 관계에 존재하는 잠재적인 적대를 완화하는 것이다. 우리와 그들 간의 관계를 초월함으로써 적대를 완화한다는 것은 현실적으로 쉬운 일이 아니다. 오히려 갈등을 정당한 것으로 받아들이고 정치적 결사체를 파괴하지 않는 형식을 취하는 것이 현실적이다. 이는 갈등의 당사자들을 묶어 주는 공통의 끈이 있어야 한다는 것을 의미한다. 그렇게 된다면, 적대적인 관계에서 볼 수 있는 것처럼 상대의 요구를 부당하게 여기면서 상대를 절멸시켜야 할 적으로 보지는 않을 것이다. 무페는 이러한 조건을 만족시킬 수 있는 개념으로 적대와 대비해 '경합'을 제안한다. "경합은 갈등하는 당사자들이 비록 갈등을 해결할 수 있는 합리적인 해결책이 없다고 하더라도 상대의 정당성을 인정하는 우리와 그들의 관계다. 그들은 적이 아니라 경합자다. 이것은 그들이 갈등하면서도 자신들을 동일한 정치공동체에 속하며,

갈등이 발생하는 공통의 상징 공간을 공유하는 것으로 인식한다는 것을 의미한다. 민주주의의 과제는 적대를 경합으로 변형시키는 것이라고 할 수 있다"(정치: 20). 이러한 의미에서 무페는 자신의 민주주의 모델을 경합적 민주주의라고 부른다.

3 공론장의 본질: 화해 대 투쟁

1) 아렌트: 화해의 공간

아렌트는 당대 최고의 철학자이자 실존주의자인 하이데거와 카를 야스퍼스(Karl Jaspers)에게 사사를 받았다. 아렌트의 사고에는 실존주의적인 분위기가 깊게 배어 있다. 아렌트의 공론장은 정치적 공간이지만 궁극적으로는 인간의 실존적 공간, 즉 다양한 개인들이 조화와 화해를 이루는 공적 실존의 공간으로서 의미를 갖는다.

(1) 정치적 실존

실존주의의 가장 기본이 되는 명제는 '존재가 본질에 앞선다'는 것이다. 이는 인간의 실존적 의미는 인간의 타고난 본성을 실현하는 데 있는 것이 아니라는 말이다. 왜냐하면 본성은 알 수 없기 때문이다. 오히려 인간은 주어진 존재 조건 속에서 선택을 통해 스스로를 만들어 가는 과정에서 실존적 의미를 획득하는 존재라는 것이다. 아렌트 역시 이러한 입장을 따른다. 인간은 자신의 본성을 알 수 없다는 것이다. 그래서 그녀는 인간을 '조건화되는 존재'로 규정한다. 인간은 자신이 접촉한 모든 것을 자신의 삶의 조건으로 하고 살아야 하는 존재라는 것이다. 삶의 조건에 대한 능동적 반응이 노동, 작업, 행위로 나타나는 데, 이 가운데 아렌트는 행위에 초점을 맞춘다. 물질의 가공이 이뤄지는 노동이나 작업은 인간의 실존적 의미를 획득하는 데 한계를 갖는다. 왜냐하면 물질과의 상호 작용은 대화가 아니라 독백이기 때문이다. 인간의 실존적 의미는 다른 사람들과의 대화를 통해서만이 획득 가능하다. 인간과 인간의 관계에서 이뤄지는 말과 행위는 인간의 실존적 의미를 획득하는 데 결정적인 중요성을 갖는다. 그래서 아렌트는 사람들이 함께 모여 말과 행위를 통해 의미를 교환하는 공론장의 복원에 관심을 갖는 것이다. 그녀에게 공론장은 인간이 실존적 의미를 획득할 수 있는 유일한 공간이다. 아렌트가 생각하는 실존은 공적 실존 혹은 정치적 실존이다.

(2) 정치 영역으로서 공론장

공론장은 자유의 공간으로서 말과 행위로 자신의 의견을 개진하고 개성을 드러내는 '수다스러운 공간'이다(인간: 26). 공론장은 정치가 이뤄지는 공간이다. 공론장에서의 정치는 지배를 위한 수단적 권력 행위가 아니라, 자유와 개성이 보장되고 계발되는 행위 자체를 말한다. 아렌트는 이러한 공적 공간과 그 안에서 이뤄지는 토론을 정치의 본령으로 본다. 이러한 의미에서 '정치적인 것'은 '공적인 것'이며, 공론장은 곧 정치 영역이다.

아렌트는 '공적인 것'을 두 가지 의미로 해석한다. 하나는 '공개성'이다. 공적인 것은 누구나 보고 들을 수 있는 것을 의미한다(인간: 50). 이러한 의미에서 공론장은 '드러남의 공간'이라고 할 수 있다. 다른 하나는 '공통성'이다. 사람들은 공통적인 것을 중심으로 사적인 공간과 구별되는 공간을 구성한다(인간: 52). 이러한 의미에서 공론장은 '공동의 세계'라고 할 수 있다. 공적인 것 혹은 정치적인 것은 공통의 관심사에 대해 공개적으로 의견을 교환하는 행위를 말한다. 공론장이 실제로 존재하게 되는 것은 사람들이 공통적 본성을 가지고 있기 때문이 아니라 공통의 관심사를 갖기 때문이며, 동시에 공통의 관심사에 대해 다양한 의견을 갖기 때문이다. 공론장의 존재 조건은 공통의 관심사에 대해 '다양한 관점'이 존재한다는 사실이다.

(3) 공론장의 모델로서 이소노미아

아렌트는 공론장의 전형을 고대 아테네의 이소노미아(isonomia)에서 찾는다. 이소노미아는 평등을 의미하는 이소(iso)와 법과 규범을 의미하는 노모스(nomos)가 결합된 용어다. 사전적으로 그것은 법 앞의 평등 혹은 정치적 권리의 평등을 의미한다. 아렌트는 이소노미아의 사전적 의미를 넘어서 아테네 폴리스의 맥락에서 그 의미를 재해석한다. "이소노미아는 모든 사람이 법 앞에 평등하다거나 법이 모두에게 동일하다는 것을 의미하는 것이 아니라 단지 모든 사람이 정치활동에 대해 동일한 권리를 가진다는 것을 의미하며, 폴리스에서 이 활동은 기본적으로 사람들이 서로 대화하는 형태를 취했다. 그러므로 이소노미아는 본질적으로 동등한 발언권을 의미하며, 사실상 이세고리아(isegoria)와 같다"(약속: 118). 이세고리아는 단순히 발언의 자유를 의미하는 것이 아니라 모든 시민이 민회에서 동등하게 발언할 수 있는 권리를 의미했다. 시민들에게는 공공 영역에서의 집단적인 숙의 과정에서 발언할 수 있는 권리가 보장됐다. 이는 시민들이 정치 권력을 동등하게 공유하고 있었음을 의미한다. 이소노미아 체제는 인간이 본래 평등하게 태어났다고 전제하기 때문에 평등을 강조하는 것이 아니다. 오히려 인간이 불평등하게 태어났기 때문에 법적으로 평등해져야 한다는 당위성을 전제로 평등을 강조하는 것이다. "폴리스의 이소노미아는 폴리스의 속성이었지 사람들의 속성은 아니었다"(혁명: 98).

(4) 탄생성과 자유

실존주의는 인간의 유한성에 주목한다. 특히 죽음은 실존주의자들이 넘어야 하는 가장 큰 벽이다. 아렌트의 연인이자 스승이었던 하이데거는 역설적으로 죽음, 즉 필멸성에서 실존적 의미를 찾을 수 있는 가능성을 보여 준다. 그에게 죽음은 '무(無)'를 의미한다. 무는 말 그대로 실존의 종말이라는 것이다. 그리고 죽음은 모든 인간에게 찾아올 미래다. 그 미래는 확실하다. 그러나 죽음의 확실성은 가능성으로 존재한다. 왜냐하면 인간은 필연적으로 죽게 돼 있다는 것을 알지만, 언제 죽게 될지는 알지 못하기 때문이다. 죽음은 확실성의 가능성으로 존재한다. 이러한 의미에서 보면, 인간의 삶은 언제 찾아올지 모르는 죽음을 향해 가는 여정이다. 인간은 자신의 죽음에 대한 불안을 경험하게 되면, 스스로의 선택을 통해 진정한 자신을 만들어야 함을 깨닫게 된다. 본래 인간은 세상에 던져진 존재다. 이는 인간에게는 어떠한 존재 이유나 근거도 없다는 것을 의미한다. 그리고 언젠가는 죽게 된다. 만일 이러한 존재 상황에서 사람들이 자신의 존재 이유를 세우지 못한다면, 그들의 삶은 곧 무 혹은 죽음과 다를 바 없다는 것을 깨닫게 된다. 출생에서 죽음에 이르는 시간 속에 던져진 인간은 책임 있는 선택을 통해 진정한 자신을 형성함으로써 자신의 역사성을 실현한다. 책임 있는 선택을 통한 존재 이유의 정초는 바로 인간적 자유의 토대가 된다. 이처럼 하이데거에게 삶의 의미는 죽음, 즉 필멸성에 기초한다(정기철, 2007; 박서현, 2011).

이에 반해서 아렌트는 인간의 실존, 특히 정치적 실존의 근거를 죽음이 아닌 탄생성에서 찾는다(Young-Bruehl, 2007: 160-161). 그녀는 특히 행위가 탄생성과 밀접하게 관련이 있는 것으로 본다. "출생에 내재하는 새로운 시작은 새로 오는 자가 어떤 것을 새로이 시작할 능력, 즉 행위의 능력을 가질 때만 생각할 수 있다. 이러한 창발성의 의미에서 행위의 요소, 즉 탄생성의 요소는 모든 인간활동에 내재한다. 더욱이 행위는 우월한 정치적 활동이기 때문에, 필멸성이 아닌 탄생성이 형이상학적 사상과 구별되는 정치적 사상의 핵심 범주가 되는 것이다"(인간: 9).

아렌트는 행위 개념의 어원을 통해 그것의 본래적 의미를 복원하고, 아우구스티누스(Augustinus)의 '탄생성' 개념에 의존해서 인간의 실존에 대한 독특한 관점을 제시한다. 그녀에 따르면, 그리스어와 라틴어에서는 '행위하다'를 지칭하는 동사가 각각 두 개씩 있다. 그리스어 동사는 '시작하다' '지도하다' 그리고 나중에 '지배하다'의 의미까지 갖게 된 아르케인(archein)과 '이루다' '달성하다' '완성하다'를 의미하는 프라테인(prattein)이다. 라틴어 동사는 '움직이게 하다' '지도하다'를 의미하는 아게레(agere)와 '낳다'를 의미하는 게레레(gerere)다. 그리스어와 라틴어를 보면, 행위는 '시작'과 '완성/성취'의 의미를 동시에 가지고 있다. 행위의 완성/성취를 지시하던 단어(프라테인과 게레레)가 행위 일반을 의미하는 단어가 됐다. 반면에 시작을 지시하던 단어의 경우를 보면, 특히 정치적인 차원에서 아르케인은 '지배하다'와 '지도하다'를 의미하게 됐고, 아게레는 '움직이게 하다'보다는 '지도하다'를 의미하게 됐다(인간: 177, 189, 사이: 226).

여기에서 아렌트는 행위의 잊힌 의미인 '시작'에 주목한다. 그녀에게 시작은 존재론적으로 인간의 탄생에 내재된 속성이다. 이러한 발견은 아우구스티누스를 통해 이뤄진다. "한 처음에(이니티움, initium) 사람이 창조됐다. 그 이전에는 아무도 없었다"(인간: 177). 이 표현에서 아우구스티누스가 사용한 이니티움은 태초의 창조를 의미하는 절대적 시작이 아니라 인간의 탄생을 의미하는 '상대적 시작'을 말한다(홍원표, 2013: 52-53). 그런 의미에서 이 문장을 재해석하면, 어떤 개인이 탄생했는데 그 사람 이전에는 그와 똑같은 사람이 없었다는 점에서 그의 탄생은 새로운 시작이라는 것이다. 탄생을 통해 수많은 개인이 등장하게 되는데, 그 모든 사람이 새로운 자이며 시작하는 자, 다시 말해서 고유한 존재라는 것이다. 시작은 아렌트가 행위의 조건으로 삼았던 인간의 다원성을 가능하게 한다. 상대적 시작을 의미하는 이니티움은 주도권을 의미하는 영어의 이니셔티브(initiative)의 어원이기도 하다. 그런 의미에서 인간은 시작하는 자로서, 즉 주도권을 쥐고 행위하는 존재로서 자유롭다(인간: 177).

시작과 관련된 자유는 내면적인 자유가 아니라 밖으로 드러내는 것, 즉 공적인 자유다. "자유는 사유의 속성이나 의지의 특질이 되기 이전에 자유인의 지위에 수반되는 것으로 이해했으며, 이러한 지위는 그가 자유롭게 이동하고, 집을 떠나고, 세계 속에 들어와 말과 행위를 통해 다른 사람들과 만날 수 있게 했다"(사이: 203). 생물학적 탄생에 내재된 시작의 속성은 공론장에서 말과 행위를 통해 제2의 탄생 혹은 정치적 탄생으로 승화된다. 자유는 공론장을 전제로 한다. 아렌트는 "행위가 자유롭기 위해서는 한편으로는 동기로부터, 다른 한편으로는 예측 가능한 결과인 의도된 목표로부터 자유로워야만 한다"(사이: 207)고 주장한다. 일반적으로 목표는 지성에 의해 설정되고, 목표가 설정되면 의지가 발동해 행위를 명령하는 것으로 이해하고 있다. 목표는 행위의 자유로움을 결정하는 것이 아니라 행위의 옳고 그름을 판단하는 기준이다. 의지 역시 자유를 견인하는 속성이 아니라 행위의 강도에 영향을 미칠 뿐이다. "행위에 앞서는 지성과 달리, 그리고 행위를 유발하는 의지의 명령과 달리, 행위를 고무하는 원칙은 행위 자체의 수행에서만 온전히 명시화된다"(사이: 208). 그 원칙은 아리스토텔레스(Aristoteles)적 의미에서 '수행의 탁월성'이다. 그것은 공연예술에서 배우가 탁월한 연기력을 보이기 위해 최선을 다하는 것에 비유할 수 있다. 자유는 연기의 목표나 연기자의 의지 문제가 아니라 훌륭한 연기 그 자체와 관련이 있다. 말과 행위로 자신을 드러내는 순간이 바로 자유의 순간인 것이다. 이처럼 인간은 공론장에서 행위하는 동안만 자유롭다. 그래서 자유는 정치의 존재 이유가 되는 것이다. 그리고 행위를 통해 자유를 경험할 수 있는 것이다. "자유는 정의, 권력, 평등처럼 정치 영역의 수많은 문제와 현상 가운데 하나가 아니다. … 자유가 존재하지 않는다면 정치적 삶 자체가 무의미할 것이다. 정치의 존재 이유는 자유이며, 그것이 경험되는 장은 행위다"(사이: 199).

공론장은 참여자들이 말과 행위를 통해 자신의 고유한 개성, 타인을 능가하거나 타인으로부터 자신을 구별할 수 있는 탁월성, 혹은 자신의 능력이 최고임을 드러낼 수 있는 공간이다(인간: 41, 48-49). 이를 통해서 사람들은 '불멸의 명예'를 획득할 수 있다. 이를 거꾸로 보면, 공론장은 영웅적인 말과 행위를 반복적으로 재현함으로써 명예로운 말과 행위가 헛되이 사라지는 것을 막는 '조직화된 기억체'로서 기능한다(인간: 198). "필멸적 인간들 그리고 그들의 흘러가는 행위와 말에 항구적인 안식처가 될 도시가 폴리스다"(약속: 165). 이러한 의미에서 공론장은 실존적 한계인 죽음으로부터의 자유, 즉 불멸을 실현하는 공간이라고 하겠다. 개인들이 자유롭게 의견을 표명함으로써 자신의 탁월성을 드러내고 경쟁한다는 점에서 공론장에서 이뤄지는 정치는 '표현적 행위'이자 '경합적 행위'라고 할 수 있다. 그러나 개인들이 그러한 경합적 행위를 통해 집단의 공통성을 추구한다는 점에서 정치는 '결사적 행위'이자 '연대적인 행위'라고 할 수 있다(Benbabib, 1992).

(5) 용서와 약속

행위는 그 시작이 분명하지만, 그 끝을 알 수 없다는 것이 노동이나 제작과 구별되는 특성이다. 노동은 생명 과정의 순환에 갇혀 그 시작과 끝을 알 수 없다. 제작은 사람의 머리 안에 이미지를 현실화할 때 완성되기 때문에 시작과 끝이 명확하다(HC, 143-144). 시작은 분명하나 끝을 알 수 없는 행위의 특성에서 그것이 갖는 한계를 생각하지 않을 수 없다. 행위는 인간관계의 그물망을 형성하며 그 안에서 이뤄진다. 사람들의 반응이 다양하기 때문에 행위의 결과를 확실하게 알 수 없다. 또한 한 번 표출된 말과 행위는 다시 주워 담을 수도 없다. 이처럼 행위는 '예측불가능성'과 '환원불가능성'이라는 공적 실존 혹은 정치적 실존의 한계를 가지고 있다. 아렌트는 이러한 한계를 극복할 수 있는 방법으로 '용서'와 '약속'을 말한다. "자신이 무엇을 행했는지 알지 못하고, 알 수 있다 할지라도 행한 것을 되돌릴 수 없는 무능력인 환원불가능성의 곤경으로부터 벗어나게 하는 것은 용서의 능력이다. 미래의 불확실성인 예측불가능성의 치유책은 약속을 하고 또 그 약속을 지키는 인간의 능력에 내재한다"(인간: 237).

용서는 행위의 결과로부터의 해방을 의미한다. 용서가 없다면, 행위의 환원불가능성 때문에 사람들은 자신의 행위의 결과에 묶여서 새로운 시작을 위한 행위를 할 수 없다. 아렌트에 따르면, 사람들은 일상적인 행위를 통해서도 다른 사람들에게 해(害)를 입힐 수 있다. 이러한 비의도적 혹은 무의지적 죄악에 대한 용서가 없다면, 사람들은 어떠한 행위도 할 수 없는 상황에 처하게 된다. "인간이 행한 것으로부터 서로를 해방시켜 줌으로써만 인간은 자유로운 주체로 남을 수 있다. 그리고 자기의 마음을 변화시켜 다시 시작하겠다는 끈질긴 의지를 통해서만 인간은 새로운 것을 시작할 수 있는 위대한 힘을 부여받을 수 있다"(인간: 240).

행위의 결과에 대한 예측불가능성은 두 가지 이유 때문에 발생한다. 하나는 인간에 대한 불신으로서 사람들의 마음이 어떻게 변할지 알 수 없다는 것이다. 다른 하나는 소통의 복잡성으로서 동일한 행위 능력을 가진 사람들의 행위와 반응이 결합돼 어떠한 결과를 가져올지 알 수 없다는 것이다. 약속은 이러한 불확실성을 제거하는 데 결정적인 역할을 한다. 그리고 약속이야말로 공론장의 존립을 가능하게 한다고 말할 수 있다. "사람들이 함께 하도록 만드는 힘은 … 상호 약속 혹은 계약의 힘이다"(인간: 244-245).

용서와 약속은 행위의 환원불가능성과 예측불가능성을 극복해 인간의 행위 능력을 무한히 회복하는 데 기여한다. 시작으로서의 행위 능력이 지속하는 한 인간의 실존적 의미는 지속된다. 인간의 실존적 의미는 조금씩 죽어 가는 데 있는 것이 아니라 출생을 통해 이 땅에 처음 등장한 것처럼, 지속적으로 새로운 시작을 반복하는 데 있기 때문이다. "인간사의 영역인 세계를 그것의 정상적이고 '자연적' 황폐화로부터 구원하는 기적은 궁극적으로는 다름 아닌 탄생성이다. 그리고 인간의 행위 능력은 존재론적으로 탄생성에 근거한다"(인간: 247).

공론장은 개인의 개성과 자유의 보장을 통해 개인적 실존을 실현하는 공간이자 사람들이 용서와 약속을 통해 주체적 삶을 실현하는 공동적 실존의 공간이기도 하다. 이러한 의미에서 아렌트의 공론장은 겉으로는 다양한 사람들이 자기 의견의 정당성과 우월성을 주장하는 경쟁의 공간으로 보이지만 내용적으로는 용서와 약속을 통해 조화와 화해를 지향하는 공간이다.

2) 무페: 투쟁의 공간

무페의 이론적 기획은 기본적으로 본질주의 일체를 비판적으로 극복하고, 비본질주의적 정치철학을 새로이 정초하는 것이다. 그리고 그녀는 그 위에 사회 변혁을 위한 논리로서 담론 투쟁을 내용으로 하는 경합적 공론장의 원리를 세운다.

(1) 본질주의적 정치철학 비판

무페는 사회주의, 자유주의, 공동체주의 등에 내재된 본질주의를 드러내는 것은 물론이고, 그 안에 내재된 급진적 요소를 추출해 새로운 이론을 구성하는 데 적극적으로 활용한다. 따라서 무페가 새로이 정초(定礎)하고자 하는 정치철학의 특성을 이해하기 위해서는 기존의 정치철학에 대한 그녀의 비판에 주목할 필요가 있다.

무페는 민주주의를 특징으로 하는 근대성에 대한 정치철학적 성찰을 이론적 출발점으로 삼는다. 그녀는 근대 민주주의를 가능하게 한 계기를 클로드 르포(Claud Lefort)가 말하는 '확실성 지표의 해소'에서 찾는다. 르포에 따르면, 근대 민주주의 사회에서는 권력, 법, 지식이 근본적으로 '비결정적'이다. 이는 민주주의 혁명의 결과다. 그것은 자유와 평등의 이념을 전면에 내세우면서 군주와 같은 인격에 체현된 권력이나 초월적인 권위와 관련된 권력을 소멸시켜 버렸다. 그 결과 '텅 빈 장소'로서 권력을 전제로 하는 사회의 제도화가 시작됐다는 것이다(역설: 14; 귀환: 26). 이러한 의미에서 근대성은 본질주의에 반하는 불확실성과 비결정성을 핵심으로 한다고 볼 수 있다. 무페는 르포의 논리와 포스트모더니즘의 논리에 의존해서 기존의 정치철학에 내재하는 본질주의를 드러내고 비판한다.[3]

첫째, 무페는 사회주의에 내재하는 경제주의에서 본질주의의 유령을 발견한다. 경제주의는 부수현상론과 환원론으로 구성된다. 부수현상론은 정치적·법적·이데올로기적 상부구조의 형태와 기능이 경제적 토대에 의해 결정된다는 것이다. 다시 말해서, 상부구조는 경제적 토대의 부수 현상에 불과하며, 역사 발전에서 독립적인 역할을 할 수 없다는 것이다. 환원론은 상부구조에서 발생하는 모든 현상을 물질 생산 영역에서의 구조적 위치에 따라 결정되는 자본가와 노동자 간의 계급 모순으로 환원하는 것이다. 법적, 정치적, 이데올로기적 요소들이 필연적으로 계급적 성격을 갖는다는 것이다. 이처럼 환원론은 다양한 현상을 하나의 본질적 요소인 계급 모순으로 귀인시키는 특성을 갖는다. 부수현상론과 계급환원론에 내재된 본질주의는 역사 발전의 필연성, 사회 변혁의 주체로서 노동자계급의 우위성, 공산주의 이행기의 프롤레타리아 독재, 공산당의 무오류성 등으로 표출돼, 현실사회주의를 비민주적인 정치 체제로 왜곡시키는 결과를 가져왔다. 무페의 의도는 본질주의를 이유로 사회주의를 버리자는 것이 아

---

[3] 무페가 포스트모더니즘의 영향을 받고 있다고 해서 그녀를 포스트모더니스트라 할 수는 없다. 그녀는 자신의 이론이 탈근대적이며 동시에 근대적이라고 생각한다(귀환: 1장).

니라 본질주의에서 벗어나 사회주의적 상상력을 발휘함으로써 평등의 이념에 좀 더 충실한 민주주의를 실현하자는 것이다.

둘째, 무페는 자유주의에 내재하는 개인주의에서 본질주의적 특성을 찾는다. 자유주의는 개인의 생명권, 재산권, 자유권을 양도할 수 없는 기본적인 권리로 본다. 정치 공동체는 개인의 권리를 보호하는 데 필요한 최소한의 역할만을 해야 한다. 따라서 자유주의에서는 공과 사를 분리해서 사유하는 것을 자연스럽게 받아들인다. 이러한 특성이 자유주의에 어떠한 한계를 가져오는지를 살펴보자. 먼저 개인주의에 기반하고 있는 자유주의는 정치적인 것을 적과 동지의 구분이라는 적대의 차원에서 보는 것이 아니라 개인들의 선호를 합산하는 경제적인 관점에서 이해하는 한계를 보이게 된다. 또한 자유주의는 주체로서 개인을 한편으로는 '무연고적 자아'로, 다른 한편으로는 완결된 혹은 일관된 존재로 인식한다. 무연고적 자아는 개인의 정체성 형성 과정에서 공동체가 미치는 영향을 무시하는 자아관을 말한다(Sandel, 1982). 완결된 혹은 일관된 존재로서의 주체관은 복수로 존재하는 개인의 정체성을 단일한 것으로 보는 자아관이다. 마지막으로 공사의 구분에 근거한 사유 방식이 갖는 문제는 존 롤스(John Rawls)에게서 찾아볼 수 있다(Rawls, 1993). 롤스는 다원주의를 하나의 사실로 받아들인다. 다원주의는 개인들이 나름대로의 종교적·철학적·도덕적 원칙을 가지고 있다는 것이다. 롤스는 이러한 다원주의를 정치적 결정의 조건으로 보지 않고 정치적 결정을 위해 극복 내지는 회피해야 할 상황으로 인식한다. 따라서 그가 취한 방법은 정치적 결정 과정에서 개인의 종교적·철학적·도덕적 원칙을 사적인 것으로 배제하고, 오로지 공적 이성에 의존해서 모든 차이에도 불구하고 모두가 동의할 수 있는 합의에 도달하자는 것이다. 롤스가 추구하는 합의는 공과 사의 엄밀한 구분에 의존하는 것이다. 그러나 이러한 사유 방식은 다원주의를 배제함으로써 정치적인 것이 작동할 수 있는 여지를 남기지 않는다. 따라서 롤스의 정치철학은 '정치 없는 정치철학'이라는 비판으로부터 자유로울 수 없다(귀환: 3장). 무페는 자유주의의 한계를 비판하면서도 그것이 강조하는 개인의 자유와 존엄성은 새로운 민주주 이론을 형성하는 데 반드시 필요한 요소로 인식한다.

셋째, 무페는 공동체주의에 내재하는 공동선에서 본질주의적 특성을 찾는다. 자유주의자들이 사회공동체에 앞서서 주체가 존재한다고 전제하는 것과는 달리 공동체주의는 사회공동체에 의해 주체가 형성된다고 본다. 다시 말해서, 자유주의자들이 무연고적 자아를 전제하는 것과는 달리 공동체주의자는 '단일한 상황적 자아'를 전제한다. 공동체가 추구하는 이념으로서 공동선은 주체의 형성과 윤리적 행동의 원칙을 구성하는 데 결정적인 영향을 미친다. 공동선은 개인들이 가지고 있는 선호의 합도 아니고 가치관의 종합도 아니다. 그것은 공동체 자체의 생존이나 발전에 결정적으로 기여하는 이념이나 가치를 말한다. 공동체주의자들 가운데 앨러스더 매킨타이어(Alasdair MacIntyre, 1984)와 마이클 샌들(Michael Sandel, 1982)은 아리스토텔레스의 영향을 받아 이러한 공동선의 가치를 강조함으로써 자유주의적 다원주의를 거부한다. 공동체의 구성원들은 동일한 가치관과 윤리관을 가져야 한다는 것이다. 무페는 단일한 상황적 자아관은 무연고적 자아관과 대별되지만, 두 경우 모두 단일한 주체 관념을 갖는다는 점에서는 다르지 않다고 본다. 또한 공동선에 천착해 다원주의를 거부하는 공동체주의는 본질주의를 극복할 수 없다는 한계를 갖는다. 따라서 무페는 공동체주의자들 가운데 개인의 권리와 다원주의를 강조하는 자유주의적 전통을 접목하고자 하는 찰스 테일러(Charles M. Taylor)와 마이클 왈저(Michael Walzer)의 시도를 긍정적으로 받아들인다(Tayler, 1989; Walzer, 1983).

(2) 비본질주의적 정치철학 정초

무페는 본질주의적 속성이 여과된 사회주의, 자유주의, 공동체주의를 재료로 삼아 새로운 정치철학의 토대를 구축하고자 한다. 그 핵심은 주체관, 정치결사체, 사회변혁 전략, 그리고 다원주의의 재구성이다.

첫째, 주체관에 대해 살펴보자. 자유주의와 공동체주의는 무연고적 자아와 상황적 자아라는 상반된 주체관을 가지고 있으나, 단일한 정체성을 갖는 주체를 전제한다는 점에서는 입장이 다르지 않다. 무페는 바로 '단일한 주체관'을 '복합적 주체관'으로 재구성하고자 한다. 그녀는 "사회적 관계의 다양성 속에서 새겨진 주체 위치의 한 집합으로 구성되는 하나의 자리로서 개인, 다시 말해 수많은 공동체의 구성원이면서 다원적인 집단적 정체성 형성의 형식에 참여하는 존재로서 개인"(귀환: 156)에 관한 이론의 정립이 필수적이라고 주장한다. 개인은 생산 관계에서의 구조적 위치(자본가와 노동자), 성적 위치(남성과 여성, 이성과 동성), 인종적 위치(백인과 유색인) 등 다양한 위치에 있다.

생산, 성, 인종 등 각각의 영역에는 나름대로의 독자적인 담론이 존재한다. 생산담론, 성담론, 인종담론 등을 매개로 각각의 영역에서 개인의 위치짓기(positioning)가 이뤄진다. 위치짓기는 개인의 의지에 따라 주관적으로 이뤄지는 것이 아니라 담론의 렌즈를 통해 응시하는 타자의 시선이나 타자의 호명을 매개로 이뤄진다. 이처럼 개인은 다양한 담론을 매개로 형성된 다양한 정체성의 집합체라고 할 수 있다. 예를 들어, 한 개인은 (부자가 아닌) 가난한 (흑인이 아닌) 백인 (남성이 아닌) 여성 (자본가가 아닌) 노동자로 존재한다.

둘째, 정치적 결사체의 의미에 대해 살펴보자. 무페는 공동체주의와 관련해서 실체적 공동선을 전제하지 않고 '공통성', 즉 윤리-정치적 유대의 관념을 함축하는 정치적 결사체의 양식을 모색한다. 그녀는 결사체를 우니베르시타스(universitas)와 소키에타스(societas)로 분류한 마이클 오크숏(Michael Oakeshott)의 논의에 의존해서 대안적인 정치적 결사체 양식을 제안한다. 우니베르시타스는 공동의 실체적 목적, 일종의 공동선의 관념을 실현하고자 하는 결사체이며, 거기에서 공동체와 구성원들은 일체가 된다. 여기에 참여하는 인격체들은 거의 동일한 인격체로서 존재한다. 따라서 차이나 다양성은 인정받을 수 없다. 소키에타스는 참여자들이 행위의 일정 조건의 권위를 인정하면서 서로 관계하는 시민결사체다. 여기에서 인격체들을 이어 주는 것은 공동 관심사 혹은 공적 관심사를 명시하는 조건들의 권위에 대한 인정이다. 따라서 인격체들은 소키에타스에 참여함으로써 새로운 정체성을 형성할 수 있는 계기를 마련하게 된다. 무페는 소키에타스가 자신이 추구하는 정치적 결사체에 가깝다고 생각한다. "정치적 공동체는 공동선이라는 실체적 관념이 아니라 공동의 유대, 공동의 관심사에 의해 결합된다. 따라서 그것은 규정된 형태나 유대 없이 끊임없이 새로이 제정되는 공동체다"(귀환: 111). 이것은 이익 추구를 위해 도구적으로 결사체에 참여하는 것과는 성격이 다르다. 왜냐하면 이 경우는 이익이 아니라 정체성의 형성에 초점을 맞추기 때문이다.

셋째, 사회변혁 전략에 대해 살펴보자. 사회주의의 논리에 따르면, 자본주의가 발달할수록 사회에는 두 개의 계급만이 존재하게 되고, 궁극적으로 노동자계급이 전면적인 혁명을 통해 사회주의 사회로 이행한다는 것이다. 여기에서 계급주의와 노동자계급의 우위성에 대한 신념을 읽을 수 있다. 전통적인 사회주의적 변혁의 전략은 갈등의 전선이 하나일 수밖에 없다는 전제에 의존한다. 무페는 안토니오 그람시(Antonio

Gramsci)에 의존해서 사회에는 다양한 전선(戰線)이 존재한다고 주장한다. 전선은 지배를 중심으로 형성된다. 예컨대 가부장적인 사회구조를 배경으로 하는 여성 억압, 이성애 중심적인 사회구조를 배경으로 하는 동성애자 억압, 백인 중심의 사회구조를 배경으로 하는 유색인 억압 등과 같이 다양한 전선이 존재한다. 따라서 무페는 전면전이 아닌 진지전과 연대를 변혁운동의 기본 전략으로 제시한다. 진지전은 각각의 영역에서 사회 관계에 내재된 지배의 실상을 폭로하고 그것을 극복하기 위한 미시적 전투를 수행하는 것이다.[4] 물론 진지를 중심으로 이뤄지는 미시적 전투는 다른 진지의 지원 사격을 통해 좀 더 강해질 수 있다. 지원 사격은 바로 연대를 의미한다. 연대는 각각의 주체가 독자성을 유지하면서 지배의 극복이라는 동일한 목적을 위해 함께하는 것이다. 이러한 과정을 통해 주체의 정체성에 변화가 일어나게 된다. 이러한 의미에서 사회변혁운동은 종국적인 상태를 지향하는 것이기보다는 영구적인 원리로 이해될 수 있다. 다시 말해서 사회변혁운동은 어떤 사회에 도달하면 종결되는 것이 아니라 어떤 형태이든 지배가 존재하면 작동하는 원리라는 것이다.

넷째, 다원주의에 대해 살펴보자. 롤스의 정치적 자유주의는 이해관계의 다양성 혹은 종교적·도덕적·철학적 입장의 다양성을 강조하면서도 사적인 영역으로 추방해버린다. 공적 영역은 사적 이익을 실현하기 위한 도구적 공간으로 보거나, 오직 공적 이성과 소통적 합리성에 따라 공적인 일을 논의하는 공간으로 본다. 공동체주의는 공동선과 구성원의 일체성을 강조함으로써 다원주의를 억압한다. 사회주의는 공산당의 역사적 사명을 강조함으로써 다원주의를 파괴한다. 무페는 다원주의를 공적인 합의를 도출하는 데 방해가 되는 반정치적 장애물이 아니라 정치를 활성화하는 정치적 자원으로 이해한다. 그리고 다원주의를 정치적인 것의 귀환을 위한 조건으로 본다. 무페가 생각하는 다원주의는 지배 관계가 작동하는 사회 영역의 다원성이다. 그래서 그녀는 정의 영역의 다원성을 강조한 왈저의 통찰에 공감한다(귀환: 61-64). 왈저(Walzew,

---

4) 무페는 그람시의 진지전 개념을 그대로 수용하지 않는다. 그람시의 진지전은 기본적으로 계급적 관계를 전제하기 때문에 무페의 눈에는 여전히 본질주의의 잔재가 남아 있는 것으로 보인다. 따라서 그녀는 계급주의적 관념이 배제된 것으로서 진지전을 생각한다. 무페는 그람시의 진지전이 추구하는 것을 인민 투쟁이라 부르고, 자신이 진지전을 통해 추구하는 것을 민주주의 투쟁이라 구별해서 부른다(Laclau & Mouffe, 2012: 245-247).

1983)에 따르면, 분배의 대상인 가치든 사회를 초월해 본래부터 가치가 있는 것이 아니라 공동체가 의미를 부여한 것으로서 사회적인 성격을 갖는다. 따라서 가치의 배분은 공동체가 부여한 의미에 따라 이뤄져야 한다는 것이다. 만일 가치의 분배에 다른 영역의 가치가 영향을 미친다면, 정의를 실현할 수 없다는 것이다. 예컨대 민주적 선거를 통해 분배해야 할 정치적 권력을 돈으로 매수하는 것은 정의롭지 않다는 것이다. 영역의 자율성이 보장될 때, 다시 말해서 분배의 다원성이 보장될 때, 정의가 실현 가능하다고 본다. 왈저의 다원주의적 정의론은 자유주의의 다원주의에 대한 관념과 가치의 공동체적 특성을 접목한 독자적인 이론이라고 할 수 있다(5장 참조). 무페는 왈저와 다루는 대상은 다르지만, '영역의 다원성'이라는 관점을 공유한다. 사회에는 가부장제적인 성차별, 식민지주의적인 인종 차별, 자본주의적인 계급 차별 등과 같은 다양한 유형의 지배 관계가 존재한다. 각각의 지배 관계는 다른 지배 관계로 환원할 수 없는 고유한 특성을 갖는다. 다시 말해서, 다양한 유형의 지배 관계가 서로에게 영향을 미칠 수는 있으나, 특정한 유형의 지배 관계를 다른 유형의 지배 관계를 가져온 결정적인 원인으로 보는 것은 타당하지 않다는 것이다. 예컨대 계급 차별을 성차별이나 인종 차별의 결정적인 원인으로 보는 환원론은 타당하지 않다는 것이다. 지배 영역이 다양화되면서 적과 동지의 구별을 본질로 하는 정치적인 것이 작동할 수 있는 공간이 더욱 다양해지고 확장될 수 있다. 그러한 의미에서 다원주의는 정치적인 것의 존재 조건이라고 할 수 있다.

(3) 경합적 공론장의 창출: 담론 투쟁의 활성화

급진민주주의의 핵심 전략은 '경합적 공론장의 창출'이다. 이는 토의민주주의의 핵심인 합의 지향적 공론장의 창출과 대비된다. 무페에 따르면, 토의민주주의자들은 일반적으로 두 가지 목표를 공유한다(역설: 131-134). 하나는 자유주의와 민주주의의 역설적 관계를 해소하는 것이다. 존 로크(John Locke)적 전통의 개인적 권리와 장-자크 루소(Jean-Jacques Rousseau)적 전통의 정치적 권리 혹은 인민 주권의 동시적 실현을 추구하는 것이다. 다른 하나는 권위와 정당성을 공적 사유 과정 위에 세울 수 있는 가능성을 모색하며, 도구적 합리성이 아니라 규범적인 차원의 합리성에 대한 신념을 공유한다는 것이다. 예컨대 롤스의 경우는 '합당성'을, 하버마스의 경우는 '소통적 합리성'을 의미한다. 토의민주주의자들이 이상적으로 생각하는 정치의 장은 이성적인 사람들이 불편부당성의 원칙에 따라 논변을 교환할 수 있는 장이다. 롤스의 경우는 '원초적 입장'을, 하버마스의 경우는 '이상적인 담화 상황'을 적절한 정치적 장의 모델로 제안한다. 이러한 정치적 장을 창출함으로써 '단순한 동의'가 아니라 '합리적 합의'에 도달할 수 있다는 것이다. 불편부당하고 평등한 사람들이 자유로운 공적 사유 과정을 통해 이뤄진 결정에 의해 지배를 받는다는 조건이 충족된다면, 그들에 의해 도달한 합의는 잠정적인 것이 아니라 안정적이며 지속적인 성격을 갖는다는 것이다.

무페는 토의민주주의가 갖는 한계를 두 가지 측면에서 논의한다(역설: 140-146). 첫째, 배제 없는 합의—모든 사람의 동의—의 문제다. 토의민주주의자들은 배제 없는 합의를 위한 조건들을 구상하는 데 매달리지만, 그들이 제안한 조건들 자체가 사실상 배제적인 성격을 갖는다. 롤스의 경우는 공과 사의 엄격한 구분을 전제로 공적인 사유 과정에서 개인이 갖는 종교적·도덕적·철학적 원칙을 회피함으로써 배제 없는 합의에 도달할 수 있다고 본다. 하버마스의 경우는 실체와 절차의 엄격한 구분을 전제로 순수하게 소통적 합리성을 실현할 수 있는 절차를 설계함으로써 배제 없는 합의를 이룰 수 있다고 본다. 무페는 현실적으로 공론장에 참여하는 개인들이 자신의 가치로부터 자유로울 수 없다는 점과 절차의 설계가 결과를 고려하지 않을 수 없다는 점을 들어 토의민주주의가 추구하는 배제 없는 합의는 불가능하다고 주장한다. 그러한 의미에서 합의는 잠정적이고 불안정한 것일 수밖에 없다는 것이다.

둘째, 사적 자율성과 정치적 자율성의 관계에 관한 것이다. 토의민주주의자들은 두 개의 자율성이 필연적으로 조화를 이룰 것이라고 본다. 다시 말해서, 토의민주주의는 자유주의와 민주주의의 역설적 관계를 해소할 수 있다는 것이다. 그러나 롤스의 경우는 공적 자율성을 사적 자율성에 권위를 부여하는 수단으로 이해하기 때문에 민주주의적 인민 주권을 자유주의적 권리에 종속시킨다. 하버마스의 경우는 개인적 권리의 중요성은 그것이 민주적 자치를 가능케 하는 데 놓여 있다고 주장함으로써 민주주의적 측면을 우선시한다. 따라서 양자 모두 자유주의와 민주주의의 역설을 해소하는 데 성공하지 못하고 있다. 무페의 토의민주주의에 대한 비판은 현존하는 다원주의를 이론 구성에 적극적으로 반영하기보다는 회피해야 할 대상으로 보고 있다는 데 초점을 맞춘다.

무페에 따르면, 토의민주주의에서 추구하는 합의는 실질적으로 잠정적이고 불안정하다. 합의는 적과 동지의 구분, 즉 적대 위에서 작동하는 정치적인 것의 속성으로 인해 배제를 수반하게 된다. 배제된 입장은 언제든지 기존의 합의를 문제시하고 무너뜨릴 잠재력을 가지고 있다. 따라서 합의는 배제를 통해 합의를 가능하게 하는 구성적 외부를 구성한다. 그렇게 형성된 구성적 외부는 합의를 가능하게 하는 동시에 합의를 위협한다. 따라서 합의는 가능한 동시에 불가능하다. 무페는 담론과 헤게모니 개념에 의존해서 잠정적이고 불안정한 합의의 역동성을 드러냄으로써 경합적 공론 영역의 창출 가능성을 모색한다.

무페가 담론에 관심을 갖게 된 것은 구조주의의 한계에 대한 인식에서 비롯된다. 구조주의의 핵심은 구조적 결정성이다. 구조주의는 모든 사회적 현상이 구조에 의해 결정된다고 보기 때문에 본질주의적 특성을 갖는다. 구조주의는 구조를 형성하는 하나의 중심—가령 경제적 토대 같은—이 존재하며, 구조는 폐쇄적인 완결된 형태로 존재한다고 본다. 구조의 폐쇄성의 관점에서 보면, 구조의 형태 변화는 구조 밖의 원인에 의해 발생하는 우연이나 위험 혹은 재앙과 같은 것이다. 그런데 구조의 중심성의 관점에서 보면, 구조의 구조화는 중심의 내적 논리에 기인하는 것이다. 따라서 구조주의를 지탱하는 중심성과 폐쇄성은 자기 모순적이다. 이러한 의미에서 보면, 고정된 중심과 폐쇄적인 경계를 갖는 구조는 객관적으로 존재할 수 없다. 구조는 단지 사람들이 욕망하는 것이기 때문에 완결된 구조를 지향하는 의미화가 무한하게 이뤄진다.

그래서 무페는 담론에 주목한다. "담론은 고정된 중심이나 완전히 폐쇄된 경계가 없는 상태에서 의미가 지속적으로 다시 결정되는 연속적인 의미화의 차별적 총화다"(Torfing, 1999: 85-86). '차별적 총화'라는 말은 담론이 하나가 아니라 복수로 존재할 수 있다는 것을 의미한다. 그런데 어떤 담론은 사람들에 의해 당연한 것으로 인식되고 다른 담론은 배척된다. 이러한 현상을 설명하기 위한 개념이 헤게모니다. 그람시가 지배의 원리로서 제시한 헤게모니 개념은 '지적-도덕적 지도력'을 의미한다. 그것은 세계관이나 가치관의 내면화에 의존한다는 점에서 강제력에 의존하는 지배와 다르다. 또한 그것은 피지배자의 안정적이고 지속적인 동의에 기반을 두고 있다는 점에서 정치 세력 간의 역학 관계에서 획득되는 불안정하고 잠정적인 정치적 지도력과도 다르다. 헤게모니는 어떤 관점이나 인식 방법을 정상화함으로써 현 상태의 권력 관계를 당연한 것으로 받아들이게 하는 지배의 원리다. 그것은 담론을 통해 이뤄진다.

헤게모니 담론은 구조적 필연성에 따라 결정되는 것이 아니라 상황의존적으로 혹은 우연적으로 결정된다(정치: 17). 상황의존적이라는 말은 정치적인 것의 작동 양상에 따라 특정 담론이 헤게모니를 쟁취하게 된다는 것이다. 그러다 보니 헤게모니 담론은 지배를 가능하게 하는 계층화된 사회 질서를 형성하고 정당화하는 진술로 구성된다. 가령 오늘날의 헤게모니 담론인 신자유주의 담론은 시장의 논리가 사회 전 부문의 효율성을 높일 수 있다는 신념을 바탕으로 자본가와 노동자의 계층화된 계급적 지배 질서를 더욱 강화하는 데 결정적인 역할을 한다(Harvey, 2007). 신자유주의 담론은 이데올로기적 국가기구—교육기관이나 대중매체 같은 것—를 통해 유포되고 일반화된다. 헤게모니 담론은 기존의 지배 질서에 저항하는 대항 헤게모니 담론에 의해 위협을 받는다. "모든 질서는 정치적이며 배제의 형식에 기반을 두고 있다. 거기에는 지금까지 억압됐으나 다시 활성화될 수 있는 다른 가능성[담론들—필자]이 존재한다. 어떤 질서가 세워지고 사회제도의 의미들이 고정되는 접합적 실천은 헤게모니적 실천이다. 모든 헤게모니적 질서는 대항 헤게모니적 실천—다른 형태의 헤게모니를 세우기 위해 기존의 질서를 탈구하려는 실천—에 의해 도전받을 가능성이 있다"(정치: 18).

그렇다면 경합적 공론장의 창출이 의미하는 바는 무엇인가? 사회에는 다양한 형태의 헤게모니 담론이 존재한다. 그것은 다양한 형태의 배제와 지배가 존재한다는 것을 의미하기도 한다. 가령 노동자, 여성, 동성애자, 장애인, 외국인, 다른 인종, 왼손잡이, 비만인 등등을 배제하는 헤게모니 담론이 존재한다. 그리고 그러한 헤게모니 담론은 가정, 학교, 회사, 시민단체, 종교조직, 공장, 사회운동조직, 정부조직 등 수많은 삶의 공간에서 관철된다. 이러한 상황에서 경합적 공론장의 창출은 헤게모니 담론과 대항 헤게모니 담론 간에 치열한 논쟁이 이뤄지는 공간을 창출하는 것을 의미한다. 가령 페미니즘 담론을 공론장에 드러내 기존의 가부장적 담론에 내재된 배제와 지배의 한계를 드러냄으로써 그 담론의 지배력을 약화시킬 수 있다. 이를 통해 사회의 다양한 분야에서 이뤄지고 있는 성차별적인 관행들을 개선해 나갈 수 있다. 헤게모니 담론에 대한 도전의 기본적인 방향성은 '평등'이다. 위계적 사회 관계를 평등한 사회 관계로 대체해 개인의 자율적 삶을 향상시키는 것이다. 이러한 의미에서 헤게모니 담론과 대항 헤게모니 담론이 경합하는 공간은 좀 더 다양하게 펼쳐져야 한다. 그렇게 함으로써 지배가 작동하는 공간이 최소화하고 자유의 영역을 확대해야 한다.

무페는 경합적 공론장의 창출을 민주주의 급진화의 핵심 전략으로 삼고 있으며, 그것이 궁극적으로는 근대 민주주의의 역설을 해소하는 데 결정적인 역할을 할 것으로 본다. 그렇다면 역설의 근간이 되는 자유와 평등은 어떠한 관계에 있는가? 평등은 자유의 기초다. 평등이 전제되지 않는 자유는 형식에 불과하다. 평등은 위계적 권력 관계 혹은 지배 관계가 배제된 상태를 말한다. 이러한 의미에서 보면, 자유는 지배가 없는 상태에서 적극적으로 개인이 선택하는 능력을 말한다. 그렇다면 이러한 자유를 보장하는 방법은 무엇인가? 무페는 니콜로 마키아벨리(Nicolò Machiavelli)의 공화주의에 의존해서 답을 찾는다(귀환: 66-69). 개인의 자유는 개인이 시민적 덕을 수행할 때 보장될 수 있다는 것이다. 시민적 덕이란 정치공동체의 시민으로서 의무를 다하는 것으로, 그 핵심은 참여다. 개인의 자유는 개인들의 적극적인 참여를 통해 보장될 수 있다는 것이다. 무페는 경합적 공론장이 바로 이러한 참여가 이뤄지는 공간이 될 때, 근대 민주주의의 역설이 해소될 수 있다고 본다.

제3절_ 어울림

아렌트와 무페의 관점이나 지향점이 서로 달라 보인다. 그럼에도 불구하고 서로 어울리는 부분이 있다. 아렌트와 무페의 다원주의와 자유 및 평등에 대한 입장 차이에서 어울림의 가능성을 찾아볼 수 있다. 이러한 어울림은 더 많은 공공성의 실현을 가능하게 할 것이다.

1 다원주의: 개인적 다원주의와 영역적 다원주의의 조화

아렌트와 무페의 공론장에 관한 논의에서 핵심이 되는 개념은 '정치적인 것'이다.

그리고 이들은 정치적인 것이 작동하게 되는 계기를 '다원주의'에서 찾는다. 아렌트와 무페의 차이는 무페의 언명에서 분명하게 드러난다. "인민은 다양할 뿐만 아니라 분할된다"(Mouffe, 2013: xiv). 아렌트가 인민의 다양성에 초점을 맞춘다면, 무페는 특히 인민의 분할에 주목한다.

아렌트의 다원주의는 개인들의 다원성을 말하는 것이다. 아렌트는 사람들은 이성적 존재로서의 공통성을 가지면서도, 사람마다 성장 배경, 인생관, 세계관, 가치관, 신념, 욕망, 이해관계가 다르다는 데 주목한다. 아렌트의 다원주의는 개인의 고유성이나 개성을 전제로 하는 것이다. 이러한 의미에서 아렌트의 다원주의는 '개인적 다원주의'라고 부를 수 있을 것이다. 정치적인 것은 이러한 개인들이 자유롭게 자신의 의견을 표명하고 설득을 통해 공통의 기준을 결정하는 행위를 말한다.

무페의 다원주의는 지배와 피지배가 구조화된 영역의 다원성을 말하는 것이다. 노동 영역, 성 영역, 인종 영역 등 다양한 영역이 고유의 논리에 따라 작동한다는 것이다. 각각의 영역에서는 기존의 권력 관계를 정당화하는 헤게모니 담론에 의해 지배집단과 피지배집단이 분리된다. 영역이 서로 어느 정도의 영향을 미칠 수는 있으나 어느 영역이 다른 영역에 결정적인 또는 인과적인 영향을 미칠 수는 없다. 이러한 의미에서 무페의 다원주의는 '영역적 다원주의'라고 부를 수 있을 것이다. 정치적인 것은 지배와 피지배를 정당화하는 헤게모니 담론에 저항하는 담론 투쟁을 통해 헤게모니의 전환을 추구하는 사회 변혁적 행위를 말한다.

공공성은 공과 사의 조화를 추구하는 이념이다. 개인적 다원주의는 개인의 고유성이나 개성의 중요성을 강조한다는 점에서 의미가 있으나 그러한 개인들이 자기 이외의 모든 개인과 또는 전체 사회와 직접적으로 조화를 이룰 수 있을지는 확신할 수 없다. 개인적 다원주의는 개인들의 정체성 형성에 영향을 미치는 집단 변수를 고려하지 않음으로써 진정한 공과 사의 조화를 어렵게 한다. 영역적 다원주의 역시 두 가지 문제를 안고 있다.

첫째, 각각의 영역에서 사람들은 두 개의 대립되는 집단으로 분화된다. 그렇게 되면 집단 간의 적대적 대립 속에서 각 집단에 속하는 개인들의 고유성이나 개성의 다양성이 억압될 가능성이 있다. 이것이 궁극적으로 공과 사의 조화를 어렵게 할 수 있다.

둘째, 영역은 서로 영향을 미칠 수 있지만 독자적인 논리가 작동한다. 문제는 영역

간의 영향력과 독자성이 어떤 관계에 있는지를 명확히 알 수 없다는 데 있다. 그러다 보니 진정한 공과 사의 조화를 이루기 위한 방법을 찾기 어렵다.

아렌트와 무페의 다원주의에 내포된 한계를 완전히 극복하기는 어려울 것이다. 그러나 아렌트와 무페의 다원주의에는 서로의 약점을 보완할 수 있는 부분이 존재한다. 개인적 다원주의와 영역적 다원주의가 접합될 수 있는 부분이 존재한다는 것이다. 개인적 다원주의는 다양한 개인들이 영역적 다원주의가 전제하는 집단을 매개로 전체와의 조화를 추구하는 논리를 통해 공공성의 실현 방식을 좀 더 구체화할 수 있다. 영역적 다원주의는 각 영역에서 집단에 의해 억압될 수 있는 개인들의 고유성과 개성을 인정하고 보장해야 하는 정당성을 개인적 다원주의에서 찾을 수 있을 것이다. 영역적 다원주의는 집단 내부에서 이뤄지는 개인들의 활발한 토론이 집단의 담론 투쟁 능력을 강화할 수 있다는 논리를 통해 더 많은 공공성의 실현 가능성을 높일 수 있을 것이다.

❷ 자유와 평등: 과정적 측면과 목적적 측면의 조화

아렌트와 무페는 공론장을 통해 민주주의의 기본 가치인 자유와 평등을 대립하는 가치로 보지 않고 평등을 자유의 기초로 삼고 있다는 점에서 동일한 입장을 취하고 있다. 그럼에도 불구하고 이들은 강조하는 지점이 서로 다르다.

첫째, 평등과 관련해 강조하는 지점의 차이를 살펴보자. 아렌트는 모든 인간은 이성적 존재라는 점에서 평등하다는 전통적인 주장에 기대지 않는다. 인간은 태어나기를 불평등하게 태어난다는 사실을 그대로 받아들인다. 대신 제도적으로 불평등을 해소할 수 있는 방법을 제시한다. 이소노미아는 바로 불평등하게 태어난 사람들을 평등화하는 체제다. 평등이 보장될 때 사람들은 자유롭게 자신의 의견을 표명할 수 있다. 그런 의미에서 아렌트가 강조하는 지점은 과정으로서 평등이라고 하겠다. 무페는 지배와 피지배의 권력 관계가 구조화된 사회를 사실 그대로 받아들인다. 불평등은 다양한 영역에서 구조화돼 있다. 무페는 담론 투쟁을 통해 이러한 불평등을 정당화하는 주류 담론을 무너뜨리고 지배와 피지배의 권력 관계 자체를 폐지하고자 한다. 그런 의미에서 무페가 강조하는 지점은 목적이자 결과로서 평등이라고 하겠다.

둘째, 자유와 관련해 강조하는 지점의 차이를 살펴보자. 아렌트는 자유를 소극적 자유와 적극적 자유로 범주화하고 적극적 자유의 위험성을 경고한 이사야 벌린(Isaiah Berlin)의 주장에 비판적이다(Berlin, 2002). "인류는 타인의 강제로부터 자유로움을 의미하는 소극적 자유와, 행위 안에서 자유로움을 뜻하는 적극적 자유라는 두 가지 자유관이 있다는 것을 늘 의식해 왔다. … 나아가서 두 가지 자유는 서로 연관돼 있고 타인의 강제로부터 자유롭지 못한 사람은 결코 자신의 행위를 위해 자유로울 수 없다는 점 또한 분명히 이해됐다"(박혁, 2009: 427에서 재인용). 아렌트는 자유가 정치적인 것의 핵심이며 자유를 발휘함으로써 다른 사람들과 공동적 삶을 실현할 수 있다고 본다. 그런 의미에서 아렌트가 강조하는 지점은 과정으로서 자유라고 하겠다. 무페는 자유보다는 해방을 강조한다. 일반적으로 자유주의자들은 간섭이 없는 상태를 자유로 본다. 공화주의자들은 지배가 없는 상태를 자유로 본다. 무페는 지배와 피지배의 권력 관계가 구조화된 사회를 넘어서 그러한 권력 관계가 사라진 사회를 추구한다. 그것은 지배구조로부터의 해방을 의미한다. 그런 의미에서 무페가 강조하는 지점은 목적이자 결과로서 자유라고 하겠다.

종합하면, 아렌트는 과정으로서 자유와 평등을 강조하는 반면, 무페는 목적이자 결과로서 자유와 평등을 강조한다. 목적이 없는 과정은 허무하고, 과정이 없는 목적은 맹목이다. 이러한 의미에서 자유와 평등은 과정이자 목적으로서 준수하고 추구해야 하는 가치라고 할 수 있다. 민주주의는 민주적인 방식으로 추구해야 한다. 공공성은 공과 사의 조화를 위해 민주적 절차를 통해 정의의 가치를 실현하는 길을 따른다. 이는 과정과 목적의 일관성을 전제로 한다. 따라서 자유와 평등은 과정적 측면과 목적적 측면에서 일관되게 실현돼야 한다. 더 많은 공공성의 실현이라는 측면에서 자유와 평등에 대한 아렌트와 무페의 관점은 적절하게 어울린다고 하겠다.

❸ 조화의 의미

아렌트와 무페의 공론장 개념은 공공성의 핵심 원리인 조화의 의미를 확인하는 데 중요한 의미를 갖는다. 아렌트는 다양성을 행위, 즉 정치적인 것의 조건으로 삼는다.

다시 말해서, 다양성은 정치의 자원이라는 것이다. 그래서 아렌트는 개인들이 다양하게 자신의 의견을 표명하는 할 수 있는 공간을 복원하는 데 초점을 맞춘다. 그런데 다양성은 갈등의 원인이 된다. 갈등은 조화의 걸림돌이다. 그렇다고 갈등을 억압하는 것은 진정한 조화를 불가능하게 하는 것이다. 아렌트는 그 갈등을 공론장에서 해결하고자 한다. 그녀는 공론장에서 제도화된 규칙에 따라 대립하는 의견이 드러나고 토론과 설득을 통해 갈등이 해소되기를 기대한다.

무페 역시 아렌트와 마찬가지로 다양성을 정치적인 것의 조건으로 삼는다. 다양성은 두 가지 차원에서 작동한다. 하나는 지배와 피지배의 권력 관계가 구조화된 사회적 영역이 다양하다는 것이다. 이에 대한 대응으로 무페는 그러한 권력 관계가 존재하는 영역을 계속 발굴해서 지속적으로 권력 관계를 무너뜨리는 급진적 민주주의를 구상한다. 다른 하나는 하나의 사회적 영역 안에 다양한 의견이 존재한다는 것이다. 이에 대한 대응으로 무페는 담론 투쟁을 통해 권력 관계를 무너뜨리는 경합적 민주주의를 구상한다. 무페는 정치적인 것의 의미가 적과 동지의 분할과 그들 간의 투쟁이라고 생각하지만, 상대의 절멸을 지향하는 것이 아니라 서로에 대한 인정을 전제로 하는 것이 민주주의의 핵심이라고 본다. 무페 역시 아렌트와 마찬가지로 민주주의적 토론 원칙에 따라 담론 투쟁을 통해 상반된 입장이 드러나고 갈등이 해소되기를 기대한다.

아렌트와 무페는 사회적 조화는 갈등의 억압이 아니라 드러남을 전제로 한다는 점을 분명하게 한다. 그래서 사람들이 민주주의를 수다스럽고 시끄러운 정치 체제라고 하는 것이다. 문제는 드러난 의견이 공정한 규칙과 통로를 통해 공유되고 해석되며 성찰되고 숙의될 수 있는 공론장을 설계하고 적용할 수 있는가 하는 데 있다.

조화는 통일이나 동질화와는 그 의미하는 바가 다르다. 통일이나 동질화는 개체의 특수성, 고유성, 개별성을 억압, 박탈, 폐지하는 것이다. 그런 의미에서 통일과 동질화는 폭력적인 성격을 띤다고 할 수 있다. 아렌트와 무페가 의미하는 조화는 개인 및 집단의 개별성과 다양성 그리고 그로 인한 갈등의 드러남을 전제로 연대를 실현하는 것이다. 개별성 및 다양성을 인정하지 않는 조화는 진정한 조화라고 할 수 없다.

제4절_ 나가며: 신자유주의의 공론장에 대한 관념 비판

지금까지 아렌트와 무페의 공론장에 대한 관념을 다름과 어울림의 측면에서 살펴봤다. 그 내용은 〈표 4-1〉과 같다.

〈표 4-1〉 아렌트와 무페의 공론장 비교

기준		한나 아렌트	샹탈 무페
다름	기획	공론장의 복원 시민적 공화주의	공론장의 창출 급진적 민주주의 / 경합적 민주주의
	정치적인 것	자유로운 자기 표현과 설득	적과 동지 간의 경합
	공론장	화해의 공간 설득을 통한 합의	투쟁의 공간 담론 투쟁을 통한 헤게모니 쟁취
어울림		• 다원주의: 개인적 다원주의와 영역적 다원주의의 조화 • 자유와 평등: 과정적 측면과 목적적 측면의 조화 • 조화: 갈등의 드러냄을 전제로 하는 연대적 관계의 형성	

신자유주의의 공론장에 대한 관념이 갖는 한계에 대해 살펴보자. 신자유주자들 가운데 프리드리히 하이에크(Friedrich Hayek)는 공론장에서의 토론과 숙의에 대해 우호적이지 않다(Hayek, 1945). 제한된 인지 능력을 가지고 있는 사람들이 단편적인 정보와 지식을 가지고 토론과 숙의를 통해 도달한 결론이 복잡한 사회문제를 해결하는 데 성공할 가능성이 있다고 보지 않는다. 공론장은 정보와 지식이 전달되는 공간이다. 그런데 사람들이 공유하는 정보와 지식은 불완전하고 단편적인 것이다. 따라서 공론장에서 전달되는 정보와 지식을 바탕으로 이뤄지는 사람들의 선택은 왜곡될 가능성이 크다. 더욱이 복잡하고 변화무쌍한 사회에서 제한된 인지 능력을 가진 인간들이 목적의식을 가지고 의도적으로 새로운 사회 질서를 설계하는 것은 매우 위험하다고 본다.

하이에크는 의도적으로 설계된 질서 개념에 대비되는 '자생적 질서' 개념을 제시한다. 자생적 질서는 시장이나 언어와 같이 인간의 의도적인 설계가 아니라 인간 행동의 의도하지 않은 결과로 나타나는 질서를 말한다. 그런 의미에서 자생적 질서는 인공적인 것도 자연적인 것도 아니고 사회적인 것이라고 하겠다. 시장은 자생적 질서의 대표적인 모델이다. 시장은 의도적으로 설계된 것이 아니라 일면식도 없는 수많은 사람이 경쟁하면서 그리고 가격구조의 변동에 적응하면서 진화한 자생적 질서다. 가격 체계는 비록 불완전하지만 수많은 분산된 행위자의 복잡한 상호 관련된 결정을 나타내는 간결한 형태로 지식을 전달한다. 자생적 질서로서 시장은 수많은 사람들의 선택에 대한 정확한 정보와 지식을 전달하는 매체라는 것이다. 그런 의미에서 시장은 비언어적인 형태로 정보와 지식의 소통이 이뤄지는 공론장이라는 것이다(Pennington, 2003; Queiroz, 2017).

신자유주의자들의 공론장에 대한 관념의 저변에는 신념과 의견을 둘러싼 경쟁이 아니라 이익을 둘러싼 경쟁이 진실한 정보에 접근하는 통로를 제공한다는 믿음이 작용한다. 이러한 믿음 위에서 신자유주의자들은 욕구를 추구하는 개인들이 경쟁하는 사적 영역인 시장을 진정한 공론장으로 규정하고 공적 영역으로서 공론장을 시장의 식민지로 전락시킨다. 공공성 담론은 공론장에서 말을 통해 공동선과 개인적 선의 조화를 위한 조건을 모색하는 데 초점을 맞춘다. 그러다 보니 시장이 과연 사익과 공익의 조화를 가능하게 하는 기제인가 하는 문제가 제기될 수 있다. 이를 위한 조건은 완전한 자유 경쟁 상태에서 사람들이 정직하게 행동해야 하며, 특히 합리적으로 자신의 진정한 이익을 계산할 수 있어야 한다. 그러나 실제로 어느 하나의 조건도 충족하기 어렵다. 완전자유경쟁은 일종의 신기루와 같은 것이고, 시장에서 사람들의 정직성을 믿는 것처럼 어리석은 일은 없다. 또한 하이에크가 주장하는 것처럼 인간은 인지 능력의 한계 때문에 자신의 진정한 이익을 완벽하게 계산할 수 없다. 이러한 이유 때문에 시장은 실패할 가능성이 매우 높은 불완전한 시스템이라고 하겠다. 불완전한 시스템으로서 시장은 공익과 사익의 조화를 이루는 데 필요한 확실한 지식과 정보를 전달하는 데 한계를 가질 수밖에 없다. 따라서 시장을 가장 신뢰할 수 있는 공론장 모델로 세우는 것은 모래 위에 집을 짓는 것과 다르지 않다. 그러므로 시장은 공론장의 모델이 아니라 오히려 공론장에서 정치적인 토론의 대상이 돼야 할 것이다.

제5장

인-전략의 내용적 측면 I

정의는 단순 평등인가 복합 평등인가?
- 존 롤스 대 마이클 왈저 -

제1절_ 들어가며: 공공성과 정의

공공성의 실현을 위한 인-전략은 내용적 측면에서 정의의 가치를 추구한다. 정의의 가치는 평등, 자유, 책임, 안전, 복지, 돌봄, 지속가능성 등 다양하다. 일반적으로 다양한 가치 가운데 평등은 정의를 실현하는 데 가장 기본적인 가치로 고려된다. 정의론은 '어떤 평등'에 초점을 맞추는가에 따라 다양하게 전개된다. 평등과 관련해서는 사회적 가치의 평등한 분배를 강조하는 흐름과 다양한 분배 원칙이 적용되는 분배 영역 간의 평등을 강조하는 흐름이 있다. 전자를 대표하는 이론가로는 존 롤스(John Rawls)가 있고, 후자를 대표하는 이론가로는 마이클 왈저(Michael Walzer)가 있다.

정의론에 대한 관심은 롤스의 『정의론』(1971)을 통해 촉발된다. 그 이전까지만 해도 실증적 학문 연구의 경향이 주된 흐름이었기 때문에 정치이론이나 정치사상에 대한 관심이 많이 약화돼 있었다. 1960년대에 소용돌이의 시대 혹은 혁명의 시대라 불릴 만큼 엄청난 도전에 직면한 미국 사회에서는 새로운 사회적 삶의 원리를 모색하는 움직임이 본격화됐다. 그런 가운데 당시에 지배적인 패러다임이었던 자유주의와 공리주의에 대한 비판과 더불어 평등의 가치를 정교하게 정당화한 『정의론』은 주목의 대상이 되기에 충분했다. 그 이후에 정치이론의 부흥이 이뤄졌다. 롤스의 핵심적인 주장은 순수하게 자신의 노력과 실적에 따라 재화의 분배가 이뤄져야 한다는 것으로서 '우연성'이 재화의 분배를 정당화하는 근거가 돼서는 안 된다는 것이다. 개인의 타고난 재능, 성격, 품성 그리고 사회적 배경은 우연적인 요소인데, 이러한 요소가 재화의 배분에 영향을 미치는 것을 제도적으로 승인하는 것은 도덕적으로 타당하지 않다는 것이다. 따라서 롤스는 이러한 요소를 개인의 자산이 아니라 공동의 자산으로 봐야 하고, 그 공동의 자산을 토대로 벌어들인 것들을 개인이 독점해서는 안 된다고 주장한다. 이는 최소 수혜자에게 최대 혜택을 부여하는 차등 원칙의 근거가 된다. 롤스는 동등한 자유의 원칙, 공정한 기회 균등의 원칙, 차등 원칙 등의 정의 원칙을 제시한다. 그에게 평등은 모든 가치의 동등한 분배를 의미한다.

왈저의 정의론은 롤스와 결을 달리한다. 왈저는 분배의 대상인 가치는 다양하고, 사회가 그 가치에 부여하는 의미에 따라 가치의 분배 방식이 다르다는 것이다. 따라서 우연성의 문제는 가치의 성격에 따라 다르게 고려된다. 정의는 가치가 각각의 원칙에 따라 분배되는 것으로서 가치의 분배가 다른 가치의 분배에 영향을 주거나 받아서는 안 된다는 것이다. 따라서 왈저에게 평등은 가치 분배 영역의 독자성을 동등하게 인정하는 것을 의미한다. 이러한 의미에서 왈저는 롤스가 지향하는 평등은 단순한데 비해 자신이 지향하는 평등은 복합적이라고 주장한다.

공공성을 실현하는 데에 정의론은 평등을 지향한다는 점에서 일치하지만, 그것을 정당화하고 실현하는 논리는 다양하다. 롤스와 왈저의 정의론은 그 결이 다르다. 그럼에도 불구하고 다르기 때문에 서로에 대한 보완을 통해 평등의 의미를 입체적으로 바라보는 데 도움이 될 수 있을 것이다. 따라서 여기에서는 롤스와 왈저의 정의론에서 관찰되는 다름과 어울림의 가능성에 대해 살펴본다.[1]

---

[1] 인용은 다음과 같은 약어를 사용한다. 롤스 1971: 정의1, 1993/2005: 자유, 1999: 정의2, 2001: 공정, 2009: 만민법 / 왈저 1983: 영역, 1984: 분리, 1987: 해석, 1988b: 비판가, 2004: 열정, 2007: 사유

제2절_ 다름

롤스는 민주주의적 정치문화를 배경으로 하는 사회에서 정의로운 사회를 세우기 위한 정의 원칙을 제시하고 정당화하는 데 연구의 초점을 맞춘다. 그는 개개인이 다양한 포괄적 원리를 추구하는 다원주의 사회에서 모든 사람이 인정할 수 있는 정의 원리를 모색하는 '정치적 자유주의'를 정초한다. 이를 통해 롤스는 '공정으로서 정의'라는 정의론을 제시한다. 공정으로서 정의의 원리는『정의론』(1971, 1999),『정치적 자유주의』(1993, 2005),『만민법』(1999),『공정으로서 정의』(2001) 등에서 정교하게 구성되고 다듬어진다.

왈저는 자유주의와 낡은 사회주의의 한계를 비판적으로 극복해 좀 더 정의로운 사회를 세우는 데 연구의 초점을 맞춘다. 그의 비판과 진보를 위한 노력은 철저하다. 그래서 그의 입장은 자유민주주의나 정치적 자유주의, 사회민주주의와 구별해 정치적 급진주의로 규정할 수 있다. 왈저는 정치적 급진주의의 맥락에서 사회의 다양한 영역에서 독자적인 원리에 따라 분배가 이뤄지는 복합 평등 원칙을 토대로 다원주의적 정의론을 구축한다. 다원주의적 정의론은『정의의 영역들』(1983),『해석과 사회비판』(1987),『비판가들』(1988),『두터움과 얇음』(1994),『정치와 열정』(2004),『정치적으로 생각하기』(2007) 등에서 정교하게 구성되고 다듬어진다.

여기에서는 롤스와 왈저의 다름을 입장(정치적 자유주의 대 정치적 급진주의), 방법론(정치적 구성주의 대 해석 및 사회 비판), 정의론(공정으로서 정의 대 다원주의적 정의)의 측면에서 살펴본다.

1 입장: 정치적 자유주의 대 정치적 급진주의

1) 롤스: 정치적 자유주의

롤스는 하나의 포괄적인 종교적·도덕적·철학적 교리를 중심으로 정의 원칙을 구성하는 '포괄적 자유주의'에 반해 포괄적 교리의 다원성을 인정하면서도 초월해 정의 원칙을 구성하는 '정치적 자유주의'의 기초를 세운 정초한다. 여기에서는 민주주의적 정치문화의 맥락에서 정치적 자유주의가 전제하고 있는 정의의 의미, 사회의 이념, 정치적 인간관, 그리고 자유주의적 정당성의 원칙을 살펴본다.

(1) 정의의 의미: 사회제도의 제1덕목

롤스의 기본적인 입장은 정의는 사회제도의 제1덕목이라는 것이다. "진리가 사상체계의 제1덕목인 것과 마찬가지로, 정의는 사회제도의 제1덕목이다. 이론이 아무리 정치하고 간명하다고 할지라도 그것이 진리가 아니라면 배척되거나 수정돼야 하듯이, 법이나 제도가 아무리 효율적이고 정연하다고 할지라도 그것이 정의롭지 않다면 개혁하거나 폐기해야 한다. … 인간 생활의 제1덕목으로서 진리와 정의는 지극히 준엄한 것이다"(정의2: 3-4). 그런 의미에서 사회제도의 제1덕목으로서 정의를 실현하기 위한 조건이나 원칙을 찾는 것이 정치철학의 기본적인 과제가 된다. 학문에서의 진리와 사회제도에서의 정의가 지극히 준엄하다는 데는 차이가 없다. 그러나 보편성의 측면에서 보면, 진리와 정의는 차이를 보일 수밖에 없다. 학문 영역에서는 보편적인 진리를 추구하는 것이 무엇보다 중요한 의미를 갖는다. 그러나 제도의 영역에서는 사회문화적 차이를 초월하는 보편적 정의를 추구하는 것이 거의 불가능하다. 만일 사회문화적 차이를 초월하는 정의 원칙을 도출하려고 한다면, 그것은 형이상학적인 접근이 될 수밖에 없다. 따라서 롤스는 자신이 추구하는 정의론은 현존하는 민주주의적 정치문화를 배경으로 하고 있음을 분명히 한다.

(2) 사회의 이념

정의는 사회제도의 제1덕목이기 때문에 사회관은 정의 원칙을 구성하는 전제가 되며, 사회제도는 정의론의 기본 주제가 된다. 민주주의적 정치문화의 관점에서, 사회의 이념은 개인들이 자발적으로 질서를 형성하고 유지하는 체제다. 이러한 맥락에서 롤스는 사회의 이념을 '공정한 협동 체계'로 본다(공정: §2). 그 의미를 살펴보자. 첫째, 사회적 협동은 단순히 사회적으로 조정된 활동과는 의미가 다르다. 절대적인 권력에 의해 사회적 활동이 조정되는 경우를 사회적 협동으로 볼 수는 없다. 오히려 사회적 협동은 공적으로 승인된 규칙과 절차에 따라서 안내되는 것이다. '공적 승인'은 협동에 참여하는 사람들이 자신의 행동을 규제하는 규칙과 절차에 자발적으로 동의함을 의미한다. 둘째, 사회적 협동의 이념 안에는 '호혜성'의 이념이 내포돼 있다. 공적으로 승인된 규칙에 따라 자신의 역할을 하는 사람들은 누구나 정해진 기준에 따라 혜택을 받는다는 것이다. 이는 일방적인 희생이나 일방적인 호의가 아니라 구성원 모두가 사회적 협동을 통해 이익을 얻는 것이 사회의 본래적 이념임을 의미한다. 셋째, 협동은 또한 각각의 참여자들의 합리적인 이익이나 선을 위한 것이다. 다시 말해서, 개인들은 협동을 통해 정해진 규칙의 범위 안에서 합리적으로 자신의 이익을 추구할 수 있어야 한다.

롤스는 이러한 공정한 협동 체계로서 사회의 이념이 실현된 사회를 '질서정연한 사회'라 규정한다(공정: §3). 질서정연한 사회는 '공적 정의관'에 의해 효율적으로 규제되는 사회를 의미한다. 그 특징을 살펴보자. 첫째, 질서정연한 사회는 공적 정의관을 중심 원리로 한다. 정의관이 '공적'이라는 말은 모든 사람이 동일한 정치적 정의관을 수용하고 있다는 것을 의미한다. 또한 모든 사람이 다른 사람들 역시 동일한 정의관을 수용하고 있다는 사실을 알고 있다는 것을 의미한다. 이처럼 질서정연한 사회는 사회 구성원들의 '상호 승인'을 토대로 하는 공적 정의관에 의존한다. 둘째, 질서정연한 사회는 정의 원칙과 그것을 실현하기 위한 사회의 기본 구조(제도들)가 공적으로 알려져 있다. 공지성은 일종의 교육적 기능을 함으로써 정의감을 내면화하게 만들어, 공적 정의 원칙에 의한 규제를 효율화한다. 정의감은 공적으로 승인된 정의 원칙을 이해하고 적용하게 하며, 사람들이 자신의 사회적 지위가 요구하는 대로 행동하게 만든다. 공적 정의관에 의해 효율적으로 규제되는 사회로서 질서정연한 사회 개념은 구체적인 정의 규칙을 상정하고 있지 않기 때문에 추상적이다. 롤스가 추구하는 것은 민주주의적 정치문화를 전제로 하는 질서정연한 사회다. 하나의 동일한 포괄적 교리를 수용하는 민주주의 사회를 상상하는 것은 불가능하다. 민주주의 사회는 나름대로 합당한 다양한 교리를 따르는 다양한 사람들로 구성돼 있다. 이러한 현실의 다원주의를 전제로 공적인 정의 원칙을 모색하는 것이 롤스의 과제다.

공정한 협동 체계로서의 사회의 이념이나 공적 정의관에 의해 효율적으로 규제되는 사회로서 질서정연한 사회관은 정의론의 초점이 사회의 기본 구조에 맞춰져야 함을 시사한다. 사회의 기본 구조는 사회의 중요한 정치제도와 사회제도가 하나의 체계로 결합하는 방식, 제도가 기본적인 권리와 의무를 배정하는 방식, 그리고 사회적 협동을 통해 발생한 이익의 분배를 규제하는 방식을 말한다. 따라서 기본 구조는 통치구조와 기본권을 규정하는 '헌법의 기본적인 요소'를 구성하는 데 결정적인 기준이 된다.

(3) 정치적 인간관

정의론은 사회적 협동을 통해 인간의 본질을 실현하는 좀 더 적합한 원리를 찾는 데 초점을 맞춘다. 따라서 인간의 본질에 대한 성찰은 정의론을 구성하는 데 핵심적인 전제가 된다. 롤스는 인간에게는 두 가지 '도덕적 능력'이 있다고 본다(공정: §7). 하나는 공적인 차원에서 '정의감'과 관련된 능력으로서 공정한 사회적 협동의 조건을 규정한 정치적 정의의 원칙을 이해하고, 적용하며, 그것에 따라 행동하는 능력을 말한다. 다른 하나는 사적인 차원에서 '선관'과 관련된 능력으로서 개인적으로 선관을 가지고, 수정하며, 합리적으로 추구하는 능력을 말한다. 선관은 나름대로 합당한 종교적·도덕적·철학적 교리 안에서 형성되며, 그것들에 의해 해석된다. 사람들은 이러한 두 가지 능력을 통해 일생 동안 서로에게 이익을 주는 사회적 협동에 참여할 뿐만 아니라 그들 자신을 위해 공정한 협동의 조건을 존중하는 능력을 갖게 된다는 것이다.

일반적으로 민주주의적 정치문화의 관점에 따르면, 인간은 '자유롭고 평등한 존재'로 인식된다. 이러한 관점은 형이상학적인 원리가 아니라 민주주의적 정치문화에서 도출된 것이다. 따라서 이러한 인간관은 정치적인 것이다(공정: 19). 그렇다면 두 가지 도덕적 능력을 가지고 있는 개인이 자유롭고 평등하다는 것은 무엇을 의미하는가? 먼저 자유의 의미는 세 가지 측면에서 설명된다. 첫째, 시민들은 다른 사람이 강제하는 특정한 선관에 예속되지 않고 스스로 자신의 선관을 형성할 수 있다는 점에서 자유롭다(자유: 30). 둘째, 시민들은 자기 주장의 타당성을 자신이 지지하는 교리에 입각해 논증할 수 있는 자격이 있다는 점에서 자유롭다(자유: 31). 셋째, 시민들은 자신의 선택의 결과에 대해 책임질 수 있는 능력이 있다는 점에서 자유롭다(자유: 33). 다음으로 평등의 의미는 시민들 모두가 나름대로 합당한 종교적·도덕적·철학적 교리에 따라 자신의 선관을 형성할 수 있는 도덕적 능력을 가지고 있다는 점에서 평등하다는 것이다.

(4) 자유주의적 정당성

민주주의적 정치문화에서 시민들의 정치적 관계는 다음과 같은 두 가지 특징을 갖는다(공정: 40). 첫째, 정치적 관계는 사회의 기본 구조를 전제로 하는 사람들 간의 관계다. 사람들은 태어남과 동시에 정치사회에 들어가고, 죽음과 동시에 그곳을 떠난다. 정치사회는 말 그대로 폐쇄돼 있으며, 사람들이 자발적으로 들어가거나 떠날 수 있는 곳이 아니다. 둘째, 정치 권력은 항상 국가에 의해 집행되는 강제 권력이다. 그러나 헌정주의 체제에서 정치 권력은 동시에 집합체로서 자유롭고 평등한 시민들의 권력이다. 따라서 정치 권력은 시민들이 자기 자신과 서로에 대해 부과하는 시민들의 권력이다.

정치적 관계의 특성을 요약하면, 시민들은 기본적인 사회구조로부터 자유로울 수 없으며, 그러한 구조를 규제하는 원칙을 스스로 결정해야 한다는 것이다. 여기에 또 하나의 '사실'을 부과하면 문제는 더욱 복잡해진다. 민주주의적 정치문화에서는 나름대로 합당한 종교적·도덕적·철학적 교리가 다양하게 존재한다는 '합당한 다원주의라는 사실'이다. 이러한 정치문화의 특성에서 '자유주의적 정당성의 원칙'에 관한 질문이 도출된다. "어떤 경우에 정치적 권력이 적절하게 행사된다고 볼 수 있는가? 우리의 권력 행사가 다른 시민들에게 정당화될 수 있고 그들을 합당하고 합리적인 존재로 존중하기 위한 것이라면, 자유롭고 평등한 시민으로서 우리가 어떠한 원칙과 이념에 따라야 그렇게 권력을 행사한다고 할 수 있는가? 이 물음에 대해 정치적 자유주의는 다음과 같이 대답한다. 정치 권력의 행사는 헌법에 의거할 때만이 가장 적절하다. 헌법의 기본 요소는 자유롭고 평등한 모든 시민의 공통적인 인간 이성이 수용할 수 있는 원칙과 이념에 비춰 합당하게 지지받으리라고 기대할 수 있는 것들이다. 이것이 자유주의적 정당성의 원칙이다. 여기에 더해서 입법부에서 제기되는 헌법의 기본적인 요소나 정의의 기본적인 문제 역시 가능한 한 위와 동일한 방식으로 지지받을 수 있는 원칙과 이념에 따라 해결돼야 한다. 모든 시민이 합당하게 지지할 것으로 기대되는 정치적 정의관만이 공적 이성과 정당화의 기반이 될 수 있다"(자유: 137).

2) 왈저: 정치적 급진주의

왈저는 자신을 좌파에 가까운 사람, 민주사회주의자, 급진적인 사람, 리버럴한 사람 등으로 지칭한다. 그의 입장을 정치적 급진주의로 규정하면 앞에서 열거한 특징을 모두 담아낼 수 있을 것이다. 급진주의는 두 가지 의미를 내포한다. 하나는 철저하다는 것이고, 다른 하나는 진보한다는 것이다. 그러니까 급진주의는 철저한 비판과 그것을 토대로 진보를 추구한다는 것을 의미한다. 여기에서는 정치적 급진주의의 토대로서 복합적 인간관과 영역적 다원주의를 살펴보고, 정치적 급진주의의 형태로서 경합적 민주주의에 대해 살펴본다.

(1) 복합적 인간관

왈저는 '자아'를 보는 관점이 롤스와 다르다. 롤스의 자아 개념은 자유주의자들이 전통적으로 가정하고 있는 '자아의 통일성'을 전제로 한다(정의1: 560-567). 이러한 자아관은 궁극적으로 '자아의 총체성'을 규범적으로 요구한다(Walzer, 1994: 36). 또한 개인은 '절대적으로 자유롭고, 얽매이지 않고, 자립적인 존재'로 가정하고 있다(Walzer, 1990: 8). 그러나 왈저는 자아를 주어진 것으로 전제하는 자유주의적 자아 관념과는 달리 공동체주의적인 입장에서 자아는 사회 속에서 형성되는 것으로 본다. 개인은 진공상태에서 존재하는 것이 아니라 자신을 둘러싸고 있는 공동체를 통해 형성되는 존재라는 것이다. 개인은 공동체가 공유하고 있는 의미들을 내면화하면서 탄생된다는 것이다. 왈저는 공동체와 무관한 '영웅적 개인'을 강조하는 자유주의적 입장에 대해서는 비판적이다.

왈저는 통일된 자아 개념과 대비되는 분화된 자아 개념을 제시한다(Walzer, 1994: 85). "자아는 개인이 참여하는 사회만큼 분화된다"(Walzer, 1994: 37). 그에 따르면, 자아의 분화는 세 가지 양태로 나타나는데, 하나는 역할에 따른 자아의 분화다. 한 개인은 사회적 관계 속에서 시민이면서 부모이며 동시에 회사원일 수 있다는 것이다. 다른 하나는 정체성에 따른 자아의 분화다. 이는 비자발적으로 소속된 집단의 특성과 관련된 것으로서 한 개인은 성적으로 여성이면서, 민족적으로는 히스패닉계이며, 인종적으로는 유색인종일 수 있다. 마지막으로는 이념, 원리, 가치에 따른 자아의 분화다.

한 개인은 정치적으로는 진보주의자이면서도 경제적으로는 보수주의자일 수 있다. 분화된 자아의 단편들은 서로 조화를 이룰 수도 있으며, 갈등을 유발할 수도 있다. 왈저는 이처럼 한 개인 안에 다양한 자아가 동시에 포함돼 있다고 본다. 따라서 왈저의 인간관은 복합적이라고 하겠다.

(2) 자유주의의 재발견: 영역적 다원주의

왈저는 역사적으로 자유주의가 보여 준 '분리의 기예'야말로 자유주의의 핵심이라고 주장한다(Walzer, 1984). 왈저에 따르면, 한마디로 자유주의는 '벽들의 세계'이며, 각각의 벽은 '새로운 자유'를 창조한다(분리: 315). 가령 수많은 중요한 제도와 관행을 정치 권력으로부터 보호하기 위해 통치의 범위를 제한하고자 한 것은 자유주의의 주목할 만한 업적이다. 자유주의적 분리의 기예의 핵심은 '상이한 유형의 제도, 관행, 관계를 분리'하고, 이를 통해 '제도적 순수성'을 확보하는 것이다. 그러니까 자유주의적 의미에서 개인의 자유는 개인이 모든 사회적 관계로부터 벗어난 '고독한 개인'일 때 가능한 것이 아니다. 오히려 "사람들은 자율적인 제도들 안에서 살아갈 때 자유롭다"(분리: 326)는 것이다. 따라서 왈저가 생각하는 자유주의의 핵심은 사회적 영역이 '자율성'을 갖게 하는 것이다. 왈저는 이처럼 자유주의에서 분리의 기예를 확대 해석함으로써 영역 다원주의의 근거를 마련한다.

(3) 경합적 민주주의

왈저는 정치를 갈등 과정에서 사람들이 적과 동지로 분리돼 토의를 포함한 다양한 정치적 행위를 통해 더 많은 사람으로부터의 지지를 얻기 위한 투쟁으로 본다. 이러한 의미에서 왈저의 정치관은 급진적이며 경합적 민주주의의 형태를 취한다. "좌파와 우파 간의 의견 차이나 자본가와 노동자 간의 불화와 같이 뿌리 깊은 갈등은 놀라울 정도로 지속적이다. 그리고 지역적인 형태의 종교적 또는 인종적 갈등도 참여자들에게 자연스럽게 보일 정도로 정치문화에 깊게 새겨져 있다. 그래서 정치는 이러한 의견 차이나 갈등으로의 영원한 회귀이며, 그것을 관리하고 제한하는 동시에 일시적인 승리라도 쟁취하기 위한 투쟁이다. 승리를 위한 민주적인 방식은 상대편보다 더 많은 사람을 교육하고 조직하고 동원하는 것이다. '더 많음'이 승리를 정당화한다. 그리고 실질적인 현안에 대해 좋은 주장을 펼칠 수 있다면 그 정당성은 강화되겠지만, 좋은 주장을 편다고 하더라도 승리를 얻게 되는 경우는 드물다. … 토의 이론가들은 … 합리적인 남성과 여성으로서 타인의 인정을 수반하며 … 타인을 인정하는 또 다른 방식 … 합리적일 뿐만 아니라 … 신념과 이해관계를 가진 집단의 구성원으로서 … 토의가 첫 번째 방식의 인정에 의존한다면, 협상과 타협은 두 번째 방식의 인정에 의존한다. 정치적 삶에서는 두 번째 방식의 인정이 종종 더 적절하고 도덕적으로도 그렇다. 우리가 존재하는 차이를 더 잘 이해하고 다른 편의 사람들을 더 잘 존중할수록, 우리에게 필요한 것은 합리적 일치가 아니라 잠정협정이라는 것을 더 많이 보게 될 것이다"(열정: 103-104). 합리적 토론을 전제로 하는 롤스나 하버마스의 토의민주주의가 합의를 안정적인 것으로 생각하는 것과 달리 비판적 논쟁을 토대로 하는 왈저의 경합적 민주주의는 합의를 잠정적인 것으로 본다.

❷ 방법론: 정치적 구성주의 대 해석과 사회 비판

롤스의 정치철학 방법론은 보편적 원리를 구성하기 위해 추상적인 방법을 사용한다. 그의 방법론은 정치적 구성주의다. 반면 왈저는 특수한 원리를 구성하기 위해 해석적 방법을 사용한다. 왈저의 방법론은 해석과 사회 비판이다.

1) 롤스: 정치적 구성주의

롤스는 민주주의적 정치문화의 맥락에서 제한된 보편적 원리를 구성하기 위해 추상적 방법을 사용한다. 따라서 여기에서는 추상화 방법, 구성주의, 중첩적 합의 그리고 선택의 기제로서 원초적 입장에 대해 살펴본다.

(1) 추상화 방법
민주주의적 정치문화에서는 다원주의를 당연한 현실로 받아들인다. 따라서 갈등은 불가피한 것으로 본다. 롤스는 다양한 영역에서 수없이 발생하는 갈등을 해결하는 방법은 민주주의적 정치문화의 이념에 비춰 좀 더 높은 차원에서 모두가 동의할 수 있는 원리를 구성하는 것이라고 본다. 다시 말해서, 추상화를 통해 구체적인 갈등을 해결할 수 있는 보편적인 원리를 구성하는 것이다. "정치철학에서 추상화 작업은 깊은 정치적 갈등에서 시작된다. … 추상화 작업은 불필요한 것이 아니다. 요컨대 그것은 추상 자체를 위한 추상이 아니다. 오히려 그것은 상대적으로 낮은 수준의 일반성에 대한 공유된 이해가 깨졌을 때, 공적 토론을 지속시키는 방법이다. 우리는 갈등이 깊어질수록 이 갈등의 뿌리에 관한 분명하고 정리된 견해를 얻기 위해 추상의 수준을 더욱 높일 수밖에 없다는 점을 알아야 한다. 민주주의 전통에는 관용의 본질과 평등의 기반을 다지기 위한 협동의 근거를 둘러싼 갈등이 존재하기 때문에 우리는 갈등이 깊어졌다고 가정할 수 있다. 그러므로 이러한 갈등을 익숙하고 기본적인 이념과 연결시키기 위해 우리는 공적 정치문화에 내재해 있는 근본 이념을 찾아보고, 적절한 숙고를 통해 어떻게 시민들 스스로가 자신들의 사회를 세대를 넘어서는 공정한 협력 체계로 고안해 내기를 원하는지를 밝혀내고자 한다. 이러한 맥락에서 그러한 근본 이념과 연결된 이념화된, 즉 추상적인 사회관과 인간관을 형성하는 것은 합당한 정치적 정의관을 찾는 데 본질적인 것이다"(자유: 44, 45-46).

(2) 구성주의

롤스는 정의 원칙이 다양한 선관을 가지고 있는 개인들에 의해 '발견'되는 것이 아니라 개인들에 의해 '구성'되는 것이라고 생각한다. 이러한 의미에서 그의 입장을 '정치적 구성주의'라고 할 수 있다. 정치적 구성주의의 기본적인 특징은 다음과 같다(자유: 93-94). 첫째, 정치적 구성주의는 정치적 정의 원칙을 구성 절차의 산물로 본다. 여기에서 절차는 합리적 행위자들이 시민의 대표로서 합당한 조건에 따라 사회의 기본 구조를 규제하는 원칙을 선택한다는 것을 의미한다. 둘째, 구성의 절차는 본질적으로 실천이성에 의존하지 이론이성에 의존하지 않는다. 이론이성은 진리를 찾는 데 초점을 맞춘다. 그러나 실천이성은 사람들이 공유하고 있는 대상에 대한 관념에 따라서 대상을 산출한다. 예컨대 헌정주의 체제에 대한 관념에 따라서 헌정주의 체제를 위한 원칙을 선택하는 것을 말한다. 셋째, 정치적 구성주의는 사회의 다원성을 활용한다. 이해관계와 입장 및 의견의 획일성은 구성 작용을 불가능하게 한다. 사회의 다양성은 현실적인 조건이며 구성 작용의 필수 조건이다. 넷째, 정치적 구성주의는 진리의 기반인 '합리적인 것'보다는 합의의 기반인 '합당한 것'의 개념을 구체화하고, 이 개념을 다양한 주제—관점과 원리, 판단과 근거, 인간과 제도—에 적용한다.

정치적 구성주의의 이념은 결국 사회구성원들의 '합의'가 가장 중요한 조건임을 의미한다. 그렇다면 합의는 어떠한 특성을 갖는 것이어야 하는가? 첫째, 합의의 대상은 사회의 기본 구조에 적용될 수 있는 정의 원칙이어야 한다. 둘째, 합의된 원칙은 특정한 포괄적 교리와 독립적인 관계에 있어야 한다. 셋째, 합의는 민주주의적 정치문화의 이념에 부합하는 것이어야 한다(만민법: 230). 이러한 조건을 충족시킨 합의는 잠정협정이 아니라 장기적인 지속성 혹은 안정성을 갖는 합의가 될 것이다.

그렇다면 합당한 정치적 합의를 통해 도달하게 된 정의 원칙은 어떠한 구조를 갖춰야 하는가? 첫째, 기본적 권리, 자유, 기회를 구체적으로 열거하는 목록을 제시해야 한다. 둘째, 이러한 기본적 권리, 자유, 기회에 우선성을 부여해야 한다. 셋째, 모든 시민이 그들의 자유를 효과적으로 발휘하는 데 필요한 범용 수단, 즉 기본적인 사회적 가치를 적절히 보장할 수 있는 방법을 제시해야 한다(만민법: 226).

(3) 중첩적 합의

정치적 구성주의에서 합의는 정의 원칙을 구성하는 결정적 행위다. 롤스는 나름대로 합당한 종교적·도덕적·철학적 교리의 다양성을 넘어서 좀 더 추상적인 수준에서 이뤄질 수 있는 합의 방식을 중첩적 합의로 규정한다. 중첩적 합의는 개인들이 사적으로 추구하는 종교적·도덕적·철학적 교리를 배제하고 순수하게 공적인 합의를 시도하는 것이다. 그렇게 해서 선택된 정의 원칙은 사적인 교리의 갈등을 조정하는 높은 수준의 추상적 기준이 될 수 있다.

정치적 자유주의가 응답해야 하는 합당한 다원주의와 정치 권력의 시민적 기원에서 제기된 권력의 정당성 문제는 엄밀한 계산을 통해 최선의 대안을 찾는 합리주의적 합의 모델에 의해 해결될 수 없다. 시민들 각자가 따르고 있는 종교적·도덕적·철학적 교리에서 합의를 구할 수 있는 공통 분모를 찾기 어려운 경우가 대부분이기 때문이다. 교리 간의 소위 통약불가능성 때문에 '합리적인 것'을 찾는 것은 불가능하다. 따라서 롤스는 이러한 통약불가능성을 전제로 합리적인 것이 아니라 '합당한 것'을 찾는 것이

타당하다고 생각한다. "합당한 것과 합리적인 것의 좀 더 근본적인 차이는 합당한 것이 공적인 반면, 합리적인 것은 그렇지 않다는 것이다. 여기에서 합당한 것의 의미는 우리가 평등한 존재로서 다른 사람들과의 공적인 세계에 들어가서 어떠한 경우라 할지라도 그들과의 공정한 협력의 조건을 기꺼이 제시하거나 받아들인다는 것을 말한다. 원칙으로서 제시된 이러한 조건은 우리가 상호간에 사회적 관계의 기초로서 공유하고 공적으로 인정하는 근거를 구체화한다. … 만약 공적 세계가 확립돼 있지 않다면, 합당한 것이 … 중지되고 합리적인 것에 크게 의존하게 될지도 모른다"(자유: 53-54).

'합당한 것'의 의미는 그것이 '공적'이라는 데 있다. 나름대로의 선관을 가지고 있다 하더라도 개인들은 혼자 살 수 없기 때문에 필연적으로 사회적 관계에 참여해야 한다. 따라서 개인들은 다른 사람들과의 사회적 관계 속에서 공정한 협력을 위한 조건을 구상하지 않을 수 없다. 그것은 유일한 해결책으로서의 '합리적인 것'일 수는 없으며, 사람들이 일반적으로 동의할 수 있는 '합당한 것'이다. 따라서 '공적인 사회적 세계를 위한 골격'으로서 정의 원칙은 하늘에서 '최선의 방책으로' 떨어지는 것이 아니라 나름대로의 선관을 가지고 있는 개인들에 의해 구성되는 것이다.

중첩적 합의를 통해 구성된 정의 원칙은 두 가지 측면에서 중요한 의미를 갖는다. 하나는 그것이 기본적인 사회구조를 위한 실질적인 정의 원칙으로서 헌법의 기본 요소를 구성하게 된다는 것이다. 다른 하나는 합의된 것, 즉 헌법의 기본 요소가 '공적 이성'이 된다는 것이다. 시민들은 헌법의 기본 요소를 정치적인 문제를 해결하기 위한 기준으로 삼고, 법이나 정책을 구성하는 준거로 삼는다는 것이다(자유: 224).

(4) 선택의 기제: 대표 장치로서 원초적 입장

롤스는 대표 장치로서 원초적 입장을 선택 기제로 제시한다. 그것은 합당한 합의에 도달하기 위한 조건을 충족시키는 방식으로 구상된 것이다(공정: 17). 첫째, 원초적 입장은 자유롭고 평등한 시민 대표들의 의사결정 장치로 구상된 것이다. 대표들은 자신이 대변하는 시민들과 대칭적으로 자유롭고 평등한 입장에서 의사결정 과정에 참여한다. 이처럼 원초적 입장은 기본적으로 공정한 협동의 조건에 합의하는 데 필요한 '공정한 조건'이라고 할 수 있다. 둘째, 원초적 입장에서는 대표들이 특정한 정치적 정의관을 개진하거나 반대할 때, 특정한 포괄적 교리가 논거로 제시되는 것을 허용해서는 안 된다. 이러한 의미에서 원초적 입장은 일종의 '논거 제시의 제약 조건'으로 구상된 것이다. 의사결정을 위한 공정한 조건이자 논거 제시의 제약 조건으로서 원초적 입장은 대표들이 오직 자유롭고 평등한 존재로서의 시민들을 대표할 뿐, 시민들의 사회적 지위나 그들이 따르는 포괄적 교리에 대해 무지해야 함을 의미한다. 이러한 조건하에서 구성된 정의 원칙만이 공정하다는 것이다. 따라서 롤스는 자신의 정의 원칙을 '공정으로서 정의'라고 부른다.

원초적 입장은 알아야 할 정보와 알아서는 안 되는 정보의 통제를 핵심으로 한다. 따라서 원초적 입장은 두 가지 조건이 충족돼야 한다. 하나는 공지성(公知性, publicity)의 조건이다. 이는 원초적 입장에 참여하는 대표들이 의사결정 과정에서 활용해야 할 일반적인 정보를 동일하게 가지고 있어야 한다는 것이다. 가령 일반적으로 수용되고 있는 사회이론에 대한 정보나 사회의 일반적인 여건에 대한 정보를 동일하게 가지고 있어야 한다는 것이다. 다음으로 원초적 입장은 특정한 정보를 차단하기 위해 '무지의 장막(veil of ignorance)'을 쳐야 한다. 이는 의사결정의 왜곡을 막기 위한 것으로, 대표들이 대변하는 시민들의 사회적 지위나 그들이 따르는 포괄적 교리에 대한 정보, 그리고 대표들 자신이 가지고 있는 자연적(재능, 지능, 신체적 건강 등), 사회적(가정환경, 교육, 계층, 집단 등), 동기적(목적, 의도 등), 감정적(호-불호, 고통과 쾌락 등) 특성을 차단하는 것을 말한다. 무지의 장막을 치는 이유는 이러한 요인이 영향을 미치게 되면, 공정성을 확보할 수 없기 때문이다.

원초적 입장에서 시민 대표들은 비공적인 요인에 의해 영향을 받지 않고, 순수하게 공적인 숙의를 통해 공적인 정의관을 모색하게 된다. 롤스에게 '공적인 것'은 곧 '정치적인 것'을 의미한다. 그는 정치적인 것을 결사체적인 것이나 가정적인 것 등과는 구별되는 독특한 것으로 이해한다(공정: 182; Frazer & Lacey, 1995). 결사체나 가정의 영역에서는 특정한 포괄적 교리나 선관을 추구하는 데 비해, 정치적인 영역에서는 무지의 장막 속에서 모두가 동의할 수 있는 정의 원칙을 추구한다는 것이다.[2] 정치적 영역에서는 정의 원칙의 논거를 탐구하고 숙의하는 방식이 공적인 성격을 띨 수밖에 없다.

---

2) 롤스는 공적인 것과 비공적인 것의 분리를 전제하는 자유주의적 전통을 따른다. 따라서 그는 공적 이성을 발휘하는 공적인 심의 과정에서 나름대로의 합당성을 갖는 포괄적 교리들을 비공적인 것으로 규정하고 '회피하는 방법(method of avoidance)'을 제안한다(Rawls, 1985).

그러므로 원초적 입장에서는 나름대로 합당한 다양한 정의 원칙을 제안할 수 있다. 원초적 입장은 시민 대표들이 민주주의적 정치문화의 이념을 기준으로 합당한 원칙의 비교를 통해 숙의하고 선택하는 정치적 토론의 공간이다.

2) 왈저: 해석과 사회 비판

왈저는 보편주의적 추상성이 구체적인 현실적 문제에 대응하는 데 한계가 있다고 본다. 따라서 그는 새로운 원리를 구성하는 것보다는 현실의 문제에 대한 해석과 비판을 통해 구체적이고 현실적인 대안을 모색해야 한다고 본다. 여기에서는 현실주의적 접근 방법, 해석의 방법, 사회 비판에 대해 살펴본다.

(1) 현실주의적 접근 방법

롤스는 현실과 충분한 거리를 두고 현실을 관조하는 전통적인 철학 방법을 답습한다. 왈저에 따르면, 이러한 전통적 철학 방법은 현실성을 결여하고 있다는 것이다. 그래서 왈저는 전통적 철학 방법과는 근본적으로 다른 길, 즉 현실 속에서 철학하는 방법을 제안한다. "나의 논변은 근본적으로 특수주의적이다. 나는 내가 살고 있는 사회 세계로부터 상당한 거리를 확보했다는 주장을 하지 않는다. 철학을 하는 한 가지 방법은 동굴에서 걸어 나와 도시를 떠나 산으로 올라가서 스스로의 힘으로 객관적이며 보편적인 관점을 형성하는 것이다. 그런 다음 먼 곳에서 일상적인 삶의 지형을 기술한다. 그래서 그것은 지형의 특수성을 상실하고 일반적인 모습만을 취하게 된다. 그러나 나는 동굴 안에, 도시에, 그리고 대지 위에 머물고자 한다. 철학을 하는 또 하나의 방법은 우리가 공유하고 있는 의미의 세계를 자신의 동료 시민들에게 해석해 주는 것이다. 정의와 평등은 철학적 인공물로서 인식 가능하게 고안될 수 있지만, 정의로운 사회 혹은 평등한 사회는 그렇게 고안될 수 없다. 만일 그러한 사회가 이미 여기에 존재하지 않는다면, 우리는 그것에 대해 결코 구체적으로 알지 못하거나 실제로 그것을 실현하지 못할 것이다"(영역: xiv).

왈저는 '동굴 안에서, 도시에서, 대지 위에서' 철학을 하고자 한다. 이러한 입장은 특히 철학과 정치(민주주의)를 비교하는 설명에서 좀 더 확실하게 나타난다. 철학과 정치 간의 긴장은 아주 간단하게 설명할 수 있다. "진리는 하나이지만, 사람들은 많은 의견을 가지고 있다. 진리는 영원하지만, 사람들의 마음은 계속해서 변한다"(Walzer, 1981: 383). 의견을 달리하는 사람들과 수시로 의견을 바꾸는 사람들로 구성된 현실의 세계에서 정치적 정당성은 이성이 아니라 의지에 의존한다(Walzer, 1981: 385). 진리의 타당화는 '홀로 거주하거나 자신의 사유의 산물로 가득 찬 세계에서 홀로 사유하는 철학자의 일'이지만, 권한의 정당화는 '스스로를 통치하는 시민들의 일'이다(Walzer, 1981: 379). 따라서 현실에 뿌리를 박아야 하는 정치철학은 '공유된 사회적 의미의 해석'을 그 임무로 삼아야 한다. 해석은 정치공동체가 공유하고 있는 가치에 대한 관념과 그러한 가치가 본래의 취지대로 분배되고 있는지 여부를 드러내는 것이기 때문에 '내재적 비판'의 성격을 띤다(Walzer, 1987; 1988b). 이러한 의미에서 해석의 다양성과 논쟁은 피할 수 없는 현실적 특성이다. 해석 논쟁은 그 자체가 정치적이다. 왜냐하면 슈미트의 말대로 해석 논쟁은 적과 동지의 구분을 전제로 하기 때문이다.

(2) 해석의 방법

왈저는 도덕철학의 대표적인 방법으로 발견, 창안(구성), 해석을 든다. 첫째, 발견의 방법은 도덕철학자가 세상에 숨겨진 진리를 발견하는 것이다. 철학자는 초연하고 내면적인 반성 속에서 깨달음을 통해 그 진리를 발견한다. "탐구는 표준적인 철학적 작업의 형식에 따라 내면적이고 정신적이며, 현실로부터의 초연함과 반성으로 이뤄진다. 도덕적 세계는 철학자가 자신의 사회적 상황에서 벗어나 자신의 정신으로 물러설 때 시야에 들어온다. 철학자는 스스로 자신의 편협한 이해관계와 집착으로부터 벗어난다. 그는 자신만의 관점을 버리고, … '무특정 관점'에서 세계를 본다. … '무특정 관점'은 신의 관점으로 가는 도상의 어느 지점이며, 철학자가 그곳에서 보는 것은 객관적 가치와 같은 어떤 것이다"(해석: 5-6).

발견의 방법은 두 가지 측면에서 한계가 있다. 하나는 발견자로서 철학자는 세계 구속적인 존재라는 것이다. 발견자는 '어떤' 관점에서 세상을 보지 않을 수 없다. 발견자는 자신이 살고 있는 세계에서 진리를 발견할 수밖에 없다. 따라서 그의 발견은 새천년을 알리는 깨달음을 주는 것이 아니라 '황혼녘의 올빼미'와 같은 지혜를 줄 수 있을 뿐이다(해석: 8). 다른 하나는 발견된 진리를 전체주의적이고 배타적인 담론으로 삼을 위험이 있다는 것이다. 사실 발견자는 자신이 찾고 있는 것이 무엇인지 모른다. 다만 세계가 숨겨진 진리를 계시할 뿐이다. 그러므로 발견은 우연적이고 갑작스런 사건이다. 세계는 숨겨진 진리로 가득 차 있다. 발견자는 자신에게 계시처럼 나타난 진리를 대변하는 자에 불과하다. 따라서 발견자는 이 진리를 절대적이고 보편적인 것으로 생각하고, 이 진리에 대한 어떠한 반성도 허용하지 않을 수 있다. 그러므로 발견의 방법에는 전체주의적인 형태의 담론이 전개될 위험이 존재한다.

둘째, 창안 또는 구성의 방법은 도덕철학자가 창조자로서 또는 입법가로서 새로운 도덕의 세계를 창조하는 것이다. "창안은 신의 창조를 모방하는 것으로서 무특정 관점에서 완전히 새로운 도덕적 세계를 구성하는 것이다. 창안의 목적은 우리가 창안하고자 하는 도덕에 의해 주어진다. 그 목적은 정의나 정치적 덕목이나 선 또는 그 밖의 기본적인 가치가 실현되는 공동생활이다. 우리는 신이나 자연이 우리에게 안내하는 청사진이 없는 상황에서 도덕적 세계를 설계해야 한다. 그렇다면 우리는 어떻게 진행해야 하는가? 우리에게는 도덕철학을 위한 방법에 관한 담론이 필요하다. 그래서 창안의 길을 걸었던 대부분의 철학자는 방법론을 가지고 시작했다. 방법론은 설계 절차의 설계를 말한다. 설계 절차상의 가장 중요한 요건은 그것이 결과적으로 합의를 가져와야 한다는 것이다. 따라서 … 입법가가 자기 주위에서 제시되고 있는 의견과 이해관계를 아우르는 대표적 인물이 아니면 매우 위험하다. … 그 입법가는 어떤 식으로든 우리 모두를 위해 대변할 수 있도록 권한을 부여받아야 한다"(해석: 10). 왈저는 롤스의 원초적 입장을 창안의 대표적인 사례로 제시한다. 창안의 방법은 일반적으로 '거대이론'을 만드는 것으로 종결된다.

창안의 방법은 두 가지 측면에서 한계가 있다. 하나는 창안자는 존재 구속적인 존재라는 것이다. 아무런 전제가 없는 창안은 불가능하다. 철학자는 자신이 처한 곳에서부터 시작할 수밖에 없다. 우리가 있는 곳은 무특정 지점이 아니라 가치가 존재하는 어떤 지점일 수밖에 없다. 예컨대 창안을 인도하는 대표적인 기제로서 직관은 무의 상태에서 이뤄지는 것이 아니라 직관이 이뤄지기 이전의 지식 위에서 이뤄지는 것이다. 다른 하나는 창안자는 창안된 이론이 다른 이론과 경쟁하는 하나의 이론에 불과하다는 사실을 망각할 가능성이 있다는 것이다. 다시 말해서, 특수한 이론이 어떻게 특수한 방법에 의해 도출되는지를 보지 못하게 된다. 그러다 보면 창안된 이론이 보편적인 이론으로 보이고, 다른 담론을 배제하는 규범적 담론이 돼 버린다. 따라서 창안의 방법에는 발견의 방법과 마찬가지로 전체주의적인 형태의 담론이 전개될 위험이 있다.

발견과 창안은 모두 실패할 수밖에 없다. "그러한 방법이 실패하는 이유는 새로운 발견과 창안이 이뤄질 가능성이 무한하고 열렬한 발견자들과 창안자들이 끊임없이 나타날 것이기 때문이다. 또한 집단 안에서 특정한 발견이나 창안이 받아들여진다 하더라도 받아들여진 것의 의미에 대한 논쟁이 즉시 발생하기 때문이다. 준칙은 간명하다. 모든 발견과 창안에는 해석이 필요하다"(해석: 26).

왈저는 발견과 창안의 대안으로 해석의 방법을 제시한다. 해석의 방법에 따르면, 도덕적 진리는 보편적이거나 영원한 것이 아니다. 그것은 해석의 대상이다. 해석의 방법은 도덕철학자가 도덕적 진리를 해석하는 것이다. 해석의 내용은 도덕적 진리를 옹호하거나 반박하는 것이다. 도덕은 공동체 구성원 모두와 관련된 문제다. 그러다 보니 공동체 구성원은 모두가 도덕철학자, 즉 해석자라고 할 수 있다. 해석의 방법은 가장 강력하고 설득력 있는 해석을 좋은 해석으로 본다. "현실에서 도덕적 사실은 독해되고, 번역되고, 해석되고, 주석되고, 설명되는 것이지 단지 기술되는 것만은 아니다. 우리 모두는 이 모든 일에 연루돼 있으며, 우리가 공유하는 도덕의 해석자들이다. … 가장 좋은 독해는 다른 독해와 종류가 아니라 질 면에서 다르다. 가장 좋은 독해는 시를 좀 더 강력하고 설득력 있게 조명하는 것이다. 아마도 가장 좋은 독해는 새로운 독해, 즉 이전에 잘못 이해된 상징이나 표현을 잡아내는 것이며 시 전체를 다시 설명하는 것이다. 도덕적 해석도 마찬가지다. 도덕적 해석은 이미 수용된 견해를 때로는 확증하고 때로는 그것에 도전한다"(해석: 29-30).

해석의 방법은 보편적이고 영원한 진리는 없다고 보기 때문에 해석 논쟁은 지속적으로 이뤄질 수밖에 없다. "도덕은 우리가 논쟁해야 하는 대상이다. 그 논쟁은 공유하는 것을 내포하지만, 공유하는 것이 동의를 의미하는 것은 아니다. 거기에는 어떤 전통, 즉 도덕적 지식의 체계가 존재한다. 거기에는 견해를 주장하는 학자들이 존재한다. 그 밖에 다른 것은 존재하지 않는다. 어떠한 발견이나 창안도 그 논쟁을 끝낼 수 없다. 어떠한 '증명'도 다수의 학자보다 우선권을 갖지 못한다. … 우리는 논쟁을 계속해야 한다. … 문제는 여전히 실제 세계에 대해 유용한 어떤 것, 즉 비판적인 어떤 것을 말할 수 있는가 하는 것이다"(해석: 32).

(3) 사회 비판

왈저는 해석의 방법을 통해 기존의 도덕에 내재된 부당성을 드러내는 데 초점을 맞춘다. 도덕에 내재된 부당성의 폭로는 비판을 의미한다. 도덕은 개인을 넘어 사회와 관련된 것이기 때문에 도덕 비판은 사회 비판일 수밖에 없다. 사회 비판은 구성원들 사이에 공적으로 이뤄지는 집단적 성찰이다. "사회 비판은 사회활동이다. '사회'는 '자아 비판'에서 '자아'와 같이 주체와 대상을 동시에 명명하는 대명사적·재귀적 기능을 한다. 물론 사회 자체가 사회를 비판하는 것이 아니다. 사회비판가들은 개인들이지만 대화에 참여해서 다른 구성원들에게 공적으로 대화하는 구성원들이며, 이들의 발언은 집단적 삶의 여건에 대한 집단적 성찰로 구성된다"(해석: 35).

그렇다면 사회비판가는 어떤 지점에 서 있어야 하는가? 사회의 밖인가 안인가? 왈저에 따르면, 일반적으로 생각하는 비판가 모델은 '초연한 비판가'라는 것이다. 비판가의 초연함은 두 가지 측면에서 볼 수 있다. 하나는 감정적 초연함이다. 비판가는 사심이 없고 냉정해야 한다는 것이다. 다른 하나는 지적 초연함이다. 비판가는 사회의 편협한 사고방식에서 벗어나야 한다는 것으로 개방적이고 객관적인 사고를 강조한다. 그러나 왈저는 초연함을 사회 비판의 선결 조건으로 보지 않는다. 초연함은 거의 불가능한 것이기 때문이다. 왈저에 따르면, 이런 유형의 비판가들은 실제로 사회로부터 벗어나 있는 존재가 아니라 주변적인 존재, 다시 말해서 사회와 모호하게 연계된 존재라는 것이다.

이러한 한계 때문에 왈저는 '초연한 비판가'와 대비되는 '연계된 비판가' 모델을 제안한다. "그들은 비판적인 이야기에서 자신들의 자리를 잡지만 자신들과 꽤 다르지만 좀 더 익숙한 누군가와 함께 그리고 누군가의 그늘 속에서 자신들의 자리를 잡는다. 그는 동료들과의 논쟁을 통해 권위를 얻거나 얻지 못하는 사회비판가다. 그는 분노에 휩싸여 끈질기게, 때로는 개인적인 위험을 감수하면서 반대하고 저항하고 부당함을 지적한다. 이러한 비판가는 우리들 가운데 한 사람이다. … 그는 지역적인 혹은 지역화된 원칙에 호소한다. … 그는 지적으로 초연하지 않다. 또한 그는 감정적으로도 초연하지 않다. … 사회 비판은 내부적인 주장이다"(해석: 39). 연계된 비판가의 모델에 따르면, "사회 비판의 형태를 결정하는 것은 초연함이라기보다는 오히려 대립이다. 비판가는 실제적 혹은 잠재적 갈등 속에서 어느 편에 설 것인가를 결정한다. 그는 지배적인 정치 세력에 맞서는 편에 선다"(해석: 55).

3 정의론: 공정으로서 정의 대 다원주의적 정의

롤스의 공정으로서 정의와 왈저의 다원주의적 정의는 평등을 추구하는 정의론이라는 점에서 공통적이지만, 평등의 개념이 다르다. 왈저는 롤스의 평등을 단순 평등으로, 자신의 평등을 복합 평등으로 규정한다. 롤스의 평등 관념은 모든 가치에 대해 평등한 분배를 적용한다는 점에서 단순 평등 관념으로 봐야 한다는 것이다. 반면 자신의 평등 관념은 개별 가치의 분배는 가치의 성격에 따라 독자적인 원리를 적용하고, 개별 가치의 분배가 이뤄지는 영역을 동등하게 본다는 점에서 복합 평등으로 규정한다. 여기에서는 롤스와 왈저의 가치론(사회적 기본 가치 대 사회적 가치)과 정의 원칙(공정으로서 정의 대 다원주의적 정의)에 대해 살펴본다.

1) 롤스: 공정으로서 정의와 단순 평등

(1) 사회적 기본 가치

정의론은 가치를 배분하는 합당한 원리를 찾는 것을 목적으로 한다. 롤스 역시 가치의 공정한 배분을 위한 정의 원칙을 구상한다. 사람들이 사회적 삶을 영위하기 위해 필요로 하는 가치는 다양하고 많다. 롤스는 모든 가치보다는 그 가운데 가장 기본적인 몇 가지 가치의 배분에 초점을 맞춘다. 다시 말해서, 롤스는 '사회적 기본 가치'의 배분에 초점을 맞춘다. 사회적 기본 가치는 "시민들이 자신의 두 가지 도덕적 능력[정의감과 선관[3]―필자]을 충분하게 계발하고 발휘하며, 자신의 고유한 선관을 추구하는 데 일반적으로 필요한 다양한 사회적 조건과 범용 수단을 의미한다"(정의2: 92, 공정: 57).

---

3) 정의감: 공적으로 공유하는 정의 또는 공정성에 대한 감각
    선관(善觀): 개인적으로 무엇이 좋고, 올바르고, 가치가 있고, 필요하고, 유익한 것인지에 대한 관점

롤스가 제시한 사회적 기본 가치들의 목록은 다음과 같다(자유: 181, 공정: 58). 첫째는 기본적인 권리와 자유—예를 들어 사상의 자유나 양심의 자유—로서 이것들은 사람들의 도덕적 능력을 충분하게 계발하고 지혜롭게 발휘하는 데 필요한 본질적인 제도적 조건이다. 둘째는 이동의 자유와 다양한 기회—그 기회는 다양한 목적의 추구를 가능하게 하며, 목적의 수정이나 변경에 영향을 미친다—을 배경으로 하는 직업 선택의 자유다. 셋째는 사회의 기본 구조를 반영하는 정치제도 및 경제제도에서 책임 있는 직무 및 직위의 권력과 특권이다. 넷째는 소득과 부(富)로서 일반적으로 다양한 범주의 목표를 성취하는 데 필요한 범용 수단을 말한다. 다섯째는 자존감의 사회적 기반으로서 시민들이 인간으로서 자신의 가치를 느끼고, 자기 확신을 가지고 자신의 목적을 추구하는 데 필요한 기본적인 제도를 말한다.

자유(기본적 자유와 직업 선택의 자유), 권력이나 특권이 수반되는 직무 및 직위, 소득과 부(富) 등은 제시된 목록 자체가 가치인 반면, 자존감의 사회적 기반은 자존감을 갖게 하는 사회제도를 가치로 본다는 점에서 특이하다. 정의가 사회제도의 제1덕목이라는 점에서 볼 때, 결국 정의 원칙과 그것을 실현하기 위한 법과 제도는 사람들로 하여금 자존감을 갖게 하는 것이어야 한다는 것을 의미한다. 예컨대 복지 체제가 관료주의적인 방식으로 작동하면 수혜자들의 자존감을 오히려 떨어뜨릴 수 있다는 비판은 롤스의 사회적 가치로서 자존감의 기반이 갖는 의미를 잘 보여 준다.

(2) 공정으로서 정의: 단순 평등

정치적 구성주의의 논리에 따르면, 원초적 입장에서 개진되는 정의 원칙은 기본적인 권리, 자유, 기회의 목록, 그것들 간의 우선성, 그리고 자유를 발휘하는 데 필요한 범용 수단의 보장 방법으로 구성된다. 따라서 롤스는 원초적 입장에서 대표들이 두 개의 정의 원칙에 합의할 것이라고 생각한다. 민주주의적 정치문화의 이념에 따라 시민들이 자유롭고 평등한 존재로서 자신의 도덕적 능력을 충분히 계발하고 발휘하려면, 무엇보다도 시민들에게 기본적 자유를 동등하게 부여해야 한다는 데 일치를 볼 것이다. 대표들은 '기본적 자유의 평등한 분배 원칙'을 최우선적으로 선택하게 된다는 것이다.

다음으로 대표들은 사회적·경제적 불평등을 가져오는 요인에 대한 이성적 숙고를 통해 두 가지 원칙에 대한 합의에 이를 것으로 본다. 하나는 만약 어떤 직무나 직위가 권력의 불평등한 분배에 직결되는 것이라면, 누구라도 그것에 접근할 수 있는 기회가 동등하게 주어져야 한다는 데 동의할 것이다. 자유롭고 평등한 존재로서 시민들에게 권력의 불평등한 분배와 관련된 직무와 직위에 대한 접근 기회를 차별적으로 부여하는 것은 시민들의 공통적인 이성에 부합하지 않을 것이기 때문이다. 따라서 대표들은 '공정한 기회 균등의 원칙'을 선택하게 된다는 것이다.

다른 하나의 원칙은 민주주의적 정치문화의 전제인 공정한 협동 체계로서 사회의 이념을 실현하기 위해서는 정의 원칙에 '호혜성의 이념'을 실현할 수 있는 원리가 내포돼야 한다는 숙고에서 도출된다. 사회적 협동 과정에서 사회의 어떤 구성원들에게는 일방적으로 혜택이 주어지고, 또 다른 구성원들에게는 일방적으로 부담만 주어진다면, 자유롭고 평등한 존재로서 시민들이 도덕적 능력을 실현하는 데 어려움을 주기 때문이다. 따라서 대표들은 시민들 모두에게 이익이 되는 경우에 대해서만 경제적 불평등을 허용하는 정의 원리를 모색하게 될 것이다.

그렇다면 이 원칙은 어떻게 모색할 수 있는가? 우선 불평등의 기원에 대한 이성적 숙고를 통해 논의의 방향성을 찾을 수 있다. 민주주의적 정치문화에서, 소유는 자신의 기여에 대한 보상이라는 관념이 지배적이다. 대표들은 '자신의 기여'라고 할 수 있는 것이 과연 존재하는가 하는데 의문을 제기할 것이다. 그들은 개인이 속한 사회계급, 타고난 재능, 그리고 행운이나 불운 등과 같은 여건이 개인의 노력이나 기여에 의한 보상이라 할 수는 없다고 생각할 것이다. 이러한 여건의 차이로 어떤 시민들은 부를 향유하고, 또 다른 시민들은 불우한 상황에 처하게 됐다면, 그리고 사회의 기본 구조가 그러한 결과를 당연한 것으로 보장해 준다면, 그것은 민주주의적 정치문화의 이념에 부합하지 않는다. 우연적 요인 때문에 부유하거나 가난하게 된 것은 개인의 문제가 아니라 사회구조의 문제다. 따라서 대표들은 이러한 우연적 요인에 의해 왜곡된 부의 분배를 구조적으로 교정할 수 있는 정의 원칙을 모색하게 될 것이다. 대표들은 사회에서 가장 불우한 처지에 있는 사람들에게 최대의 혜택을 부여하는 '차등 원칙'을 정의 원칙으로 제안할 것이다. 정리하면, 원초적 입장의 대표들은 다음과 같은 정의 원칙에 합의하리라 본다(공정: 42).

[제1원칙] 각 개인은 평등한 기본적 자유들의 온전한 체계에 대해 양보할 수 없는 동등한 권리를 갖는다. 그 체계는 모든 사람을 위한 자유의 동일한 체계와 양립 가능해야 한다(기본적 자유의 평등한 분배 원칙).

[제2원칙] 사회적·경제적 불평등은 두 가지 조건을 충족시켜야 한다. 첫째, 불평등이 공정한 기회 균등의 조건하에서 모든 사람에게 개방돼 있는 직무와 직위에 관계돼 있을 것(공정한 기회 균등의 원칙). 둘째, 불평등이 사회에서 가장 불우한 처지에 있는 사람들의 최대의 혜택과 연계돼 있을 것(차등 원칙).

롤스는 정의 원칙이 '축차적 관계'에 있음을 강조한다. 정의 원칙 간의 축차적 관계는 제1원칙이 제2원칙에 우선하고, 제2원칙 안에서도 공정한 기회 균등의 원칙이 차등 원칙에 우선한다는 것이다. 기회 균등의 원칙은 자유의 동등한 분배 원칙을 위해 적용되고, 차등 원칙은 기회 균등의 원칙과 자유의 동등한 분배 원칙을 위해 적용돼야 한다는 것이다. 원칙 간의 우선성은 자유롭고 평등한 존재로서 시민이 도덕적 능력을 계발하고 발휘하는 데 중요성을 기준으로 삼는다. 기본적 자유의 동등성은 자유롭고 평등한 존재로서 시민들이 정의감에 따라 행동하고, 개인적인 선관을 형성, 수정, 추구하는 데 절대적인 조건이기 때문에 그 어느 것과도 양보할 수 없는 원칙으로 상정된다. 자유는 오직 자유에 의해서만 제한될 뿐이다. 그리고 공정한 기회 균등의 원칙은 시민들이 도덕적 능력을 계발하고 발휘할 수 있는 사회적 조건을 부여한다. 일반적으로 평등한 자유의 원칙과 공정한 기회 균등의 원칙은 '절차적 정의'를 이루는 데 핵심적인 조건으로 인식된다(공정: 50). 문제는 이러한 절차적 정의 원리에 따라 분배가 이뤄졌음에도 불구하고, 불평등이 발생하고 그것이 시민의 도덕적 능력에 치명적인 영향을 미칠 수 있다는 데 있다. 따라서 차등 원칙은 절차적 정의의 한계를 뛰어넘어 실질적 정의를 이루는 조건이 된다고 할 수 있다. 이러한 숙고를 거쳐 정의의 원칙은 축차적으로 배열된다는 것이다.

롤스의 정의 원칙에서 특히 관심을 끄는 것은 '차등 원칙'이다. 차등 원칙은 '정당한 불평등'을 용인하는 것이다. "만일 평등한 자유와 기회 균등이 요구하는 제도의 체계를 가정할 경우 처지가 나은 자들의 더 높은 기대치가 정당한 것으로 인정될 수 있는 유일한 조건은 사회에서 가장 불우한 처지에 있는 사람들의 기대치를 향상시키는 체제의 일부로서 작용하는 경우다"(정의2: 75). 이는 불우한 처지에 있는 사람들의 처지를 개선하는 것을 전제로 하는 부의 증대만이 정당화될 수 있다는 것을 의미한다. 이 논리를 극단으로 밀고 나가면, 차등 원칙은 사회에서 가장 불우한 처지에 있는 사람들에게 최대의 혜택을 부여하는 것이다. 이를 통해 사회제도에 의해 만들어지고 조장되는 불평등을 개선할 수 있다는 것이다. 평등을 지향하는 차등 원칙에는 세 가지 원리가 내포돼 있다.

첫째, 차등 원칙에는 기본적으로 보상의 원리가 작동한다. 그것은 부당한 불평등에 대해서는 보상이 주어져야 한다는 원리로서 출생이나 천부적 재능의 불평등은 부당하며, 이는 어떻게든 보상돼야 한다는 것이다. "차등 원칙은 결국 천부적 재능의 분배를 공동의 자산으로 생각하고 그 결과에 상관없이 이러한 분배가 주는 이익을 함께 나눠 갖는 데 합의한다는 것을 의미한다. 천부적으로 좀 더 유리한 처지에 있는 사람들은, 그들이 누구든지 간에, 아주 불리한 처지에 있는 사람들의 여건을 향상시키는 조건하에서만 그들의 행운에 의해 이익을 볼 수 있다"(정의2: 101). 개인이 천부적인 재능이나 우연한 출생의 혜택을 독점적으로 향유할 권리가 없기 때문에 그것은 공동의 자산이라는 것이다. 따라서 그것은 우연히 불우한 처지에 놓인 사람들을 위해 사용돼야 한다는 것이다.

둘째, 차등 원칙에는 호혜성의 원리가 작동한다(정의2: 102). 차등 원칙은 더 나은 처지에 놓인 사람들이 좀 더 불우한 처지에 있는 사람들을 위해 희생해야 한다는 것을 의미하는 것이 아니다. 그것은 더 나은 처지에 있는 사람에게도 이익이 허용돼야 함을 강조한다. 따라서 차등 원칙은 상호 이익의 원리를 내포하는 것으로 본다.

셋째, 차등 원칙은 박애 원리에 대한 하나의 해석을 제공한다. "차등 원칙은 박애의 자연스러운 의미, 다시 말해서 좀 더 못한 처지에 있는 타인들에게 이익이 되지 않는 한 좀 더 큰 이익을 가질 것을 원하지 않는다는 관념에 부합하는 것으로 생각된다"(정의2: 105).

롤스의 정의 원칙은 두 측면에서 평등을 지향하는 것으로 볼 수 있다. 자유와 기회의 평등은 절차적 평등에, 차등 원칙은 결과적 평등에 초점을 맞춘 것이다. 이러한 의미에서 롤스는 모든 사회적 기본 가치를 평등 원칙에 따라서 분배하는 단순 평등 체제라고 할 수 있다.

2) 왈저: 다원주의적 정의와 복합 평등

(1) 사회적 가치

분배적 정의론의 초점은 분배돼야 할 가치와 그 가치가 분배되는 기준이다. 왈저에 따르면, 가치는 공동체가 중요하다고 의미를 부여한 대상을 말한다. 이처럼 가치는 공동체 의존적이기 때문에 그것의 정확한 명칭은 '사회적 가치'라는 것이다. 따라서 왈저는 분배의 다원성을 내포하는 정의론을 구성하기 위한 기본 전제를 다음과 같이 서술한다. "사람들은 가치를 구상하고 창출하며, 서로서로 분배한다"(영역: 6). 이처럼 분배돼야 할 가치는 특수한 사회문화적 배경을 공유하는 사람들에 의해 창출되며, 분배의 기준은 가치의 특성에 따라 다르다는 것이다.

왈저는 가치론을 다원주의적 정의론의 출발점으로 삼는다. 그는 분배와 관련된 가치의 특성을 다음과 같이 정리하고 있다(영역: 7-10).

첫째, 분배적 정의와 관련된 모든 가치는 '사회적 가치'다. 사람들은 사회적 과정을 통해 가치의 의미를 공유하게 된다. 가치는 사회에 따라서 상이한 의미를 부여받게 된다. 사회는 다양하기 때문에 가치 역시 다양할 수밖에 없다.

둘째, 사람들은 그들 자신이 사회적 가치를 구상하고 창출해 그것을 소유하고 사용하는 방식에 따라 구체적인 정체성을 갖게 된다. 사람들은 사회적 가치를 매개로 다른 사람들과 관계하며, 그 과정 속에서 사회의 의미구조를 내면화하게 된다. 이를 통해 사회의 혹은 집단의 일원으로서 자기 정체성을 확인하게 된다.

셋째, 모든 도덕적·물질적 세계를 관통하는 기본 가치를 요소로 하는 단일 집합을 구상하는 것은 불가능하다. 사람들이 원하는 기본 가치는 사회에 따라 다를 수밖에 없기 때문이다.

넷째, 가치의 이동을 결정하는 것은 그것들의 '의미'다. 분배의 기준과 제도는 가치-그-자체가 아니라 '사회적 가치'에 내재한다는 것이다. 즉, 사람들이 가치의 의미를 이해하게 되면, 가치의 분배 방식, 분배의 주체, 분배의 근거를 이해하게 된다는 것이다. 이것이 가치론의 핵심이다. 분배는 가치의 사회적 의미에 따라 정의로울 수도 그렇지 않을 수도 있다는 것이다. 가치의 사회적 의미에 따라 이뤄진 분배는 정당화된다. 그러나 사회적 의미에 반해 이뤄진 분배는 비판의 대상이 된다. 이러한 측면에서 사회적 의미는 분배를 정당화하거나 비판하는 근거를 제공한다.

다섯째, 사회적 의미는 역사적인 특성을 갖는다. 그래서 분배 자체, 정의로운 분배나 부정의한 분배의 개념은 시간이 지남에 따라 변한다는 것이다.

여섯째, 의미가 뚜렷이 구분될 때, 분배는 '자율적'이어야 한다. 모든 사회적 가치는 특정한 제도에 적합한 고유의 분배 영역을 구성한다는 것이다. 분배 영역의 자율성은 또 하나의 비판적 근거를 제공한다. 분배 영역의 자율성이 침해되면 부정의한 것으로 비판된다.

왈저가 예시하는 사회적 가치의 목록은 매우 길다. 그가 예시한 사회적 가치는 성원권, 안전과 복지, 돈과 상품, 공직, 힘든 일, 자유 시간, 교육, 혈연과 사랑, 신의 은총, 인정, 정치 권력 등이다. 사회가 변화함에 따라 사회적 가치의 목록은 변경될 수 있다.

(2) 다원주의적 정의: 복합 평등

왈저는 롤스의 보편적이며 추상적인 거대이론과는 다른, 좀 더 현실주의적이고 특수주의적이며 국지적인 정의론을 구축하는 데 초점을 맞춘다. 따라서 왈저는 정의론을 구축하기 위한 질문을 재구성한다. "합리적 개인들이 이러이러한 종류의 보편화 가능한 조건하에서 무엇을 선택하고자 하는가?"라는 보편성 질문이 롤스가 응답하고자 한 것이었다면, 왈저는 "현실 속에 존재하면서 문화를 공유하고 있고 또한 앞으로도 공유하고자 하는 일상적인 개인들이 무엇을 선택할 것인가?"라는 특수성 질문에 응답하고자 한다(영역: 5). 질문은 이미 응답을 내포한다. 특수성 질문은 그 자체가 이미 다양성을 전제한다. 따라서 왈저는 '다원주의적 정의관'의 특성을 다음과 같이 제시한다. "정의의 원칙은 다원주의적 형식을 취한다. 상이한 사회적 가치는 상이한 근거에 따라 그리고 상이한 절차에 따라 상이한 주체에 의해 분배돼야 한다. 그리고 이러한 모든 차이는 역사적이고 문화적인 산물일 수밖에 없는 사회적 가치에 대한 상이한 이해 때문에 발생한다"(영역: 6).

그렇다면 왈저는 사회적 부정의의 기원을 어디에서 찾고 있는가? 그는 일반적으로 '지배'나 '독점'에서 사회적 부정의의 기원을 찾을 수 있다고 본다(영역: 10–11). 지배는 사회적 가치가 '사용되는 방식'에 초점을 맞춘 것으로서, 어떤 영역에서 중요한 사회적 가치가 다른 영역의 사회적 가치 배분에 영향을 미치는 방식으로 사용되는 경우를 말한다. 가령 경제 영역에서 요구되는 규범에 따라 축적한 사회적 가치(돈)를 가지고, 정치 영역에서 다른 방식으로 분배되는 사회적 가치(권력)를 매수하는 것은 지배의 전형적인 예다. 이는 '영역 간의 불평등'을 야기함으로써 사회적 부정의를 가져온다는 것이다. 독점은 사회적 가치를 '소유하고 통제하는 방식'에 초점을 맞춘 것으로서, 지배적인 사회적 가치를 일부의 성원들이 배타적으로 소유함으로써 '성원들 간의 불평등'이 야기되고, 그것이 사회적 부정의를 가져온다는 것이다. 사회적 가치(경제적 부)가 사회 구성원 일부에게 집중적으로 축적되는 상황이 전형적인 예다.

롤스는 기본적으로 사회적 부정의의 기원을 사회의 기본 가치에 대한 성원들 간의 소유의 불평등, 즉 독점에서 찾는다. 그래서 사회에서 가장 불우한 처지에 있는 사람들에게 최대의 혜택을 부여함으로써 독점의 구조를 완화하고 불평등으로 인한 사회적 부정의를 해소하는 방책을 모색한다. 극단적으로 표현하면, 롤스는 모든 시민이 동등한 양의 가치를 소유하는 '단순 평등 체제'(영역: 14)를 지향한다. 이러한 단순 평등의 논리는 독점을 혁파하거나 규제하기 위한 국가의 개입을 요구하게 된다. 그렇게 되면 '국가 권력' 자체가 경쟁적 투쟁의 대상이 된다(영역: 15). 결국 단순 평등의 논리에 따르면, 사회적 가치에 대한 독점을 극복하기 위해서는 권력의 집중화 혹은 권력 자체의 독점이 불가피하다는 것이다. 우리는 독점을 견제하기 위해 권력을 동원해야 한다. 그리고 동원된 권력을 견제하기 위한 방법을 찾아야 한다. 문제는 동원된 권력을 견제할 수 있는 방법이 없다는 것이다(영역: 16). 왈저는 부정의의 근원을 독점에서 찾는 한 이러한 딜레마에서 벗어날 수 없다고 본다.

왈저는 롤스와는 달리 '지배'에서 부정의의 기원을 찾는다. 따라서 '지배의 축소'(영역: 17)가 사회 정의의 지향점이다. 그것은 특정한 가치가 다른 가치로 '전환'될 수 있는 영역을 최소화하고, 분배 영역의 자율성을 지키는 것이다. 따라서 그가 생각하는 지배가 축소된 사회는 '작은 불평등이 많이 존재하지만, 불평등이 전환 과정을 통해 증폭되지 않는 사회', 즉 '복합 평등사회'다. 이러한 의미에서 왈저의 '복합 평등관'에 따르면, 평등은 소유의 동등성이 아니라, 우리가 함께 만들고 공유하며 나누는 사회적 가치에 의해 매개되는 사람들의 다양한 관계의 동등성을 의미하는 것이다.

왈저는 블레즈 파스칼(Blaise Pascal)과 카를 마르크스(Karl Marx)의 논리에서 복합적 평등관에 기초한 다원주의적 정의론의 정당성을 찾는다(영역: 18-19). '하나의 수단을 통해 그 수단이 아닌 다른 수단으로만 얻을 수 있는 것을 얻고자 하는 바람'을 전제

(專制)로 규정한 파스칼의 잠언이나 '사랑은 사랑으로만, 신의는 신의로만 교환될 수 있다'는 마르크스의 주장은 왈저가 구상하는 복합 평등관을 여실히 묘사하고 있다. 왈저는 이들의 주장을 통해 지금까지 자신이 생각했던 사회적 영역의 다양성과 사회적 가치의 전환에 대한 생각을 좀 더 명료화한다. 첫째, 파스칼과 마르크스의 주장에 따르면, 인격적 자질과 사회적 가치는 자유롭게, 자발적으로 그리고 정당하게 그것들의 효과를 발하는 고유한 작동 영역이 있다는 것이다. 둘째, 이러한 원칙이 깨지는 경우, 다시 말해서 어떤 사회적 가치가 아무런 내적 연관이 없는 다른 사회적 가치로 전환되는 경우를 전제 혹은 지배로 본다는 것이다. 이러한 의미에서 복합 평등 체제는 전제와 정반대다. "복합 평등은 어떤 영역에서 혹은 어떤 사회적 가치와 관련해서 시민이 처한 어떠한 위치도 다른 영역에서 혹은 다른 가치와 관련해서 처해 있는 그의 위치 때문에 침해될 수 없다는 것을 의미한다"(영역: 19). 이러한 복합 평등관에 기초해서 왈저는 정의로운 분배의 원칙을 다음과 같이 정식화한다.

> 어떠한 사회적 가치 X도, X의 의미와는 상관없이 단지 누군가가 다른 가치 Y를 가지고 있다는 이유만으로 Y를 소유한 사람들에게 분배돼서는 안 된다(영역: 20).

사회적 가치는 가치에 부여된 사회적 의미에 따라 분배 원칙을 달리하게 된다. 예컨대, 성원권은 구성원들의 자기 결정 또는 합의, 안전과 복지는 필요, 돈과 상품은 자유 교환, 공직은 기회 균등과 자격, 힘든 일은 공유와 순환, 자유 시간은 평등, 교육은 자유 선택과 응분, 혈연과 사랑은 이타주의, 신의 은총은 믿음과 선행, 인정은 응분, 정치 권력은 민주주의에 의해 분배된다는 것이다.

다양한 사회적 가치 가운데 주목해야 할 것은 성원권, 돈과 상품, 정치 권력 세 가지다. 첫째, 성원권은 사회적 가치 가운데 가장 기본적인 가치라고 할 수 있다. 정치 공동체는 구성원을 존재 조건으로 하기 때문이다. 누구를 성원으로 할 것인가에 따라 다양한 사회적 가치에 대한 이해와 분배 원칙에 대한 합의가 다르게 이뤄질 수 있다. 성원권은 정치공동체의 인간적 경계를 설정하기 위한 조건의 선택에 의존한다. 이러한 성원권의 조건에 대한 선택은 이미 정치공동체의 성원으로 살고 있는 구성원들에 의해 이뤄진다. 기존의 구성원들은 공동체에서 성원권이 의미하는 바에 대한 이해와 그들이 원하는 공동체의 상에 부합하는 조건을 선택하게 될 것이다(영역: 32). 성원권은 일반적으로 기존의 구성원에게 부여하는 것이 아니라 공동체에 속하지 않은 이방인에게 부여하는 것이다. 이러한 의미에서 보면, 성원권을 부여하기 위한 조건은 정치 공동체 구성원들의 '자기 결정=합의' 원칙을 통해 선택되고, 분배되는 것이 합당할 것이다. 왈저는 성원권의 분배 조건에 '상호 부조'의 도덕 원칙을 부가한다(영역: 33). 예컨대 정치적·종교적 박해를 피해야 하는 긴박한 상황에 처한 이방인에게 입국과 성원권을 부여하는 경우는 인간의 보편적 권리를 보호하기 위한 상호 부조의 도덕 원칙에 합치한다는 것이다.

둘째, 돈은 다양한 상품과의 교환을 가능하게 하기 때문에 중요한 사회적 가치라고 하겠다. 일반적으로 돈은 무엇이든 가능하게 만드는 '보편적 뚜쟁이'로 인식되고 있다. 이는 돈이 사회적 가치로서 매우 중요하다는 공통된 이해가 일반화돼 있음을 시사한다. 그렇다고 돈으로 모든 것을 구매할 수 있다면, 그럼으로써 돈이 다른 가치를 지배하게 된다면, 그것은 정의의 기본 원칙에 위배되는 것이다. 그래서 왈저는 인간, 정치 권력과 정치적 영향력, 형사적 정의, 언론·집회·결사·종교의 자유, 결혼과 생식의 권리, 정치공동체 이탈의 권리, 공동체로부터 부과된 의무의 면제(가령 징집, 배심원 의무 등), 정치적 관직, 절망적 교환(가령 8시간 노동제, 최저임금, 보건과 안전에 관한 규정 등), 포상과 명예, 종교적 은총, 사랑과 우정, 범죄행위 등은 도덕적으로 돈에 의한 교환의 대상이 돼서는 안 된다고 본다(영역: 100-103). 그렇다면 돈으로 교환할 수 있는 것은 무엇인가? 그것에 대한 기준을 제공하는 공간은 시장이다. 시장 관계는 매매 가능한 사회적 가치에 대한 도덕적 이해를 반영한다. 사람들이 원하는 물건을 갖는 방법은 그것을 직접 만들거나 타인에게 등가(等價)의 돈을 주고 그것(상품)을 구입하는 것이다. 시장에서 돈은 '등가의 척도'이며, '교환의 수단'이다(영역: 104). 이것이 돈의 이상적인 기능이다. 시장은 모든 사람의 접근이 가능해야 하며, 그곳에서는 동등한 자들 간의 교환, 즉 자유 교환이 이뤄져야 한다(영역: 120). 이처럼 돈과 상품은 시장에서 '자유 교환'의 원칙에 따라 분배돼야 한다는 것이다.

셋째, 정치 권력은 두 가지 측면에서 중요한 의미를 갖는다. 하나는 권력 자체가 하나의 정의 영역을 구성하는 사회적 가치이며, 다른 하나는 정치 권력이 정의 영역 간의 경계를 보호하는 기능을 한다는 것이다. 국가 권력은 정치 영역에서 추구하는 사회적 가치이면서, 동시에 다른 사회적 가치의 분배를 규제하는 수단이기도 하다. 그러다 보니 "정치 권력은 우리를 전제로부터 보호해 주지만, 권력 그 자체가 전제적인 것이 될 수 있다"(영역: 281). 따라서 정치 권력은 적절히 유지돼야 하며 동시에 적절히 억제할 필요가 있다. 왈저는 국민의 노예화와 부당한 인신 구속, 친권과 결혼에 대한 간섭, 정치적 억압을 위한 사법 체계의 붕괴 및 잔혹한 처벌의 사용, 사적 이익을 위한 정책의 경매나 관직의 분배, 법 앞에서의 평등 파괴, 사유재산권에 대한 자의적 침해, 종교적 영역에 대한 침해, 교권 및 학문적 자유에 대한 침해, 언론·집회·결사의 자유 침해 등을 정치 권력의 사용 금지 대상의 목록으로 제시한다(영역: 282-284). 그렇다면 권력의 분배는 어떻게 이뤄져야 하는가? 왈저는 민주주의를 권력 배분의 원칙으로 제시한다. 민주주의는 시민들이 스스로를 통치하는 체제다. 그렇다고 해서 권력이 모든 사람에게 평등하게 분배되는 것은 아니다. 특정 집단이나 직위에 대해 정치 권력은 불평등하게 분배된다. 민주주의는 정치 권력을 단순히 평등하게 분할해 나눠 주는 체제가 아니라 '권력을 할당하고 그것의 사용을 정당화하는 방식'이다(영역: 304).

정치 권력이 민주적으로 분배됐음에도 불구하고, 권력의 오남용이 발생할 가능성은 언제든지 있다. 따라서 왈저는 이러한 권력의 오남용을 견제하기 위한 세력으로서 '시민사회'에 주목한다. "시민 모두가 분배 영역이 침범당하지 않도록 지키고 상이한 가치 사이의 전환을 봉쇄하기 위한 영원한 감시자의 눈초리를 번득이고, 끊임없이 불만과 개선가능성을 토로해야 하는 정치 훈수꾼이 돼야 한다는 것입니다"(Walzer·박정순, 2001: 259-260). 이처럼 다양한 사회적 삶의 영역이 자율성을 갖도록 경계를 보호하기 위해서는 정치 권력에 의존할 수밖에 없는데, 정치 권력은 시민사회에 의해 견제돼야 한다는 것이다. 한 걸음 더 나아가서 왈저(Walzer, 1991)는 시민사회가 정치 권력을 견제하는 공적 능력을 확보하고 유지하기 위해서는 스스로가 '민주화'돼야 함을 강조한다. 여기에서 말하는 민주화는 '다원주의적 시민사회'의 형성을 의미한다. 왈저(Walzer, 1998)에 따르면, 다원주의는 (ⅰ) 민족, 종교, 정치적 전통 및 그러한 전통을 보유하는 사회집단의 다양성, (ⅱ) 사회적 가치의 다양성, 그러한 가치가 생산되고 분배되는 자율적인 영역의 다양성, 그리고 그러한 영역 안에서 일하고 영역의 자율성을 방어하는 직업의 다양성, (ⅲ) 목적 지향적인 사회적 결사체의 다양성 등을 특징으로 한다. 왈저는 이러한 다양성을 당연한 것으로 받아들이는 다원주의적 시민사회가 안정화되면, 공적인 토론의 공간이 만들어질 가능성이 증대한다는 것이다. 또한 이러한 토론은 내재적인 사회 비판의 여지를 제공하기 때문에 왜곡된 국가 권력에 대한 견제와 저항을 촉진할 수 있다는 것이다. 결국 다원주의적 시민사회는 정치 권력의 영역 침범을 견제할 것이며, 그렇게 건전하게 견제받고 있는 정치 권력은 사회적 영역의 경계를 보호하는 기능을 적절히 수행하게 된다는 것이다.

제3절_ 어울림

롤스와 왈저는 결을 달리하면서도 서로에게 많은 영향을 미쳤다. 왈저는 롤스의 정의론이 정치철학 분야의 이론임에도 불구하고 정치는 없고 철학만 존재한다고 비판한 바 있다. 이러한 왈저의 비판은 롤스의 정의 연구에 중대한 전환점이 된다. 롤스는 왈저의 비판에 대응해 정치적 자유주의를 토대로 정치적 정의관을 제시하게 된다. 왈저 역시 롤스와 다른 입장을 취하고 있으면서도, 롤스의 지적 영향에 대해 분명하게 고백한다. "나의 기획은 롤스의 기획과 다르며, 상이한 학문 분야(경제학과 심리학이 아닌 인류학과 역사학)에 의존한다. 그러나 롤스의 저술이 없었다면 나의 기획은 현재와 같은 형태를 이루지 못했을 것이다. 아니 어쩌면 영원히 그 모습조차 드러내지 못했을 것이다"(영역: xviii). 롤스와 왈저가 서로에 대해 갖는 의미가 적지 않은 것을 볼 수 있다.

롤스와 왈저의 다름은 더 많은 공공성의 실현이라는 측면에서 오히려 의미 있는 대안을 모색하는 데 도움이 될 수 있다. 따라서 여기에서는 롤스와 왈저의 어울림에 대해 평등관, 국가의 공적 기능 그리고 복지국가의 측면에서 살펴본다.

1 평등관

왈저에 따르면, 롤스의 평등관은 단순한 반면 자신의 평등관은 복합적이라는 것이다. 롤스의 공정으로서 정의는 사회적 기본 가치, 즉 자유, 기회 그리고 부의 분배 원칙을 구성하는 데 초점을 맞춘다. 롤스는 사회적 기본 가치 이외의 가치에 대해서는 다루지 않는다. 왈저에게는 이것이 불만이었을 것이다. 롤스는 자유와 기회는 평등하게 분배하고(평등한 자유 원칙, 공정한 기회 균등 원칙), 부는 평등을 지향하는 방식으로 분배하는 것(차등 원칙)이 정의롭다고 본다. 그리고 롤스는 정의 원칙은 축차적인 관계에 있다고 주장한다. 공정한 기회 균등의 원칙은 평등한 자유 원칙을 향상시키는 방식으로 적용해야 하고, 차등 원칙은 자유와 기회의 평등을 향상시키는 방식으로 적용해야 한다. 차등 원칙이 자유와 기회의 분배에 중요한 의미를 갖는 이유는 부의 불평등이 현실적으로 자유와 기회의 불평등에 크게 영향을 미치고 있기 때문이다. 그러니까 차등 원칙은 부가 자유와 기회의 분배에 영향을 미치지 못하게 하기 위한 원칙이라고 할 수 있다. 왈저의 관점에서 보면, 차등 원칙은 분배 영역의 경계를 수호하기 위한 방책이라고도 할 수 있을 것이다. 롤스의 분배 방식으로서 평등 원칙은 사회적 기본 가치에 제한된 것이다. 그는 다른 가치들에 대해서는 어떤 원칙에 따라 분배하는 것이 타당한지에 대해 논의하지 않는다.

왈저는 모든 사회적 가치의 합당한 분배 원칙을 모색하는 데 초점을 맞춘다. 그리고 그는 분배 영역 간의 경계를 수호하는 데 성공 여부가 정의의 실현 여부를 결정한다고 본다. 그러다 보니 분배 영역 간의 큰 평등을 추구하는 과정에서 분배 영역 내의 작은 불평등은 어떻게 다뤄야 할 것인가 하는 문제가 제기될 수 있다. 이 문제와 관련해서는 왈저가 특히 중요하게 다른 사회적 가치로서 돈의 분배에 주목할 필요가 있다. 자본주의적 시장경제를 기본 틀로 하는 현존 사회에서는 돈에 대해 개인들의 자유로운 선택에 의해 분배하는 것이 타당하다는 의미를 부여하고 있다. 이는 현존하는 사회적 관행이나 규범이 분배의 정의를 판별하는 기준이라는 왈저의 주장에 합치하지만, 그러한 분배 원칙이 진정으로 정의로운 것인가 하는 질문에는 답하기 어렵다. 사회적 관행이나 규범이 왜곡돼 있을 수도 있기 때문이다. 그러다 보면 작은 불평등이 큰 불평등을 압도할 정도로 커질 수도 있다. 이러한 비판에 대응하기 위해 각각의 분배 영역에서 사회적 가치의 '공정한' 분배 방식을 구상할 수 있는 하나의 방법으로서 롤스의 원초적 입장을 원용해 볼 수 있을 것이다.

롤스의 단순 평등 원리나 왈저의 복합 평등 원리나 공공성의 실현에 기여할 수 있는 바가 적지 않다. 그러나 각각의 평등 원리만으로는 더 많은 공공성을 실현하는 데 한계가 있다. 따라서 양자의 원리에 비어 있는 부분을 서로가 채워 주는 방식을 취한다면 더 많은 공공성의 실현을 기대할 수 있을 것이다. 롤스가 다루지 않은 사회적 가치에 대한 논의를 왈저의 논의를 통해 채우고, 왈저가 각각의 분배 영역에서 적합한 분배 원칙을 구성하는 데 롤스의 원초적 입장을 적용하는 방식으로 이론적 논의를 발전시킨다면 더 많은 공공성의 실현에 도움이 될 것이다.

2 국가 권력의 공적 기능 강화

불평등은 공공성에 가장 위협적인 요인이다. 불평등의 문제를 해결하기 위한 노력은 일반적으로 불평등의 기원을 어디에서 찾는가에 따라 달라진다. 롤스는 '독점'에서, 왈저는 '지배'에서 불평등의 기원을 찾는다. 독점은 사회적 가치를 소유하고 통제하는 방식에 초점을 맞춘 것으로 지배적인 사회적 가치를 일부의 성원들이 배타적으로 소유함으로써 불평등이 발생하는 경우다. 지배는 사회적 가치가 사용되는 방식에 초점을 맞춘 것으로 어떤 영역의 사회적 가치가 다른 영역의 사회적 가치의 분배에 영향을 미침으로써 영역 간에 불평등이 발생하는 경우다.

롤스는 불평등의 기원에 대한 루소의 설명에 공감한다. 루소는 인간 불평등의 기원을 두 개의 차원에서 설명하는데 하나는 자연적 원인이고, 다른 하나는 사회적 원인이다. 자연적 원인은 인간의 힘으로 어쩔 수 없지만, 적어도 사회적 원인은 인간의 힘으로 대응할 수 있다고 본다. 루소가 말하는 사회적 불평등은 곧 경제적 불평등을 의미한다. 롤스는 이러한 주장에 기대어 경제적 부의 독점을 허용하는 사회제도의 재설계를 통해 불평등에 대응하고자 한 것이다. 이를 위해 그는 공정으로서 정의 원리를 구성했다. 문제는 이를 실현하기 위해서는 사회에서 가장 강한 권력을 행사할 수 있는 국가 권력의 개입이 불가피하다는 데 있다. 국가 권력은 실체가 아니라 텅 빈 공간이다. 국가 권력을 행사하는 주체는 정치적 절차에 의해 결정된다. 여기에는 두 가지 문제가 내포돼 있다. 하나는 롤스의 정의 원칙을 관철시키고자 하는 정치 세력이 국가 권력을 쟁취할 수 있는가 하는 문제이고, 다른 하나는 강력한 국가 권력을 독점한 세력을 어떻게 견제할 수 있는가 하는 문제다. 롤스는 이에 대해 충분한 답을 제시하지는 않는다.

왈저는 지배에서 불평등의 기원을 찾는다. 왈저의 정의 원칙은 두 가지로 구성되는데, 하나는 사회적 가치 각각의 분배 원칙을 제시하는 것이고, 다른 하나는 어떤 영역의 사회적 가치가 다른 영역의 사회적 가치의 분배에 영향을 미치지 않도록 경계 수호 방법을 제시하는 것이다. 왈저 역시 사회에서 가장 강력한 힘을 행사할 수 있는 정치 권력이 영역 간의 경계를 수호하는 역할을 해야 한다고 본다. 그런데 문제는 정치 권력이 실체가 아니라 텅 빈 공간이라는 데 있다. 왈저 역시 롤스와 마찬가지로 두 가지 문제에 부딪힌다. 하나는 왈저의 정의 원칙을 관철시키고자 하는 정치 세력이 국가 권력을 쟁취할 수 있는가 하는 문제이고, 다른 하나는 정치 권력을 독점한 정치 세력을 어떻게 견제할 수 있는가 하는 문제다. 왈저는 정치 권력에 대한 시민사회의 파수꾼 역할을 강조한다.

롤스와 왈저는 불평등의 기원을 달리 보고 상이한 처방을 제시하고 있지만, 자신들의 처방을 실현하기 위한 방법론에서는 다르지 않다. 국가 권력 또는 정치 권력이 강력한 공권력을 토대로 독점과 지배의 문제에 대응해야 한다는 데는 의견의 일치를 보는 것 같다. 국가 권력 또는 정치 권력이 경제적 불평등을 완화하고, 분배 영역 간의 경계를 수호하는 역할을 동시에 수행하는 것은 불가능한 일이 아니다. 또한 두 문제에 동시에 대응해야 더 많은 공공성의 실현에 더욱 유익할 것이다. 그런 면에서 롤스와 왈저의 정의론은 어울린다. 다만 국가 권력 또는 정치 권력의 개입 범위와 정도를 판단하는 문제와 그 권력이 독점과 지배를 추구하는 세력에 의해 포획되지 않도록 시민사회가 파수꾼 역할을 하는 문제는 여전히 풀어야 할 숙제다.

3 복지국가를 넘어서

평등의 실현을 위한 사회주의적 상상력이 실현된 경우를 복지국가에서 볼 수 있다. 복지국가는 공공성 실현을 위한 방안으로 많은 주목을 받고 있다. 복지국가는 국민의 세금으로 재원을 마련해 국민들에게 인간적 삶을 누리는 데 필요한 사회적 최소치를 보장한다. 최소한의 인간적 삶을 보장해야 한다는 복지국가의 바람직한 이념에도 불구하고 경제적 불평등이 여전히 심화되고 있으며 복지의 재원과 공급을 독점하는 국가 권력이 더욱 강화되고 있다는 점이 문제로 지적되고 있다. 따라서 복지국가는 공공성을 실현하는 데 매우 중요한 방안으로 제시되고 있으나 그것의 한계에 대한 인식이 커지고 있다.

롤스의 정의 원칙은 복지국가를 정당화하는 논리로 해석되곤 한다. 그러나 롤스는 자신이 추구하는 정치 체제를 '소유적 민주주의'로 규정한다. 그에 따르면, 소유적 민주주의는 부(富)와 자본의 소유를 분산함으로써 사회의 소수가 경제뿐만 아니라 간접적으로 정치적 삶까지도 통제하는 것을 막는 데 초점을 맞춘다. 반면 복지국가를 지향하는 자본주의는 소수집단에 의한 생산 수단의 독점을 허용하는 경향이 있다는 것이다(공정: 139). "내가 수정하고 싶은 또 하나는 복지국가 관념과 소유적 민주주의 관념을 더욱 분명하게 구분하는 것이다. 이 두 관념은 매우 다르지만, 양자 모두 생산적 자산에 대한 사적 소유를 허용하고 있기 때문에 우리가 두 관념을 본질적으로 동일한 것으로 잘못 생각하게 된다. 한 가지 중요한 차이점은 소유적 민주주의의 배경 제도는 경쟁적인 시장 체계를 구비하고 있으면서 부와 자본의 소유를 분산시키고, 사회의 소수가 경제를, 간접적으로는 정치적 삶을 통제하는 것을 방지하고자 한다. 이를 위해 소유적 민주주의는 각 시기의 마지막 순간에 적게 가진 사람들에게 소득을 재분배함으로써가 아니라, 말하자면 각 시기가 시작하는 순간에 생산적 자산과 인간 자본(교육된 능력과 훈련된 기술)의 폭넓은 소유를 보장한다. 그리고 이 모든 것은 평등한 기본적 자유와 공정한 기회 균등을 배경으로 이뤄진다. 이 관념은 단순히 우연적인 사고나 불행으로 손실을 입은 사람들을 지원하는 것이 아니라(물론 당연히 해야 하는 것이지만), 오히려 모든 시민으로 하여금 그들 자신의 일을 꾸려 나갈 수 있는 위치에 서게 하는 것이며, 적절히 평등한 조건하에서 상호 존중에 기초해 사회적 협동에 참여하게 하는 것이다"(정의2: xiv-xv).

왈저 역시 롤스가 복지국가에 대해 가지고 있는 문제의식을 공유한다. 따라서 그는 사회민주주의적 복지국가 모델을 대체할 수 있는 민주사회주의 모델을 제시한다. 왈저가 구상하는 민주사회주의 체제는 국가 기능의 분권화, 시민사회의 권한 강화, 완전 고용을 위한 다양한 형태의 기업들의 존재, 노동자들의 조직화, 강력하고 효율적으로 통제되는 다원주의적 시장 체제의 건설, 산업민주주의 실현, 사람들에게 실질적으로 도움을 주는 복지국가의 건설, 평등한 사회의 지향 등을 특징으로 한다(Walzer, 2010). 왈저는 교조주의를 거부한다. 그래서 그는 사회주의를 목표로 보지 않고 과정으로 본다. 사회주의는 다양한 형태의 불평등에 대해 지속적으로 저항하는 운동이라는 것이다. 저항 운동은 정치 투쟁의 형태를 띤다. 정치 투쟁은 민주주의적이어야 하고 동시에 사회주의적이어야 한다. 민주주의적이어야 한다는 것은 다수 인민의 지지를 얻어야 한다는 것을, 사회주의적이어야 한다는 것은 평등을 추구해야 한다는 것을 의미한다. 그러니까 민주사회주의는 인민의 통제를 토대로 하는 사회주의를 의미한다. 민주사회주의는 국가 권력보다는 인민 권력을 바탕으로 세워진 복지국가를 의미한다고 할 수 있다. 왈저는 인민 권력이 활발하게 형성되는 공간으로 시민사회를 지목한다.

롤스의 소유적 민주주의는 소유의 분산을 토대로 하는 민주주의로서 복지국가의 한계를 경제적 측면에서 극복하고자 한다. 왈저의 민주사회주의는 인민 통제를 토대로 하는 사회주의로서 복지국가의 한계를 정치적 측면에서 극복하고자 한다. 롤스와 왈저는 복지국가 체제의 한계에 대한 문제의식을 공유하고 있으며, 그것을 극복하기 위한 조건으로 소유의 분산과 인민 통제를 제안한다. 정치적 측면과 경제적 측면에서 동시에 복지국가의 한계를 넘어서려는 노력은 더 많은 공공성을 실현하는 데 유익할 것이다.

제4절_ 나가며: 신자유주의의 정의관 비판

지금까지 롤스와 왈저의 평등관을 다름과 어울림의 측면에서 살펴봤다. 그 내용은 〈표 5-1〉과 같다.

신자유주의의 정의관이 갖는 한계에 대해 살펴보자. 신자유주의의 정의론적 토대는 로버트 노직(Robert Nozick)의 소유권리론에서 찾을 수 있다. 그의 정의론의 대전제는 개인의 자유를 최대화하는 것이고, 이를 위해 국가는 개인을 강압, 절도, 사기, 강

〈표 5-1〉 롤스와 왈저의 평등관 비교

기준		존 롤스	마이클 왈저
다름	입장	정치적 자유주의 정의: 사회제도의 제1덕목 사회 이념: 공정한 협동 체제 인간: 도덕적 능력(정의감, 선관) 자유주의적 정당성 원칙	정치적 급진주의 인간: 복합적 인간(분화된 자아) 자유주의: 영역 다원주의 민주주의 급진화: 경합적 민주주의 민주사회주의
	방법론	정치적 구성주의 추상화 방법: 보편주의 구성주의 중첩적 합의 선택 기제: 원초적 입장	해석과 사회 비판 현실주의적 접근: 특수주의 해석의 방법: 논쟁적 사회 비판: 연계된 비판가
	정의론	공정으로서 정의 사회적 기본 가치 자유의 평등한 분배 원칙, 공정한 기회 균등의 원칙, 차등 원칙	다원주의적 정의론 사회적 가치 다원적 분배 원칙
	평등 체제	단순 평등	복합 평등
어울림	평등관	영역 간 평등과 영역 내의 공정한 분배 원칙의 상호 보완	
	국가 권력	국가의 공적 기능 강화 및 시민사회의 파수꾼 역할 강화	
	복지국가	소유의 분산을 토대로 하는 소유적 민주주의와 인민 통제를 기반으로 하는 민주사회주의의 조화	

제 계약 등으로부터 보호하는 최소한의 기능만을 하는 최소국가여야 한다는 것이다. 그 이상의 것을 하고자 하는 거대국가는 개인의 권리를 침해하게 될 것이라고 주장한다(Nozick, 1974: ix). 이러한 대전제 위에 노직은 개인의 자유로운 선택에 따라 분배가 이뤄져야 한다는 대원칙을 세운다. 정의 원칙을 구체화하면, 첫째, 취득의 정의 원칙에 따라 소유물을 획득한 사람에게는 그 소유물에 대한 소유 권리가 있다. 취득의 정의 원칙은 개인의 노동과 기여에 비례해서 응분의 몫이 분배돼야 한다는 것이다. 둘째, 이전의 정의 원칙에 따라 소유물에 대한 소유 권리가 있는 다른 사람으로부터 소유물을 획득한 사람에게는 그 소유물에 대한 소유 권리가 있다. 이전의 정의 원칙은 소유자가 자신의 소유물을 자유롭게 처분할 권리를 보장하는 것으로서 그것을 수취하는 사람의 자격은 고려되지 않는다. 셋째, 어느 누구도 첫 번째와 두 번째 원칙의 적

용에 의하지 않고서는 소유물에 대한 소유 권리가 없다. 두 개의 원칙에 위배돼 분배가 이뤄진 경우에 대해서는 교정이 이뤄져야 하며, 정부의 강제적 개입이 불가피하다(Nozick, 1974: 151). 노직의 정의론은 사람들에게는 자신의 노동을 통해 획득된 소유물과 정당하게 소유물을 소유할 자격이 있는 타인의 자발적인 상속이나 증여를 통해 획득된 소유물에 대한 소유 자격에 초점을 맞춘다. 노직의 정의 원칙은 기본적으로 결과적 정의보다는 절차적 정의를 실현하는 데 초점을 맞춘다. 절차가 정당하면 결과적 불평등은 정당하다는 것이다. 그렇다면 노직의 정의 원칙은 어떠한 한계를 갖는가?

첫째, 노직의 절차적 정의에 따르면, 롤스가 제시한 것처럼 모두에게 동등한 자유가 보장되고, 기회가 동등하게 부여된다면 '각자의 능력'에 따라 소유물을 획득하는 것은 정당하고 정의롭다는 것이다. '각자의 능력에 따라 각자에게'라는 비례 원칙은 기본적으로 능력의 순수성을 전제로 한다. 그렇다면 운이나 가정환경 또는 상황의 차이가 능력의 차이를 가져왔다면 순수하게 각자의 능력이라고 할 수 있을까? 운, 가정환경, 상황은 우연적인 것이다. 노직은 운, 가정환경, 상황을 개인의 능력을 구성하는 순수한 요소로 본다. 그러나 이는 도덕적으로 자의적인 판단이라고 하겠다. 우연적 요소 때문에 비례 원칙을 충족시킬 수 없다. 결국 노직이 말하는 절차적 정의로는 결과적 불평등을 정당화할 수 없다.

둘째, 노직의 정의 원칙은 주로 소유물의 획득과 이전에 초점을 맞추고 있다. 그러다 보니 노직에게서는 경제적 부가 다른 영역의 가치들의 분배에 미치는 효과에 대한 논의를 찾아볼 수 없다. 경제적 부를 가진 사람들은 정치에 영향을 미침으로써 자신들에게 유리한 정책을 형성하게 함으로써 공적인 자원 배분 과정에서 유리한 고지를 점할 수 있다. 왈저는 어떤 가치의 배분이 다른 가치의 배분을 지배하는 것을 부정의로 본다. 왈저에 따르면, 특히 경제적 부가 다른 가치들의 배분에 미치는 영향이 지대하기 때문에 그에 대한 경계를 소홀히 해서는 안 된다. 노직의 소유권리론에는 왈저가 우려하는 부정의의 가능성이 깊게 내재한다.

제6장

인-전략의 내용적 측면 Ⅱ

자유는 소극적인 것인가 적극적인 것인가?

- 존 스튜어트 밀 대 카를 마르크스 -

제1절_ 들어가며: 공공성과 자유

 공공성의 실현을 위한 인-전략의 내용적 측면에서 추구해야 하는 정의의 가치 가운데 하나가 자유다. 공공성은 자칫 전체를 강조함으로써 개인의 자유를 억압하는 이념으로 오해받을 가능성이 있다. 그러나 공공성은 조화를 추구하는 이념이다. 그러한 의미에서 자유는 공공성의 중심축이라고 하겠다.
 근대의 사상가들은 이유나 근거는 다르지만 예외 없이 자유를 강조한다. 근대는 개인의 발견으로 특징지을 수 있다. 과학기술을 통해 증명된 인간의 탁월한 이성적 능력은 인간이 공동체의 속박이나 종교적 속박에서 벗어나야 하는 정당한 근거가 될 수 있었다. 이렇게 인간은 자유로운 개인으로 재탄생된다. 그런데 근대는 또한 국가의 발명으로 특징지을 수 있다. 국가는 법의 지배를 받는 사람들의 정치공동체다. 그러다 보니 국가의 속박이 새로운 굴레로 인식될 수밖에 없다. 그런 의미에서 근대는 국가의 권위와 개인의 자유의 조화라는 새로운 과제를 던진다. 그것은 아직도 '해결하지 못한 수수께끼'다. 일반적으로는 민주주의가 그 수수께끼를 풀 수 있는 열쇠가 될 것으로 기대한다. 그러나 자본주의 체제를 기반으로 하는 민주주의는 여전히 충분한 답을 제공하지 못하고 있다.

근대의 수수께끼를 해결하기 위해 수많은 사상적 도전이 이뤄지고 있지만, 두 줄기의 큰 흐름이 있는 것으로 보인다. 하나는 점진적인 접근 방법이다. 근대를 떠받치고 있는 경제 체제로서 자본주의의 본래적인 이념을 비판적으로 되살리고 현실의 문제들을 점진적으로 개선하는 것이다. 그리고 그 토대 위에서 실제 민주주의가 자치 원리에 접근할 수 있도록 점진적으로 개선해 나가는 것이다. 이를 통해 개인의 자유가 타인에게 해가 되지 않는 범위에서 최대한 보장받을 수 있게 하는 것이다. 다른 하나는 혁명적인 접근 방법이다. 자본주의는 본질적으로 계급 지배를 존립 근거로 하기 때문에 그것의 부도덕성을 개선하는 것은 불가능하다는 것이다. 따라서 혁명적 전환을 통해 공산주의 체제를 구축해야 한다는 것이다. 공산주의 체제는 정치와 경제가 변증법적으로 통일된 체제로서 진정한 자치가 이뤄지는 민주주의 체제라는 것이다. 체제의 혁명적 전환은 역사를 만들어 내는 인간의 실천 능력으로서 자유를 최대한 실현하는 계기라는 것이다. 이사야 벌린(Isaiah Berlin)의 분류에 따르면, 전자는 소극적 자유에, 후자는 적극적 자유에 초점을 맞추고 있는 것이다(Berlin, 2002). 양자는 자유주의와 사회주의 간의 세기에 걸친 논쟁을 상징한다. 따라서 이 장에서는 소극적 자유를 강조하는 존 스튜어트 밀(John Stuart Mill)과 적극적 자유를 강조하는 카를 마르크스(Karl Marx)의 사상을 중심적으로 살펴본다.[1]

---

[1] 인용은 다음과 같은 약어를 사용한다. 마르크스 1842: 라인, 1843a: 검열, 1843b: 헤겔법, 1843c: 유대, 1843d: 루게, 1844a: 헤겔서문, 1844b: 경철, 1845a: 독일, 1845b: 가족, 1845c:테제, 1848: 공산당, 1852: 부뤼메르, 1857-61: 그룬트리세, 1859: 정치경제, 1863-64: 경제초고, 1867: 자본1, 1871: 내전, 1872: 헤이그, 1875: 고타, 1894: 자본3 / 밀 1831: 시대, 1836: 문명, 1838: 벤담, 1840: 콜리지, 1843: 논리, 1859: 자유론, 1861: 정부, 1861: 공리, 1869: 여성, 1871: 경제원리, 1873: 자서전, 1879: 사회주의.

제2절_ 다름

밀과 마르크스의 다름은 사상의 성격과 자유의 개념에서 두드러지게 나타난다. 사상적으로 양자는 비판의 방법을 취하지만, 밀은 절충주의적 방법을, 마르크스는 내재적 비판의 방법을 따른다. 역사적 측면에서 양자는 진보주의적 입장을 취하지만, 밀은 점진적 발전을, 마르크스는 혁명적 발전을 주장한다. 자유의 측면에서 양자는 자유를 진보의 판단 기준으로 취하지만, 밀은 간섭이 없는 상태로서 소극적 자유의 관념에, 마르크스는 주체적인 노동과 실천을 통해 역사를 만들어 나가는 인간의 능력으로서 적극적 자유의 관념에 초점을 맞춘다.

1 사상의 성격

1) 비판: 절충주의 대 내재적 비판

밀과 마르크스의 사상적 방법은 비판이다. 그들은 오직 이성의 원리에 따라 편견 없이 사태를 비판적으로 성찰한다. 그러나 비판의 방법이 다르다. 밀은 대립하는 입장에서 장점을 추려 내어 절충하는 방식을 취한다. 반면 마르크스는 변증법의 원리를 토대로 사태에 내재하는 모순을 지양하는 내재적 비판의 방식을 취한다.

(1) 밀: 절충주의

사람들은 자신이 의식하건 의식하지 않건 어떤 전제 위에서 세상을 인식한다. 그렇다면 밀은 어떠한 전제 위에서 세상을 인식했는가? 그의 인식론이 의존하고 있는 대전제는 세상은 매우 복잡하고 인간의 인식 능력은 제한돼 있기 때문에 언제나 오류를 범할 가능성이 있다는 것이다(Berlin, 1991: 148). 인식 능력이 제한된 우리의 지식은 부분적인 진리에 불과할 수밖에 없기 때문에, 밀은 세상을 다양한 관점에서 바라보려고 노력했다(자서전: 169-170). 그리고 "어떤 결론이 도출될 것인지를 생각하지 않고, 자신의 지성이 이끄는 길을 끝까지 따라가는 것"이 사상가의 의무라고 생각했다(자유론: 234-244). 밀은 이러한 지적 노력을 통해 인간이 범하기 쉬운 오류를 수정할 수 있으며, 그러한 오류 수정 능력이야말로 인간을 그 어떤 피조물보다 탁월하게 만드는 것이라고 봤다(자유론: 231). 밀은 이러한 전제 위에서 세상을 인식했기 때문에, '자기 자신의 생각에서 또는 다른 사람의 사상에서 배울 것은 배우고 버릴 것은 버릴 준비'가 돼 있었다(자서전: 4). 이처럼 밀은 지적으로 매우 개방적인 사람이었다.

인간의 지적 능력의 한계를 인식론의 대전제로 삼게 되면, 모든 지식에는 어느 정도의 진리와 어느 정도의 오류가 혼재돼 있다고 생각할 수밖에 없다. "두 개의 상반되는 의견 중에서 어느 한쪽이 옳고 다른 한쪽이 틀리는 경우보다는, 둘 모두가 부분적으로 진리를 포함하고 있는 경우가 훨씬 더 많다"(자유론: 252). 이러한 생각을 하지 않게 되면, 우리의 지식은 다 옳고, 저들의 지식은 모두 거짓이라는 교조주의의 함정에 빠지기 쉽다. 따라서 밀은 "거짓을 진리로 받아들이는 것보다는 진리의 일부를 진리의 전부인 것으로 착각"하지 않도록 경계해야 한다고 누차 강조한다(콜리지: 122-123). 중요한 것은 우리의 지식으로부터 오류를 걸러 내고 온전한 진리를 골라내는 것이다. 그러기 위해서는 동지의 의견이건 적의 의견이건 편견 없이 공정하게 검토해서 오류를 걸러 내고 진리를 취합하기 위해 노력해야 한다(콜리지: 128). 밀은 이러한 노력 위에서 우리의 지식이 진보한다고 생각한다. "모든 중요한 부분적인 진리에 관해 언제나 두 가지 대립하는 사고방식이 있는데, 하나는 부분적인 진리에 너무 많은 자리를, 다른 하나는 그것에 너무 적은 자리를 내준다. 사실 여러 견해의 역사는 일반적으로 두 극단 사이의 왕복운동이라고 할 수 있다. … 한 방향으로의 쏠림은 그에 상응하는 반작용을 야기한다. 이런 상황을 개선하는 유일한 방법은 추가 한 번 왕복운동을 할 때마다 중심으로부터 덜 벗어나게 하고, 이런 경향을 지속하게 하면서 마침내 중심에서 멈추게 하는 것이다"(콜리지: 124-125).

이러한 관점에서 보면, 밀은 확실히 절충주의자다(선희정, 2004). 절충주의는 다양하고 때로는 충돌하기도 하는 사상, 교리, 이론, 주의주장에 내포된 각 원리들의 전체 체계가 아니라 전체 체계의 부분을 선택해 취합하는 사상이나 경향을 말한다. 절충주의는 상이한 원리의 전체 체계에서 일부를 선택해 병치시키는 것이기 때문에 주장의 내용이나 의미하는 바가 근본적으로 불안정하고 일관성이 떨어질 수밖에 없다. 그러다 보니 절충주의자는 '박쥐' 취급을 당하기 쉽다. 그러나 절충주의는 실제 문제를 해결하는 데 도움이 될 때가 적지 않다는 점에서 현실주의적인 태도라고도 할 수 있다.

밀이 취하고 있는 절충의 방법은 무엇인가? 그것은 비판이다. 비판은 어떤 원리의 본질과 의미를 파악하고 그것의 한계를 드러내는 방법으로서, 개인의 사고 과정 안에서 이뤄질 수도 있으며, 개인들 간의 토론에서 이뤄질 수도 있다. 내적으로 이뤄지는 비판의 핵심은 자신에게 관대한 인간적 성향을 초월해 객관적인 관찰자의 관점에서 어떤 의견을 오직 지성(知性)의 힘만으로 검토하는 것이다(자서전: 35; 콜리지: 128). 외적으로 이뤄지는 비판은 토론을 통해 이뤄진다. 토론은 당사자들이 권력의 외압 없이 오직 이성적 주장과 경청을 통해 적절한 합의에 도달하는 기제다. 이러한 의미에서 밀은 비판적 절충주의자라고 할 수 있다.

그렇다면 이러한 절충의 기준은 무엇인가? 그것은 현실성과 유용성이다. 첫째, 현실성은 지식이 현실의 복잡성을 반영하고 있는 정도를 의미한다. 실제로 우리가 인식해야 하는 인간과 세계는 복잡한데, 이러한 복잡성을 전제하지 않는 이론은 현실성이 떨어질 수밖에 없다(벤담, 94, 97). 밀은 현실의 복잡성을 인식했기 때문에 단정적인 주장을 하는 경우가 거의 없다. 그의 주장에는 대체로 단서 조항이 따라다닌다. 둘째, 유용성은 실제로 지식이 인간과 사회의 발전에 기여할 수 있는 정도를 의미한다. '가장 넓은 의미에서 진보하는 존재로서 인간의 영원한 이해관계'에 실질적으로 도움이 되지 않는 지식은 무의미하다는 것이다(자유론: 224). 이러한 의미에서 밀은 실용적 절충주의자라고 할 수 있다.

밀의 절충주의적 태도 때문에 그의 입장이 무엇인가에 대한 논란이 적지 않다. 단적으로 밀을 '수수께끼 같은 사상가'로 보는 경우도 있다(Riley, 2015). 밀은 전체의 이익을 최우선으로 하는 공리주의자인가 아니면 개인의 권리를 최우선으로 하는 자유주의자인가(Bouton, 1965; Stegenga, 1973; Ladenson, 1977; Kurer, 1999; Turner, 2014; Riley, 2015)? 지적 능력이 우월한 엘리트의 지배를 정당화하는 엘리트주의자인가 아니면 평준화된 대중의 지배를 정당화하는 민주주의자인가(Kendall & Carey, 1968)? 사적 소유와 경쟁을 원리로 하는 자본주의의 지지자인가 아니면 공동 소유와 통제를 원리로 하는 사회주의의 지지자인가(Claeys, 1987; Grollios, 2011)? 밀이 절충주의자라는 점을 고려한다면, 이렇게 밀을 어떤 범주에 제한하려는 시도는 별 의미가 없어 보인다. 굳이 범주화한다면, 그는 인간의 진보를 믿고 기대하는 진보주의자라고 할 수 있다. 밀의 모든 절충주의적 논의는 인간과 사회의 진보를 지향한다.

(2) 마르크스: 내재적 비판

마르크스의 비판에 대한 입장은 철저하고 단호하다. 마르크스가 한때 자신의 동지였던 아놀드 루게(Arnold Ruge, 1802~1880)에게 보낸 편지는 비판에 대한 그의 입장을 분명하게 보여 준다. "지금까지 철학자들은 책상에 놓여 있는 모든 수수께끼의 답을 가지고 있었고, 어리석고 통속적인 세상 사람들은 절대 지식의 구운 비둘기가 날아들도록 입을 벌리기만 하면 됐다. 이제 철학은 세속적인 것이 됐다. … 지금 우리가 해야 할 일은 더욱 분명하다. 그것은 바로 존재하는 모든 것에 대한 무자비한 비판이다. 무자비하다는 말은 비판이 가져올 결과나 있을지도 모를 권력과의 갈등을 두려워하지 않는다는 것을 의미한다"(루게: 142). 마르크스에 따르면, 낡은 철학이 권위와 신성성에 기대어 진리를 주장하는 것이라면, 새로운 철학은 오직 비판에 의존해서 진리를 추구한다는 것이다. 따라서 그는 '존재하는 모든 것에 대한 무자비한 비판'의 원칙을 천명한다.

마르크스가 말하는 비판은 비판자의 목적이나 이념을 전제로 이뤄지는 외재적 비판이 아니라 비판 대상 자체의 논리를 근거로 대상의 한계와 모순을 드러내는 '내재적 비판'으로서 변증법적 대립과 지양의 원리를 토대로 한다. 비판은 교조적인 방식이 아니라 세상 자체의 원칙에서 세상을 위한 새로운 원칙을 드러내는 방식으로 세상과 맞서는 것이다(루게: 144). 비판은 구세계의 모순을 드러냄으로써 새로운 세계를 발견하는 것이다. 마르크스의 비판 원칙은 멈춤이 없다. 한 단계의 비판이 종료되는 순간은 바로 다음 단계의 비판이 시작되는 순간이기도 하다(Butler, 2016: 464).

마르크스의 내재적 비판 원리는 게오르크 헤겔(Georg W. F. Hegel)의 관념론적 변증법과 루드비히 포이에르바흐(Ludwig Feuerbach, 1804~1872)의 추상적 유물론에 대한 비판 위에서 구성된 것이다. 헤겔은 정신의 변증법적인 전개 과정을 본질로 하는 관념론적 철학 체계를 완성한다. 정신의 변증법적 운동은 정신이 스스로를 타자화/대상화하고 이러한 타자성을 지양하는 운동이다(Hegel, 1977: 21). 다시 말해서, 그것은 정신이 자신으로부터 소외되고 다시 이러한 소외로부터 자신에게로 복귀하는 운동이다.

변증법적 운동은 정신이 자신을 밖으로 내보내는 외화, 외화된 것을 타자/대상으로 인식하는 타자화/대상화, 대상이 바로 자기 자신임을 인식하는 동일화/복귀를 내용으로 한다. 여기에서 복귀는 타자성의 지양을 말한다. 변증법적 운동은 폐쇄된 원을 순환하는 운동이 아니라 나선형적으로 발전 또는 상승하는 운동이다. 헤겔에게 소외는 정신의 변증법적 전개 과정의 본질적인 계기다. 소외는 외화와 대상화를 의미하는 것으로 인간에게서 필연적으로 발생하는 현상이며 발전의 전제 조건이다.

『정신현상학』의 '주인과 노예의 변증법'은 헤겔의 소외와 노동의 의미를 이해하는 데 중요한 실마리를 제공한다. 인간이 인간이기 위해서는 자신과 동등한 다른 인간으로부터 인간으로 인정을 받아야 한다. 모든 인간은 인정을 받음으로써 인간이 된다(Hegel, 1977: 111). 인간은 인정을 받기 위해 투쟁하지 않을 수 없다. 그 과정에서 사람들은 생명을 걸고 투쟁을 벌이는 측과 자신의 생명을 유지하기를 원하는 측으로 양분된다. 후자는 전자를 인정함으로써 자신의 생명을 유지한다. 이렇게 해서 전자는 자립적 존재가 되고, 후자는 예속적 존재가 된다. 전자는 주인이고 후자는 노예다(Hegel, 1977: 115). 주인과 노예의 관계에서 인정은 일방적이다. 주인은 노예의 인정을 받아 인간이 되고, 노예는 인정을 받지 못해 인간이 되지 못한다. 여기에 역설이 존재한다. 주인은 동등한 인간에게 인정을 받은 것이 아니라 비인간에게 인정을 받은 셈이다. 그런 의미에서 주인은 자립적으로 보이지만 실제로는 비자립적이다. 반면 예속적으로 보이는 노예는 노동을 통해 자신의 참모습을 발견한다. 노동은 항구적인 자연 질서를 자신의 의지에 예속시키는 자립적이고 능동적인 활동이다. 노예는 자신이 소외된 존재로만 보였던 노동 속에서 자신의 자립성을 깨닫게 된다(Hegel, 1977: 118-119).

마르크스는 헤겔의 관념론에 대해서는 부정적인 평가를 내린다. "헤겔은 능동적 관념론을 완성했다. 그는 물질세계 전체를 관념세계로 변질시켰을 뿐만 아니라 역사 전체를 관념의 역사로 변질시켰다"(독일: 24). 그럼에도 불구하고 그는 헤겔이 주인과 노예의 변증법에서 보여 준 소외와 노동의 의미에 대해서는 긍정적으로 평가한다. "헤겔의 『정신현상학』의 걸출한 업적은 … 헤겔이 인간의 자기 창조를 과정으로, 대상화를 대상의 상실, 소외, 그리고 이 소외의 초월로 인식하고 있다는 점과 노동의 본질을 파악하고 있으며, 객관적 인간을 인간 자신의 노동의 결과로 이해하고 있다는 점이다"(경철: 332-333). 마르크스는 헤겔의 관념론을 유물론으로 거꾸로 세우고, 노동을 통한 소외의 극복을 인간과 역사 발전의 계기로 삼는다. 관념론을 유물론으로 전도시키는 데 포이에르바흐의 유물론은 마르크스에게 큰 영향을 미친다.

포이에르바흐는 추상적인 사유가 아닌 '살아 있는 인간'의 사유에서 출발하는 진정한 철학을 원한다. 그래서 그는 철학의 코페르니쿠스적 전회(Kopernikanische Wendung)를 기획한다. 그것은 간단하다. 술어를 주어이로 바꾸기만 하면 된다(Feuerbach, 2012: 154). "존재에 대한 사유의 진정한 관계는 다음과 같다. 존재는 주어이고, 사유는 술어다. 사유는 존재에서 생겨나지만, 존재는 사유에서 생겨나지 않는다"(Feuerbach, 2012: 168). 이는 헤겔의 관념론을 전도시키려는 시도다. 왜 그는 이러한 전도를 시도하는가? 포이에르바흐는 소외가 관념철학의 논리에 내재된 것으로 보기 때문이다. "추상한다는 것은 자연의 본질을 자연 외부에, 인간의 본질을 인간 외부에, 사유의 본질을 사유 행위 외부에 정립시키는 것이다. 헤겔 철학은 그것의 전체계가 이러한 추상 행위에 기초하는 한 인간을 자신으로부터 소외시킨다"(Feuerbach, 2012: 157).

포이에르바흐가 생각하는 소외의 전형은 종교에서 찾을 수 있다. 종교는 인간으로부터 인간의 능력, 속성, 본질을 추상해 내어 그것을 독립적인 존재로 신격화한다. 따라서 신은 인간이고 인간이 곧 신이다(Feuerbach, 1989: 12-13). 신의 본질은 인간이다. 인간이 창조한 신에 대한 신앙이 강해지면 강해질수록 신은 더욱더 자립적이고 전능한 존재가 되며, 인간은 더욱더 자신의 본질로부터 멀어진다. 포이에르바흐의 소외는 자신이 만든 것이 자립성을 가지고 오히려 자신을 지배하는 현상을 말한다. 살아 있는 인간을 출발점으로 하지 않는 사변적인 철학이나 신학은 이러한 소외를 철학적·신학적 근거로 삼는다. 따라서 그는 철학의 전도를 통해 소외를 극복하고자 한다. 마르크스는 이러한 포이에르바흐에 대해 비판적이면서도 호의적이다. 마르크스의 포이에르바흐에 대한 비판은 시공간을 초월한 유적(類的) 존재(species being)로서 인간의 보편적 특성을 철학의 출발점으로 삼고 있다는 점에 초점을 맞춘다. "포이에르바흐는 종교의 본질을 인간의 본질로 환원한다. 그러나 인간의 본질은 각각의 개인에 내재하는 추상물이 아니다. 실제로 인간의 본질은 사회적 관계의 총화다. … 포이에르바흐는 종교적 심성 자체가 사회적 산물이라는 사실과 그가 분석한 추상적 개인이 특정한 형태의 사회에 속해 있다는 사실을 알지 못한다"(테제: 3-5). 마르크스에 따르면, 포이에르바흐는 '사회적 관계의 총화'로서 인간의 의미를 포착하지 못했기 때문에 실천을 통한 변혁의 논리를 제공하는 데 실패했다는 것이다.

그럼에도 불구하고 마르크스는 포이에르바흐를 "어느 정도의 진보를 이루고, 충분한 믿음을 가지고 검토할 만한 유일한 사람"(독일: 28)으로 높게 평가한다. 그렇다면 마르크스에게서 볼 수 있는 포이에르바흐의 흔적은 무엇인가? 현저하게 눈에 띄는 것은 두 가지다(Sass, 1986). 하나는 '전도의 방법'이다. 이는 헤겔의 사유와 존재의 주술 관계를 역전시키거나 국가와 시민사회의 주술 관계를 역전시키는 경우, 자신이 만든 것이 오히려 자신을 지배하는 소외를 개념화하는 방식에서 잘 드러난다. 다른 하나는 '머리와 심장의 동맹이론'이다. 포이에르바흐에 따르면, 철학의 본질적인 도구와 기관은 머리와 심장이다. 머리는 능동성, 자유, 형이상학적 무한성 그리고 관념론의 원천이며, 심장은 고통, 유한성, 욕구 그리고 감각론의 원천으로서, 머리와 심장이 통일되는 곳에서 삶의 진리가 발견될 수 있다는 것이다(Feuerbach, 2012: 164-165). 포이에르바흐의 머리와 심장의 동맹이론은 마르크스에게서 이렇게 변형된다. "해방의 머리는 철학이고 그것의 심장은 프롤레타리아다"(헤겔서문: 187).

마르크스는 헤겔의 관념론적 변증법과 포이에르바흐의 추상적 유물론에 대한 비판을 통해 유물론적 변증법과 사적 유물론을 구성한다. 유물론적 변증법의 원리에 따르면, 만물은 변하고, 그 변화는 내적인 모순에 의해 추동된다. 모순은 정(正)과 반(反)의 대립으로서 반은 정의 소외 양태다. 소외는 대립물의 투쟁을 통해 합(合)으로 지양된다. 이러한 정(正)-반(反)-합(合)의 운동이 무한하게 이뤄지기 때문에 변하지 않는 것은 없다. 이러한 의미에서 변증법은 시간성 또는 역사성을 내포한다. 그래서 역사의 발전에 대한 마르크스의 관점을 사적 유물론이라 부른다. 마르크스의 내재적 비판은 유물론적 변증법과 사적 유물론의 원리에 충실하게 소외의 양태를 폭로하고 그것을 지양하기 위한 방법을 찾는 데 초점을 맞춘다.

2) 진보: 점진적 발전 대 혁명적 발전

밀과 마르크스는 진보주의자다. 그들은 진보가 인간의 선택과 실천에 의해 이뤄진다고 본다. 이들은 자유를 진보의 궁극적인 지향점으로 본다. 그러나 그들은 진보의 방식을 다르게 생각한다. 밀은 진보를 점진적인 발전 과정으로 보는데 반해서 마르크스는 그것을 혁명적인 발전 과정으로 본다.

(1) 밀: 점진적 발전

밀의 사상 형성에 가장 큰 영향을 미친 사람은 제레미 벤담(Jeremy Bentham)이다. 그는 벤담을 읽으면서 "다른 사람이 됐다"고, 다시 말해서 "견해와 신조와 이론과 철학을 갖게 됐다"고 고백한다(자서전, 68). 밀은 벤담이 도덕과 정치철학에 과학적 방법을 적용한 것을 철학의 혁명이라고 평가한다(벤담, 88). 그럼에도 불구하고 그는 벤담의 인간관이 편협하고 역사 의식이 부재한 것에 대해서는 매우 비판적이다. 밀은 스코틀랜드 계몽주의자들의 역사발전단계론, 프랑스 생시몽주의자들의 역사론과 오귀스트 콩트(Auguste Comte)의 인간 지성 발전론을 통해 역사에 대한 철학적 의식을 형성하게 된다(Eisenberg, 2016). 이들은 역사가 진보한다는 생각을 공유한다.

밀은 이들의 생각을 그대로 받아들이지는 않았지만, 장기적이고 넓은 의미에서 인류의 진보적 경향성에 대한 신념을 공유한다. "일반적인 경향은 … 개선의 경향이며, 앞으로도 계속 그럴 것이라는 것이 나의 믿음이다. 그것은 더 좋고 더 행복한 상태를 지향한다. … 인류의 성격과 그들에 의해 지금까지 만들어진 환경에는 진보적인 변화가 존재한다"(논리: 913-914).

밀은 『시대정신』(1831)에서 변화와 관련해 사회가 처할 수 있는 상태를 '자연적 상태'와 '전환적 상태'로 나눈다. 자연적 상태는 현존하는 사회에서 가장 적합한 사람들이 세속적인 권력과 도덕적 영향력을 관례적으로 그리고 논란의 여지없이 발휘하는 상태를 말한다. 자연적 상태는 한편으로는 가장 탁월한 관리 능력을 가진 사람들이 공동체의 이해관계를 관리하는 경우를, 다른 한편으로는 사람들이 의견을 추종하고 감정을 따르며, 실천적으로 공동의 합의에 따라 일을 수행하는 사람들이 올바르고 유용하게 생각하고 판단하는 능력이 그 누구보다도 탁월한 경우를 말한다. 전환적 상태는 세속적인 권력과 도덕적 영향력을 행사하는 기존의 사람들보다 더 탁월한 사람들이 존재하는 경우, 세속적인 권력과 세상사를 관리하는 기존의 탁월한 능력이 통합이 아니라 분열을 야기하는 경우, 스스로 생각하는 능력이 없는 사람들의 의견을 세우고 감정을 형성하는 권위가 전혀 존재하지 않는 경우, 또는 그 권위가 그 시대의 가장 탁월한 능력이 있는 사람들이 아닌 모든 곳에 존재하는 경우를 말한다. 자연적 상태는 기존의 상태를 유지하는 범위 안에서 사회 변동이 이뤄지는 상태를, 전환적 상태는 기존의 상태 자체를 변화시키면서 사회 변동이 이뤄지는 상태를 말한다. 밀에 따르면, 역사는 자연적 상태와 전환적 상태를 반복하면서 진보한다는 것이다.

밀은 자신이 살던 시대를 전환의 시기로 봤다. 산업혁명이 급속하게 진행되던 당대의 사람들은 문명의 진보를 체감했을 것이다. 밀은 『문명화』(1836)에서 문명화를 두 가지 관점에서 바라봤다. 하나는 문명화를 인간과 사회의 전반적인 개선, 즉 인간과 사회가 '좀 더 행복하고 고결하며 현명한' 상태로 발전하는 것이라는 매우 광의적인 관점에서 인식하는 것이다. 다른 하나는 그것을 부(富)나 권력과 같은 특정한 부문에서의 개선이라는 협의적인 관점에서 인식하는 것이다. 밀은 당대의 문명화가 협의적으로는 진보적이라고 할 수 있으나, 광의적으로는 진보적이라고 보기 어려운 문제들이 있다고 생각한다. 당대의 사회는 산업화와 전반적인 부의 증대 및 분산과 지성의 확산을 통한 대중의 등장 및 권력화 그리고 분업에 기초한 사회적 협동 능력의 향상 등과 같이 협의의 문명화가 빠른 속도로 이뤄지는 진보적 전환의 시기라고 밀은 생각했다. 그런데 그는 이러한 문명화가 정치적인 측면과 도덕적인 측면에서 극복해야 할 문제를 안고 있음을 비판적으로 지적한다. 첫째, 정치적 측면에서 대중의 등장 및 권력화와 함께 여론의 지배를 받는 민주주의가 발전하게 됐다. 문제는 여론이 지적 능력이 우월한 사람들이 아니라 평균적인 다수 대중의 의견에 따라 형성된다는 데 있다는 것이다. 밀은 민주주의의 참된 정신을 제대로 살리기 위해서는 무엇보다도 대중의 능력이 개선돼야 한다고 생각했다. 둘째, 도덕적 측면에서 사람들은 부에 대한 욕망에 사로잡혀 경쟁에 매몰됐고, 공동체를 위해 희생과 고통을 감내하는 고대의 영웅적 기질은 사라지고, 개인적인 안정에 안주하는 소시민들이 대중을 형성하게 됐다. 한마디로 개인은 군중 속으로 사라져 버리고 말았다는 것이다. 군중으로서 사람들은 실제의 자신보다는 남들이 자신을 어떻게 보는가에 더 많은 관심을 갖게 된다. 사회적 교류는 자아의 진정한 교류가 아니라 가면을 쓴 사람들 간의 가식적인 교류의 양상을 띠게 된다. 밀은 이러한 문제를 극복하기 위해 협동정신 안에서 건설적인 경쟁의 가능성을 모색해야 하며, 감정이나 교조주의의 함정에 빠지지 않고 오직 지성에 의존해서 스스로 생각하고 판단하는 능력을 계발하고 발휘할 수 있는 교육 체제를 구축해야 한다고 주장한다. 밀은 장기적이고 넓은 의미에서 진보에 대한 신념을 가지고 있었으나, 그렇다고 나무에 열매가 맺는 것처럼 진보가 저절로 이뤄진다고 보지는 않았다. 진보는 사람들이 어떠한 선택을 하느냐에 달려 있다는 것이다.

그렇다면 밀이 생각하는 진보의 전략은 무엇인가? 그는 기존의 사회 질서와 인간 본성을 한순간에 질적으로 완전히 뒤바꾸는 혁명 전략보다는 개량을 통한 '점진적 개혁 전략'을 지지한다. 혁명 전략은 지배와 예속의 권력 관계를 해체한다는 명분으로 폭력적인 억압을 사용하는 역설에 빠질 가능성이 높기 때문이다. "혁명적 사회주의자들을 움직이게 하는 원리는 증오다. 그것은 혼돈에서 더 나은 질서가 등장하기를 바라는 희망 속에서 그리고 어떠한 점진적인 개선도 존중할 수 없는 필사적인 조급함 속에서 어떠한 대가를 치르더라도—현 체제에 의해 고통을 당하고 있는 사람들의 희생을 포함해—현 체제를 종식시킴으로써 빠져나올 수 있을 것이라고 생각하는 기존의 악에 대한 용서할 수 없는 증오다. 그들은 혼돈이 질서의 건설에 착수할 때 가장 불리한 거점이라는 것과 오랜 시간 동안 점철된 갈등과 폭력 그리고 강자에 의한 약자의 전제적 억압이 개입할 수밖에 없다는 사실을 인식하지 못한다"(사회주의: 749).

밀의 점진주의 전략의 특성은 두 가지 측면에서 볼 수 있는데, 하나는 진보와 질서의 관계이며, 다른 하나는 개혁의 주도자 문제다. 첫째, 밀에 따르면, 진보는 기존의 것을 모두 버리고 완전히 새로운 것으로 대체하는 것이 아니다. 그것은 기존의 사회에서 좋은 것은 보존하면서 나쁜 것은 걸러 내고, 새로운 것으로 나쁜 것을 대체하고 유지하는 것이다. 그런 의미에서 질서(보수)와 진보는 이질적이며 갈등하는 선택의 대상이 아니다. "질서는 진보와 조화를 이뤄야 하는 또 다른 목표가 아니라 진보 그 자체의 부분이자 수단이다"(정부: 388). 둘째, 개혁의 주도권 문제를 보면, 밀은 지적 능력과 덕이 탁월한 사람들이 우선적으로 개혁을 주도하고, 점차적으로 대중의 참여를 확대함으로써 대중의 지적·도덕적 능력이 향상되면, 개혁의 주도권이 대중에게 넘어가는 방식을 제시한다. 지적 능력이 우월한 엘리트계급의 가장 중요한 역할은 시간이 걸리더라도 교육과 제도의 개선을 통해 지적으로 향상된 대중을 창출하는 것이며, 궁극적으로 세상을 바꾸는 것은 현명한 대중의 임무다.

그렇다면 밀은 어떤 사회를 추구했는가? 그것은 사회주의적 상상력이 동원된 사회상이다. "우리는 개인에 대한 사회의 전제를 열렬히 비난하면서도, 사회가 더는 게으른 사람과 부지런한 사람으로 구분되지 않는 시대, 일하지 않는 사람은 먹지도 말라는 원칙이 빈민만이 아니라 모든 사람에게 공평하게 적용되는 시대, 노동 생산물의 분배가 지금 대부분 그런 것처럼 출생이라는 우연에 의해 이뤄지는 것이 아니라 정의의 원리에 따라 합의에 의해 이뤄지는 시대, 인간이 자신만의 이익이 아니라 자신이 속한 사회와 함께 나누는 이익을 얻기 위해 열심히 노력하는 것이 더는 불가능하지 않고 그렇다고 생각되지도 않는 시대를 대망했다"(자서전: 238).

(2) 마르크스: 혁명적 발전

헤겔의 관념론은 철학의 외피를 쓴 신학이다. 헤겔의 철학은 신을 절대정신으로 대체한 것에 불과하다. 이를 간파한 사람이 바로 포이에르바흐다. 그의 종교 비판은 신학의 비판이자 헤겔 사변철학의 비판이다. 포이에르바흐의 유물론은 유적 존재로서 인간을 출발점으로 삼는다. 그 인간은 시공간적 존재, 즉 역사적·사회적 존재가 아닌 추상적인 유적 존재다. 따라서 포이에르바흐의 철학은 추상적 유물론으로서 신과 절대정신을 유적 존재인 인간으로 대체한 것에 불과하다. 이를 간파한 사람이 마르크스다. 마르크스의 철학은 헤겔의 관념론적 변증법을 유물론적 변증법으로 전도시키고, 사적 유물론의 관점에서 사회적 존재로서 인간의 역사를 해명하는 데 초점을 맞춘다. 그래서 마르크스는 자신의 철학적 임무를 이렇게 선언한다. "진리의 피안(彼岸)이 사라진 뒤에 차안(此岸)의 진리를 세우는 것은 역사의 임무다. 인간의 자기 소외의 신성한 가면이 벗겨진 뒤에 인간의 자기 소외의 세속적인 가면을 벗기는 것은 바로 역사에 봉사하는 철학의 임무다. 이리하여 천상의 비판은 지상의 비판으로 전환된다"(헤겔서문: 176). 마르크스는 소외의 문제를 사적 유물론, 즉 물질적 토대와 법적·정치적 상부구조의 역사적 건축술을 통해 조망한다.

역사 발전의 법칙으로서 사적 유물론은 두 가지 대전제 위에서 세워진다. 하나는 의식이 존재를 규정하는 것이 아니라 존재가 의식을 규정한다는 것이다. 사적 유물론은 인간의 물질적 존재 조건을 출발점으로 삼는다. 다른 하나는 만물은 변한다는 것이다. 사적 유물론은 인간 사회의 변화를 필연적인 현상으로 본다. 이러한 전제 위에서 사적 유물론은 다음과 같이 정식화된다. "인간은 자신들의 생활을 위한 사회적 생산에서 자신들의 의지와는 무관한 일정한 관계에, 즉 자신들의 물질적인 생산력의 발전 단계에 조응하는 생산 관계에 필연적으로 들어간다. 이러한 생산 관계의 총체가 법적·정치적 상부구조가 세워지고 일정한 형태의 사회적 의식이 조응하는 사회의 경제적 구조, 즉 실재적 토대를 구성한다. 물질적 생활을 위한 생산 양식이 사회적·정치적·지적 생활 과정 일체를 조건 짓는다. 인간의 의식이 인간의 존재를 규정하는 것이 아니라 인간의 사회적 존재가 인간의 의식을 규정하는 것이다. … 사회의 물질적 생산력은 어떤 발전 단계에서 기존의 생산 관계, 또는 그것들이 지금까지 작동했던 틀 안에서 소유 관계와 모순에 빠지게 된다. 이러한 관계는 생산력의 발전 형식에서 족쇄로 변질된다. 그때 사회혁명의 시기가 도래한다. 경제적 토대의 변화가 조만간 거대한 상부구조 전체의 전환을 견인한다. … 어떠한 사회 구성체도 모든 생산력이 충분하게 발전하기 전에는 멸망하지 않으며, 좀 더 우월한 새로운 생산 관계는 자신들을 위한 물질적 조건이 낡은 사회의 틀 안에서 성숙되기 전에는 결코 낡은 사회를 대체하지 않는다"(정치경제: 263).

생산력은 노동력과 생산 수단의 결합 방식으로서 그 수준에 조응해 생산 관계, 즉 소유 관계 및 계급 관계가 형성된다. 생산력과 생산 관계의 총화인 경제적 토대 위에 정치적·법적 상부구조가 세워진다. 그리고 경제적 토대와 상부구조의 관계인 생산 양식을 정당화하는 사회적 의식으로서 이데올로기가 형성된다. 생산력이 발전하게 되면 생산 관계와 모순이 발생하게 되고, 그러한 모순은 경제적 토대와 상부구조의 모순을 야기함으로써 종국에는 사회 구성체의 혁명적인 질적 변화가 발생한다.

마르크스의 사적 유물론에 따르면, 인류의 역사는 원시공산주의, 노동노예제, 봉건제, 자본주의로 발전해 왔으며, 사회주의를 거쳐 공산주의로 넘어가는 도상에 있다. 이를 소유 관계 및 계급 관계로 다시 정리하면, 역사는 공적 소유에 기초한 무계급사회인 원시공산주의에서 사적 소유에 기초한 계급사회인 노동노예제(주인과 노예), 봉건제(영주와 농노), 자본주의(자본가와 노동자)를 거쳐 질적으로 향상된 공적 소유에 기초한 무계급사회인 사회주의, 공산주의로 향하고 있다는 것이다. 마르크스에 따르면, 소외는 소유 방식과 밀접한 관련이 있다. 소외와 사적 소유는 서로를 강화하는 순환적 관계에 있다. 따라서 역사는 소외되지 않는 상태(공적 소유)에서 소외된 상태(사적 소유)로 그리고 다시 소외되지 않은 상태(공적 소유)로 전개된다(정문길, 1978).

사적 유물론에 따르면, 사회는 필연적으로 변한다. 변화의 필연성은 인간의 실천에 의해 완성된다. 그러나 실천은 사회적 조건에 의해 제한된다. "인간은 자기 자신의 역사를 만든다. 그러나 자기 마음대로 만드는 것이 아니다. 인간은 자신이 선택한 상황이 아니라 이미 존재하고, 주어지며, 과거로부터 전달된 상황에서 만든다"(부뤼메르: 103). 그러나 역사의 주인공은 인간이라는 추상적이고 무차별적인 집단이 아니라 사회의 모순을 돌파하는 계급이다. 그래서 인간의 역사는 계급 투쟁의 역사인 것이다(공산당: 482).

부르주아는 봉건제 사회의 모순을 혁명적으로 타파하고 새 역사의 주인공이 된다. 자본주의 사회의 지배계급이 된 부르주아는 신분적 관계를 경제적 이해관계로, 신념이나 열정을 이기적 타산으로, 인격의 가치를 교환 가치로, 양심적 자유를 상업의 자유로, 은밀한 착취를 노골적 착취로 바꿔 버렸다(공산당: 486-487). 부르주아 혁명은 계급 지배 자체를 폐지한 것이 아니라 지배계급을 교체한 것에 불과하다. 지배계급에 의한 피지배계급의 착취구조는 온존한다. 착취와 사적 소유는 동전의 앞면과 뒷면의 관계다. 자본주의가 고도화될수록 착취는 그 질과 양적 측면에서 고도화되지만 부르주아의 사회관리 능력은 점점 더 약화된다. "부르주아 사회는 자신의 주문으로 불러냈던 지하 세계의 힘을 더 이상 통제할 수 없는 마법사와 같다"(공산당: 489). 사회는 부르주아 계급과 족쇄 말고는 더 이상 잃을 것이 없는 프롤레타리아 계급으로 양분되고, 프롤레타리아 계급이 새로운 역사의 주인공으로 등장한다.[2]

프롤레타리아의 역사적 임무는 자본주의 사회의 모순을 혁명적으로 타파하고 새로운 사회를 여는 것이다. 그것은 사적 소유가 폐지된 공산주의 사회다. "발전 과정에서 계급적 차이가 사라지고 모든 생산이 전국에 걸친 거대 연합체의 수중에 집중되면, 공권력은 그 정치적 성격을 상실하게 될 것이다. 본래 정치 권력은 한 계급이 다른 계급을 억압하기 위한 조직된 힘이다. 만일 프롤레타리아가 부르주아와 투쟁하는 동안 투쟁의 필요에 따라 하나의 계급으로서 스스로를 조직화한다면, 프롤레타리아가 혁명을 통해 지배계급이 돼, 낡은 생산 조건들을 강제적으로 폐지한다면, 프롤레타리아는 이

---

[2] "유산계급과 프롤레타리아계급은 똑같이 인간의 자기 소외를 나타낸다. 그러나 전자는 이러한 자기 소외에서 안락함과 힘을 느낀다. 유산계급은 소외를 자기 자신의 힘으로 인식하고 그 안에서 인간적 실존의 가상을 갖는다. 그러나 후자는 이러한 소외에서 절망감을 느끼고 그 안에서 자신의 무력함과 비인간적 실존의 실체를 본다. … 프롤레타리아가 승리할 때, 프롤레타리아는 결코 사회의 전제적인 당파가 되지 않는다. 왜냐하면 프롤레타리아는 자기 자신과 자신의 반대 당파를 함께 철폐함으로써만이 승리할 수 있기 때문이다. 그때서야 프롤레타리아는 자신을 제약하는 대립물인 사적 소유와 마찬가지로 소멸한다"(가족: 36).

생산 조건들과 아울러 계급 적대나 계급 자체가 발생하는 조건들을 폐지하고, 그럼으로써 계급으로서의 자신의 지배도 폐지하게 될 것이다. 우리는 계급과 계급 대립이 존재하는 낡은 부르주아 사회의 자리에 각자의 자유로운 발전이 모두의 자유로운 발전의 조건이 되는 연합체가 들어서게 할 것이다"(공산당: 505-506). 공산주의는 인간의 자기 소외의 결과이자 원인인 사적 소유의 적극적 지양이다. 따라서 공산주의는 인간의 사회적 존재로서 자기 자신에게로의 완전한 귀환이다. "공산주의는 해결된 역사의 수수께끼다"(경철: 296).

2 자유: 소극적 자유 대 적극적 자유

밀과 마르크스는 비판과 실천을 통해 역사의 진보를 이루고자 했다. 그들이 정치적·경제적·사회적 불평등과 불의를 역사의 진보를 가로막는 방해물로 인식한 이유는 그것들이 자유를 훼손하기 때문이다. 이들은 자유를 역사의 진보를 판단하는 기준으로 삼는다. 그런 의미에서 밀과 마르크스는 자유주의자다. 그러나 이들은 자유를 다르게 이해한다. 벌린은 자유를 소극적 자유와 적극적 자유로 분류한 바 있다. 소극적 자유는 행위자가 간섭이 없는 상태에서 행동하는 것을 말한다. 적극적 자유는 행위자가 주도적으로 자신이 원하는 것을 행하는 것을 말한다. 사실상 한 사상가가 어느 한 측면의 자유만을 말하는 경우는 거의 없다. 이러한 분류는 한 사상가가 두 측면 가운데 어느 부분을 더 강하게 또는 중요하게 다루는가에 초점을 맞춘 것이다. 밀은 소극적 자유에, 마르크스는 적극적 자유에 초점을 맞춘다.

1) 밀: 소극적 자유

밀은 소극적 자유 관념을 발전시킨다. 그것은 국가 및 사회에서 발생할 수 있는 다수의 폭정이 개인의 자유를 훼손한다는 문제의식에 기반을 두고 있다. 그래서 그는 간섭이 없는 상태로서 자유를 강조한다. 이러한 자유를 실현하기 위해 그는 정치적으로 인민 모두의 의견이 대표될 수 있는 참된 대의민주주의를, 경제적으로는 정의로운 분배가 이뤄질 수 있는 협동조합 체제를 제안한다.

(1) 방해 요인: 다수의 폭정

밀은 국가와 사회가 개인의 자유를 침해할 가능성에 주목한다. 먼저 국가가 개인의 자유를 침해할 가능성에 대해 밀이 주장하는 바를 살펴보자. 밀에 따르면, 민주주의를 표방하는 국가는 다수의 지배에 충실하기 때문에 언제나 다수가 소수의 권리를 침해하는 '다수의 폭정'이 발생할 가능성이 있다. 민주주의의 기본 원리인 '자치'나 '국민 자신을 지배하는 국민의 권력'이라는 말을 다르게 적용할 수 있고, 실제로 다르게 적용하는 경우가 대부분이다. "권력을 행사하는 국민이 그 권력의 행사 대상인 국민과 언제나 동일한 것도 아니었고, 자치라는 것도 각자가 자기 자신을 지배하는 것이 아니라 각자가 자기를 제외한 나머지 모두에 의해 지배를 받았다. 또한 국민의 의지라는 것도 현실적으로는 국민 중에서 가장 수가 많거나 가장 능동적인 집단, 즉 다수파 또는 다수파로 인정받는 데 성공한 사람들의 의지를 의미한다. 따라서 국민은 그들 중의 일부를 압제하려고 할 수도 있기 때문에, 그 밖의 다른 권력 남용에 대해서와 마찬가지로 그러한 권력 남용에 대해서도 예방 조치가 필요하다. 따라서 집권자가 공동체, 즉 공동체 내에서 가장 힘 있는 집단에 대해 책임을 지는 것이 정착돼 있다고 할지라도, 개개인에 대한 정부의 권력을 제한하는 것은 그 중요성을 조금도 잃지 않는다"(자유론: 219). 밀에 따르면, 국민은 하나의 집단이 아니다. 민주주의는 국민을 다수파와 소수파로 나누고, 다수에 의한 소수의 지배를 정당화한다. 이처럼 민주주의 국가에서는 하나의 국가 안에 두 개의 국민이 존재하게 되는데, 자치는 다수파 국민의 지배와 소수파 국민의 배제를 의미하는 것이 된다. 민주주의의 원리에 따르면, 정부는 다수파 국민의 의지를 따라야 하기 때문에, 정부에 의한 개인의 권리 침해가 발생할 가능성이 언제나 존재한다. 따라서 밀은 정부 권력에 대한 제한이 불가피하다고 본다.

다수의 폭정은 정치의 영역에서만 일어나는 현상이 아니다. 그것은 사회의 영역에서도 얼마든지 발생할 수 있다. "정치사상 속에서 다수파의 폭정은 사회가 늘 경계하지 않으면 안 되는 악 중의 하나로 여겨지는 것이 일반화됐다. 다수파의 폭정은 그 밖의 다른 폭정과 마찬가지로 처음에 공권력의 행사를 통해 행해졌고, 지금도 여전히 사람들은 그것을 두려워한다. … 사회 자체가 폭군이 됐을 때, 즉 사회가 개개인들에게 집단적으로 폭정을 행할 때, 그 폭정의 수단은 정치인들의 손을 빌려 행하는 것에 국한되지 않는다. 사회는 자기 자신의 명령을 집행할 수 있고, 실제로 집행한다. 그런데 사회가 올바르지 않고 잘못된 명령을, 또는 자신이 개입해서는 안 되는 일과 관련된 명령을 내리는 경우에는, 그렇게 해서 이뤄지는 사회의 폭정은 온갖 종류의 정치적 압제보다 더 끔찍하고 무시무시한 것이 되고 만다. 그 폭정은 통상적으로 정치적 압제에서와는 달리 극단적인 형벌을 사용하지는 않지만, 개개인의 삶의 모든 영역에 아주 깊이 파고들어서 개인의 영혼 자체를 예속시킴으로써, 거기에서 벗어날 수 있는 길을 거의 남겨 놓지 않기 때문이다. 따라서 공권력의 폭정을 막는 것으로는 충분하지 않다. 지배적인 여론이나 정서의 폭정도 막아야 한다. 또한 사회가 공적인 처벌 이외의 다른 수단을 사용해서 다른 생각을 가진 사람들에게 자신의 이념과 실천을 그들의 행위 규범으로 받아들이도록 강요함으로써, 자신의 방식과 부합하지 않는 개체성이 발전하는 것은 물론이고 가능하면 형성되는 것조차 차단하고, 모든 사람으로 하여금 자신들의 인격을 사회가 정한 방식으로 만들어 나가도록 강제하는 것도 막아야 한다. 집단의 의사가 개개인의 독립성에 합법적으로 간섭하는 데에는 일정한 한계가 있다. 그 한계를 규정해서 넘어서지 못하게 하는 것도 정치적으로 독재를 막는 것만큼이나 인간다운 삶을 살기 위한 적절한 여건을 조성하는 데 필수불가결하다"(자유론: 219-220). 사회에서는 관습이나 여론을 통해 다수의 폭정이 발생할 가능성이 있다. 사회의 폭정이 국가의 폭정을 유인하거나 정당화할 수 있다는 데 심각성이 있다. 따라서 밀의 과제는 국가 및 사회와 개인이 적절하게 조화를 이룰 수 있는 지점을 찾는 것이다.

(2) 자유: 간섭의 부재

① 자유 원칙과 자유의 영역

밀에 따르면, 자유는 국가 및 사회의 폭력적 간섭이 없는 상태를 의미한다. 이러한 자유를 실현하기 위해서는 기본적으로 안전이 보장돼야 한다. "인간은 안전이 없이는 아무것도 할 수 없다. 사악함에서 벗어나려는 우리의 모든 노력과 온갖 선의 모든 가치를 추구하는 모든 노력이 순간순간을 뛰어넘도록 하려면 안전이 필요하다. 왜냐하면 우리보다 강한 사람에 의해 다음 순간 모든 것을 빼앗길 수 있다면 우리에게 가치 있는 것은 순간적인 만족밖에 없기 때문이다. 이제 안전은 모든 필수 요소 가운데 육체를 위한 영양분 다음으로 없어서는 안 될 사항이 됐지만, 안전을 제공하는 장치가 끊임없이 작동하지 않으면 안전을 누릴 수 없다. … 안전에 대한 요구는 절대적이며, 제한이 없고, 다른 모든 사항과는 비교할 수 없다는 특성을 전제한다"(공리: 251).

다음으로 자유가 실현되기 위한 조건은 평등이다. 평등하지 않은 상태에서 진정한 자유를 향유하는 것은 불가능하기 때문이다. "자유로운 정부의 상부구조가 한편에는 전제를 다른 편에는 복종을 규정한 법적 토대 위에 세워지고, 전제자가 하는 모든 양보가 그의 기분에 따라 아무런 경고도 없이 취소될 수 있는 법령을 규정함으로써 문제가 개선되는 것은 아니다. 신분 보장이 그렇게 불확실할 때는 어떠한 자유도 큰 가치를 지닐 수 없다. 게다가 법이 어느 한편에 엄청난 힘을 부여한다면 자유의 조건은 결코 공정할 수 없다. 어떤 사람에게는 모든 것에 대한 권리가 부여되고, 다른 사람에게는 상대방의 기분이 좋을 때를 제외하고는 그 어떤 것에 대해서도 권리가 부여되지 않을 뿐만 아니라 어떠한 억압에 대해서도 저항할 수 없는 강력한 도덕적·종교적 의무가 부여될 때, 두 사람 사이의 조정은 결코 공정할 수 없다"(여성: 292).

밀은 안전과 평등의 조건 위에서 자유 원칙으로서 '위해(危害) 원칙(harm principle)'을 제시한다. 사람들은 동등한 존재이기 때문에 서로의 이익을 침해해서는 안 된다는 것이다. 그리고 이것만이 사회가 개인의 권리를 제한하는 유일한 조건이 돼야 한다는 것이다. "사회가 형사적 처벌의 형태인 물리적 힘을 이용하건 여론의 도덕적 압박을 이용하건 강제와 통제로 개인을 대하는 방식을 전적으로 결정할 만한 매우 간단한 하나의 원칙은 … 인류가 개인적으로나 집단적으로 어떤 개인의 행위의 자유에 간섭하는 것을 정당화해 주는 유일한 목적은 자기 보호라는 것이다. 권력이 문명화된 공동체의 구성원에게 본인의 의사에 반해 정당하게 행사될 수 있는 유일한 조건은 타인에 대한 해악을 막는 것이다. 그 사람 자신에게 좋은 것이 물리적이든 도덕적이든 간에 충분한 조건이 되지는 않는다. 그렇게 하는 것이 그에게 더 유리하다든지, 그렇게 하는 것이 그를 더 행복하게 만들어 준다든지, 다른 사람들의 의견에 따르면, 그렇게 하는 것이 현명하거나 심지어 정당하다는 등의 이유로 그에게 어떤 행동을 하거나 하지 못하게 강제하는 것은 정당하지 않다"(자유론: 223-224). 밀의 위해 원칙은 '간섭의 부재'를 본령으로 하는 자유주의적 자유 개념의 핵심이라고 하겠다.

밀은 자유 원칙과 더불어 절대적으로 보장해야 할 자유의 고유 영역을 제시한다(자유론: 225-226). 첫째는 의식의 내면적 자유 영역으로서 가장 포괄적인 의미에서 양심의 자유, 사상과 감정의 자유, 그리고 실천적, 사색적, 과학적, 도덕적 혹은 신학적인 모든 주제에 대한 의견과 감정의 절대적 자유를 포함한다. 언론과 출판의 자유는 사상의 자유에 포함되는 것으로 본다. 둘째는 취향을 즐기고 목적을 추구하는 자유 영역으로서 우리들이 우리 자신에게 맞는 인생 계획을 세우고, 우리들이 하고 싶은 일을 하고, 그 결과에 대해 스스로 책임을 지는 것과 관련된다. 사람들이 우리의 행동이 어리석다거나 비뚤어졌다거나 틀렸다고 생각할지라도 우리의 행동이 다른 사람에게 해악을 끼치지 않는 한 사람들은 우리의 일을 방해해서는 안 된다. 셋째는 결사의 자유 영역으로서 성년에 이른 사람들이 다른 사람들에게 해악을 끼치려는 목적으로 또는 강제적이거나 속아서가 아니라 자발적이고 진정한 의사에 따라 단체를 결성하는 자유와 관련된다. 이는 개인의 자유를 넘어선 집단적 자유의 영역이라고 할 수 있다.

② 자유의 조건: 정치 개혁과 경제 개혁

(ㄱ) 정치 개혁: 민주주의의 제도적 개선

밀은 정치공동체의 합리적인 의사결정 제도를 선택하는 데 무엇보다 중요하게 고려해야 할 조건을 다음과 같이 제시한다. 첫째, 제도가 적용돼야 할 정치공동체 구성원의 상태, 즉 국민성의 수준을 고려해야 한다는 것이다. "어떤 사람들의 집합체를 하나의 사회로 존재하게 하는 것은 국민성이다. 그것은 어떤 국가가 시도하는 것을 성공하게 하거나 실패하게 하고, 어떤 국가로 하여금 좀 더 고귀한 것을 이해하고 성취하게 하거나 저열한 것을 추구하게 하며, 어떤 국가의 위대함을 지속하게 하거나 짧은 시간 안에 빠르게 몰락하게 한다. … 국민성의 철학에 기초하지 않은 법과 제도의 철학은 말도 안 되는 것이다"(벤담: 99). 둘째, 제도의 공적 교육 잠재력으로서 그 제도가 사회의 전반적인 정신 수준, 즉 지적·도덕적·실무적 능력을 향상시키는 데 얼마나 기여할 수 있는지를 고려해야 한다는 것이다. 셋째, 실질적인 문제 해결 능력으로서 그 제도가 공익을 실현하기 위해 사회의 지적·도덕적·실무적 능력을 얼마나 완벽하게 조직화할 수 있는지를 고려해야 한다는 것이다(정부: 392). 세 가지 조건은 밀이 추구하는 인간과 사회의 진보를 염두에 둔 것이다.

밀은 일반적인 정치제도로서 군주제, 귀족제, 민주제 가운데 민주제가 국민의 공공교육이나 공익 실현에 가장 효과적으로 기여할 것이라고 본다. 다만 국민성이 어느 정도 수준에 도달해야 민주제의 효과를 충분히 기대할 수 있다는 단서를 붙인다. 민주제는 "주권이 국가의 구성원 전체에 귀속되고, 모든 시민이 궁극적 주권의 행사에 발언권을 가질 뿐만 아니라 적어도 가끔씩은 지방 또는 전국 차원에서 공공의 임무를 수행함으로써 정부의 일에 직접 참여할 수 있는 체제다"(정부: 403-404). 밀은 특히 '참여'가 갖는 교육적 효과에 주목한다. "가장 주목해야 할 점은 시민 개개인이 드물게라도 공적 기능에 참여하면 도덕적 측면에서 긍정적인 변화가 생긴다는 사실이다. 사람들이 공공 영역에 참여하면 자기와 관련 없는 다른 이해관계에 대해 저울질하게 된다. 이익이 서로 충돌할 때는 자신의 사적인 입장이 아닌 다른 기준에 이끌리게 된다. 일이 있을 때마다 공공선을 제일 중요하게 내세우는 원리와 격률에 따라 행동하게 된다. 이렇게 살다 보면 사람들은 자기만의 생각보다는 이런 이상과 작동 원리에 더 익숙해지는 것을 알 수 있다. 그러한 방향으로 사고가 전환하게 되고 일반 이익에 대해 관심을 가지면서 그것에 마음이 끌리게 된다. 결국 자신이 사회의 한 구성원이라는 느낌을 가지게 되면서 사회 전체의 이익이 곧 자기 자신에게도 이익이 된다는 생각을 품는다. 공적 정신을 배양하는 이런 학교가 없는 곳에서는 특별한 사회적 위치에 있지 않은 보통 사람들이 법을 지키고 정부에 복종하는 것 말고는 사회에 대한 책임감 같은 감정을 느끼는 경우가 아주 드물다. … 공공 영역이 완전히 소멸된 곳에서는 개인의 사적 도덕도 황폐해지고 만다"(정부: 412). 이러한 참여의 효과를 극대화할 수 있는 방법은 고대의 직접민주주의를 적용하는 것이다. 그러나 그것은 물리적으로 불가능하다. 따라서 밀은 현실적으로 대의제가 가장 이상적이라고 생각한다(정부: 412). 그러다 보니 무엇보다 중요한 문제는 양적으로나 질적으로 대표성을 확보하는 방안을 모색하는 것이다.

밀은 대의제가 대표성을 확실하게 담보할 수 있는가에 대해 회의적이다. 다수결의 원칙에 따라 의사결정이 이뤄지는 민주주의는 다수의 '사악한 이해관계'에 의해 왜곡될 가능성이 있기 때문이다. "민주주의는 통상적으로 다수파에 의한 지배라고 인식되고 있다. 이러한 전제에서 바라볼 때, 지배 권력이 특정 집단 또는 계급의 이해관계에 의해 휘둘릴 가능성이 충분히 있다. 지배 권력이 사회 전체의 이익을 지향하는 불편부당한 관점과 배치되는 행동을 취할 수도 있다는 말이다"(정부: 441). 밀에 따르면, 이렇게 특정 집단만을 대표하는 다수파 인민에 의한 전체 인민의 통치는 거짓 민주주의이고, 평등하게 대표되는 전체 인민에 의한 전체 인민의 통치만이 참된 민주주의라는 것이다(정부: 448). 거짓 민주주의는 다수파의 지배와 소수파의 배제를 본질로 하는 것이다. 그런데 밀의 통찰은 거기에 멈추지 않는다. 그에 따르면, 소수파의 배제가 단순히 소수파만의 고통으로 그치지 않는다는 것이다. 요컨대 다수파 안에서 다수파가 권력을 쥐게 되는데, 이렇게 권력을 잡은 사람들은 전체로 보면 소수파에 지나지 않는다. 이처럼 누구든 소수가 배제되고 나면 다수파가 아니라 다수파 안의 소수파가 권력을 독점하게 되는 것이다(정부: 450).

밀은 민주주의의 본래적인 정신에 충실하기 위해서는, 다시 말해서 가능하면 인민 전체의 참여와 대표성을 보장하기 위해서는 선거제도의 개혁이 불가피하다고 본다. 밀은 기본적으로 평등의 정신에 기초해 모든 사람에게 동등하게 투표권이 부여되는 '보통선거제'에 대한 신념을 가지고 있다. "아무리 민주정부라고 해도 현재 투표권이 없는 사람 그리고 장차 투표권을 가질 전망이 없는 사람들은 모두 영원히 불만스러운 또는 사회의 중요한 문제에 대해 무관심한 방관자가 될 수밖에 없다. … 다른 사람들과 똑같은 관심을 가지고 있는 문제에 대해 자신의 생각을 반영할 기회를 갖지 못한다는 것은 당사자에게 불의를 저지르는 셈이 된다. 재정을 부담할 의무가 있고, 필요하다면 방어에 나서야 하며 은연 중에 복종해야 할 의무까지 있다면 자신을 둘러싸고 무엇이 어떻게 돌아가는지 법적으로 알 권리가 있다. 이들에게 동의를 요청받을 권리와 다른 사람보다 더 많지는 않더라도 그와 비슷하게 자신의 의견을 존중받을 권리가 있는 것이다. 충분히 발전된 문명국가에서 천민 취급을 받는 사람이 있어서는 안 된다"(정부: 469-470).

밀은 보통선거제가 실효성을 갖기 위해서는 두 가지 조건을 충족해야 한다고 본다. 첫째로 사람들이 읽기 쓰기와 최소한의 산술적 계산 능력을 갖춰야 한다는 것이다. 그렇지 않으면 투표행위 자체가 불가능하기 때문이다. 그래서 밀은 보통교육이 보통선거보다 먼저 이뤄져야 한다고 생각한다. 그는 이런 기본적인 교육은 무상으로 아니면 가장 가난한 사람들도 감당할 수 있는 최소한의 비용으로 제공해야 한다는 혁신적인 주장을 한다(정부: 470). 둘째로 투표권과 조세 체제를 연동시켜야 한다는 것이다. 세금을 납부하지 않는 사람이 공적인 자원 배분에 참여하는 것은 마치 남의 지갑에 손을 대는 것과 다르지 않다. 따라서 모든 유권자는 매년 조금이라도 세금을 납부하도록 해야 한다는 것이다(정부: 472). 그래야 책임감 있게 투표권을 행사하게 된다는 것이다.

밀의 보통선거제 개념에는 여성의 참정권이 포함돼 있었다. 그가 생각하는 보통선거제 실현을 위한 최대 관문은 여성에게 투표권을 허용하는 것이다. "공동체 구성원의 절반에 해당하는 사람들이 여성이라는 것 말고 합법적으로 모든 조건을 충족시킬 수 있음에도 불구하고 헌법의 울타리 안에 들어오는 것을 허용하지 않을 뿐 아니라 허용될 가능성조차 없이 그들을 계속적으로 배제하는 것이 과연 정당한 일일까요? … 저는 보통선거제가 실현될 날이 조만간 도래할 것이라고 확신합니다. 모든 남성에게 투표권을 확대해야 하고, 모든 여성에게도 역시 투표권을 확대해야 합니다"(Mill, 1867.5.20.).

그러나 보통선거제에는 투표권을 행사하는 사람들의 지적 능력이 반영되지 않으며, 다수의 독주와 소수의 배제를 야기할 잠재적 위험성이 내재한다. 밀은 이러한 문제들에 대응하기 위해 '복수투표제'와 '비례대표제'를 제안한다.

복수투표제는 마치 행복의 총량을 계산할 때 쾌락의 질적 차이를 반영하는 것처럼 투표에서도 유권자들의 질적 차이를 반영하자는 것이다. 유권자의 질적 차이는 재산이 아니라 지적 능력에 의해 구별된다. "인품이나 지적인 면에서 상대적으로 더 뛰어난 사람의 생각과 판단이 열등한 사람의 그것보다 더 가치가 있다고 봐야 한다"(정부: 473). 복수투표제는 지적 능력이 떨어지는 사람을 투표에서 배제하는 것이 아니라 능력이 우월한 사람에게 한두 표를 더 부여하자는 것이다(정부: 474). 복수투표제는 공동체 구성원들의 지적 능력의 차이가 현저할 때 활용 가치가 있으나, 보통교육의 보편화를 통해 구성원들의 지적 능력이 전반적으로 상승한다면 그 가치를 상실하게 된다. 따라서 밀은 복수투표제가 부정적으로 비춰질 수 있으나, 마치 더 큰 악을 방지하기 위해 공동체의 일부 구성원들에게 투표권을 부여하지 않는 것처럼, 복수투표제를 "더 큰 악을 방지하기 위해 일시적으로 허용"(정부: 478)할 필요가 있다고 주장한다.

비례대표제는 다수의 독주를 막고 소수의 의견을 반영하는 것이 인민 전체에 의한 인민 전체의 통치라는 민주주의의 기본 정신을 실현하는 길이라는 생각에서 비롯된 것이다. "나는 보통선거제가 단순히 특정 계급의 지배로 타락하는 것을 방지하기 위한 모종의 조치가 필요하다고 생각한다. … 나는 이 방책들 가운데 하나를 예외로 치는데, 그것은 그 어떤 대의제에서든 마찬가지로 바람직한 것인바, 바로 소수파의 대표성이다. … 정의의 원리에 따라서 그리고 무엇보다도 민주주의의 원리에 따라서 소수파 대표성은 내가 보기에는 대의제가 항구적으로 잘 작동하기 위해서는 절대적으로 필요한 부분이다"(Mill, 1866.5.1.). 밀은 비례대표제야말로 소수의 대표성을 확보할 수 있는 유일한 방법이라고 생각한다. 그가 생각하는 비례대표제의 효용은 다음과 같다. 첫째, 다수이건 소수이건 모든 유권자집단이 그 수에 비례해서 대표를 낼 수 있다. 둘째, 유권자들이 투표도 하지 않은 후보에 의해 명목상으로만 대표되는 일을 막을 수 있다. 셋째, 전국의 유능한 엘리트들을 의회에 모음으로써 대표들이 선의의 경쟁을 통해 내면적 성장을 이루게 할 뿐만 아니라 정부의 부패나 퇴보를 방지할 수 있다(정부: 455-457; 김기순, 2018: 152).

밀은 민주주의의 정신을 실현하기 위해 다양한 제도개혁안을 제시했으나, 무엇보다 중요한 것은 정치공동체의 모든 구성원에게 '표현의 자유'가 확실하게 보장돼야 한다는 것이다. 표현의 자유는 건설적인 토론의 조건이다. 정부의 권력이든 다수의 권력이든 여론이나 관습의 힘이든 개인이 자신의 의견을 자유롭게 표현할 수 없게 한다면 인류는 참다운 진리에 다가갈 수 없다는 것이다. "온 인류가 한 사람을 제외하고 동일한 의견을 갖고 있고, 오직 한 사람만이 반대 의견을 갖고 있다고 해서 강제력을 동원해 그 한 사람을 침묵시키는 것은 권력을 장악한 한 사람이 강제력을 동원해서 인류 전체를 침묵시키는 것만큼이나 정당하지 못하다. … 만약 그 견해가 옳다면, 인류는 오류를 진리로 대체할 기회를 빼앗긴 것이다. 만약 그 견해가 그르다면, 인류는 오류와의 충돌을 통해 진리를 더욱 분명하게 인식하고 더욱 생생하게 드러낼 수 있는 아주 유익한 기회를 놓쳐 버린 것이다"(자유론: 229).

표현의 자유와 합리적인 토론문화가 정치공동체 구성원의 시민적 덕성을 함양하는 계기를 제공한다. 밀은 이러한 원리를 제도화하기 위해 의회에서도 특히 하원이 여론의 전당이 돼야 한다고 봤다. 표현의 자유를 대전제로 하는 공적 토론이 합리적으로 이뤄지기 위해서는 어떠한 조건이 충족돼야 하는가? 밀은 세 가지 조건을 제시한다(자유론: 259). 첫째, 지배적인 의견이든 소수의 의견이든 정직성이 결여돼 있거나 악의적

이거나 자신의 주장을 일방적으로 고집하거나 다른 사람들의 감정을 전혀 용납하지 않는 방식으로 자신의 의견을 표명해서는 안 된다. 둘째, 어떤 문제와 관련해서 우리의 입장과 반대되는 입장에 서 있다는 이유만으로 그 사람이 자신의 의견을 개진하는 것을 좋지 않게 바라보고서 그 사람과 그의 의견을 악하고 부도덕한 것으로 단정해서는 안 된다. 셋째, 어떤 사람이 어떤 의견을 지니고 있든 자신의 반대자들과 그들의 의견이 진정으로 어떤 것인지를 아무런 사심 없이 경청하고서 그들에게 불리한 것들을 부풀리거나 그들에게 유리한 것들을 은폐하지 않는 가운데 그들의 의견에 대한 자신의 솔직한 의견을 밝히는 모든 사람을 존중해야 한다.

밀은 전체 인민의 전체 인민에 대한 통치를 보장하는 참된 민주주의를 추구한다. 보통선거제, 복수투표제, 비례대표제, 그리고 표현의 자유에 기초한 합리적 토론 관행의 정착 등과 같은 밀의 개혁안은 개인의 자유로운 참여를 최대한 보장하는 데 초점을 맞춘다. 밀은 개인의 자유로운 참여가 공공정신과 도덕성은 물론 지적 능력의 발전, 한마디로 인류의 진보를 가능하게 할 것으로 기대한다.

(ㄴ) 경제 개혁: 협동조합 체제의 구축

경제적 측면에서의 개혁은 분배적 정의를 실현하기 위한 방법을 찾는 것과 관련된다. 주목해야 할 점은 밀이 분배의 문제를 제도의 문제로 인식하고 있다는 것이다(경제원리: 199). 이것은 결국 분배의 문제는 사회구성원들의 합의에 따라 만들어지고 개선될 수 있다는 것을 의미한다. 따라서 사유재산제도가 익숙하기 때문에 그것을 당연한 것으로 받아들이는 것은 익숙한 것을 진리로 받아들이는 것과 마찬가지로 합당하지 않다는 것이다. "재산권은 다양하게 해석되고 서로 다른 시대와 장소에서 다양하게 보유된다. 그리고 재산권이 내포된 개념은 변화하는 개념이고 자주 변화해 왔으며 훨씬 더 많은 변화의 여지가 있다. … 사회는 충분한 성찰을 통해 공익에 반하는 것으로 판단되는 경우 어떤 재산권이라도 폐지하거나 변경할 권리를 가지고 있다"(사회주의: 753). 따라서 밀은 자본주의의 사유재산제도와 공산주의의 공동소유제도를 동일 선상에 놓고 비교 분석한다.

사유재산제도의 기본 원칙은 다음과 같다. "자신의 노력으로 생산했거나, 강압이나 기만 없이 선물이나 공평한 계약을 통해 생산자로부터 양도받은 것에 대해서 각자가 배타적인 처분권을 갖고 있음을 인정하는 것이다. 전체[사유재산제도-필자]의 기초는 스스로 생산한 생산자의 권리다"(경제원리: 215). 사유재산제도의 장점은 사람들이 자신이 일한 만큼 자신의 몫을 취할 수 있을 것이라는 기대를 갖게 한다는 점이다. 또한 더 많이 일한 사람에게 더 많은 몫이 주어지기 때문에 사람들의 노동 동기를 자극한다는 것이다. 이는 개인적인 부(富)의 증대뿐만 아니라 사회적 부의 증대에도 기여할 수 있다.

그렇다면 기존의 자본주의 사회는 자신의 노력에 비례해서 소유해야 한다는 사유재산제도의 기본적인 정신 또는 분배의 원리를 충족시키고 있는가? 밀은 당대의 분배제도가 사유재산제도의 원칙에 반하는 방식으로 운용되고 있다고 봤다. "가장 큰 몫은 전혀 일하지 않는 사람에게, 그다음으로 큰 몫은 거의 형식적으로 일하는 사람에게로 돌아가며, 이처럼 거꾸로 된 순서에 따라 일이 힘들고 혐오스러워질수록 분배는 작아져서, 육체적으로 가장 고되고 사람을 마모시키는 일을 하는 노동자는 생존의 유지에 필요한 생필품마저 얻는 것이 불확실하다. … 현대 유럽의 사회구조는 공평한 분배나 근면이 아니라 정복과 폭력에 의해 이뤄진 재산의 분배에서 연유됐다. 근면을 통해서 강제력에 의해 조성된 상태가 수세기 동안 완화됐음에도 불구하고 그 체제에는 아직도 그 근원의 흔적이 크고도 많이 남아 있다. 소유의 법은 아직까지 한 번도 사유재산을 정당화하는 원칙과 부합한 적이 없다"(경제원리: 207).

밀이 생각하는 사회 진보의 목표는 개인적 자유의 최대화와 노동의 결실의 정의로운 분배를 결합한 상태에 부합하도록 인류를 교화하는 것인데, 당대의 재산법들은 공정한 분배를 목표로 하고 있지 않다는 것이다(경제원리: xciii). 사유제산제도의 본래 정신이 실현되기 어려운 이유는 이해관계를 달리하는 자본가계급과 노동자계급의 불평등이 구조화돼 있기 때문이다. 밀은 이러한 적대적 계급 관계를 해소하지 않고는 자유의 극대화와 정의로운 배분을 이룰 수도 없고 그러한 상황에 부합하는 인간 본성을 형성할 수도 없다고 본다. 밀은 적대적인 계급 관계를 해결하기 위한 방법으로 '협동조합 체제'를 제안한다.

협동조합 체제는 생산 수단의 공유와 공동 생산 및 소비를 기본 원리로 한다는 점에서는 사회주의적이다. 중앙집권적 관리와 통제를 원리로 하는 사회주의에서는 교환이 이뤄지는 시장과 기업 간의 경쟁이 존재하지 않는다. 그러나 협동조합 체제에서는 중앙집권적 관리기구가 존재하지 않으며, 개별 생산조합과 소비조합이 시장 체제에서 서로 경쟁하면서 독립적으로 활동한다(이근식, 2006: 141-142). 협동조합 체제가 사회주의와 결정적으로 다른 점은 경쟁을 주요 원리로 삼는다는 것이다. "일반적으로 경쟁을 유해하며 반사회적인 원리로 보는 사회주의자들과 달리, 나는 현재의 사회와 산업의 상황에서도 경쟁을 제한하는 것이 사회악이라고 보며, 때때로 일부 노동계급에 유해한 영향을 미치기는 하지만 경쟁의 확대는 항상 궁극의 선이라고 생각한다. 경쟁으로부터 보호받는 것은 나태를 보호받는 것이며, 정신적 아둔함을 보호받는 것이다"(경제원리: 795).

협동조합 체제는 기본적으로 협동과 경쟁의 원리를 동시에 적용하는 체제다. 밀에 따르면, 이러한 체제는 생산성의 향상과 정의로운 분배뿐만 아니라 인간성을 회복하는 '도덕혁명'을 가능하게 한다는 것이다. "자본과 노동 간의 불화가 치유되고, 인간생활이 이해 대립으로 인한 계급 갈등으로부터 모두를 위한 공동선을 추구하는 우호적인 경쟁 관계로 전환되며, 노동의 신성함이 고양되고, 노동자계급이 새로운 안정감과 독립심을 획득하며, 각자의 일상 작업이 사회적 공감과 실용적인 지성의 배움터로 전환된다"(경제원리: 792).

밀은 자본주의가 협동조합사회주의로 진화하는 것을 사회 정의에 가장 근접하는 길이며, 보편적인 선을 이루기 위한 가장 유익한 산업 질서라고 생각한다(경제원리: 794). 밀은 이러한 사회주의 형태의 실험을 장려하면서 협동조합의 결성을 위한 법적·재정적 지원을 촉구한다. 그는 이러한 결사체가 자본주의적 기업들과의 경쟁에서 최선의 조직으로 남게 되기를 기대한다. 소규모 실험을 통해 사회주의의 실현 가능성에 대한 믿을 만한 증거가 축적될 수 있고, 실패하더라도 대규모 사회주의 실험에 비해 위험 부담이 적을 것이라고 본다(경제원리: 213-214).

밀의 정의관은 개인적 자유의 극대화와 정의로운 분배를 지향한다. 이러한 목표를 이루기 위해서는 기본적으로 안전과 평등을 보장하는 체제를 구축해야 한다. 자본주의 사회는 계급 간의 불평등을 구조적 특징으로 하기 때문에 실질적 자유의 극대화도 분배의 정의도 보장할 수 없다. 그렇다고 중앙집권적으로 분배를 관리하는 공산주의 체제는 개인의 자유를 억압할 수 있다는 점에서 수용하기 어렵다. 따라서 그는 자본주의와 사회주의의 장점을 절충해서 협동조합 체제를 제안한다. 이를 통해 경쟁과 협동의 모순, 생산과 소유의 모순, 사적 소유와 공적 소유의 모순, 생산과 소비의 모순을 해결함으로써 진정한 의미에서 개인과 사회의 조화를 이룰 수 있다고 본다.

2) 마르크스: 적극적 자유

마르크스는 적극적 자유 관념을 발전시킨다. 그것은 자본주의 체제의 경제적 강제와 계급 도구적인 국가가 개인의 자유를 억압한다는 문제의식에 기반을 두고 있다. 따라서 그는 사회적으로 구조화된 지배와 피지배의 권력 관계를 실천적으로 극복하는 적극적 자유를 강조한다. 이러한 자유를 실현하기 위해 그는 정치적으로는 자치에 기반을 둔 진정한 민주주의를, 경제적으로는 자유로운 개인들의 연합체인 공산주의 체제를 제안한다.

(1) 방해 요인: 경제적 강제와 계급 도구적 국가

① 경제적 강제

마르크스에 따르면, 노동은 인간이 자신의 자유를 실현하고 인식하는 인간의 본질이다. 그러나 사적 소유에 기반을 둔 경제 체제에서는 노동이 강제적인 성격을 띨 수밖에 없다. 인간은 강제된 노동을 통해 자유를 실현할 수도 없고 인식할 수도 없다. 노동의 강제는 두 가지 방식이 있다. 하나는 경제외적 강제이고 다른 하나는 경제적 강제다.

노예제나 봉건제와 같은 전자본주의 체제에서는 착취가 경제외적 강제에 의해 이뤄진다. 경제외적 강제는 착취자에 대한 직접 생산자의 인격적 예속에 기초해 이뤄지는 노동의 강제 방식을 말한다. 자본주의 체제에서는 착취가 경제외적 강제 방식에서 경제적 강제 방식으로 전환된다. 경제적 강제는 착취자에 대한 직접 생산자의 인격적 예속이 아니라 자본가에 대한 노동자의 경제적 예속에 기초해서 이뤄지는 노동의 강제 방식을 말한다. 한마디로 노동자는 먹고살기 위해 자본가에게 예속돼 노동을 할 수밖에 없다는 것이다. 경제외적 강제와 경제적 강제의 차이는 권력 관계의 가시성에 있다. 전자는 권력 행위가 가시적인데 반해 후자는 비가시적이다. 전자의 경우는 노동이 강제적이라는 것이 바로 보이는 데 반해서 후자의 경우는 노동이 자발적인 계약에 의해 이뤄지는 것으로 보이는 착시를 일으킨다. 게다가 후자의 경우는 인간과 인간의 사회적 관계가 상품과 상품의 사회적 관계로, 화폐와 화폐의 사회적 관계로 보이는 착시를 일으키기까지 한다. 마르크스는 이를 소외된 노동과 물신주의로 설명한다. 소외와 물신주의는 노동을 통해 인간의 자유를 실현할 수 있는 계기를 근원적으로 차단한다.

먼저 소외된 노동에 대해 살펴보자. 일반적으로 소외는 다양한 의미로 사용되는 용어이지만, 마르크스의 소외는 은밀하게 착취가 이뤄지는 사회구조적인 측면에 초점을 맞춘다. 마르크스의 소외된 노동에 관한 논의는 자본주의 사회의 특성에 대한 정치경제학적 연구에 근거한다. 그는 자신이 발견한 사실을 명료하게 밝힌다. "정치경제학 그 자체의 토대 위에서, 즉 그것의 고유한 용어들로써 우리가 드러낸 것은 노동자가 상품으로 그것도 가장 비참한 상품으로 전락한다는 것, 노동자의 비참은 그의 생산 능력과 규모에 반비례한다는 것, 경쟁은 필연적으로 소수의 손에 자본의 축적을 가져오며, 그에 따라 더욱더 무서운 독점이 부흥한다는 것, 결국 … 사회 전체가 유산자와 무산자인 노동자라는 두 계급으로 분열될 수밖에 없다는 것이다"(경철: 270).

자본주의 사회는 유산자인 자본가계급과 무산자인 노동자계급으로 구성된다. 두 계급의 관계는 단순하다. 노동자는 부를 더 많이 생산하면 할수록, 자신의 생산 능력과 생산량이 더 많이 증대되면 될수록 더욱더 가난해지고 자본가는 그만큼 더욱더 부유해진다. 이처럼 자본주의 사회는 자본가계급에 의한 노동자계급의 착취가 구조화된 사회다. 마르크스는 자본주의 사회의 근본적인 문제를 '내가 만든 것이 내 것이 아니라 남의 것이라는 사실'에서 찾는다. 이러한 사실이 바로 소외의 근원이다. 마르크스는 소외가 생산물로부터의 소외, 생산 과정에서의 소외, 유적 존재로부터의 소외, 다른 인간으로부터의 소외 등 네 가지 양태로 나타난다고 본다.

첫째, 생산물로부터의 소외는 노동자가 소원(疏遠)한 대상과 관계하는 것처럼 자신의 노동생산물과 관계하는 것을 말한다. "생산물로부터 노동자의 소외는 그의 노동이 대상, 즉 외적 존재가 된다는 것뿐만 아니라 그의 노동이 그에게 소원한 것으로서 독립적으로 그의 외부에 존재하며 그에게 대립하는 자립적인 힘이 된다는 것, 그가 대상에 부여했던 생명이 그에게 적대적이고 소원한 것으로 대립한다는 것을 의미한다"(경철: 272).

둘째, 생산 과정에서의 소외는 노동이 자신이 아닌 타인을 위한 타율적이고 강제적인 노동에 불과하다는 말이다. "노동이 노동자에게 외적이다. 노동이 노동자의 내적 본질에 속하지 않는다. 따라서 노동자는 노동 과정에서 스스로를 긍정하지 않고 부정하고, 행복을 느끼지 못하고 불행을 느끼며, 육체적·정신적 에너지를 자유롭게 발전시키는 것이 아니라 자신의 몸을 소모하고 그의 정신을 황폐화한다. 그러므로 노동자는 노동하지 않을 때 정상이라고 느끼고, 노동할 때 비정상이라고 느낀다. 노동하지 않을 때 편안함을 느끼고, 노동할 때 불편함을 느낀다. 그의 노동은 자발적인 것이 아니라 강요된 강제노동이다. 그의 노동은 자신의 욕구를 충족하기 위한 것이 아니라 다른 사람의 욕구를 만족시키기 위한 도구일 뿐이다"(경철: 274).

셋째, 유적(類的) 존재로부터의 소외는 인간만이 공유하고 있는 노동의 고유한 특성을 상실한 것을 말한다. 인간이 유적 존재인 이유는 "인간이 실천적으로나 이론적으로 유(類)―다른 사물의 유뿐만 아니라 자신의 유―를 자신의 대상으로 삼을 뿐만 아니라 자기 자신을 현재의 살아 있는 유로서, 또한 보편적이고 자유로운 존재로서 대하기 때문이다"(경철: 275). 노동은 본래 자연을 가공하는 자유로운 의식적·실천적 활동이다. 그러한 노동을 통해 인간은 자신을 다른 동물들과는 다른 유적 존재로 인식한다. 인간의 유적 특성은 "자유로운 의식적 활동"(경철: 276)이다. 자유롭다는 말은 인간은 동물과 달리 욕구로부터 자유로운 상태에서도 노동한다는 것을 의미한다. 의식적이라는 말은 인간은 동물과 달리 본능을 초월해 자신이 머릿속에서 구상한 것을 실현하기 위해 노동한다는 것을 의미한다. 인간은 이러한 노동을 통해 육체적으로 자신을 재생산하고 정신적 도야(陶冶)를 통해 성숙하며, 자립적 존재가 된다. 또한 인간은 자신의 세계(자연과 사회)를 재창조한다. 인간은 자신을 위해서뿐만 아니라 타인과 자연을 위해 생산한다. 따라서 인간의 노동은 보편적이고 사회적이다. 인간의 유적 특성은 자유, 의식, 보편성, 사회성, 창조성 등을 핵심으로 한다. 유적 존재로부터의 소외는 이러한 유적 특성을 상실한 것으로 강제, 무사유, 일면성, 개별성, 단조성 등을 특징으로 한다.

넷째, 다른 인간으로부터의 소외는 앞에서 제시한 자기 소외 양태가 다른 사람과의 관계에서 발현되는 것을 말한다. "인간이 자기 자신에 대해 갖는 일체의 관계는 다른 인간과의 관계에서만이 실현되고 표현된다"(경철: 277). 다른 인간으로부터의 소외는 계급적 관계에서 실제적으로 나타난다. "노동자는 소외된 노동을 통해서 노동에 소원하고 노동의 외부에 있는 인간의 이러한 노동에 대한 관계를 창출한다. 노동에 대한 노동자의 관계는 노동에 대한 자본가의 관계를 창출한다"(경철: 279-280).

다음으로 물신주의에 대해 살펴보자. 물신주의는 식민지 개척 시대에 서구인들이 사물, 동물, 자연 현상에 대한 원주민들의 숭배의식을 설명하기 위해 사용한 용어다. 그것은 자신들이 대상에 부여한 주술적 속성을 대상 자체의 속성인 것처럼 받아들이는 원시적 의식을 말한다(Pimenta, 2020). 마르크스의 물신주의 이론은 소외론의 경제학적 표현이자 마르크스의 경제이론 전체의 토대로서, 상품·화폐·자본에 대한 논의에서 일관되게 적용된다(Rubin, 1973: 5; 주정립, 2011). 상품 물신주의는 물신주의 이론의 가장 기본적인 내용을 함축하고 있으며, 다른 물신주의 형태의 근원이다. "상품은 얼핏 평범하게 보이며 쉽게 이해되지만, 실제로는 형이상학적 난해함과 신학적 미묘함으로 가득 찬 매우 기이한 것이다. … 사물이 상품으로 존재하는 것이나 노동생산물에 상품의 성격을 부여하는 노동생산물 사이의 가치 관계는 그것의 물리적 속성이나 그로부터 발생하는 물질적 관계와는 아무 관련이 없다. 그것은 인간들 간의 사회적 관계가 확실함에도 불구하고, 사람들의 눈에는 사물 간의 관계라는 환상적인 형태로 보인다. … 나는 이를 물신주의라 부른다. 물신은 노동생산물이 상품으로 생산되는 순간 노동생산물에 부착되며, 따라서 상품 생산과 불가분의 관계에 있다"(자본1: 82-84).

상품은 인간 노동의 생산물이다. 사용 가치로서 상품은 욕구를 충족하기 위한 수단이며, 욕구의 다양성에 조응해 질적으로 다양하다. 상품을 교환하는 과정에서 질적 차이를 배제하면 남는 것은 상품을 생산하는 데 소요되는 노동 시간이다. 교환 가치는 상품에 응축된 노동 시간이다(자본1: 50). 상품의 교환은 인간이 투여한 노동 시간의 교환이다. 따라서 상품들 간의 가치 관계는 본질적으로 인간들 간의 사회적 관계다. 시장에서 교환 행위가 이뤄질 때, 노동생산물 간의 가치 관계는 인간들 간의 사회적 관계임에도 불구하고 사람들 눈에 상품 간의 물질적 관계라는 '환상적 형태'로 보인다. 이처럼 인간 자신이 상품에 부여한 가치를 상품 자체의 속성에서 비롯된 것처럼 받아들이는 원시적 의식을 물신주의라고 한다.

물신주의는 화폐에서도 나타나고 자본 형태에서도 나타난다. 특히 자본 형태에서 나타나는 물신주의는 착취의 메커니즘을 철저하게 은폐한다는 점에서 주목할 만하다. 자본 형태에서 나타나는 물신주의는 자본에 내재된 착취의 메커니즘을 은폐하고 오히려 자본을 신비한 존재로 인식하게 만든다. "산(生) 노동은―생산 과정 안에서―이미 자본에 통합돼 있기 때문에, 노동의 사회적 생산 능력은 사물의 속성처럼 보이는 가치를 창출하기 위해 기능하는 한에서 생산력으로서, 즉 자본에 내재하는 속성으로서 나타난다. … 자본주의적 생산은 먼저 대규모로―개별 노동자와는 독립적으로―노동 과정의 조건을 발전시킨다. 자본주의적 생산은 노동 과정의 객관적 조건과 주관적 조건을 동시에 발전시키지만 개별 노동자를 지배하고 그에게 소원한 힘으로 그 조건들을 발전시킨다. 따라서 자본은 매우 신비로운 존재가 된다"(경제초고: 455, 459). 자본은 본래 인간 노동의 산물임에도 불구하고 스스로 가치를 증식하는 신비한 힘을 가진 자립적 존재로 인식된다. 이러한 자본의 신비는 자본이 본래 흡혈귀처럼 살아 있는 노동을 빨아먹고 살아가는 '죽은 노동'에 불과하다는 사실(자본1: 241), 살아 있는 노동에 대한 자본의 갈증은 피에 굶주린 흡혈귀의 갈증처럼 끝이 없다는 사실(자본1: 263), 착취할 피가 한 방울이라도 남아 있는 한 흡혈귀처럼 노동자를 놔주지 않는다는 사실(자본 1: 306)을 은폐한다.

② 계급 도구적 국가

마르크스는 국가를 계급적 관점에서 조망한다. 그가 국가에 대한 체계적인 이론을 구성하지 못하고 여기저기 단편적인 언급만이 남아 있지만 기본적으로 국가를 지배계급의 도구로 인식한 것으로 보인다. 마르크스와 프리드리히 엥겔스(Friedrich Engels)는 『공산당선언』에서 근대 국가의 집행부를 '부르주아계급 전체의 공동 업무를 관장하는 위원회'로 규정한다(공산당: 486). 또한 엥겔스는 『가족, 사유재산, 국가의 기원』에서 국가의 계급적 성격을 다음과 같이 언급한다. "국가는 계급의 적대적 갈등을 억누르기 위해 등장했지만, 동시에 계급 간의 갈등 속에서 등장했기 때문에, 국가는 일반적으로 가장 강력하고 경제적으로 지배적인 계급의 국가라고 하겠다. 또한 지배계급은 국가를 매개로 해서 정치적으로 지배적인 계급이 돼 피억압계급을 열악한 상태에 묶어 두고 착취할 수 있는 새로운 수단을 손에 넣는다"(Engels, 1884: 270-271). 자본주의 체제에서 지배계급의 도구로서 국가는 자본가계급의 착취를 법적·정치적으로 정당화하고 강화하는 기능을 한다. 따라서 노동자계급은 주권자로서 정치적 영향력을 행사하는 데 한계를 가질 수밖에 없다. 민주주의와 그것의 이념인 인민 주권, 자유, 평등은 형식에 불과한 것이 되고 만다.

(2) 자유: 역사를 만드는 능력

① 자유: 보편적 노동과 실천

자유는 인간이 자립적인 존재로서 자연을 인간화하는 적극적인 활동, 즉 노동에 내재한다. 마르크스에 따르면, 어떠한 사회에서도 변하지 않는 혹은 변할 수 없는 인간의 본성이 있다. 인간은 자기 보존의 욕구를 가진 존재라는 것이다. 이것은 자연의 법칙이다. 유기체로서 인간은 생명을 유지하기 위해 환경, 즉 자연과 교류하지 않을 수 없다. 그 교류를 통해 인간은 자연을 자신의 보존에 적합한 형태로 변형시킨다. 이를 통해 자연의 인간화가 이뤄진다. 자연의 인간화를 가능하게 하는 활동이 바로 노동이다. 노동은 자연이 인간에게 부여한 생명 보존의 필수 기능이다. 노동은 자연으로서 인간이 자연과 교류하는 매개다. 이러한 의미에서 인간은 본성적으로 '노동하는 존재'다. 자연은 노동자에게 필수적인 노동 재료를 제공한다. "노동자는 자연이 없이는 아무것도 생산할 수 없다. 자연은 그의 노동이 실현되고 실효적인 것이 되며 생산하는 재료다"(경철: 273). 노동은 인간이 자연이 제공하는 재료에 자신을 대상화하는 활동이다. "노동생산물은 재료인 대상에 체현된 노동이다. 노동생산물은 노동의 대상화다. 노동의 실현은 곧 노동의 대상화다"(경철: 272). 따라서 인간이 살아 있다는 말은 인간이 자연, 즉 감각적인 대상과 교류 속에서 자신을 표현하고 있다는 말과 다르지 않다. "인간이 자연적 생기로 가득 찬, 육체적인 존재, 살아 있는 존재, 실재하는 존재, 감각적인 존재, 객관적인 존재라고 말하는 것은 인간이 자기 존재나 자기 삶의 대상으로서 실재하는 감각적 대상을 가지고 있다거나 인간이 자신의 삶을 실재하는 감각적 대상에 표현할 수밖에 없다고 말하는 것과 같다"(경철: 336).

헤겔의 노동 관념에 대한 마르크스의 긍정적 평가는 인간의 본성인 노동이 인간의 주체적이고 자립적인 의식을 형성하는 데 결정적인 역할을 한다는 데 초점을 맞추고 있다. 노동은 인간의 자유를 표현하고 확증하는 구체적이고 실천적인 활동이다. 동물 역시 생산활동을 하지만 인간에게는 동물과 다른 고유한 특성이 있다. "물론 동물들도 생산한다. 꿀벌, 비버, 개미처럼 동물은 스스로 둥지, 주거를 마련한다. 그러나 동물은 자신이나 새끼들에게 직접적으로 필요한 것을 생산할 뿐이다. 동물은 일면적으로 생산한다. 반면 인간은 보편적으로 생산한다. 동물은 직접적인 육체적 욕구의 지배 아래서만 생산한다. 반면 인간은 육체적 욕구가 없을 때도 생산하며, 그러한 욕구에서 벗어난 자유 속에서만 진정으로 생산한다. 동물은 오직 자신만을 생산한다. 반면 인간은 자연 전체를 생산한다. 동물의 생산물은 직접적으로 물질적인 몸에 속한다. 반면 인간은 자신의 생산물과 자유롭게 마주 대한다. 동물은 자신이 속해 있는 종의 기준과 욕구에 따라서만 대상을 만든다. 반면 인간은 모든 종의 기준에 따라 생산할 줄 알고, 어디서나 대상에 내재하는 기준을 적용할 줄 안다. 따라서 인간은 미의 법칙들에 따라 대상을 만든다"(경철: 276-277).

마르크스에 따르면, 인간은 노동을 통해 욕구 충족을 위한 물건을 생산할 뿐만 아니라 세계를 생산한다. 인간은 노동을 통해 자신이 바로 물질 생산뿐만 아니라 세계 생산의 주체임을 자각한다. 또한 인간은 유적 존재로서 다른 인간들과 함께 그러한 생산활동을 수행하고 있음을 자각한다. 이러한 자각에 기초한 인간활동을 실천이라고 한다. 실천은 인간이 자기 자신과 세계를 생산하고 변형하는 자유롭고 보편적이며 창조적인 행위다. 이러한 의미에서 노동에 내재된 자유 관념은 적극적 자유라고 하겠다.

문제는 이러한 적극적인 자유의 표현으로서 노동과 실천이 사회구조적인 질곡에 의해 왜곡된다는 데 있다. 자본가와 노동자의 계급적 대립을 존립 근거로 하는 자본주의 체제가 인간을 구조적으로 구속함으로써 노동에 내재된 적극적 자유를 왜곡시킨다는 것이다. 이는 자본주의 체제를 토대로 하는 근대 국가의 인권 관념에 대한 마르크스의 비판에서 확연하게 드러난다. 부르주아 혁명의 산물인 「인간과 공민의 권리선언」(1973)에서 강조하는 인권, 즉 자유, 사유재산, 평등, 안전에 대한 마르크스의 비판은 소위 자유주의자들이 말하는 소극적 자유에 대한 근본적인 비판으로 읽힌다(유대인: 162-164).

첫째, 자유는 타인의 권리에 해를 입히지 않는 한 모든 것을 행할 수 있는 권리다. 다른 사람에게 해를 입히지 않으면서 행동할 수 있는 한계는 법에 의해 정해진다. 그것은 자기 자신에게 몰입하는 고립된 단자로서 인간의 자유의 문제다. 자유의 인권은 인간과 인간의 연계에 기초한 것이 아니라 인간과 인간의 분리에 기초한 것이다. 그것은 분리의 권리이고 자기 자신에게 집착하는 제한된 개인의 권리다.

둘째, 사유재산권은 자유권이 실천적으로 적용된 권리다. 사유재산권은 모든 시민이 자신의 재산, 소득, 노동의 성과, 자신의 근면을 원하는 대로 향유하고 처분할 수 있는 권리다. 그러므로 사유재산권은 타인과 관계없이, 사회와 독립적으로, 자신의 재산을 마음대로 향유하고 처분할 수 있는 권리, 즉 사익의 권리다. 이러한 개별적 자유와 그것의 적용이 시민사회의 토대를 형성한다. 사유재산권은 모든 사람으로 하여금 다른 사람들을 자신의 자유를 실현하기 위한 존재가 아니라 자유에 방해가 되는 존재로 보게 만든다.

셋째, 평등은 자유의 평등을 의미할 뿐이다. 다시 말해서, 평등은 모든 인간이 자족적인 단자(單子, monade)로서 동등하게 존중받는 것을 의미한다. 평등은 법률이 보호하는 사람이든 처벌하는 사람이든 상관없이 모든 사람에게 같은 법률이 똑같이 적용된다는 것을 의미한다. 이러한 형식적 평등은 실질적 혹은 경제적 불평등을 정당화하거나 은폐한다.

넷째, 안전은 시민사회 최고의 사회적 개념, 즉 사회 전체가 사회구성원 각각의 인격과 권리 및 재산을 보호하기 위해서만 존재한다는 사실을 표현하는 경찰행정의 개념이다. 안전 개념은 시민사회를 그것의 이기주의를 넘어서도록 고양하지 못한다. 오히려 안전은 시민사회의 이기주의를 보증한다.

소위 인권 가운데 어떤 것도 이기적 인간을, 시민사회의 구성원으로서 인간을, 다시 말해서 자기 자신에게, 즉 자신의 사익과 변덕에 몰입해 공동체로부터 분리된 개인으로서 인간을 넘어서지 못한다. 인간은 인권을 통해 결코 유적 존재로 인식되지 못한다. 오히려 유적 삶 자체는, 즉 사회는 개인들에게 외적인 틀로서, 근원적인 자립성의 제한으로서 나타난다. 개인들을 묶어 주는 유일한 끈은 자연적 필연성, 욕구, 사익이며 재산과 이기적 자아의 보존일 뿐이다(유대인: 164). "인권은 시민사회 구성원의 권리, 즉 이기적 인간의 권리, 다른 사람들로부터 그리고 공동체로부터 분리된 인간의 권리에 불과하다"(유대인: 162).

인간의 적극적 자유는 개별적인 활동이 아니라 사회적 존재로서의 본성에 토대를 둔다. "개인들은 순수한 자아로서가 아니라 생산력과 욕구의 일정한 발전 단계에 있는 개인들로서 서로 교류한다. 그리고 이러한 교류가 다시 생산과 욕구를 규정한다. 그러므로 현존 관계를 창조하고 날마다 그 관계를 다시 재생산하는 것은 바로 개인들의 직접적인 개별적 행동, 개인들로서 서로에 대한 개인들의 행동이다"(독일: 437). 인간은 자기 보존의 욕구를 충족하기 위해 필연적으로 다른 인간과 관계를 맺지 않을 수 없다. 그 관계 속에서 인간은 인간으로서 서로를 대하고 서로 영향을 주고받는다. 그렇게 관계 속에서 인간은 발전한다. 그런 의미에서 인간의 본성은 인간의 공동체와 변증법적인 관계에 있다. 인간은 자신의 본성을 표현함으로써 인간 공동체를 창조하고 생산한다. 따라서 인간 공동체는 개인에게 대립하는 추상적이고 보편적인 힘이 아니라 개인의 본성이자 개인의 삶 그 자체다(경철: 217). "무엇보다도 우리는 사회를 개인과 대립하는 추상 개념으로 전제해서는 안 된다. 개인은 사회적 존재다. 그러므로 개인의 삶의 표현은 사회적 삶의 표현이자 확증이다. … 인간의 개인적 삶과 유적 삶은 다른 것이 아니다. … 인간은 특수한 개인으로 존재하고 인간을 개인으로, 진정한 개별적인 사회적 존재로 만드는 것이 바로 그의 특수성이지만, 전체성—상상되고 경험된 사회의 주관적 존재—도 마찬가지다. 즉, 인간은 또한 실제 세계에서 사회적 실존에 대한 인식과 진정한 향유로서 동시에 인간적 삶의 표현의 전체성으로서 존재한다"(경철: 299). 마르크스의 적극적 자유는 사람들이 함께 역사를 만들어 나가는 사회적 자유이자 공동적 자유라고 할 수 있다.

② 자유의 조건: 경제와 정치의 혁명적 전환

(ㄱ) 정치 혁명: 민주주의의 혁신

공산주의는 '진정한 민주주의'의 다른 이름이다. 그런 의미에서 마르크스는 민주주의의 진정한 신봉자다. 그가 생각하는 민주주의는 두 개의 원리로 집약할 수 있다. 첫째, 민주주의는 모든 국가 형태의 진리로서 자치를 기본 원리로 한다. 둘째, 민주주의는 단순히 정권의 선택을 넘어서 사회구조의 선택까지도 가능한 이행의 원리다.

먼저 자치 원리에 대해 살펴보자. 마르크스는 민주주의에 대해 비판적이면서 동시에 우호적이다. 그는 부르주아 민주주의에 대해 비판적이지만, 자유로운 개인들의 연합체인 공산주의 사회에서의 민주주의에 대해서는 우호적이다. 전자를 형식적 민주주의라 하고, 후자를 진정한 또는 실질적 민주주의라 한다. 마르크스는 공산주의를 '해결된 역사의 수수께끼'라고 언급한 바 있다(경철: 296). 그는 민주주의에 대해서도 그렇게 말한다. "민주주의는 모든 정체의 해결된 수수께끼다. 여기에서 민주주의는 그것의 내적 본질뿐만 아니라 현실적으로 존재하는 바에 따르면 그것의 진정한 토대인 실제 인간, 실제 인민으로 환원되고 인민 자신의 작품으로서 정립된다. 그 정체 자체는 인간의 자유로운 산물로서 나타난다"(헤겔법: 29). 민주주의는 말 그대로 인민 자치의 원리다. 자치는 공동체 구성원들이 자주적으로 숙의해서 결정하고 그 결과에 대해 공동으로 책임을 지는 원리를 말한다. 인민 자치의 원리가 실질적으로 작동하는 민주주의에서는 형식적 원리와 내용적 원리가 동일하며, 특수성과 보편성의 진정한 통일, 부분과 전체의 진정한 통일, 사적 삶과 공적 삶의 진정한 통일이 이뤄진다(헤겔법: 30). 그러한 의미에서 "민주주의는 모든 국가 형태의 진리다. 국가 형태가 민주주의가 아니라면 그것은 진정한 국가가 아니다"(헤겔법: 31). 민주주의의 진정한 원리는 자유로운 개인들의 연합에서만 실현될 수 있다.

마르크스는 프랑스의 파리 코뮌(Commune de Paris)을 민주주의의 자치 원리가 실현된 진정한 정치 형태로 평가한다. 파리 코뮌은 프로이센과의 전쟁(1870~1871)에서 패배한 이후에 프랑스 제3공화국 정부를 장악한 왕당파의 왕정복고 시도와 파리 시민과 노동자들로 구성된 국민방위군의 강제 해산에 저항해 시민들이 건설한 자치정부다. 파리 코뮌이 유지된 기간은 1871년 3월 18일부터 5월 28일까지 2개월여의 짧은 기간이었지만 그것이 남긴 의미는 작지 않다.

파리시를 장악한 시민과 노동자는 기존의 통치 형태를 집단관리 체제인 코뮌으로 전환한다. 코뮌은 파리시의 여러 구에서 보통선거로 선출된 평의원들로 구성됐다. 그들은 책임질 일이 있으면 언제든 소환이 가능했다. 평의원들의 대다수는 노동자계급의 공인된 대표들이었다. "코뮌은 의회기구로서가 아니라 집행부이자 입법부로서 기능했다. … 공직은 더 이상 중앙정부 앞잡이들의 사유재산이 아니었다. 시 행정뿐만 아니라 지금까지 국가가 행사했던 발안권 전체가 코뮌의 수중으로 들어갔다"(내전: 331). 코뮌은 '인민에 의한 인민의 정부'로서 인민에게 정부를 돌려줬다(내전: 339). 코뮌이 추구했던 국가 조직의 형태는 기본적으로 정치적이다. 정치적이라는 말은 인민이 자기 지역의 문제에 대한 자치권을 갖는 것을 의미한다. 자치의 원칙에 따라 수준별로 지역에는 하위 지역에서 파견된 대표들로 평의회가 구성된다. 이렇게 해서 전국 평의회가 구성됨으로써 전국적 차원의 결정을 공동으로 진행한다(내전: 332). 이처럼 국가는 기본적으로 자치가 가능한 구조로 조직된다. 마르크스는 코뮌에서 노동자 계급의 해방을 위한 정치 형태, 진정한 공산주의를 발견한다. "코뮌은 다수의 노동을 소수의 재산으로 만드는 바로 저 계급적 소유를 철폐하고자 했다. 코뮌은 수탈자들의 수탈을 겨냥했다. 코뮌은 주로 노동을 노예화하고 착취하는 수단인 생산 수단과 토지 그리고 자본을 자유롭고 연합한 노동의 도구로 변형시킴으로써 개인적 소유를 참된 것으로 만들고자 했다. 그러나 이것은 공산주의, 그것도 '실현 불가능한' 공산주의라고 말한다. … 연합한 협동조합이 하나의 공동계획에 근거해 전국의 생산을 조정하고, 그럼으로써 그것을 자신들의 관리하에 두고, 자본주의적 생산의 숙명인 부단한 무정부 상태와 주기적 경련에 종지부를 찍는다면, 그것이야말로 공산주의, 그것도 '실현 가능한' 공산주의가 아니고 무엇이겠는가?"(내전: 335)

코뮌은 민주주의의 두 가지 문제를 해소하는 정치 형태다. 하나는 형식과 내용의 괴리 문제를 해소한다. 부르주아 사회에서는 계급적 권력 관계로 인해서 자치 원리가 형식적으로 작동할 수밖에 없다. 반면 코뮌에서는 계급적 권력 관계가 해소돼 자치 원리가 실질적으로 작동한다. 따라서 내용과 형식은 통일된다. 다른 하나는 대표성의 실패 문제를 해소한다. 부르주아 민주주의에서는 대표성이 형식적으로나 내용적으로 본래의 의미를 실현하는 데 한계를 보인다. 시민사회의 대표들은 그들에게 권한을 위임한 시민들의 대리인으로서 활동하지 않는다. 대표들은 형식적으로 시민을 대표할 뿐이다. 내용적으로 이익과 관련해 대표들은 일반이익의 대표로서 권한을 위임받지만, 실제로는 특수이익을 대표한다(헤겔법: 123). 반면 코뮌에서는 형식적으로 수준별로 평의회를 구성하고 의원들에게 책임을 물어 언제든 그들을 소환 가능하게 함으로써 실질적으로 대표성을 확보한다. 이처럼 국가의 자치조직화는 직접민주주의와 간접민주주의의 통일과 특수이익과 일반이익의 통일을 가능하게 한다.

다음으로 사회 이행의 원리로서 민주주의에 대해 살펴보자. 일반적으로 마르크스는 폭력적인 사회 전복을 촉구하는 사람으로 인식되고 있다. 특히 그의 혁명론은 무력을 동반하는 일종의 전쟁, 폭력적 계급전쟁으로 해석된다. 사람들은 대동단결한 만국의 노동자들이 무장해 단숨에 부르주아계급을 폭력적으로 무너뜨리고 노동자의 깃발을 꽂는 그런 전쟁을 상상한다. 그러나 마르크스는 대단히 전략적으로 사고하는 사람이다. 혁명은 나라마다 처해 있는 상황에 따라 폭력적인 방식이 유효할 수도 있고 평화적인 방식이 유효할 수도 있다고 본다. "언젠가 노동자들이 새로운 노동조직을 만들기 위해서는 정치 권력을 쟁취해야 한다. 정치를 무시하고 경멸했기 때문에 지상에서 천상의 왕국을 결코 보지 못했던 초기 기독교인들의 운명에서 벗어나고 싶다면 노동자들은 낡은 제도를 유지하기 위해 분투하는 낡은 정치 체제를 전복해야 할 것이다. 그러나 이러한 목표를 달성하기 위한 방법이 어디에서나 똑같다고 주장할 수는 없다. 우리는 여러 국가의 제도, 관습, 전통을 고려해야 한다는 것을 알고 있다. 노동자들이 평화적으로 자신들의 목표를 성취할 수 있는 미국이나 영국 아마도 네덜란드 같은 나라들이 존재한다는 사실을 부정할 수 없다. 그것이 사실이라면 우리는 또한 대륙의 대부분의 나라에서 무력이 혁명의 지렛대가 돼야 한다는 것을 인정해야 한다. 그것은 노동자의 지배를 확립하기 위해 한동안 의지해야 할 힘이다"(헤이그: 255).

마르크스에 따르면, 혁명은 국가의 정치적 민주주의의 수준에 따라서 폭력적이거나 평화적일 수 있다. 인구의 대다수를 차지하는 노동자들의 의식 수준, 노동조합이나 협동조합의 활성화 정도, 노동자를 지지하는 정당의 역량, 노동자들에 의한 기업의 자주관리 체제가 실현될 수 있는 가능성, 보통선거제도의 확립 정도 등과 같은 다양한 변수에 대한 고려를 통해 혁명의 전략을 수립해야 한다. 따라서 혁명은 폭력적으로 일순간에 갑자기 이뤄질 수도 있고, 평화적으로 오랜 기간에 걸쳐 점진적으로 이뤄질 수도 있다. 후자의 경우는 민주주의의 핵심 원리인 인민에 의한 선택 원리가 혁명의 주요 수단이다(Schaff, 1973; Hook, 1973; Jossa, 2010). 민주적 선거를 통한 사회주의로의 길이 레닌주의자들에 의해 수정주의로 비판의 대상이 됐지만, 마르크스는 그 가능성도 열어 놓고 있다. 그러나 여기에서 주목해야 할 점은 사회주의 혁명은 폭력적이든 평화적이든 민주적이어야 한다는 것이다(Hook, 1973: 271).

그렇다면 마르크스의 트레이드마크로 통용되고 있는 프롤레타리아 독재는 이율배반적인 전략인가? 마르크스는 프롤레타리아 독재를 자본주의에서 공산주의로 이행하는 중간 단계인 사회주의 단계에서 이뤄지는 정치 형태로 규정한다. "자본주의 사회와 공산주의 사회 사이에는 전자에서 후자로의 혁명적 이행기가 있다. 이에 상응해 국가가 혁명적 프롤레타리아의 독재일 수밖에 없는 정치적 이행기가 있다"(고타: 95). 프롤레타리아 독재는 민주적인가? 러시아의 볼셰비키 혁명을 주도했던 블라디미르 레닌(Vladimir I. Lenin, 1870~1924)은 프롤레타리아 독재를 전위당인 '공산당의 독재'로 해석한다.[3] 공산당 내에서 집단지도 체제나 민주적 의사결정 제도가 수립된다 하더라도 인민은 의사결정 과정에서 배제된다. 따라서 공산당 독재는 본질적으로 비민주적이다. 마르크스가 생각하는 프롤레타리아 독재는 이와 다르다. 그의 프롤레타리아 독재는 두 가지 차원에서 해석할 수 있다. 하나는 사회경제적 차원에서 부르주아 독재와 대비해 프롤레타리아 독재를 해석하는 것이다. 부르주아 독재는 부르주아의 지배가 부르주아에게 경제적 이익을 배타적으로 주고, 노동자계급에 경제적 불이익을 준다는 의미다. 프롤레타리아 독재는 이익을 독점하는 부르주아 독재의 타파를 의미한다. 다른 하나는 정치적 차원에서 프롤레타리아 독재를 해석하는 것인데 파리 코뮌이 그 전형에 해당된다. 이행기의 프롤레타리아 독재는 본질적으로 인민 자치에 기초한 것이어야 한다는 것이다.

(ㄴ) 경제 혁명: 공산주의 체제 건설

마르크스가 구상하는 공산주의 사회는 '자유로운 개인들의 연합'이다(김수행, 2012; 박지웅, 2013; 이득재, 2018; 정성진, 2015, 2019). 그 이전의 공동체는 계급 지배에 의존해 이뤄진 '환상 공동체'에 불과하지만, 공산주의 사회는 "개인들이 연합 안에서 그리고 그것을 통해 자유를 획득하는 진정한 공동체"다(독일: 78). 그렇다고 공산주의가 역사가 종결되는 정태적인 사회라는 말은 아니다. 공산주의는 "현 상황을 지양하는 진정한 운동"이다(독일: 49). 그렇다면 자유로운 개인들의 연합체로서 공산주의가 실현되기 위해서는 소유와 노동 그리고 시장을 어떻게 재설계해야 하는가?

첫째, 소유 형태에서 사적 소유를 공적 소유 및 개인적 소유로 전환한다. 소유는 생산 방식과 분리해 생각할 수 없다. 자본주의 사회에서는 자본주의적 생산 방식에 따라 소유 방식이 결정된다. 이처럼 자유로운 개인들의 연합 역시 그 생산 방식에 따라 소

---

3) "'당 독재인가 아니면 계급 독재인가, 지도자들의 독재(당)인가 아니면 대중의 독재(당)인가?'라는 식의 문제 제기는 엄청난 사고의 혼란을 드러낼 뿐이다. … 적어도 문명화된 나라에서는 계급이 정당의 지휘를 받고 있다. 그리고 일반적으로 정당들은 가장 권위 있고 영향력이 있으며 경험이 풍부한 사람들, 즉 책임이 무거운 지위에 선출된 지도자들로 구성된 다소 안정된 집단의 지휘를 받는다. 이 모든 것은 초보적인 것이며 단순하고 명백한 것이다. … 프롤레타리아 독재는 투쟁 속에서 단련된 철의 당 없이, 일정 계급의 모든 정직한 사람의 신뢰를 받는 당 없이, 대중의 분위기를 지켜보고 그것에 영향력을 미칠 수 있는 당 없이, 그와 같은 투쟁을 성공적으로 수행할 수 없다"(Lenin, 1940: 26, 29).

유 방식이 결정된다. 자유로운 개인들의 연합에서는 모든 형태의 소유를 폐지하는 것이 아니라 부르주아적 소유 형태, 즉 생산자 자신이 아닌 생산 수단의 소유자가 생산 결과를 전유하는 사적 소유 형태가 폐지된다(공산당: 498). 동시에 다른 형태의 소유 방식이 정립된다. 개인들은 공동 소유의 생산 수단으로 이뤄지는 공동 생산을 매개로 삼아 자연을 전유한다. 따라서 생산 결과물에 대한 소유 역시 공동 소유다. 공동 소유는 자본주의적 사적 소유와 대립하지만 생산자 자신의 개인적 소유와 대립하지 않는다. 왜냐하면 공동생산 방식과 그 결과물에 대한 분배는 생산자들에 의해 공동으로 결정되기 때문이다. 자유로운 개인들의 연합체의 소유 형태는 공동 소유와 개인적 소유의 변증법적 통일 형태다(자본1: 751). 생산 수단과 생산 결과물은 생산자들의 공동 소유이면서 동시에 생산자들 개인의 소유이기도 하다.

둘째, 노동에서 강제적 노동을 자발적이며 자기실현적인 자기 활동으로 전환한다(독일: 88). 즉, 자기 활동과 노동의 일치를 추구한다. 이를 통해 노동 자체가 목적이 되고, 그 자체가 노동의 보상이 된다. 그렇게 되면 노동분업에 의해 파편화된 또는 부분적인 인간의 존재 방식이 전인적인 존재 방식으로 전환된다. "노동분업은 다음과 같은 사실의 첫 번째 사례를 제공한다. 인간이 자연적으로 진화한 사회에 머무르는 한, 즉 특수이익과 공통이익 사이에 균열이 존재하는 한, 따라서 활동이 자발적으로 분화하지 못하고 자연적으로 분화하는 한, 인간 자신의 행동이 자신에게 대립하는 소원한 힘이 되고, 인간은 그 힘을 지배하는 것이 아니라 오히려 그 힘에 예속된다. 노동분업이 시작되는 순간 각 개인은 자신에게 강제로 부여돼 빠져나올 수 없는 특수한, 배타적 활동 영역을 갖게 되기 때문이다. 그는 사냥꾼이거나 낚시꾼이거나 양치기이거나 비판적 비평가이며, 자신의 생계 수단을 잃고 싶지 않다면 그렇게 살 수밖에 없다. 반면 공산주의 사회에서는 누구도 배타적인 활동 영역을 갖지 않으며, 자신이 원한다면 어느 분야에서든 통달할 수 있다. 사회는 전반적인 생산을 조절하기 때문에, 나는 항상 사냥꾼, 낚시꾼, 양치기 혹은 비평가로 살아야 하는 것이 아니라 생각날 때마다 오늘은 이런 일을, 내일은 저런 일을 할 수 있고, 아침에는 사냥하고 오후에는 낚시하며 저녁에는 소를 키우고 저녁 식사 후에는 비평을 할 수 있다"(독일: 47).

셋째, 시장은 무정부 상태에서 계획으로 전환된다. 자유로운 개인들의 연합은 시장과 양립할 수 없다. "연합한 개인들이 교환 가치와 화폐의 힘으로 자신들의 집단적 생산을 통제한다고 상정하는 것보다 잘못되고 어리석은 것은 없다. … 노동, 능력, 활동의 모든 생산물의 사적 교환은 생산 수단의 공동 소유와 통제를 토대로 연합한 개인들의 자유 교환과 모순된다"(그룬트리세: 96). 계획은 중앙정부의 권위적인 결정에 의한 것이 아니다. 전국의 생산을 조정하는 주체는 국가가 아니라 협동조합들의 총연합, 즉 연합한 협동조합이다. "연합한 협동조합이 하나의 공동계획에 근거해 전국의 생산을 조정하고, 그럼으로써 그것을 자신들의 관리하에 두고, 자본주의적 생산의 숙명인 부단한 무정부 상태와 주기적 경련에 종지부를 찍는다면, 그것이야말로 공산주의, 즉 '실현 가능한' 공산주의가 아니고 무엇이겠는가?"(내전: 335).

제3절_ 어울림

공공성이 추구하는 가치로서 자유는 궁극적으로 사람들이 주체적 인간으로 살아가는 조건이다. 주체적 인간이 되는 길은 자유로운 비판을 통해 계몽된 공중의 일원이 되는 것이고, 자기 자신이 자신의 지배자가 되는 권력 관계를 통해 주권적 인민의 일원이 되는 것이며, 사람들과의 평등한 관계 속에서 연대를 형성함으로써 공동체의 일원이 되는 것이다. 자유로운 비판, 참된 권력 관계 그리고 연대는 더 많은 공공성을 실현하는 데 필수적인 요소라고 하겠다. 이러한 관점에서 보면, 자유를 궁극적인 가치로 생각했던 밀과 마르크스는 잘 어울리는 것으로 보인다.

1 비판과 자유: 계몽된 공중의 형성

밀로 대표되는 소극적 자유는 사람들이 간섭이 없는 상태에서 다른 사람의 자유를 침범하지 않는 한 무엇이든 할 수 있는 자유다. 마르크스로 대표되는 적극적 자유는 사람들이 자신의 삶을 주체적으로 만들어 나갈 수 있는 자유다. 소극적 자유와 적극적 자유는 자유의 유형이다. 그렇다면 수식어를 제거한 자유의 본질에 대해 밀과 마르크스는 어떤 인식을 가지고 있는가?

일반적으로 사람들이 자신이 자유롭다고 느끼는 것은 긍정할 때가 아니라 부정할 때 또는 부정할 수 있을 때다. 사람들은 다른 사람들의 말에 '예' 또는 '아니오'라고 말할 수 있다. 사람들은 "예!"라고 말하는 순간 자신이 자유로운지 판단하기 어렵다. 그러나 "아니오!"라고 말하는 순간 자신이 자유롭다는 것을 어렵지 않게 느낄 수 있다. 동물과 다른 인간의 고유한 본성은 바로 자유다. 자유의 본질은 인간만이 가지고 있는 부정의 능력에서 찾을 수 있다. "항상 현실에서 '예'만을 하는 동물과 비교해 보면 인간은 '아니오'를 말할 수 있는 자이며 모든 한갓된 현실에 대항하는 영원한 반항자다"(Scheler, 2001: 93). '아니오'를 생각하고 표현할 수 있는 자유는 인간을 인간이게 하는 가장 기본적인 조건이 된다. 더불어 사람들의 자유로운 표현이 교류되는 언론의 자유 역시 인간을 인간이게 하는 중요한 조건이다. 부정적인 생각을 표현하는 것을 비판이라고 하고, 그러한 비판을 교환하는 것을 토론이라고 한다. 비판은 인간의 자유를 재는 척도라고 할 수 있다. 비판은 자유를 통해 향상되고, 자유는 비판을 통해 향상된다. 비판과 자유는 선순환의 관계에 있다. 이것이 밀과 마르크스가 공유하는 자유에 대한 관념이다. 그래서 밀과 마르크스는 생각과 표현의 자유 및 언론의 자유를 바탕으로 이뤄지는 토론을 매우 중요하게 생각한다.

밀은 자유가 인간을 더욱 지혜롭게 하고, 지혜가 인간을 더욱 자유롭게 하는 선순환을 통해 자유를 확대 재생산할 수 있는 조건을 비판과 개방성에서 찾는다. "어떤 사람의 판단이 진정으로 신뢰할 만하다면 어떻게 해서 그렇게 된 것인가? 그 이유는 그 사람이 자신의 의견과 행위에 대한 비판에 늘 마음을 열어 두고 있었기 때문이다. 또한 그 사람이 자신에 대해 반박하는 모든 말을 경청해 그 가운데 옳은 것을 수용함으로써 이득을 보고, 틀린 것에 대해서는 틀린 이유를 깨닫고 때로는 다른 사람에게 설명하는 기회를 통해 이득을 얻었기 때문이다. 그리고 그 사람은 인간이 어떤 주제의 전모를 알 수 있는 유일한 방법은 다양한 의견을 가지고 있는 사람들의 말을 경청하고, 나름대로의 고유한 개성을 가진 사람들이 그 주제를 바라보는 각양각색의 방식을 깊이 탐구하는 것임을 알았기 때문이다. 아무리 현자라 할지라도 이 방법 이외에 다른 어떤 방법으로도 지혜를 얻을 수 없다. 그리고 인간 지성은 본질적으로 그 이외의 다른 어떤 방법으로도 지혜로워질 수 없다"(자유론: 232).

저널리스트이기도 했던 마르크스는 사람들이 세계와 만나고, 인민이 더욱 더 지혜로워지며, 인민의 정신이 더욱 더 풍요로워질 수 있는 계기를 자유로운 언론의 비판에서 찾는다. "일단 도덕적인 결과는 논외로 하고, 자유로운 언론의 불편함을 견디지 않고는 자유로운 언론의 이점을 향유할 수 없다는 사실을 명심하라. 가시가 없는 장미꽃을 딸 수는 없다. 당신들이 자유로운 언론으로 인해 잃는 것은 무엇인가? 자유로운 언론은 도처에서 끊임없이 감시하는 인민 정신의 눈이고, 인민의 자신에 대한 신념의 구현이며, 개인을 국가 및 세계와 연결하는 말 잘하는 끈이고, 물질적 투쟁을 정신적 투쟁으로 전환하고 투쟁의 거친 물질적 형식을 관념화하는 통합된 문화다. 자유로운 언론은 인민의 자기 자신에 대한 솔직한 고백이다. 그리고 고백의 구제의 힘은 익히 잘 알려져 있다. 자유로운 언론은 인민이 자신을 들여다볼 수 있는 정신적 거울이다. 그리고 자기 성찰은 지혜의 첫째가는 조건이다. … 자유로운 언론은 전면적이고 편재적이고 전지적이다. 자유로운 언론은 언제나 현실 세계로부터 흘러나와 훨씬 더 큰 정신적 풍요로움으로 현실 세계로 다시 흘러들어가서 그것의 정신을 갱신하는 이념의 세계다"(라인: 164-165).

밀과 마르크스에 따르면, 자유를 본질로 하는 비판은 사람들을 개인적으로는 주체적 인간이 되는 길로, 집단적으로는 계몽된 공중이 되는 길로 인도한다. 주체적 인간과 계몽된 공중은 서로를 강화하는 관계에 있다. 우리는 비판을 통해 더 많은 공공성의 실현을 기대해 볼 수 있다.

2 권력과 자유: 주권적 인민의 형성

일반적으로 자유는 권력과의 관계에서 논의된다. 밀은 국가나 다수의 권력이 개인의 자유에 미치는 영향에 민감하다. 밀은 그러한 권력의 작용을 간섭으로 본다. 그래서 그는 간섭 권력을 최소화해 개인의 자유를 극대화하는 길을 모색한다. 마르크스는 사회적으로 구조화된 권력 관계가 사람들에게 미치는 영향에 초점을 맞춘다. 마르크스는 그러한 권력의 작용을 억압으로 본다. 그래서 그는 구조화된 억압 권력으로부터의 해방을 통해 진정한 개인의 자유를 실현할 수 있는 길을 모색한다.

그렇다면 간섭 권력과 억압 권력은 어떠한 관계에 있는가? 밀에 따르면, 간섭 권력은 국가를 통해, 사회의 관습을 통해, 사회적 다수를 통해 작동한다. 민주주의 국가는 다수가 지배하는 체제이기 때문에 사회적 다수의 의지를 실현하는 데 초점을 맞출 수밖에 없다. 개인들은 사회적 의제에 대한 입장에 따라 다수에 또는 소수에 포함될 수 있다. 밀은 개인을 분석 수준으로 삼아 간섭 권력을 조망한다. 마르크스에 따르면, 유산자와 무산자의 계급적 권력 관계를 본질로 하는 자본주의를 토대로 하는 국가는 유산자의 사무를 관리하는 위원회에 불과하다. 그러니까 국가는 사회적 강자의 의지를 실현하는 도구라는 것이다. 개인들은 사회적 생산 관계에서의 위치에 따라 유산자에 또는 무산자에 포함된다. 마르크스는 기본적으로 계급을 분석 수준으로 삼아 억압 권력을 조망한다. 밀 역시 체계적으로 논의한 것은 아니지만 자본주의의 분배 방식이 정의롭지 않다는 것과 그로 인해 노동자의 삶이 고통스럽다는 것을 충분히 인식했다. 그래서 밀은 사회주의적 상상력을 발동해 이상적인 사회를 대망했던 것이다. 이러한 관점에서 보면, 사적 소유를 전제로 하는 자본주의 체제 위에서 작동하는 민주주의 국가의 간섭 권력은 억압 권력의 다른 얼굴이라고 할 수 있다.

힘이 물리적 현상의 근거인 것과 마찬가지로 권력은 사회적 관계가 작동하는 근거다. 그러니까 자유를 위해 권력을 제거해야 한다는 생각은 무망한 것이다. 오히려 어떤 권력이 자유와 조화를 이룰 수 있는가를 탐구해야 한다. 그렇다면 자유를 가능하게 하는 참된 권력은 어떤 권력인가? 그 권력의 원천은 개인적인 차원에서는 자율에서, 집단적인 차원에서는 자치에서 찾을 수 있다. 자율은 개인이 자신의 삶의 원칙을 스스로 선택하고, 그 선택에 대해 책임을 지는 것이다. 자율은 개인이 자신에게 권력을 행사하는 것이다. 자치는 집단의 구성원들이 공동적 삶의 원칙을 함께 선택하고, 그 선택에 대해 공동으로 책임을 지는 것이다. 자치는 개인이 모든 구성원에게 그리고 동시에 모든 구성원이 개인에게 권력을 행사하는 것으로서 본질적으로는 개인이 자기 자신에게 권력을 행사하는 것이다. 따라서 자율과 자치에서만이 참된 권력이 작동할 수 있다고 하겠다. 다시 말해서 자유는 참된 권력의 원천이다.

밀이 민주주의의 혁신을 위한 제도 개선에 집중한 이유는 자치의 이념을 실현하기 위한 것이다. 마르크스가 공산주의 혁명에 집중한 이유 역시 자치의 이념을 실현하기 위한 것이다. 자치는 집단적 삶에서 자유가 실현되고 참된 권력이 작동하는 방식이며, 궁극적으로는 주권적 인민이 형성되는 조건이다. 우리는 자치를 통한 주권적 인민의 형성에서 더 많은 공공성의 실현을 기대해 볼 수 있다.

3 평등과 자유: 연대하는 공동체적 인간 형성

평등과 자유는 종종 충돌하는 가치로 인식된다. 자유를 강조하면 평등이 희생되고, 평등을 강조하면 자유가 희생된다는 것이다. 그러다 보니 밀은 자유를 강조하고 평등을 경시하는 사람으로, 마르크스는 평등을 강조해 자유를 경시하는 사람으로 오해를 받기 일쑤다. 그러나 밀과 마르크스는 평등과 자유를 충돌하는 가치로 보지 않고, 평등을 자유의 조건으로 본다. 그러니까 이들은 자유를 궁극적인 가치로 생각하면서 이를 실현하기 위한 조건으로 평등을 말하고 있다는 것이다. 마르크스는 물론이고 밀이 자본주의 체제에서 부(富)의 분배 방식에 불만을 토로하는 이유는 불평등이 진정한 자유를 실현하는 데 방해가 된다고 생각하기 때문이다. 그래서 마르크스는 적극적으로 공동 소유를 제시하고 있으며, 밀은 적극적이지는 않지만 공동 소유를 부분적으로 적용하는 방법을 구상한다. 평등이 실현되지 않고는 진정한 자유를 보장할 수 없으며, 자유로운 개인들에 의한 참된 자치를 기대할 수 없다. 밀은 분권적인 협동조합주의를 통해, 마르크스는 공산주의를 통해 자유로운 개인들의 연대에 기초한 공동체를 구축하기를 희망한다. 그들의 희망에서 궁극적으로 개인적 자유와 공동체적 삶이 하나가 될 수 있는 가능성과 연대하는 공동체적 인간이 형성될 수 있는 가능성을 볼 수 있다.

제4절_ 나가며: 신자유주의의 자유관 비판

지금까지 밀과 마르크스의 자유관을 다름과 어울림의 측면에서 살펴봤다. 그 내용은 〈표 6-1〉과 같다.

〈표 6-1〉 밀과 마르크스의 자유관 비교

기준			존 스튜어트 밀	카를 마르크스
다름	사상	비판	절충주의적 비판	내재적 비판
		진보	점진적 발전	혁명적 발전
	자유	유형	소극적 자유	적극적 자유
		방해 요인	다수의 폭정	경제적 강제와 계급 국가
		특성	간섭의 부재	역사를 만드는 실천 능력
		조건 정치	민주주의의 제도적 개선	진정한 민주주의의 실현
		경제	협동조합 체제의 실험	공산주의 체제로의 전환
어울림	비판과 자유		계몽된 공중의 형성	
	권력과 자유		주권적 인민의 형성	
	평등과 자유		연대하는 공동체적 인간의 형성	

신자유주의의 자유관이 갖는 한계에 대해 살펴보자. 신자유주의는 자유를 가장 중요한 가치로 삼는다. 신자유주의는 고전적 자유주의와 달리 특히 사유재산제도에 기반을 둔 자유 시장 체제에서의 경제적 자유에 가장 중요한 의미를 부여한다. 경제적 자유는 재산의 사용 방법을 선택할 수 있는 자유, 즉 어디에 어느 정도 소비할 것인지, 어떤 방식으로 어느 정도 저축할 것인지, 누구에게 어느 정도 증여할 것인지 등을 결정할 수 있는 자유다. 또한 그것은 직업 선택의 자유와 거래의 자유를 포함한다(Friedman & Friedman, 1990: 65-66). 신자유주의자들은 경제적 자유를 다른 종류의 자유보다 우위에 두고, 자유롭고 정의로운 사회의 열쇠라고 생각한다. 따라서 신자유주의 사회에서 경제적 자유의 증진은 국가의 정치적 정당성의 핵심적인 토대가 된다. 다른 종류의 자유는 부차적인 것으로 그리고 경제적 자유로부터 파생된 것으로 간주된다. 따라서 신자유주의자들은 경제적 자유를 제한하거나 그것에 강제를 가하는 것은 자유 일반에 위협이 된다고 본다. 그러므로 그들은 그 누구도 개입할 수 없는 자유

의 영역을 설정해야 한다고 생각한다. 자유의 영역이란 바로 사적인 영역을 말한다. 사적인 영역에서는 그 누구도 서로의 활동에 간섭하지 않으며, 의도적이든 아니든 서로의 목표 달성 활동을 방해하지 않는다. 사적 영역에서 사람들은 자유롭게 선택할 수 있다. 불간섭의 영역이 더 넓어질수록 개인의 자유의 영역도 더 넓어진다. 따라서 외부(정부, 기관, 조직, 다른 개인, 집단 등)의 간섭은 사람들이 스스로 결정하고 선택하는 것을 방해하기 때문에 자유에 대한 실질적인 위협이 된다. 이러한 의미에서 경제적 자유는 간섭의 부재를 본질로 하는 소극적 자유의 전형이다.

경제적 자유는 특정 사회의 지배적인 경제구조에 의존한다. 신자유주의 사회에서 경제구조는 경제적 자유의 필수 조건인 자유시장 체제에 기반을 둔다. 신자유주의 경제학자들은 자유시장 체제가 경제적 자유뿐만 아니라 일반적인 자유를 보호하고 촉진한다고 주장한다. 자유시장 체제에서는 사람들 모두가 이익을 얻을 수 있는 협력을 이끌어 내는 데 어떠한 외부의 힘도, 강압도, 자유의 침해도 필요하지 않기 때문이다 (Friedman & Friedman, 1990: 2). 신자유주의 사회에서 고용주, 피고용인, 소비자 및 생산자는 모두 자유시장 체제의 주권적 행위자이며 자발적인 교환 조건을 촉진하려고 국가가 제한이나 규제를 할 필요가 없다. 고용주, 피고용인, 소비자 및 생산자의 관계는 순전히 자발적이며 그들의 협력 여부는 거래 당사자들의 이익에 따라 결정된다.

밀과 마르크스의 자유론이 공유하는 전제는 자유가 소극적인 것이건 적극적인 것이건 평등이 자유의 조건이라는 것이다. 그래서 그들은 평등을 지향하는 경제 체제와 정치 체제로의 거대한 전환을 모색했던 것이다. 공공성은 자유와 평등의 조화에 초점을 맞춘다. 이와 관련해서는 두 가지 문제를 지적할 수 있다. 첫째, 신자유주의자들도 시장에서의 평등한 자유를 강조한다는 점에서 자유와 평등의 조화를 추구한다고 볼 수 있다. 그러나 그것은 불평등이 내재된 자본주의적 사회구조, 소위 기울어진 운동장에서의 평등한 자유일 뿐이다. 즉 자유와 평등의 조화는 단지 형식적일 뿐이다. 둘째, 신자유주의자들이 강조하는 경제적 자유는 다른 자유의 불평등을 야기한다. 신자유주의자들은 경제적 자유를 다른 종류의 자유의 조건으로 본다. 사유재산제를 전제로 하는 경제적 자유는 부의 불평등을 야기할 수밖에 없다. 경제적 자유는 경제적 불평등을 매개로 다른 자유의 불평등한 배분에 영향을 미친다. 예를 들어, 경제적 자유는 정치적 자유나 언론의 자유를 왜곡할 수 있다. 정치적 자유는 참여와 참여의 효과를 핵심으로 한다. 경제적 불평등은 있는 자와 없는 자의 실질적인 참여 기회와 효과의 격차를 야기한다. 요컨대 있는 자는 실질적인 참여 기회와 참여를 통해 이해관계를 관철시킬 수 있는 가능성이 상대적으로 크다. 경제적 불평등은 정치적 자유에 부정적인 영향을 미친다. 또한 언론의 자유는 보도의 객관성과 공정성을 핵심으로 한다. 언론은 이율배반적인 특성을 갖는다. 언론을 주도하는 미디어는 기능적으로는 공익을 추구하지만 기업으로서 상업적 이익을 추구한다. 상업적 이익의 원천은 광고다. 광고 수입은 있는 자들에게 의존한다. 따라서 광고주의 이해관계에서 완전히 자유로운 언론을 기대하기 어렵다. 경제적 불평등은 여론을 조성하는 데 가장 중요한 역할을 하는 언론의 자유에 부정적인 영향을 미친다. 경제적 자유가 다른 종류의 자유를 보장한다는 신자유주의자들의 신념이 경제적 자유가 불평등을 매개로 다른 종류의 자유를 왜곡한다는 비판으로부터 자유로울 수 있을까?

제7장

인-전략의 내용적 측면 Ⅲ

책임은 의무적인 것인가 목적적인 것인가?
- 이마누엘 칸트 대 한스 요나스 -

제1절_ 들어가며: 공공성과 책임

책임은 신뢰를 바탕으로 사회적 유대를 형성하는 데 핵심적인 기능을 한다. 그러한 의미에서 책임은 공공성의 실현을 위한 인-전략의 내용적 측면에서 필수불가결한 가치라고 하겠다. 책임의 종류는 매우 다양하고 많다. 그럼에도 불구하고 책임윤리론이 다른 윤리론보다 뒤늦게 등장한 것은 의외다. 책임은 의무와 혼용되기도 하는데, 의무는 일반적으로 행위 주체의 자율성보다는 타율성에 의존하는 개념으로 이해되고 있다. 그러다 보니 의무보다는 책임 개념이 더 일반적으로 사용되고 있다. 또한 죄책감이라는 용어에서 볼 수 있는 것처럼 책임은 죄와 밀접한 관련이 있는 개념으로 이해되고 있다. 그러나 책임은 죄는 물론이고 매우 다양한 대상과 관련이 있다.

책임윤리는 일반적으로 주체, 대상, 심급(審級)으로 구성된다. 누가 무엇에 대해 어떤 근거로 책임을 져야 하는가라는 질문에 답을 하는 것이 책임윤리의 목적이다. 예를 들어, 책임윤리라는 용어를 처음 사용한 막스 베버(Max Weber)는 정치가의 책임윤리에 대해 말한 바 있다(Weber, 2018). 그에 따르면, 정치가는 국민에게 자신이 실현하고자 하는 목표를 천명하고 실행함으로써 그 결과에 대해 책임을 지는 존재라는 것이다. 책임윤리의 틀에서 보면, 책임의 주체는 정치가이고, 대상은 결과이며, 심급은 목표다. 심급을 무엇으로 삼느냐에 따라 책임윤리는 의무론과 목적론으로 분류할 수 있다. 윤리론은 일반적으로 옳고-그름과 좋음-나쁨의 두 차원에 주목하는 데, 전자를 심급으로 삼는 경우를 의무론이라 하고, 후자를 심급으로 삼는 경우를 목적론이라고 한다. 책임윤리의 원칙이 갖는 보편성의 수준에서 보면, 의무론은 형식적 법칙을 토대로 하기 때문에 보편적이라면, 목적론은 특정한 목적에 초점을 맞추기 때문에 제한적이라고 하겠다.

이마누엘 칸트(Immanuel Kant)는 근대적 성찰을 통해 의무론의 입장에서 책임윤리의 토대를 구축한다. 그는 자율적 개인의 등장을 근대를 특징짓는 사건으로 보고, 자율적 인간의 도덕 문제를 성찰한다. 다양한 개성을 가지고 있는 개인들이 따라야 하는 도덕적 심급은 내용적 다양성을 초월해 형식적 보편성을 갖는 것이어야 했을 것이다. 칸트는 도덕 법칙을 구성하고 그것에 대한 복종의 의무를 강조함으로써 의무론의 문을 열었다. 스스로 자신의 준칙을 만들고 준수하는 자율적 개인 또는 책임적 주체가 근대인의 전형으로 제시된다. 책임윤리의 틀에서 보면, 책임의 주체는 개인이고, 대상은 행위의 동기이며, 심급은 보편성을 담보하는 도덕 법칙이다.

한스 요나스(Hans Jonas)는 근대에 대한 비판적 성찰을 통해 목적론의 입장에서 책임윤리의 토대를 구축한다. 그는 과학기술이 지배하는 현시대에 주목한다. 과학기술의 발전은 인간의 행위 능력을 본질적으로 바꿔 버렸다. 과학기술에 힘입어 인간은 자신과 자연을 입맛에 맞게 개량할 수 있게 됐다. 그러나 다른 한편으로 사람들에게 과학기술 뒤에 드리워진 파괴의 그림자가 보이기 시작했다. 인류의 공동작품인 과학기술은 인간의 통제 범위를 넘어선 것처럼 보이기 때문에 그에 대한 공포가 점점 커지고 있다. 과학기술의 시대는 희망의 시대이자 공포의 시대다. 요나스는 과학기술의 발달이 가져올 수도 있는 부정적 효과에 대해 인류가 함께 책임을 져야 할 필요성을 부각시킨다. 그래서 그는 인류와 지구의 존립을 목적으로 하는 과학기술 시대의 목적론적 책임윤리를 제안한다. 책임윤리의 틀에서 보면, 책임의 주체는 인류이고, 대상은 현재적·미래적 결과이며, 심급은 인류 및 지구의 지속가능성이다.

칸트의 의무론적 책임윤리는 도덕 법칙을 행위의 동기로 삼는 것을 핵심으로 하며, 행위의 결과에 대해서는 책임을 묻지 않는다. 그의 도덕 법칙은 과학의 자연 법칙을 모델로 한다. 자연 법칙은 시공간을 초월한 보편성과 영원성을 특징으로 한다. 칸트의 책임윤리 역시 보편성과 영원성을 추구하는 것으로 볼 수 있다. 반면 요나스의 목적론적 책임윤리는 지속가능성을 행위의 목적으로 삼는 것으로서 그 결과에 중요성을 부여한다. 그의 도덕 법칙은 기술사회라는 시공간적 맥락 안에서 구성된 것으로서 제한된 보편성과 시간성을 특징으로 한다. 여기에서는 칸트의 의무론적 책임윤리와 요나스의 목적론적 책임윤리의 다름과 어울림에 대해 살펴본다.[1]

제2절_ 다름

칸트와 요나스의 다름에 대해서는 철학적 기획과 책임윤리의 측면에서 살펴본다. 철학적 기획과 관련해서는 철학적 동기와 패러다임적 사고의 차이를, 책임윤리와 관련해서는 의무론과 목적론의 측면에서 차이를 살펴본다.

1 철학적 기획

칸트는 근대적인 방식으로 인간과 세계를 성찰한다. 합리적 이성의 원리에 따라 과학이 발견한 법칙은 칸트 철학의 안내자가 된다. 그는 신도 아니고 절대적인 이념도 아닌 오직 인간의 합리적 이성에 의존하는 철학의 새로운 패러다임을 구축한다. 반면 요나스는 근대를 성찰의 대상으로 삼는다. 비판적 이성의 원리에 따라 과학기술이 가

---

[1] 인용은 다음과 같은 약어를 사용한다. 칸트, 1999: 편지, 2002: 실천, 2005: 정초, 2005: 단편, 2006: 순수, 2009: 판단, 2010a: 이론, 2010b: 계몽, 2010c: 사유, 2010d: 평화, 2012a: 덕, 2012b: 법, 2012c: 윤리 / 요나스 1966: 생명, 1984: 책임, 2005: 기술.

져온 긍정적 효과보다는 부정적 효과에 주목한다. 그는 20세기 기술사회가 인간의 존재론적 불안을 극단으로 몰아가고 있다고 본다. 요나스는 과학기술에서 희망을 거는 일차적 근대를 넘어 절제된 과학기술의 발전에 희망을 거는 성찰적 근대를 기대한다. 여기에서는 칸트와 요나스의 철학적 동기와 패러다임적 사고에 대해 살펴본다.

1) 칸트

(1) 철학적 동기: 보편적 법칙에 대한 경탄

아리스토텔레스(Aristoteles)는 철학의 시작을 '경탄[놀람]'에서 찾는다. 그렇다면 칸트를 경탄에 빠지게 한 것은 무엇인가? 이에 대한 답은 그의 묘비명에 있는 『실천이성비판』의 맺음말에서 찾을 수 있다. "그에 대해 자주 그리고 계속해서 숙고하면 할수록, 점점 더 새롭고 점점 더 큰 경탄과 외경으로 마음을 채우는 두 가지 것이 있다. 그것은 내 위의 별이 빛나는 하늘과 내 안의 도덕 법칙이다"(실천: 327).[2] 밤하늘에 빛나는 무수하게 많은 별이 복잡하고 무작위로 움직이는 것처럼 보이지만 뉴턴이 발견한 단순한 하나의 자연 법칙의 지배를 받는다는 것을 생각하면 경이로울 수밖에 없을 것이다. 이러한 광대한 우주의 질서 안에서 칸트는 자신을 자연 법칙에 따라 찰나의 삶을 살다가 사라지는 먼지에 불과한 것으로 인식한다. 그러나 그는 자신의 유한성에도 불구하고 도덕 법칙을 만들고 그것에 따라 살아가는 인격으로서 감각적인 자연의 세계를 초월할 수 있는 자신의 능력을 관찰하면서 놀라지 않을 수 없었다.

계몽의 시대는 16~17세기 과학혁명의 영향을 받았다. 대부분의 철학자와 사상가들은 과학적 사유 방법을 사유의 모델로 삼았다. 칸트도 예외는 아니다. 세 비판서를 저술하기 이전의 칸트는 자연철학 분야에서 상당한 경지에 이른 것으로 보인다. 칸트는 자연을 지배하는 자연 법칙을 발견할 수 있는 것처럼, 자유로운 인간 세계를 지배하는 자유의 법칙을 발견할 수 있을 것이라고 생각했다. 그래서 그는 아이작 뉴턴(Isaac Newton, 1642~1727)과 장-자크 루소(Jean-Jacques Rousseau)를 사상적 이정표로 삼

---

2) 이후 본문에서 칸트의 국문 번역본을 인용하는 경우는 *The Cambridge Edition of the Works of Immanuel Kant*(1992~2020)를 대조해 일부 수정했다. 칸트의 저서는 제목을 약어 형태로 표시해 인용한다.

았다. "뉴턴은 그전까지 무질서하고 복잡하게 보였던 곳에서 처음으로 아주 단순한 질서와 규칙성을 찾았다. … 루소는 처음으로 사람들이 취하고 있는 다양한 모습들 아래에 깊게 묻혀 있는 인간의 본성과 신의 섭리를 정당화해 줄 숨어 있는 법칙을 발견했다"(단편: 9). 이들과 마찬가지로 칸트는 '보편적이고 영원한 도덕 법칙'을 발견하고 정당화하는 데 자신의 철학적 역량을 집중한다.

(2) 패러다임적 사고: 근대적 성찰

일반적으로 칸트는 계몽주의를 상징하는 인물로 인식되고 있다. 계몽주의의 핵심은 이성의 햇불이 인도하는 곳으로 나아갈 때 인류는 진정한 진보를 이뤄낼 수 있다는 것이다. 따라서 이성의 사용이 가장 중요한 문제라고 하겠다. 칸트는 그 어떤 계몽주의자들보다도 이 문제에 자신의 철학적 노력을 집중한 사상가다. 『계몽이란 무엇인가라는 문제에 대한 답변』(2020)에서 그는 무엇보다도 이성을 사용할 용기와 결단을 촉구한다. 이성을 사용하고자 하는 의지를 가질 때, 그것이 무엇인지 그리고 어떻게 사용해야 하는지 관심을 갖게 된다는 것이다. 칸트는 자신의 지성을 스스로 사용하지 못하는 상태를 미성숙, 미성년의 상태로 규정한다. 그런데 그 미성숙 상태의 궁극적 책임은 각자에게 있다는 것이다. 미성숙 상태에서 벗어나는 길은 점진적인 성장이 아니라 혁명적인 마음의 결단이라고 본다. 그래서 그는 사람들에게 자신의 지성을 사용할 용기를 가지라고 강변한다. "계몽이란 우리가 마땅히 스스로 책임져야 할 미성숙의 상태로부터 벗어나는 것이다. 미성숙 상태란 다른 사람의 지도 없이는 자신의 지성을 사용할 수 없는 상태다. 이 미성숙 상태의 책임을 마땅히 스스로 져야 하는 것은, 그 원인이 지성의 결핍에 있는 것이 아니라 다른 사람의 지도 없이도 지성을 사용할 수 있는 결단과 용기의 결핍에 있을 경우다. 그러므로 '사페레 아우데(Sapere aude)!' '너 자신의 지성을 사용할 용기를 가져라!' 이것이 계몽의 표어다"(계몽: 28).

계몽주의자인 칸트는 이전의 형이상학적 전통과 결별하고 오직 이성의 원리에 따라 철학을 다시 세우고자 한다. 한마디로 그는 합리적 이성을 토대로 인간과 세계에 대한 근대적 성찰을 보여 준 전형적인 철학자라고 하겠다. 칸트는 철학의 근본 물음을 제시하고 이성에 의존해서 그 답을 찾아 나선다. 칸트는 '나는 무엇을 알 수 있는가?' '나는 무엇을 해야 하는가?' '나는 무엇을 희망해도 좋은가?' 등을 철학의 근본 물음으로 제시한다. 그리고 이러한 인식론적·윤리론적·종교론적 물음이 '인간이란 무엇인가?' 라는 궁극적인 물음으로 수렴된다고 한다. 따라서 칸트가 경탄과 경외의 마음으로 시작한 철학은 이러한 물음에 대한 답을 찾는 여정이라고 하겠다. 그런데 무엇보다 중요한 것은 칸트의 답을 찾는 방식이 패러다임적 사고에 기초하고 있다는 것이다. 칸트는 기존의 철학적 패러다임을 대체할 수 있는 새로운 패러다임을 구성할 수 있는 토대를 구축한다. 칸트는 『순수이성비판』에서 자신의 인식론을 '코페르니쿠스적 전회'로 표현한 바 있다. 그러나 이 표현은 단지 인식론에 국한된 것이 아니라 그의 철학 전체를 상징하는 것으로 보아도 무방하다(김상환, 2019). 여기에서는 칸트의 코페르니쿠스적 전회가 어떠한 방식으로 이뤄졌는지를 인식론, 윤리론, 종교론의 차원에서 살펴본다.

첫째, 인식론에서 인식의 주요 구성 요소는 인식의 대상과 주체다. 칸트 이전에는 인식을 주체가 대상을 단순히 반영하는 거울의 이미지로 이해했다. 그러나 칸트는 마치 컴퓨터의 소프트웨어처럼 인간의 마음에는 대상에 대한 인식을 가능하게 하는 개념 또는 범주가 선험적으로 존재한다고 봤다. 따라서 인식은 단순히 대상을 반영하는 것이 아니라 선험적인 범주를 대상에 적용하는 구성의 과정이라는 것이다. "이제까지 사람들은 모든 우리의 인식은 대상을 따라야 한다고 가정했다. … 그래서 사람들은 대상이 우리의 인식을 따라야 한다고 가정함으로써 우리가 형이상학의 과제에 더 잘 진입할 수 있겠는가를 시도해 봄직하다. … 이것은 니콜라스 코페르니쿠스(Nicolaus Copernicus)가 최초의 사상이 처해 있던 상황과 똑같다. … 직관이 대상의 성질을 따라야만 하는 것이라면, 나는 사람들이 어떻게 그것에 관해 무엇인가를 선험적으로 알 수 있는가를 통찰할 수 없다. 그러나 대상이 우리 직관 능력의 성질을 따른다면, 나는 이 가능성을 아주 잘 생각할 수 있다"(순수: 182-183). 칸트는 대상 중심의 인식론을 주체 중심의 인식론으로 대체함으로써 코페르니쿠스적 전회를 실현한다.

둘째, 윤리론은 일반적으로 옳음-그름의 차원과 좋음-나쁨의 차원을 동시에 고려한다. 그러다 보니 차원 간의 선후 관계를 결정하는 것이 가장 어려운 윤리적 문제로 대두된다. 일반적으로 좋음(선)을 우선시하는 경우를 목적론이라 하고, 옳음을 우선시하는 경우를 의무론이라고 한다. 칸트 이전의 윤리론은 행복과 덕을 강조하는 목적론이 대세였다. 칸트는 목적론이 가지고 있는 상대성과 특수성을 비판하고, 절대성과 보편성을 확보할 수 있는 의무론이라는 새로운 장을 연다. 그는 보편적인 또는 형식적인 도덕 법칙을 구성하고, 그것을 유일한 동기로 삼는 행위만을 도덕적인 것으로 인정한다. "순수 도덕철학을 마련해야 할 극단적 필요성이 있다. … 책무의 근거는 인간의 자연 본성이나 인간이 놓여 있는 세계 내의 정황에서 찾아서는 안 되고, 오로지 순수 이성의 개념들 안에서만 선험적으로 찾아야 한다. … 무릇, 어떤 것이 도덕적으로 선한 것이라면, 그것이 도덕 법칙에 알맞은 것으로는 충분하지 않고, 그것은 또한 도덕 법칙 때문에 일어난 것이어야 한다"(정초: 68-70). 칸트는 목적론적 또는 질료적 윤리론을 의무론적 또는 형식적 윤리론으로 대체함으로써 코페르니쿠스적 전회를 실현한다.

셋째, 종교는 신에 대한 믿음을 전제로 한다. 칸트 이전에 신의 존재는 의심의 여지가 없는 사실이며, 기적·신비·계시의 경험과 율법학자들이나 교부들의 가르침을 통해 증명됐다. 신앙은 율법을 지키는 것이며, 그것을 따르는 것이 도덕적으로 선한 것이었다. 칸트는 계시종교가 신에 대한 노역신앙을 요구하며, 인간의 자유와 이성의 주체적 사용을 억압하고, 때로는 종교 간의 갈등에서 볼 수 있는 것처럼 도덕적으로 잔인한 행위를 정당화하기도 한다고 본다. 칸트는 도덕과 종교의 관계에서 도덕의 우선성을 강조한다. 그는 종교의 도덕화 또는 실천이성에 기초한 도덕종교 또는 이성종교의 가능성을 개진한다. 그는 신의 존재를 증명할 수는 없으나, 인간의 도덕적 행위를 강화하기 위해 신의 존재를 요청할 수는 있다고 본다. 도덕적 행위가 현세에 행복을 보장하는 것은 아니기 때문에 덕행과 행복의 비례적 보상을 보증하는 존재로서 신을 요청할 수는 있다는 것이다(실천: 261-274). 도덕 법칙에 따라 선한 행위를 하는 사람만이 진정한 신앙인이며, 신의 은혜를 받을 자격이 있다는 식으로 신을 끌어들일 수 있다는 것이다. 신의 명령을 빌미로 이뤄지는 잔인한 행위는 어떠한 이유로도 정당화될 수 없다. "도덕으로서의 자연종교는 하나의 순수한 실천적 이성 개념이다. … 사람들은 모든 인간에게 이에 대해 실천적으로 확신시킬 수 있고, 적어도 이 종교의 작용을 누구에게나 의무로서 요구할 수 있는 것이다. 이 종교는 참 종교의 중대한 요건, 곧 누구에게나 타당함, 다시 말해서 보편적 일치라는 뜻에서의 보편성의 자격을 자신 안에 가지고 있다"(종교: 395). 칸트는 계시종교를 이성종교 또는 도덕종교로 대체함으로써 코페르니쿠스적 전회를 실현한다.

칸트는 인식론적으로 인식의 중심으로서 인간의 주관을, 윤리론적으로 도덕 법칙의 입법자로서 인간을, 종교론적으로 이성종교의 중심으로서 인간을 상정하고 있다. 이러한 의미에서 보면, 칸트가 말하는 코페르니쿠스적 전회는 역설적이다. 코페르니쿠스는 지동설을 통해 인간을 우주의 중심에서 주변으로 밀어냈지만, 칸트는 코페르니쿠스적 전회를 통해 인간을 세계의 주변에서 중심으로 끌어당기고 있기 때문이다. 칸트의 코페르니쿠스적 전회는 기본적으로 인간의 중심성을 정당화하고 있다는 점에서 전근대적인 공동체 중심적 관점에서 근대적인 개인 중심적 관점으로의 이행을 보여준다. 특히 그는 그러한 인간의 존재론적 특성을 자유에서, 인식론적 특성을 이성에서 찾는다. 자유롭고 이성적인 인간은 공동체에서 벗어난 개인의 이미지다. 이러한 의미에서 칸트의 철학이 갖는 의의 가운데 하나는 개인의 발견에서 찾을 수 있을 것이다. 인간은 근대 사회에 던져졌다. 다시 말해서, 인간은 공동체를 기반으로 하는 사회에서 떨어져 나와 개인이 됐다. 개인으로서 인간이 당면한 과제는 자유의 짐을 지고 자신과 같기도 하고 다르기도 한 수많은 다른 개인과 함께 살아가는 방법을 찾는 것이다. 그런 의미에서 칸트의 사상에는 개인과 사회의 진정한 조화, 또는 사와 공의 진정한 조화를 추구하는 공공성의 이념이 저변에 깔려 있다고 하겠다.

2) 요나스

(1) 철학적 동기: 존재론적 불안정성에 대한 염려

요나스를 당혹스럽고 놀라게 한 것은 생명과 죽음의 관계다. 생명 안에는 언제나 죽음의 가능성이 존재한다는 사실, 즉 생명은 단지 조건부에 불과하다는 사실이다. 모든 생명체는 존재의 불안정성을 본질로 하고 있으며, 고등 생물인 인간은 그 사실을 안다. 인간은 존재의 불안정성을 '불안 또는 염려'의 형태로 의식한다. "존재와 비존재 사이를 떠도는 생명체는 오로지 조건부적인 존재이며 언제든지 존재를 박탈당할 수 있는 상황에 처해 있다. 물질대사가 안고 있는 존재의 능력과 존재의 결핍이라는 두 측면과 함께 비존재는 존재 자체 속에 포함돼 있는 대립물로서 세계 속에 들어와 있다. 이 때문에 존재한다는 것이 비로소 특별한 의미를 지니게 된다. 본질적으로 자기부정의 위협을 특징으로 하는 존재는 자신을 긍정해야 하며, 긍정된 존재는 '염려'하는 존재다. 생명을 구성하는 것이 바로 비존재의 가능성이기 때문에 생명이 있다는 것은 본질적으로 심연 위에 떠 있는 것이며 벼랑 끝에 서 있는 것이다. 그러므로 존재 자체는 주어진 상태가 아니라 끊임없는 가능성이 됐다. 존재는 언제나 새롭게 자신이 직면해야 하는 대립물, 즉 비존재를 이겨내야 하는 존재이며, 결국에는 이 비존재에 의해서 함몰되도록 돼 있다"(생명: 1966: 4).

죽음에 대한 불안과 염려는 시간과 밀접한 관계가 있다. 존재론적 불안정성은 시간이 흐를수록 더욱더 강화된다. 요나스는 개인의 차원을 넘어 인류와 지구의 존재론적 불안정성에 대한 불안과 염려를 이겨 내는 도덕 법칙을 찾는 데 자신의 철학적 역량을 집중한다.

(2) 패러다임적 사고: 성찰적 근대

근대가 근대의 이념과 부딪침으로써 합리적 이성의 비합리성에 대한 인식이 확장됐다. 계몽주의는 하나의 신화가 돼 버릴 위험에 처해 있다. 이러한 위험에서 벗어나기 위해 요나스는 새로운 계몽주의를 구상한다. 그것은 합리적 이성이 아닌 비판적 이성에 의존하는 것이다. 과학기술의 발전은 야누스의 얼굴을 하고 있다. 과학기술의 발전 속에서 유토피아의 희망과 디스토피아의 절망이 교차하는 것을 보면서 요나스는 생명과 죽음의 관계에서 발생하는 근대적 형태의 '염려'를 성찰한다. 칸트가 살았던 계몽주의 시대를 일차적 근대라고 한다면, 요나스가 살고 있는 시대를 이차적 또는 성찰적 근대라 부를 수 있을 것이다. 일차적 근대는 '확실성'에 대한 신념을 기반으로 한다. 그것은 국민국가, 산업화, 과학기술이 인류의 미래를 책임질 수 있을 것이라는 확신을 내용으로 한다. 이에 반해 이차적 혹은 성찰적 근대는 '불확실성'에 대한 불안을 기반으로 한다. 그것은 국민국가, 산업화, 과학기술이 인류의 미래를 책임질 수 있을 것이라는 신념에 대한 의심을 특징으로 한다. 성찰적 근대의 등장은 일차적 근대가 가져온 나쁜 결과와 앞으로 가져올 결과에 대한 불안을 계기로 하는 것이다. 국가는 정책 실패를, 산업화는 빈부 격차와 경제적 위기를, 과학기술은 자연과 인간사회에 파괴적인 결과를 끊임없이 생산하고 있다. 그로 인해 앞으로 어떤 나쁜 일이 발생할지 모른다는 불안이 사람들의 마음을 지배하게 됐다. 일차적 근대에 내재된 희망의 감정이 불안의 감정으로 대체된 것이다. 이러한 의미에서 '위험'은 성찰적 근대를 특징짓는 열쇠말이라고 하겠다. "위험은 근대화 그 자체에 의해 유발되고 시작된 해악과 불안전성을 다루는 체계적인 방식으로 정의될 수 있다. 위험은 과거의 위험과는 달리 근대화의 위협적인 힘과 관계가 있는 결과다"(Beck, 1992: 21). 울리히 벡(Ulrich Beck)은 성찰적 근대를 특징으로 하는 사회를 '위험사회'라 규정한다.

요나스의 근대에 대한 비판적 성찰은 인간의 능력에서 출발한다. 요나스가 현대 사회의 성격을 규정하면서 주목한 것은 "인간 행위의 본질이 변했다"는 것이다(책임: 1). 특히 그가 강조하는 인간의 새로운 능력은 '현대 기술의 능력'이다. 현대는 물론이고 현대 이전에도 인간은 기술을 사용했다. 문제는 현대 이전의 기술과 현대 기술의 성격이 판이하게 다르다는 것이다. "우리 시대 이전에는 자연에 대한 인간의 침해는 근본적으로 표면적이고 효력이 없어 자연의 확고한 균형 상태를 파괴할 수는 없었다. … 인간의 집요한 요구에도 저 심연에서는 흔들림이 없는 전체의 면역력, 요컨대 우주적 질서로서 자연의 본질적인 불변성은 죽을 수밖에 없는 인간의 모든 기획—그러한 질서 자체에 대한 인간의 침범을 포함해서—의 배경이었다. 인간의 삶은 변하지 않는 것과 변하는 것 사이에서 이뤄졌다. 변하지 않는 것은 자연이었으며, 변하는 것은 인간 자신의 작품들이었다"(책임: 3). 현대 이전의 기술은 자연에 적응하는 수준에 머물렀지만, 현대 기술의 발달로 모든 것이 결정적으로 변하게 됐다는 것이 요나스의 주장이다. 자연은 유한한 인간이 적응하며 살아가는 견고한 존재가 아니라 인간에 의해 침해될 수 있는 '취약한 존재'로 변질됐다는 것이다. "전래된 세계관의 첫 번째 주요한 변화로서 사람들은 인간의 기술적 간섭에 대한 자연의 취약성을 꼽는다. 그것은 이미 저질러진 훼손을 통해 인식하기 전에는 전혀 상상할 수 없었던 것이다. … 그것[자연의 취약성—필자]은 인간 행위의 본질이 사실상 변했다는 사실을 그 결과를 통해 보여준다"(책임: 6-7). 요나스의 주장의 핵심은 인간 행위로서 현대 기술이 질적으로 변했다는 것이다. 인간의 행위로서 기술이 자연에 단순히 적응하는 수준을 넘어서 이제는 자연 자체를 변화시킬 수 있는 단계에 이르렀다는 것이다(Becchi, 2016). 여기에서 주목해야 할 것은 변화의 대상인 자연에 인간도 포함된다는 것이다. 다시 말해서, 자연(nature)과 인간의 본성(nature) 모두가 기술적 간섭의 대상이 됐다는 것이다. 인간 행위의 본질이 질적으로 변했다는 사실, 혹은 기술적 능력이 고도화됐다는 사실에서 요나스는 미래에 대한 '희망'을 말하기보다는 미래를 '염려'한다. 그 이유는 현대 기술이 갖는 특성에서 찾을 수 있다. 요나스가 생각하는 현대 기술의 특성을 기술의 자율성,

기술의 사용이 가져오는 결과의 불확실성, 현대 기술의 공적 성격 등을 중심으로 살펴보자.

첫째, 기술의 자율성 또는 기술의 통제 불가능성 문제는 기술적 능력의 발전과 그에 대한 통제력 간의 괴리와 관련된 것이다. 인간의 기술적 능력은 고도화되고 있으나 그에 대한 통제력이 그것에 비례해서 고도화되고 있지 않다. 그러다 보니 인간이 본래 기술의 주인이었는데, 이제는 기술의 노예가 돼 버렸다는 것이다. "우리가 필요한 진로 수정을 할 수 있을 것이라고 생각하는 '진행 과정'과 관련해서 불길하게 특이한 무엇인가가 있다는 점에 주목해야 한다. 단기적 목적을 추구하는 기술적 행위에 의해 활발히 이뤄지는 발전은 그 자체를 독립적으로 만드는 경향, 요컨대 그 자체의 강제적인 역동성, 즉 자동적인 추진력을 더해 가는 경향이 있다. 이로 인해 기술 발전은 비가역적일뿐만 아니라 추진적인 것이 됨으로써 최초의 행위자들의 희망과 계획을 압도해 버린다"(책임: 32). 기술의 발전에 대한 통제가 거의 불가능하게 된 이유는 무엇인가? 첫째는 진보의 압력이다. "진보는 첨단기술을 통해 가능해진 모든 새로운 발걸음이 인간에게 그 발걸음을 계속하도록 강요한다는 점에서 강제적 속성을 가지며, 인간의 생산물을 주인으로 섬기게 할 뿐만 아니라 생산을 계속하도록 강요한다는 점에서 전제적인 속성을 갖는다"(기술: 50). 둘째는 경쟁의 압력이다. 기업들의 기술 개발 경쟁은 기업들이 적어도 다른 기업의 수준에 도달해야 하고, 나아가서 그 수준을 넘어서야 한다는 압력으로 작용한다. 사활을 건 기업들의 기술 개발 경쟁은 통제가 불가능하다. 기술의 자율성은 현대 기술이 인간의 통제권 안에 있는 것이 아니라 자율적인 힘을 가지고 오히려 인간과 대립하면서 인간을 지배하는 힘을 갖게 됐다는 것을 말한다(Winner, 2000, 2010).

둘째, 불확실성 문제는 기술적 능력과 예측 능력 간의 괴리와 관련된 것이다. 기술은 편리한 세상을 약속하지만 그 약속이 지켜질 수 있을지는 그 누구도 장담할 수 없다. 그 이유는 두 가지 측면에서 생각해 볼 수 있다. 하나는 기술이 가져오는 결과가 모호하다는 것이다(기술: 42). 특히 좋은 의도로 개발된 기술이 치명적인 결과를 가져오는 경우에 대해 주목할 필요가 있다. 예컨대 핵무기는 사용 자체가 치명적이라는 것이 확실하지만, 원자력발전소의 경우는 그것의 긍정적인 효과가 큰 반면 그것이 가져올 치명적인 결과의 확률을 계산하기는 어렵다. 체르노빌과 후쿠시마의 원자력발전소

폭발사고를 경험하고도 탈원자력발전에 소극적인 이유는 바로 결과의 모호성에 있다고 하겠다. 다른 하나는 기술이 미치는 영향의 범위가 매우 광대하다는 것이다(기술: 43). 기술의 사용이 미치는 범위는 공간적으로는 전 지구적이며, 시간적으로 거의 무한의 시간에 이른다고 할 수 있다. 이러한 경우는 특히 생태학적 발견에서 통찰을 얻을 수 있다. 레이첼 카슨(Rachel M. Carson)은 농업에 사용됐던 DDT의 함유 성분이 먼 대양의 물고기 몸에서 발견됐다는 충격적인 사실을 알려 준 바 있다(Carson, 1962). 이는 기술의 사용이 말 그대로 전 지구적으로 영향을 미치는 것을 보여 주는 극적인 사례라고 하겠다. 그리고 우리는 매우 넓게 상용화된 유전자 조작기술과 그것에 의해 만들어진 먹거리들이 인체에 미칠 영향이 당장에는 나타나지는 않지만 몇 세대 뒤에 어떤 결과를 가져올지에 대해 우려하고 있다. 이는 기술이 시간적으로 먼 미래에도 영향을 미칠 것이라는 관념에 기초한 것이다. 기술이 미치는 영향의 범위가 시간적·공간적으로 광대해지고 있다는 것은 기술의 사용이 가져올 결과를 예측하기가 더욱더 어려워지고 있다는 것을 의미한다.

셋째, 기술의 공적 성격 문제는 기술의 복합적 연계성과 관련된 것이다. 기술사회는 두 가지 특성을 가지고 있다. 하나는 기술이 경쟁과 분업 그리고 절묘한 협업에 의해 개발되고 적용된다는 것이다. 하나의 기술적 성과는 복잡하게 연계된 수많은 행위 주체의 공동의 산물이다. 물론 공동의 노력이 의도적이고 통제 가능한 방식으로만 결합되는 것은 아니다. 다른 하나는 기술이 사회적 관계의 형성과 변화에 결정적인 역할을 한다는 것이다. 이러한 두 측면에서 보면, 기술은 공적인 특성을 갖는다고 하겠다. 그러므로 기술의 공적 성격으로 인해 발생하는 문제는 공적 차원에서 이해해야 하며, 그에 대한 대응 역시 공적 차원에서 이뤄져야 할 것이다. 현대 기술로부터 야기되는 문제는 개인적 차원에서만, 개별적인 산업체의 차원에서만, 혹은 정부의 강제력에 의해서만 해결될 수 있는 문제가 아니다. 그것은 말 그대로 공적으로 대응해야 할 문제다. 그러나 기술에 대한 다양한 이해관계 때문에 공적 대응이 쉽지 않다.

변화된 인간 행위의 본질은 사회를 변화시키고 있기 때문에 그에 맞게 대응 방식도 변해야 한다. 윤리는 인간 행위와 관련된 원칙을 발견하는 데 초점을 맞춘다. 인간 행위의 본질이 변하면, 그에 따라 윤리 원칙도 변해야 한다. 이러한 맥락에서 요나스는 기술사회에 적합한 새로운 윤리 원칙을 모색하는 데 초점을 맞춘다.

❷ 책임윤리: 의무론 대 목적론

칸트는 인간의 실천이성에 의존해서 의무론적 책임론을 구성한다. 의무론적 책임론은 시공간적 특수성을 초월하는 보편적 도덕 법칙을 전제로 한다. 반면 요나스는 기술 사회를 배경으로 하는 목적론적 책임론을 구성한다. 목적론적 책임론은 시공간적 특수성을 배경으로 하는 제한된 보편적 책임론을 전제로 한다. 여기에서는 칸트와 요나스의 책임윤리의 다름을 살펴본다.

1) 칸트의 의무론적 책임윤리: 보편주의

칸트의 의무론은 도덕의 근거를 신이나 공동체와 같은 주체의 밖 또는 도덕 감정과 같은 주체의 감정에서 찾는 전통적인 방식에서 벗어나 주체의 이성의 실천적 사용 능력에서 찾는다. 칸트의 윤리론은 이처럼 도덕의 중심축을 바꿨다는 점에서 일종의 코페르니쿠스적 전회라고 할 수 있다(순수: BXVI). 여기에서는 칸트의 윤리적 전제와 책임윤리에 대해 살펴본다.

(1) 전제

① 인간의 본질로서 자유

칸트가 생각하는 철학의 과제는 기본적으로 인간의 앎과 의무 그리고 희망의 문제를 다루면서 궁극적으로 인간의 본질을 해명하는 것이다. 전통적으로 '이성적 존재'라는 명칭은 인간의 본질을 규정하는 대표적인 말이다. 그러나 칸트는 인간의 본질을 이성에서 찾지 않고 '자유'에서 찾는다. 다시 말해서, 자유에서 목적적 존재로서 인간의 존엄성의 근거를 찾는다. 전통적으로 인간의 본질을 대변하는 것으로 생각됐던 이성은 단지 수단에 불과한 것으로 치부된다. "오직 이성적 존재만이 목적 자체가 될 수 있다면, 그것은 그가 이성을 가지고 있기 때문이 아니라 자유를 가지고 있기 때문이다. 이성은 단지 수단에 지나지 않는다. … 이성이 없다면 어떠한 존재도 목적 자체가 될 수 없다. 왜냐하면 그 존재는 자신의 존재를 의식할 수도 없고 성찰할 수도 없기 때문이다. 그러나 이성은 인간이 목적 자체로서 다른 무엇과도 바꿀 수 없는 존엄성을 갖는 원인은 아니다. 이성은 우리에게 그러한 존엄성을 부여하지 않는다. … 자유가, 오직 자유만이 우리를 목적 자체로 만든다"(Guyer, 2007: 15 재인용).

자유를 본질로 하는 인간이 당면하게 되는 문제는 자연적으로 주어진 '이성의 사용'과 관련된다. 권위에 의존해 자신의 이성을 수동적으로 사용할 것인가, 아니면 오직 자신에게 의존해 자신의 이성을 자율적으로 사용할 것인가? 칸트는 계몽주의의 본질을 설명하면서 이 물음에 대한 답을 분명하게 제시한다. 결단과 용기를 발휘해 자율적으로 지성을 사용하라는 것이다.

칸트는 두 차원에서 자유 개념을 사용한다(실천: 92). 하나는 자연적 경향성으로부터 벗어날 수 있는 능력으로서 소극적 차원의 자유다. 예컨대 인간은 아무리 배가 고프고 눈앞에 맛있는 음식이 있어도 먹지 않고 참을 수 있다. 인간이 다른 동물과 다른 점은 자연적 경향성에 무조건 복종하는 것이 아니라 그것을 거부할 수 있는 능력이 있다는 것이다. 자유는 바로 이러한 거부 능력의 다른 이름이다. 이를 통해 인간은 자연의 세계에서 자유의 세계로 들어가는 자격을 얻는다. 다른 하나는 자기입법 능력으로서 적극적 차원의 자유다. "자유는, 비록 자연 법칙에 따르는 의지의 성질은 아니지만, 그럼에도 전혀 무법칙적이지 않고, 오히려 불변적인 법칙에 따르는 원인성이되, 그러나 특수한 종류의 것임에 틀림없다"(정초: 180). 인간은 이성을 실천적으로 사용함으로써 행위 원칙을 스스로 세우고 그 원칙에 대해 스스로 책임을 지는 능력을 가지고 있다는 것이다. 적극적 의미의 자유는 '자율'을 의미한다. 칸트의 철학이 갖는 중요한 의미는 자기입법과 자기책임을 본질로 하는 개인주의적인 도덕적 주체의 개념을 제시했다는 점에서 찾을 수 있다.

② 대화로서 사유

사유는 이성의 본질적인 기능이다. 그렇다면 사유한다는 것은 무엇을 의미하는가? 그것은 주체 안에서 이뤄지는 대화다. 사람들은 스스로에게 묻고 답하면서 사유하게 된다. 그런 의미에서 사유는 본질적으로 대화라고 하겠다. 사유는 주체의 상상적 대화의 형식을 취할 수도 있으며, 다른 사람들과의 실제적인 대화의 형식을 취할 수도 있다. 칸트는 상상적 대화의 형식에 '확장된 사유의 준칙'을 제안한다(판단: §40). 이것은 모든 타자의 관점에서 생각해야 한다는 것이다. "정신이 대상을 모든 인식 가능한 관점에서 바라보고, 각각의 관점에서의 관찰을 다른 관점에서의 관찰을 통해 검증할 수 있도록 모든 측면에서 대상을 바라보고, 그 지평을 미시적인 관찰에서 일반적인 전망으로 확장하기 위해 항상 준비돼 있어야 한다"(편지, 1772.2.21.).

실제적 대화는 나와 특정한 타자나 불특정한 공중 사이에 이뤄진다. 칸트가 주목하는 것은 상상적 대화와 실제적 대화가 불가분의 관계에 있다는 사실이다. 요컨대 상상적 대화가 실제적 대화를 자극하는 동시에 실제적 대화가 상상적 대화를 자극하는 관계에 있다는 것이다. 따라서 어느 한쪽이 왜곡되면 다른 쪽도 왜곡되는 결과를 가져온다. "사람들은 상위의 권력이 우리에게서 말을 하거나 글을 쓸 수 있는 자유를 박탈할 수 있지만, 결코 생각의 자유를 박탈할 수는 없다고 말한다. 그렇지만 우리가 우리의 생각을 전하고 우리에게 자신들의 생각을 전하는 다른 사람들과 함께 생각하지 않는다면, 우리가 과연 얼마나 많이 그리고 얼마나 올바르게 생각할 수 있겠는가! 그러므로 우리는 사람들에게서 자신의 생각을 공개적으로 전달할 수 있는 자유를 박탈하는 바로 그 외부의 권력이 사람들에게서 생각의 자유도 박탈한다고 말할 수 있다"(사유: 247).

③ 도덕 법칙의 안내자로서 실천이성

칸트의 철학적 기획은 자연의 영역에서와 마찬가지로 자유의 영역에 존재하는 법칙을 발견하고 정당화하는 것이다. 다만 칸트는 영역에 따라 이성의 사용 방식이 달라야 한다고 생각한다. 요컨대 자연의 영역에서는 이성을 이론적(사변적)으로 사용하고, 자유의 영역에서는 이성을 실천적으로 사용해야 한다는 것이다. 칸트의 이성 비판은 기본적으로 이론적 이성이 자유의 영역까지 확장하려는 월권을 방지하기 위한 것이다(실천: V116/O31). "내가 사변이성으로부터 동시에 그것의 과도한 통찰의 월권을 빼앗지 않는다면, 나의 이성의 필수적인 실천적 사용을 위해 신, 자유 그리고 (영혼의) 불멸성을 전혀 받아들일 수 없다. 왜냐하면 사변이성은 이런 통찰에 이르기 위해서 실제로 순전히 경험 가능한 대상들에만 적합한 원칙을 이용할 수밖에 없는데, 만일 그 원칙이 경험의 대상이 될 수 없는 것에 적용된다면 실제로 그것을 언제나 현상으로 변형시킴으로써 순수이성의 실천적 확장이 불가능하다고 선언하기 때문이다. 그러므로 나는 신앙을 위한 자리를 만들기 위해 지식을 자제해야만 했다"(순수: BXXX). 여기에서 지식은 이성의 이론적 사용을, 신앙을 위한 자리는 이성의 실천적 사용을 위한 공간을 의미한다. 칸트는 사변 이성 또는 순수이성이 아니라 실천이성의 인도에 의해 도덕 법칙이 구성될 수 있다고 주장한다.

(2) 책임윤리

칸트의 책임윤리는 사람들이 실천이성의 인도에 따라 법칙을 구성하고 그 법칙을 준수하는 것을 핵심으로 한다. 여기에서는 사람들이 구성하는 법칙은 보편적인 인간의 의무를 규정하기 위한 도덕 법칙과 정치적 의무를 규정하기 위한 법법칙 그리고 공동체적 삶을 형성하는 데 참여해야 하는 구성원의 의무로서 이성의 공적 사용에 대해 살펴본다.

① 도덕 법칙: 준칙의 보편성 검증

칸트의 도덕형이상학적 과제는 자유의 영역에서 인간이 따라야 할 도덕 법칙을 구성하는 것이다. 그에 따르면, 의지의 보편적인 규정을 함유하는 명제를 '원칙'이라고 하고, 그 가운데 주관에 의해 단지 주관의 의지에 대해서만 타당한 것으로 간주되는 주관적 원칙을 '준칙'이라고 하며, 모든 이성적 존재자의 의지에 타당한 것으로 인식되는 객관적 원칙을 '법칙'이라고 한다(실천이성: §1). 법칙은 경험적 내용의 다양성을 초월하는 보편성을 특징으로 한다. 법칙은 개인적인 이해관계가 완전히 배제되고 무조건적인 명령, 즉 정언명령으로 받아들여질 수 있는 것이어야 한다. 따라서 법칙은 형식적인 형태를 띨 수밖에 없다. 앞에서 정의한 개념과 법칙의 조건에 따라 칸트는 다음과 같은 도덕 법칙을 제시한다. "너의 의지의 준칙이 항상 동시에 보편적 입법의 원리로서 타당할 수 있도록 그렇게 행위하라"(실천: §7). 칸트의 도덕 법칙에 내포된 의미는 무엇인가? 첫째, 인간은 자기입법적 존재라는 것이다. 둘째, 사람들이 자신의 준칙을 세울 때, 그것이 보편성의 조건을 충족할 수 있을지 따져 보라는 것이다. 자신이 세운 준칙을 다른 모든 사람이 채택할 경우에 어떤 일이 발생하게 될지 스스로 질문을 던져 보라는 것이다. 예를 들어, 내가 "나에게 이익이 될 때는 거짓말을 해도 된다"

는 준칙을 세우려고 하는 경우에, 다른 모든 사람이 이 준칙을 세운다면 어떤 일이 발생하게 될지 사고실험을 해 보면 그 준칙을 세우는 것이 타당한지를 판단할 수 있다는 것이다. 모두가 이 준칙을 세우게 되면 어느 누구도 나의 말을 믿지 않을 것이기 때문에 나는 나의 준칙을 통해 나의 목적을 이룰 수 없다. 따라서 이 준칙은 나의 준칙으로서 타당하지 않다.

도덕 법칙은 인간의 보편적 목적성을 강조하는 방식으로 변형 가능하다. "네가 너 자신의 인격에서나 다른 모든 사람의 인격에서나 인간(성)을 항상 동시에 목적으로 대하고, 결코 한낱 수단으로 대하지 않도록, 그렇게 행위하라"(정초: 148). 이 원칙에 따르면, 자신의 이익을 위해 거짓말을 하는 것은 다른 사람들을 수단으로 대함으로써 인간의 보편적 목적성을 훼손하는 것이기 때문에 타당하지 않다. 이 명법은 보편적 인권의 토대라고 하겠다. "자신의 의지의 모든 준칙을 통해서 보편적인 법칙을 세우고 그 관점에서 자기 자신과 자신의 행위를 판단하는 이성적 존재자의 개념은 그것에 의존하는 매우 풍요로운 개념, 즉 목적의 나라 개념으로 이어진다. 나라는 다양한 이성적 존재자들이 공통의 법칙에 의해 체계적으로 결합된 체제를 의미한다. 법칙은 보편적 타당성에 따라 목적을 규정하기 때문에, 이성적 존재자들 사이의 개인적인 차이와 그들의 사적인 목적에 담긴 모든 내용을 제거하면, 모든 목적의 체계적인 결합 체제로서 목적의 나라가 사유될 수 있을 것이다"(정초: 156). 이러한 의미에서 도덕 법칙은 목적의 나라 준칙으로 변형될 수 있다. "모든 이성적 존재는 자신의 준칙을 통해서 언제나 보편적인 목적의 나라의 입법자인 것처럼 행위하라"(정초: 165). 내가 자신에게 이익이 될 때 거짓말하는 것을 준칙으로 세운다면 공동의 이익을 추구해야 하는 나는 보편적인 목적의 나라의 입법자로서 자격이 없기 때문에, 그 준칙은 타당하지 않다. 칸트의 도덕 법칙은 행위의 기준이 아니라 행위 준칙의 기준이다. 그것은 다양한 이해관계를 추구하는 개인들이 자율적으로 삶의 원칙을 세우고 조화롭게 살기 위한 원칙, 즉 공과 사의 조화를 위한 원칙이다. 그리고 그것의 핵심 원리는 개인이 사고실험을 통해서 자신의 준칙에 대해 보편성 검증을 실행하는 것이다.

② 법법칙: 자유의 원칙과 공개성의 원칙

법법칙은 정치적 주체가 입법 과정에서 따라야 할 원칙을 말한다. 칸트는 두 가지 측면에서 법법칙을 제시한다. 하나는 자유의 법법칙이고, 다른 하나는 공개성의 법법칙이다.

첫째, 자유의 법법칙은 다음과 같다. "어떤 행위가 또는 그 행위의 준칙에 따른 각자의 선택의 자유가 보편적인 법에 따라 모든 사람의 자유와 공존할 수 있다면, 그 행위는 정당하다"(법: §C). 법법칙에 따르면, 법은 모든 사람의 자유로운 행위가 공존할 수 있는 방식으로 만들어져야 한다는 것이다. 법법칙은 정치적 주체로서 개인의 자유를 중심에 둔다. 일반적으로 자유는 "남에게 해를 끼치지 않는 범위 안에서 행동할 수 있는 가능성"이라는 소극적 의미로 이해된다. 이에 반해 칸트는 적극적 의미의 자유, 즉 자기입법적 자율로서 자유를 개념화한다. 자유는 "내가 합의할 수 있었던 것을 제외하고는 어떠한 법률에도 복종하지 않을 권리"라는 것이다. 평등의 의미도 법과의 관계 속에서 "어떤 사람이 그 역시 구속되는 법률을 준수하지 않으면서 동시에 타인에게 그 법률의 준수를 요구할 수 없는 시민들 간의 관계"로 정의된다(평화: 99).

그렇다면 자유의 법법칙이 우리에게 요구하는 것은 무엇인가? 일반적으로 입법에는 합법성만을 요구하는 경우와 합법성과 도덕성 모두를 요구하는 경우가 있다. 합법성은 행위의 동기와 무관하게 행위와 법의 일치 여부에만 초점을 맞춘다. 도덕성은 행위와 법의 일치성만이 아니라 행위의 동기에도 초점을 맞춘다. 엄밀한 의미에서 법법칙은 합법성에 초점을 맞춘다. 그러다 보니 법법칙은 외적 강제를 조건으로 한다(법: 132-133). 자유의 법법칙에 따르면, 정치적 주체로서 개인들은 서로가 준수해야 할 보편적인 법을 합의를 통해 만들고, 스스로 법을 준수하며 서로에게 법을 강제하는 것이 공공 질서를 세우고 유지하는 길이라는 것이다. 여기에서의 법적 강제는 스스로가 부과한 것이기 때문에 자유를 전혀 손상하는 것이 아니며, 오히려 자유를 강제하는 것이라고 할 수 있다. 그러므로 자유의 법법칙에서는 자유와 강제가 조화를 이룬다.

둘째, 공개성의 법법칙은 기본적으로 법의 내용적인 부분을 사상하면 오직 공개성의 형식만이 남는다는 인식에 근거한다. 내용적으로 어떠한 법이든 법적 주장이 공개될 때, 그 주장의 타당성이 검증될 수 있기 때문이다(평화: 125). 그래서 칸트는 공법을 "보편적 공표를 필요로 하는 법의 총체"(법: 263)로 규정한다. 공개성의 법법칙은 소극적인 형식과 적극적인 형식으로 표현될 수 있다. 소극적인 공개성의 법법칙은 "다른 사람들의 권리에 영향을 미치는 모든 행위는 그 준칙이 공개될 수 없다면 부당하다"는 것이다(평화: 126). 이 원칙에 따르면, 다른 사람들의 저항을 불러일으킬 가능성이 있기 때문에 공개할 수 없는 법적 주장은 보편적 동의를 구할 수 없는 것이기 때문에 정당하다고 할 수 없다. 소극적인 법법칙은 다른 사람들과의 관계에서 부당한 것을 확인하는 수단으로 기능한다. 적극적인 공개성의 법법칙은 "그 목적을 달성하기 위해 공개성을 필요로 하는 모든 준칙은 법 및 정치와 조화를 이룰 수 있다"는 것이다(평화: 130). 목적의 달성을 위해 공개를 해야만 하는 준칙은 사람들의 보편적인 목적과 조화를 이뤄야 한다. 그래서 공개를 필요로 하는 준칙은 사람들 간의 조화를 고유한 임무로 하는 정치뿐만 아니라 사람들의 목표의 통합을 가능하게 하는 공법과 조화를 이룰 수 있다.

칸트는 법법칙이 적용되지 않는 정치 체제로서 전제정과 대비해 법법칙이 관철되고 있는 정치 체제를 공화정이라 규정한다(평화: 99). 공화정은 인간으로서 한 사회구성원의 자유의 원리에 의해, 신민으로서 모두가 단 하나의 공통된 입법에 의존하는 의존의 원리에 따라, 국민으로서 평등의 원칙에 따라 확립된다. 그렇다면 민주정과 공화정은 어떻게 다른가? 칸트에 따르면, 공화정과 민주정은 상이한 기준에 따라 분류된 정체(政體)다. 민주정은 지배자의 수를 기준으로 다수가 지배하는 정체다. 공화정은 지배의 방식을 기준으로 법법칙에 의한 지배가 이뤄지는 정체다. 칸트는 법법칙이 관철되는 공화정에서 진정한 공과 사의 조화가 가능하다고 본다.

③ 이성의 공적 사용

칸트에 따르면, 공동체의 질서 유지를 위해서는 법의 강제력과 구성원들의 복종이 필수적이지만, 동시에 '자유의 정신'도 있어야 한다(이론: A267). 칸트의 이러한 생각은 "계몽이란 무엇인가"라는 질문에 대한 응답에서 명확하게 드러나고 있다. "계몽을 위해서는 자유 이외의 다른 어떤 것도 필요하지 않다. 그리고 그것은 자유라고 이름할 수 있는 것 중에서도 가장 해가 없는 자유, 즉 모든 국면에서 그의 이성을 공적으로 사용할 수 있는 자유다. … 이성의 공적인 사용은 언제나 자유롭지 않으면 안 된다. 이 이성의 공적 사용만이 인류에게 계몽을 가져올 수 있다. … 내가 말하는 이성의 공적 사용이란 어떤 사람이 한 사람의 지식인/학자로서 독자 대중 앞에서 이성을 사용하는 경우다. 반면에 이성의 사적인 사용은 그에게 맡겨진 어떤 시민적 지위나 공직에서 이성을 사용하는 경우를 가리킨다"(계몽: 55).

이성의 공적 사용은 어떤 사람이 지식인/학자로서 글을 읽을 수 있는 대중 앞에 자신의 의견을 표출하는 것이다. 이성의 사적 사용은 시민적 지위나 공직에서 이성을 사용하는 것이다. 이는 시민적 지위나 공직을 전제로 이뤄지는 활동을 공적인 것으로 보는 일반적인 인식과 배치되지만, 일단 칸트의 논리를 따라가 보자. 칸트가 이성의 사적 사용의 사례로 든 경우는 군(軍)의 명령에 복종하는 장교, 교회의 교리에 순종하는 성직자, 그리고 세금을 납부하라는 정부의 명령에 복종하는 시민이다. 그러니까 이성의 사적 사용은 이성을 타율적으로 그리고 주어진 범위 안에서 제한적으로 사용하는 것을 말한다. 장교는 부하들에게 군의 명령에 대한 비판적 의견을, 성직자는 신도들에게 교리에 대한 비판적 의견을, 시민들은 세금을 납부하는 것에 대해 비판적 의견을 표명할 수 없다. 그러나 지식인/학자로서 장교는 군의 문제에 대해, 지식인/학자로서 성직자는 교리의 문제에 대해, 그리고 지식인/학자로서 시민은 조세제도에 대해 비판적인 의견을 글로써 대중을 상대로 표명할 수 있다. 그런 의미에서 이성의 공적 사용은 이성을 자율적으로 그리고 일반 공중을 상대로 사용하는 것을 말한다. 칸트에 따르면, "펜의 자유는 국민의 권리를 보호하는 유일한 수호신이다"(이론: A265). 이처럼 이성의 공적 사용 개념은 계몽의 본질이 '비판'에 있음을 보여 주고 있으며, 현대의 '공론장' 이론의 토대로 인식되고 있다. 이성의 공적 사용에 내포된 의미는 어떤 의견이든 공론장에서 공개적인 비판의 검증 과정을 통과한 의견이 또 다른 비판에 의해 기각될 때까지는 보편성을 갖는 것으로 인정할 수 있다는 것이다.

(3) 책임윤리의 성격

칸트의 책임윤리의 특성을 살펴보자. 첫째, 보편주의적이다. 도덕 법칙과 법법칙 그리고 이성의 공적 사용은 기본적으로 보편성 검증을 본질로 한다. 목적이나 내용은 다양하기 때문에 그것들을 중심으로 보편적 원칙을 구성할 수 없다. 따라서 순수 형식의 형태로 법칙을 구성한다. 그런 의미에서 보편주의적 책임윤리는 형식주의적 책임윤리이기도 하다. 둘째, 현재의 영원성을 전제로 한다. 영원성은 법칙의 적용이 현재에 영원히 묶여 있음을 의미한다. 행위의 선악은 시간적으로 행위와 가까이에 있다. 윤리의 세계는 동시대인들로 구성돼 있으며, 미래에 대한 지평은 그들이 생존할 것으로 예측되는 기간으로 제한돼 있다. 책임이 작용하는 시간은 영원한 현재다. 장기적 미래는 고려되지 않는다. 셋째, 인간 중심적이다. 인간만이 책임의 주체이자 책임의 대상이 될 수 있다. 비인간, 즉 자연 일반 또는 동물과 식물에 대한 행위는 선악을 따질 수 있는 대상으로 논의하지 않는다. 넷째, 개인 중심적이다. 구체적인 개인만이 행위의 주체가 될 수 있다. 추상적인 인류 전체가 책임의 주체가 될 수는 없다. 그러므로 책임윤리는 개인주의적 책임윤리다. 다섯째, 행위의 동기로서 법칙을 최우선으로 한다. 행위의 동기가 어떤 목적에 있는 것이 아니라 순수하게 도덕 법칙 및 법법칙을 준수하는 데 있어야 한다. 선악의 판별은 다양한 동기 가운데 법칙을 준수하려는 의도를 최우선으로 하는지 여부에 달려 있다. "인간이 선한가 악한가의 차이는 그가 그의 준칙 안에 채용하는 동기의 차이에 있는 것이 아니라(즉, 준칙의 질료에 있는 것이 아니라), 그가 그 둘 가운데 어느 것을 다른 것의 조건으로 만드는가 하는 종속 관계(즉 준칙의 형식)에 있을 수밖에 없다"(종교: 207). 칸트의 책임윤리는 도덕 법칙 및 법법칙을 최우선으로 함으로써, 법칙을 위해 행한 행위로 인해 발생한 나쁜 결과에 대해서는 책임을 묻지 않는다.

2) 요나스의 목적론적 책임윤리: 제한된 보편주의

요나스의 목적론은 우리가 발전시킨 '현대'의 과학기술이 미래의 우리 자신과 지구를 파멸시킬지도 모른다는 공포를 책임윤리의 토대로 삼는다. 그 위에 인간과 지구의 지속가능성을 추구하는 목적론적 책임윤리를 세운다. 여기에서는 요나스가 윤리적 전제로 삼고 있는 공포의 발견술과 책임윤리에 대해 살펴본다.

(1) 전제: 공포의 발견술

기술적 힘을 강화하는 데 결정적인 역할을 한 과학은 그러한 힘을 견제할 수 있는 규범이 도출될 수 있는 토대를 무너뜨린다. 과학은 사실과 가치를 엄밀히 구분해, 사실을 진리의 영역으로, 가치를 의견의 영역으로 범주화한다. 따라서 가치를 다루는 윤리적 규범은 진리의 영역에서 벗어난 무의미한 것으로 치부된다. "먼저 가치에 대해 중립화된 것은 자연이었으며, 그러고 나서 인간 자신이 그렇게 됐다. 이제 우리는 전능(全能)이 공허와 짝을 이루는, 즉 최대의 능력이 그 능력을 이용하는 목적에 대해서는 아는 것이 거의 없는 무지와 짝을 이루는 허무주의의 적나라함 속에서 전율한다"(책임: 23).

기술사회는 소위 '윤리적 진공 상태'에 빠져 있다. 요나스는 과학에 의해 파괴된 규범의 재건을 위한 근거를 윤리적 진공 상태에서도 파괴되지 않은 감정에서 찾는다. 요컨대 '공포'가 규범을 재건하는 데 중요한 역할을 할 수 있을 것으로 기대한다(Dinneen, 2014; Tibaldeo, 2015). 공포가 참된 덕성과 지혜에 대한 최선의 대용물이 될 수 있다는 것이다. 따라서 요나스는 기술적 힘을 견제하기 위한 윤리적 기초로서 '공포의 발견술'을 제안한다. "무엇이 윤리의 나침반으로 기능할 수 있는가? 그것은 바로 미리 사유된 위험 자체다! 미래에 발생할 수 있는 심상치 않은 상황의 변화, 위험이 미칠 수 있는 전 지구적 범위, 그리고 인간의 몰락 과정에 대한 징조를 통해 비로소 윤리적 원리를 발견할 수 있다. 이러한 원리로부터 새로운 힘에 대한 새로운 의무를 도출할 수 있을 것이다. 나는 이것을 '공포의 발견술'이라고 명명하고자 한다. 미리 예견된 인간의 왜곡이 비로소 우리로 하여금 이러한 왜곡으로부터 보전해야 할 인간의 개념을 찾아낼 수 있도록 도와주는 것이다. "우리는 무엇인가가 위험에 처해 있다는 것을 알 때, 비로소 그것을 엄중하게 생각한다." 여기에서 문제가 되고 있는 것은 인간의 운명뿐만 아니라 인간상이며, 또 신체적 생존뿐만 아니라 인간 본질의 불가침성이기 때문에, 이 양자를 보호해야 하는 윤리학은 지혜의 윤리학을 넘어 경외의 윤리학이어야 한다"(Jonas, 1994: 6).[3]

그렇다면 요나스는 어떤 유형의 위험을 경계하는가? 바로 선한 용도의 기술이 가져올 수 있는 악을 특히 경계의 대상으로 삼는다. "전혀 폭력적이지 않으면서도 묵시론적인 위협을 가하는 것들, 혹은 물에 빠진 사람이 익사하지 않기 위해 발버둥치듯 지금은 물론이고 앞으로도 어쩔 수 없이 계속 해야만 하는 일들이 많다. 사악한 형 카인(핵폭탄)이 결박당한 채 지옥에 갇혀 있는 동안, 선량한 동생 아벨(원자력발전소)은 매우 차분하게 향후 천 년 동안 사용될 수도 있을 만큼의 독을 비축하고 있다"(기술: 48). 공

---

[3] 이진우의 번역본(1994)은 1979년의 독일어판을 저본으로 삼았다. 인용된 내용은 1984년의 영어판에는 없는 부분이기 때문에 번역판을 사용한다. 인용 가운데 영어판에서 볼 수 있는 문장은 문맥에 맞게 다시 번역한다.

포의 발견술은 모든 위험을 경계하지만, 특히 우리가 경계를 늦추기 쉬운 위험에 대한 경계를 강조한다. 공포의 발견술이 요구하는 윤리의 핵심은 '위험에 대한 책임'이다.

(2) 목적론적 책임윤리

요나스의 책임윤리는 칸트에 대한 비판에 기초하고 있으면서도 칸트의 틀을 준용한다. 그는 형식만이 아니라 결과, 즉 지속가능성을 지향하는 목적론적 책임론의 기초를 세우면서 칸트의 의무론적 정언명법을 준용한다. 여기에서는 요나스의 정언명법과 책임윤리의 성격을 살펴본다.

① 정언명법-I: 인류는 존재해야 한다.

공포의 발견술을 자극하는 '염려'의 대상은 바로 '죽음'이다. 죽음은 완전한 무(無)의 상태로서, 현재의 기술적 능력으로 지구가 완전히 파괴될 수 있다는 사실 그리고 인류가 완전히 멸종될 수 있다는 사실과 연관된다. 특히 요나스는 마치 개구리가 천천히 가열되는 물에서 자기도 의식하지 못하는 사이에 죽어 버리는 것처럼 인류에게도 그러한 죽음이 다가올 수 있다는 사실에 주목한다. 따라서 그는 "인류는 존재해야 한다"(책임: 43)는 제1의 도덕적 명법을 제시한다. 이를 적극적인 형태로 표현하면, "너의 행위가 지상에서 진정한 인간적 삶의 지속과 조화될 수 있도록 행위하라"는 것이고, 소극적인 형태로 표현하면, "너의 행위의 효과가 진정한 인간적 삶의 미래의 가능성을 파괴하지 않도록 행위하라"는 것이다(책임: 11).

정언명법은 미래의 인간 개개인에 대한 책임이 아니라 '인간의 이념(idea of Man)'에 대한 책임에 초점을 맞춘다. 인간의 이념은 '세계 안에서 인간의 이념을 구현한 존재의 현존'을 요구하는 존재론적 이념이다. 요컨대 인간의 이념은 인간의 삶/생명이다. 따라서 인간의 존재(生)는 비존재(死)에 우선한다. 생명은 가치가 있으며, 선한 것이다. 그래서 존재를 위태롭게 하는 것은 금지돼야 한다. 이처럼 정언명법은 존재에서 도출된 당위다.

요나스가 제시한 명법은 '세계 내에서 인간의 현존에 대한 책임'을 요청하는 것이다. 요컨대 미래에도 인간이 거주하기에 적합한 세계가 존재해야 하고, 그 세계에 인간이라는 이름값을 하는 인류가 거주해야 한다는 주장을 일반적 공리로서 요청하는 것이다. 기술사회 이전에는 '세계 내 인간의 현존'을 의심할 바 없는 대전제로 삼았으며, 그 전제에 따라서 인간의 행위와 관련된 다른 모든 의무 관념이 만들어졌다. 그러나 기술사회에서는 '세계 내 인간의 현존' 자체가 의무의 대상이 된다. 이 의무는 모든 의무의 전제를 안전하게 지켜야 하는 의무다. 다시 말해서, 그것은 물리적 세계에 도덕적 세계를 세우기 위한 '발판'을 안전하게 지켜야 하는 의무다. '세계 내 인간의 현존'에 대한 의무는 현존의 조건이 온전한 상태에 있도록 물리적인 세계를 보존해야 하는 의무라는 것이다. 이는 결국 현존의 조건을 위태롭게 할 수 있는 것으로부터 취약한 세계를 보존하는 것을 의미한다(책임: 10). 정언명법이 강조하고 있는 윤리의 핵심은 '인류의 미래에 대한 책임'이며, 그 미래를 위태롭게 하는 '위험에 대한 책임'이다.

② **정언명법-2: 세계는 존재해야 한다**

요나스의 논의에서 주목할 필요가 있는 것은 인간과 자연, 그리고 물질과 정신의 이원론을 진화론에 의존해서 일원론으로 전환할 수 있는 가능성을 보여 줬다는 점이다(Jonas, 1966, 2007). 일원론으로의 전환이 가능한 이유는 진화론에 내포된 '연속성'의 논리에서 찾을 수 있다. 진화론은 생물체가 외적으로는 환경의 선택에 의해, 내적으로는 돌연변이에 의해 새로운 생물체로 진화한다는 논리다. 따라서 진화는 '우연'에 의해서 이뤄지는 것이다. 이러한 진화론의 문제는 원인으로부터 결과가 등장할 가능성을 설명할 수 없다는 데 있다. 다시 말해서, 원숭이로부터 인간이 발생할 가능성을 설명할 수 없다는 것이다. 왜냐하면 진화의 우연적 연속성에서 인과적 필연성을 설명하는 것은 불가능하기 때문이다. 게다가 일반적으로는 원인이 결과보다 우월하다고 가정하지만, 진화에서는 결과가 원인보다 우월하다.

이러한 한계를 넘어서기 위해 요나스는 진화론의 '전도'를 시도한다(생명: 40). 그것은 진화의 정점에 있는 인간을 기점으로 해서 거꾸로 그 이전 단계에 있는 존재들을 '연속 선상에서' 살피는 것이다. "인간은 만물의 척도다. 그 이유는 인간 이성의 입법 능력 때문이 아니라 인간이 우리에게 알려진 구체적인 존재론적 완벽성의 최대치를 대표하는 심리·물리적 총체성의 전형이기 때문이다. 모든 종류의 존재는 그러한 최대치로부터 단순한 기본 질료라는 최소치로 하강하는 점진적인 존재론적 삭감에 의해 환원적으로 결정될 수 있는 것이지, 기초로부터 완전한 상태로 상승해 가는 점진적인 추가에 의해 결정될 수 있는 것은 아니다"(생명: 23-24).

진화론의 전도를 통해 생명체와 비생명체의 관계가 재조명될 수 있다. 진화론적으로 높은 단계에 있는 생명체는 낮은 단계의 비생명체에 생명을 가능하게 하는 잠재력이 있을 것이라는 추정을 가능하게 한다. 그리고 인간에게서 볼 수 있는 내면성(주관성)이나 정신은 이전 단계의 종(種)에게도 내면성과 정신의 잠재력이 존재할 것이라는 추정을 가능하게 한다. 더 멀리는 인간의 탄생을 가능하게 한 물질에도 그러한 잠재력이 존재할 것이라는 추정을 가능하게 한다. 더 나아가서 인간에게서 볼 수 있는 자유와 목적성 역시도 이전 단계의 존재자들에게도 그러한 잠재력이 있을 것이라는 추정을 가능하게 한다. 이러한 생각은 생명, 내면성, 정신, 자유, 목적과 같은 것들이 무(無)에서 만들어질 수는 없다는 것을 전제로 한다. 요나스는 진화론을 전도시킴으로써 우연과 필연을 결합시킨다. 그에게 진화의 정점은 인간이다. 그리고 그는 인간에게서 진화의 비밀을 찾는다. 그 과정에서 모든 존재는 존재론적으로 '생명'을 지향한다는 점에서 목적성을 갖는 것으로 본다(송안정, 2007). 인간을 포함한 모든 생명체와 비생명체는 정도의 차이는 있지만 생명을 향한 목적성을 공유하고 있다는 것이다. 따라서 모든 존재는 비존재에 우선한다. 여기에서 존재는 선이고, 그 선을 추구하는 당위가 도출된다. "모든 생명체에는 더 이상의 정당화를 필요로 하지 않는 그 자체의 고유한 목적이 존재한다. 이 점에서 인간은 다른 생명체에 대해 우선권을 가지지 않는다. 다만 인간만이 다른 생명체에 대해서도, 즉 다른 생명체의 자기 목적을 보호하는 데 대해서도 책임을 질 수 있다는 점은 예외적이다"(책임: 98). 그런 의미에서 요나스 자신이 직접 말한 바는 없지만, 인간에 초점을 맞춘 '인류는 존재해야 한다'는 정언명법은 '세계(인간과 비인간)는 존재해야 한다'는 정언명법으로 확장될 수 있을 것이다. 이 명법은 생태론의 윤리적 근거로서 유의미하다(이진우, 1991; 소병철, 2013).

③ 책임윤리의 공적 가치

그렇다면 요나스가 말한 정언명법의 의무, 즉 인류의 생존과 세계의 현존에 대한 책임을 이행하는 데 필요한 가치는 무엇인가? 가치의 문제는 전통적으로 개인적 차원에서 논의됐으나, 요나스의 책임윤리에서는 차원을 달리해야 한다. 인류와 세계의 문제는 단순히 개인적 차원의 문제가 아니라 공적인 차원의 문제이기 때문에, 가치의 문제는 공적 차원에서 논의해야 할 것이다. 요나스는 책임윤리의 핵심 가치로 지식, 공포/두려움, 겸손, 검소, 그리고 절제 등을 제시한다(이유택, 2005).

첫째, 이상적인 진리에 관한 철학적 지식이 아니라 기술 행위의 장기적 효과를 예견하는 지식은 중요한 가치를 갖는다. 요컨대 우리의 집단적인 행위가 훗날 초래하게 될 미래의 상태에 대한 정보를 제공하는 새로운 학문으로서 '미래학'은 매우 중요한 의미를 갖는다(책임: 26). 여기에서 말하는 미래학은 자연에 근거한 자연과학처럼 힘의 증대를 추구하지 않는다. 그것은 그러한 힘에 대한 감시와 보호, 궁극적으로는 자연과학에서 비롯된 권력에 대한 통제력의 획득을 지향한다(기술: 63). 미래학은 인간의 집단적 행동이 가져올 미래의 상태에 대한 지식이 사람들에게 어떤 '느낌'—공포/두려움—을 유발하고, 그러한 느낌이 사람들의 '행동'을 촉발할 때, 그 지향하는 바를 이룰 수 있다.

둘째, 지식에 의해 유발되는 느낌으로서 '공포/두려움'은 중요한 가치를 갖는다. 공포/두려움은 '용기'라는 덕목에 비해 상대적으로 낮게 평가됐다. 그러나 요나스의 공포의 발견술에서 볼 수 있는 것처럼, 공포/두려움은 책임윤리의 핵심적인 가치로 평가돼야 한다. 다시 말해서 공포/두려움의 느낌을 기르고 공유하는 것은 우리의 윤리적 의무라고 할 것이다(기술: 63). 문제는 공포/두려움을 일으키는 대상이 아직 발생하지도 않았고, 현재까지 경험적으로 비교할 만한 유사한 것이 없다는 데 있다. 그래서 "창조적으로 상상된 악이 경험된 악의 역할을 대신해야 하고, 이러한 상상은 저절로 발생하는 것이 아니라 의도적으로 유도돼야 한다"고 요나스는 말한다(책임: 27). 여기에서 말하는 공포/두려움은 저절로 발생하는 느낌이 아니다. 그것은 '심사숙고의 작품인 정신적인 종류의 공포'다. 따라서 요나스는 상상을 통해 공포/두려움을 생각하는 것에 더해 공포/두려움에 대한 감정적인 개방을 강조한다. "우리 스스로가 감정적으로 준비하는 것, 요컨대 인간의 운명에 대한 단지 추측에 불과한 먼 미래의 예측 앞에서 발생하는 공포에 대해 열린 태도를 기르는 것—새로운 종류의 감정교육—은 단지 생각만을 하게 하는 첫 번째 의무에 뒤이어 우리가 찾고 있는 두 번째의 예비적인 윤리적 의무다. 우리는 이러한 깨우침에 따라 적절한 공포를 느낄 수 있도록 우리 자신을 열어 놓아야 한다"(책임: 28).

셋째, 공포/두려움에서 유발되는 태도는 '겸손'이다. 여기에서 말하는 겸손은 예전처럼 우리 능력의 왜소함에서 기인하는 것이 아니라 우리 능력의 과도함에서 기인하는 것이기 때문에 새로운 것이다(책임: 22). 엄청난 기술적 능력은 의도하는 결과를 가져올 수 있지만, 의도하지 않은 결과도 가져올 수 있다. 만일 의도한 결과와 의도하지 않은 결과의 개연성이 불확실하다면, 보수적인 선택을 하는 것이 바람직하다는 것이다. 겸손은 한마디로 '의심스러울 때는 좋은 말보다는 나쁜 말에 귀 기울여라(in dubio pro malo)'는 규칙을 따르는 것이라 하겠다(기술: 64).

넷째, 지식, 공포/두려움, 그리고 겸손에서 유발되는 행동은 '검소함'이다. 여기에서 말하는 검소함은 개인적 차원의 금욕적 소비의 미덕을 말하는 것이 아니다. 집단적 소비의 관행은 자연과 인간에 대한 개발과 착취를 더욱 강화할 것이다. 검소함은 지구 전체의 보전과 관련된 전 지구적인 문제다(기술: 65). 공적 차원에서의 검소함은 공동의 행위를 요구한다. 이를 위해 일반적으로 생각할 수 있는 방법은 '자발적 합의'와 '법률적 강제'다(기술: 66). 자발적 합의는 검소한 행위가 관습이 되고 사회적 규범으로 승화될 때 가능하다. 소비를 조장하는 시대에 이는 쉽지 않은 방법이다. 법률적 강제는 민주적 투표를 통해 이러한 결정을 내리는 것이다. 일반적으로 투표행위는 당장의 이해관계에 영향을 받기 때문에 먼 미래의 전망이 투표에 영향을 미칠 가능성이 높지 않다. 그럼에도 불구하고 '적게 소비하고 적게 생산하는' 검소의 미덕을 공유하기 위한 방법을 찾고 실행하는 데 멈춤이 있어서는 안 된다는 것이다.

다섯째, 검소함이 소비와 관련된 것이라면, 절제는 기술적 능력의 획득과 사용, 즉 힘의 획득과 사용을 적절하게 조절하는 것과 관련된 것이다. "우리가 자랑스러워하는 분야에서 한계를 설정하고, 그렇게 설정된 한계를 지킬 줄 아는 것은 내일의 세계가 요구하는 가치 가운데 가장 새로운 가치라고 할 수 있다. 어쩌면 이제 우리는 권력 사용의 절제로부터—늘 바람직한 것이지만—권력 획득의 절제로 나아가야 하는 것인지도 모른다"(기술: 67). 요나스에 따르면, 기존의 기술적 능력을 사용할 때뿐만 아니라 새로운 기술적 능력을 개발하고 획득하는 데도 한계를 설정하고, 그 한계를 넘어서지 않는 것이 절제의 핵심이라는 것이다.

(3) 책임윤리의 성격

요나스의 책임윤리는 여러 측면에서 전통적인 책임관의 지평(地平)을 확장하고 있다. 요컨대 형식적 책임을 넘어 실질적 책임으로, 호혜적 책임을 넘어 비호혜적 책임으로, 현재적 책임을 넘어 미래적 책임으로, 인간 중심적 책임을 넘어 전 지구적 책임으로, 개인적 책임을 넘어 공적 책임으로 책임관의 지평의 확장을 요청하고 있다. 각각의 내용을 살펴보자.

첫째, 요나스는 '형식적 책임'을 넘어 '실질적 책임'까지 책임의 범위를 확장한다. 형식적 책임은 "행위자는 자신의 행위에 대해 책임을 져야 한다"는 책임의 기본형이다. 책임의 전제는 행위가 행위자의 '자유의사'에 따라 이뤄진 것이어야 한다는 것이다. 그리고 책임의 근거는 행위의 '결과'─의도한 결과와 의도하지 않은 결과를 포함한다─다. 요약하면, 형식적 책임은 자유의사─행위─결과─책임의 형식 논리를 따른다(책임: 90-91). 요나스는 행위와 결과에 우선권을 두는 형식적 책임과 달리 '행위에 대해 요청권이 있는 사태'에 우선권을 두는 '실질적 책임'을 제시한다. 실질적 책임의 전제는 책임은 '힘/권력'에 근거해야 한다는 것이다. "책임은 권력의 함수다"(기술: 260). 요컨대 인간의 강력한 기술적 힘은 자연과 인간에게 광범위하게 영향을 미치고 있다. 인간은 자신이 마주하고 있는 위협적인 사태와 연관돼 있기 때문에 그 사태에 대해 책임을 져야 한다는 것이다. "책임의 대상은 나의 밖에 놓여 있기는 하지만 나의 권력에 의존하거나 위협을 받음으로써 나의 권력의 영향 범위 안에 있다. 대상은 이러한 나의 권력과 자신의 존재 권리를 대립시키고, 도덕 의지를 통해 자신을 위해 나의 권력에 도움을 요청한다. 그러한 사태는 나와 관련된 것이다. 왜냐하면 그 권력은 나의 것이고, 바로 이러한 사태에 대해 원인적 관계를 가지고 있기 때문이다. 의존자는 자신의 고유한 권리로 말미암아 명령하게 되고, 권력자는 자신의 타동적 원인성으로 말미암아 명령을 수용하게 된다"(책임: 92). 이처럼 실질적 책임에 따르면, 책임 대상의 '존재 당위'가 책임 주체의 '행위 당위'를 촉발한다(책임: 93). 존재해야 한다는 책임 대상의 요청이 책임 주체의 의무적 행위를 촉발한다는 것이다.

둘째, 요나스는 '호혜적 책임'을 넘어 '비호혜적 책임'까지 책임의 범위를 확장한다. 호혜적 책임은 주는 만큼 받을 것이라는 기대와 받는 만큼 줘야 한다는 의무를 기반으로 한다. 일반적으로 사람들의 계약적 관계에서 주로 나타나는 책임의 형태다. 요나스는 이러한 호혜성을 넘어서 비호혜적인 책임의 가능성을 보여 준다. 비호혜적 책임은 기본적으로 인간의 기술적 권력의 강화와 자연의 취약성이라는 비대칭성에서 비롯된다. 이러한 권력의 비대칭성은 자연에 대한 인간의 일방적이고 총체적이며 계속적인 책임을 요청한다. 요나스는 그러한 책임의 전형으로서 '부모의 책임'을 예시한다. 부모와 아이의 관계는 주는 만큼 받을 것이라는 기대와 받는 만큼 줄 것이라는 호혜적 의무 관계가 아니라 일방적 의무 관계를 본질적인 특징으로 한다. 부모의 무한한 권력과 아이의 완전한 무력(無力), 그리고 그 아이의 운명이 부모의 손 안에 달려 있다는 사태는 부모의 책임을 요청하는 자연적 근거다. 부모의 책임은 기본적으로 총체성을 특징으로 한다. 총체성은 아이의 존재 전체, 즉 아이의 기본적인 생존에서부터 인생 계획과 가치 실현에 이르기까지 아이의 모든 양상을 포괄하는 것을 의미한다(책임: 101). 부모의 책임은 총체적이기 때문에 연속성을 특징으로 한다. 부모의 돌봄은 휴가나 일시적 중단이 허용되지 않는다. 왜냐하면 아이의 생명은 중단 없이 계속되며, 항상 새로운 요구 조건을 만들어 내기 때문이다(책임: 105).

셋째, 요나스는 '현재적 책임'을 넘어 '미래적 책임'까지 책임의 범위를 확장한다. 전통적인 책임관은 '현재'에 근거한다. "윤리의 세계는 동시대인들로 구성돼 있었으며, 미래에 대한 지평은 그들이 생존할 것으로 예측되는 기간으로 제한돼 있었다"(책임: 5). 요나스는 자연과 인간 자신에 대한 인간의 기술적 간섭이 미래의 시점에 가져올 결과에 주목한다. '인류는 존재해야 한다'는 정언명법은 그가 책임의 시간적 지평을 미래로 확장하고 있음을 보여 준다. 요나스는 현재와 미래가 사실상 공존하는 인간의 실존 방식에 주목한다. 그에 따르면, '동시대인의 비동시성'이, 즉 여러 세대가 동시에 공존하는 것이 인간의 실존 방식이라는 것이다. 인류는 동년배로 이뤄져 있지 않고, 항상 다양한 연령층의 사람들로 구성된다. 이러한 사실은 "우리가 이미 미래의 일부와 함께 있고, 미래의 일부가 우리와 함께 있음"을 보여 준다(기술: 281). 차세대의 보호와 자리 양보가 실제로 발생하는 부모와 자식의 관계나 세대 간의 관계에 이미 존재하기 때문에 책임의 지평은 미래로까지 확장되지 않을 수 없다.

넷째, 요나스는 '인간 중심적 책임'을 넘어 '전 지구적 책임'까지 책임의 범위를 확장한다. 전통적으로 윤리는 인간이 자기 자신 및 다른 인간들 간의 직접적인 관계와 관련해서만 의미를 갖는다는 점에서 인간중심적이다(책임: 4). 요나스는 기본적으로 인간의 기술적 힘/권력을 책임의 근거로 삼는다. 따라서 힘/권력의 영향권 안에 있는 모든 대상—그 대상이 인간이건 비인간이건 상관없이—은 책임의 대상이 된다. 그는 진화론의 전도를 통해 인간과 비인간을 망라해서 모든 존재에는 고유한 목적이 있으며, 그러한 점에서 가치를 갖는다고 본다. 이러한 주장을 통해 요나스는 인간이 다른 존재들에 대해 우월성을 주장할 하등의 이유도 없으며, 다만 책임질 수 있는 능력이 있다는 점에서 다를 뿐이라고 생각한다. 이처럼 요나스는 인간 중심적 책임 관념을 지구상의 인간과 비인간을 아우르는 전 지구적 차원으로 확장시킨다.

다섯째, 요나스는 '개인적 책임'을 넘어 '공적 책임'까지 책임의 범위를 확장한다. 전통적으로 책임의 문제는 개인적인 차원에서 다뤄진다. 책임의 주체는 개인(법인격을 포함해)일 수밖에 없다는 것이다. 문제는 현대의 다양한 기술이 긴밀하고 복잡하게 연계돼 있다는 데 주목할 필요가 있다. 예컨대 2만 종이 넘는 자동차 부품을 생산하고 조립하는 수많은 기업, 자동차를 달리게 하기 위해 산을 깎고 도로를 건설하는 정부와 기업들, 자동차를 운전하는 사람들 등 수많은 행위자가 환경오염과 관련된다. 따라서 자동차를 몰고 다니는 개인에게 환경오염의 책임을 전가할 수는 없다. 그렇다면 누구의 책임인가? "너도 아니고 나도 아니다. 여기에서 중요한 것은 개별적인 행위자와 행위가 아니라 집합적인 행위자와 행위다"(책임: 9). 따라서 요나스는 자신이 제시하는 정언명법—너의 행위가 지상에서 진정한 인간적 삶의 지속과 조화될 수 있도록 행위하라—은 개인적 판단과 관련된 칸트의 정언명법—너의 행위의 준칙이 보편적 법칙의 원리가 되기를 원할 수 있도록 행위하라—과 달리 공적인 정치 혹은 정책과 관련된 것이라고 본다(책임: 12).

제3절_ 어울림

이제 더 많은 공공성의 실현을 위해 칸트와 요나스의 책임윤리가 어울릴 수 있는 가능성에 대해 살펴보고자 한다. 여기에서는 인간의 유한성과 정치적 책임을 중심으로 논의한다.

1 인간의 유한성과 절제의 미덕

칸트와 요나스는 인간의 유한성에 주목한다. 칸트는 인간의 유한성을 인식론적 한계에서 찾고, 요나스는 그것을 존재론적 한계에서 찾는다. 인간의 유한성을 바라보는 관점이 다르기는 하지만 더 많은 공공성의 실현이라는 측면에서 서로가 어울리는 면을 찾아볼 수 있다.

칸트는 인간의 본질을 자유로 규정한다. 전통적으로 인간의 본질로 치부되던 이성은 도구로 규정된다. 칸트는 인간이 자유의지를 발휘해 이성을 적합하게 사용하는 능력을 갖는 것이 책임윤리의 토대라고 본다. 따라서 칸트의 이성 비판은 기본적으로 이성의 사용법에 관한 길잡이라고 하겠다. 이성 사용법의 핵심은 그 한계를 명확하게 하는 것이다.

인간은 동일한 이성을 이론적으로 사용할 수도 있고 실천적으로 사용할 수도 있다. 칸트는 필연적인 법칙을 발견하기 위한 이성의 이론적 사용은 경험적 관찰이 가능한 현상계의 영역으로 제한한다. 이성은 물 자체(物自體, Ding an sich) 또는 본체계(本體界, Noumenon)를 인식할 수 있는 능력이 없기 때문이다. 그리고 이론적 이성의 한계를 넘어서는 영역에서는 이성을 실천적으로 사용해야 한다는 것이다. 실천이성이 인간을 자유의 법칙 또는 도덕 법칙으로 인도할 수 있다고 본다. 그렇다면 이론이성과 실천이성은 어떠한 관계에 있는가? 칸트는 이론이성(사변이성)에 대한 실천이성의 우위를 단언한다. "순수 사변이성과 순수 실천이성이 하나의 인식으로 결합하는 데 … 실천이성이 우위에 있다. 이러한 예속 관계가 없다면, 이성의 자기 자신과의 갈등이 발생할 것이다. … 우리는 순수 실천이성이 사변이성에 예속돼 질서가 역전되는 것을 요구할 수 없다. 왜냐하면 모든 관심은 궁극적으로 실천적인 것이고, 사변이성의 관심조차 단지 조건적이고 실천적 사용에서만이 완성되기 때문이다"(실천: 257-258).

실천이성의 사용을 통해 인간의 행위를 인도하는 명법들이 구성된다. 칸트에 따르면, 이러한 행동을 인도하는 명법은 가언적이거나 정언적이다. "행위가 한낱 무언가 다른 것을 위해, 즉 수단으로서 선하다면 그 명법은 가언적인 것이다. (반면에) 행위가 자체로 선한 것으로 표상되면, 그러니까 그 자체로서 이성에 알맞은 의지에서 필연적인 것으로, 즉 의지의 원리로 표상되면, 그 명법은 정언적인 것이다"(정초: 119). 가언명법은 목적과 수단의 관계를 표현하는 것으로서 'A를 성취하려면, B를 하라'는 형식을 취한다. 가언명법에는 숙련(기량)과 영리(수완)의 실천 원리가 있다. 숙련의 실천 원리는 목적이나 의도의 선악을 따지지 않고, 미확정적인 목적을 위해 무엇을 해야 하는가에 대해서만 초점을 맞춘다. 부모가 자식에게 열심히 공부하라고 권하는 경우가 숙련의 실천 원리의 대표적인 예다. 이는 공부의 결과가 어떠한 목적으로 쓰일지는 모르지만, 일단 공부를 통해 체계적인 지식을 쌓으면 나중에 어떠한 목적을 추구하든 도움이 될 것이라는 생각에 기초한다. 영리의 실천원리는 목적의 미확정성을 전제로 하는 숙련의 실천 원리와 달리 목적의 확정성을 전제로 한다. 모든 인간에 대해 확정적으로 말할 수 있는 목적은 행복(또는 이익)이라는 것이다. 따라서 영리의 실천 원리는 행복을 실현하기 위해 무엇을 해야 할 것인지를 표명한다. 행복을 위해 좋은 친구를 사귀라든지, 어려운 사람들을 위해 봉사하라는 충고가 영리의 실천 원리에 해당된다. 정언명법은 목적을 전제로 하는 가언명법과는 달리, 행위를 직접적으로 지시하는 것이다. 이 명법은 행위의 질료나 결과에 관여하지 않고, 형식과 그것으로부터 행위 자체가 나오는 원리에 초점을 맞춘다. 따라서 이는 지혜(도덕)의 실천 원리라고 할 수 있다. "이 세 종류의 원리에 따른 의욕은 각기 의지에 대한 강요가 같지 않음에 의해서도 분명하게 구별된다. 이제 이 점을 명료하게 보이게 하기 위해 그 원리들을 순서에 따라 다음과 같이 가장 적절하게 명명할 수 있다. 그것들은 숙련의 규칙, 영리의 충고, 도덕의 명령 중 하나라고 말이다. … 첫 번째 명법을 기술적 …, 두 번째를 실용적 …, 세 번째를 도덕적 …이라고 부를 수 있을 것이다"(정초: 123-124). 그렇다면 세 가지 실천 유형 간의 관계는 어떠한가? 기술적·실용적·도덕적 행위는 무차별적으로 동등하지 않다. 기술적·실용적 실천에 대한 도덕적 실천의 우위성이 분명히 존재한다(Hinske, 2004: 109).

인식론적 한계에서 인간의 유한성을 인식한 칸트에게서 우리가 주목할 필요가 있는 것은 이론이성에 대한 실천이성의 우위성을 강조하고 있다는 점과 실천적 행위에서도 기술적·실용적 행위에 대한 도덕적 행위의 우위성을 강조하고 있다는 점이다. 이는 이론이성의 사용에 대한 실천이성의 통제와 기술적·실용적 행위에 대한 도덕적 통제를 강조하는 것이다. 결국 칸트의 인식론적 한계에 대한 논의는 인식론적 절제의 미덕을 요청하는 것으로 볼 수 있다. 사변이성이 절제된 방식으로 사용되고, 기술적·실용적 행위 역시 절제된 방식으로 이뤄져야 한다는 것이다. 칸트의 인식론적 한계에 대한 논의는 아직 찰스 다윈(Charles R. Darwin)의 『종의 기원』(1859)을 읽을 수 없었고, 원자폭탄이 터지는 것과 우주선이 달에 착륙하는 것 그리고 지구의 자연이 심각하게 오염되는 것을 볼 수 없는 상황에서 이뤄진 것이기 때문에 칸트는 인식론적 한계 이상의 것을 보기는 어려웠을 것이다.

『종의 기원』을 읽고, 원자폭탄과 우주선 그리고 환경오염을 직접 경험한 요나스에게 칸트의 인식론적 한계에 대한 논의는 존재론적 한계에 대한 인식의 토대가 됐다고 할 수 있다. 요나스는 칸트라는 거인의 어깨 위에서 윤리 문제를 새로이 보게 된 것이라고 하겠다. 요나스의 존재론적 한계에 대한 논의의 핵심은 한마디로 생물학적으로 인간의 생명은 유한하다는 것이다. 과학기술의 고도화는 인간의 능력을 질적으로 바꿔 놓았다. 인간의 능력이 어디까지 발전할 수 있을지 알 수 없을 정도로 과학기술이 진화하고 있다. 그 과정에서 과학기술은 자연의 비밀을 푸는 열쇠이기도 하지만 자연을 파괴하는 무기가 될 수도 있다는 인식이 일반화됐다. 과거에는 인간의 유한성이 인류의 유한성을 의미하는 것이 아니었다. 적어도 개인의 필멸성은 인류의 불멸성에 의해 극복될 수 있는 것으로 생각됐다. 그러나 과학기술이 고도화된 시대에 개인만이 아니라 인류 자체의 지속성을 어느 누구도 장담할 수 없는 상황에 이르렀다. 인간의 편의를 위해 개발된 과학기술이 자연을 공격적으로 착취함으로써 자연을 훼손했고, 훼손된 자연은 고도화된 과학기술의 권능에 취해 있는 인간을 향해 본격적으로 반격하기 시작했다. 책임윤리는 인간의 윤리다. 인간이 존재하지 않는다면 윤리가 무슨 소용이 있겠는가. 인류의 지속가능성이 윤리의 존재론적 기초일 수밖에 없다. 따라서 요나스는 책임윤리의 존재론적 토대를 정초하는 데 초점을 맞춘다. 존재론적 책임윤리는 책임윤리를 위한 책임윤리다. 존재론적 책임윤리의 핵심은 절제다. 권능이 있는 인간에게 가장 어려운 문제는 취약한 존재—자연과 사회적 약자—에 대한 권력 행사를 절제하는 일이다. 요나스의 책임윤리는 바로 그것을 요구한다.

칸트와 요나스의 인간의 유한성에 대한 논의는 더 많은 공공성을 위해 우리가 취해야 할 태도를 명확히 보여 준다. 유한성은 절제라는 미덕을 불러들인다. 책임윤리의 핵심은 존재론적 유한성에 대한 철저한 인식을 토대로 인식론적 한계를 명확히 설정하고 실천하는 것이다.

❷ 정치적 책임과 시민사회의 토론문화

요나스에 따르면, 인류와 세계의 지속가능성을 확보하는 것은 인류의 공동 책임이다. 공동 책임을 실행하는 방식은 정치적일 수밖에 없다. 따라서 공동 책임은 곧 정치적 책임이라고 할 수 있다. 그렇다면 현대의 대표적인 정치 체제인 대의민주주의는 지속가능성에 대한 정치적 책임을 이행하는 데 충분한가? 요나스는 대의정치가 정상적인 원리와 정상적인 절차에 따라 작동하면서 새로운 요구에 적절하게 대처할 수 있는 능력이 있을지 의구심을 갖는다. "왜냐하면 대의정치의 원리와 절차에 따르게 되면, 오로지 현재의 이해관계만을 청취하고 의식하게 되며 고려하지 않을 수 없기 때문이다"(책임: 22). 대의정치에서 공적 행위 주체가 책임을 져야 하는 대상은 바로 현재의 이해관계다. 이것이 정치공동체를 구성하는 사람들의 권리를 존중하는 방식이다. 그러다 보니 '미래'는 어느 누구에 의해서도 대변되지 않는다. 현존하지 않는 사람들이 현재의 선택 과정에 영향을 미칠 수 있는 방법은 없다. 따라서 현재의 의사결정에서 현존하지 않는 사람들에 대해 책임을 진다는 것은 정치적으로 현실성이 없는 것이다. 게다가 만일 미래의 세대가 책임을 묻게 된다면, 그에 대해 책임을 져야 할 당사자들은 이미 세상에 없을 것이다.

그렇다면 '현자의 지배나 사익에 얽매이지 않는 이념의 지배'와 같은 정치철학의 오래된 주제를 다시 끄집어 내야 하는가? 현자(賢者)의 지배나 이념의 지배는 민주주의와 조화를 이루기 어렵다. 현자나 이념은 완벽할 수 없다. 따라서 불확실성이 더욱 더 증대되는 상황에서 현자와 이념에 기대는 것은 매우 위험하다. 특히 그것은 정치공동체 구성원들의 자율적인 참여를 무력화할 수 있다는 점에서 위험하다. 그래서 요나스는 '정치가 근본적으로 변화돼야 한다'는 생각을 가지고는 있으나, 그 대안을 구체적으로 제시하지는 않는다(책임: 9).

요나스의 생각을 반영할 수 있는, 즉 근본적으로 변화된 정치는 어떤 모습이어야 하는가? 이 물음에 대해 명확하게 답할 수는 없겠지만, 칸트에게서 지속가능성에 대한 정치적 책임을 확보할 수 있는 통찰을 얻을 수 있을 것 같다. 그것은 시민사회의 토론문화에 대한 통찰이다.

대의제의 한계를 보완하는 장치로서 공적 토론은 시민의 직접적인 참여 기제로 인식되고 있다. 이는 칸트의 이성의 공적 사용이라는 개념에 기초한다. 시민사회는 개인들이 사적 욕망을 추구하는 공간으로 이해되기도 하고 시민들이 공통된 문제를 공개적으로 토론하는 공간으로 이해되기도 한다. 칸트가 말하는 이성의 공적 사용은 공론장으로서 시민사회를 예견하는 개념이다. 이성의 공적 사용은 비판을 핵심으로 한다. 비판은 어떤 주장의 의미를 명확히 하고 그 한계를 드러내는 것이다. 이러한 비판은 응답을 불러일으킨다. 그러므로 비판은 토론의 방식을 통해 진행된다. 요나스가 요구하는 정치의 근본적인 변화를 시민사회의 공론장에서 찾을 수 있지 않을까? 시민사회는 다양한 시민단체가 활동하는 공간이며, 그들이 다양한 공적 의제를 발굴하고 공론화하는 역할을 한다. 시민단체들의 활동은 주로 말로써 이뤄지며 토론과 설득을 통해 자신들의 의지를 관철시킨다. 시민사회에서는 토론 문화가 가장 중요한 의미를 갖는다.

칸트에게서 토론문화의 정착을 위한 조건을 찾아볼 수 있다. 노버트 힌스케(Norbert Hinske)는 그것을 '총체적 오류의 불가능성 원리'로 정리한 바 있다(Hinske, 2004). 일반적으로 사람들은 인간의 오류 가능성에 주목한다. 인간의 오류 가능성을 토대로 사람들이 자신의 생각을 종교화하는 것에 대한 경계와 타인의 오류에 대한 관용을 강조한다. 그러나 오류의 본질에 대한 깊은 성찰이 충분하게 이뤄지지 않은 것으로 보인다. 그런 의미에서 칸트의 총체적 오류의 불가능성 원리는 주목할 만하다. 칸트가 언급한 것 가운데 하나를 보자. "역사적(경험적) 주장에서는 누군가가 완전히 틀릴 수 있다. 예를 들어 예수 탄생 이후에 일어난 사건을 예수 탄생 이전에 일어났다는 식으로 완전히 틀릴 수 있다. 반면 이성적 판단에서는 누군가는 항상 한 측면에서만 옳을 수밖에 없다. 그래서 그에 대해 우선 이 옳은 것에 관해 동의하고 그리고 그 후에 옳지 않은 덕을 한계로서만 부언하는 것이 적절하다"(Hinske, 2004: 57 재인용).

총체적 오류의 불가능성 원리가 제시하는 행위 규칙은 다음과 같다(Hinske, 2004: 69-75).

첫째, 다르게 생각하는 사람들의 견해에 대해 신중하고 조심스러워야 한다. 이 규칙에 따르면, 다른 생각이나 의견을 반박하기에 앞서 그 안에 숨겨져 있을 수 있는 진리를 조사하는 신중함이 필요하다는 것이다.

둘째, 다르게 생각하는 사람들의 인식 노력에 대해 마음을 열어야 한다. 반대되는 생각과 의견에서조차도 진리의 계기를 인식하고 수용하려는 마음을 가져야 한다는 것이다. 이상의 두 규칙은 보편적 이성을 소유하고 있는 인간을 존중하고, 더 많은 인식의 재산을 공동으로 소유하는 길을 열어 준다.

셋째, 다른 사람의 입장에서 생각해야 한다. 칸트는 이를 '확장된 사유의 준칙'(판단: §40)으로 제시한 바 있다. 이는 '모든 타자의 관점'에서 생각해야 한다는 것이다. 보편적 인간 이성의 이념을 강조하는 이유는 보편적 인간의 이성이란 다르게 생각하는 사람들의 이성이기도 하기 때문이다.

넷째, 자신의 오류 가능성을 염두에 두고 언제든 오류가 드러나면 그것을 인정하는 자세를 취해야 한다. 다른 사람의 비판이 총체적으로 오류를 범하는 것일 수도 있지만 대부분은 그렇지 않기 때문에 다른 사람의 비판에서 드러난 자신의 오류를 인정하고 수정하는 자세를 취해야 한다는 것이다. 그러므로 다른 사람들의 비판에 자신을 열어 둬야 한다. "만약 누군가 진정으로 진지하게 진리를 발견하려고 숙고한다면 … 그는 배운 것과 스스로 생각한 모든 것을 전적으로 비판에 종속시킨다"(Hinske, 2004: 75 재인용). 이상에서 제시된 총체적 오류의 불가능성 원리의 행위 규칙은 사람들이 공적인 토론문화를 세우는 데 필요한 마음의 자세라고 하겠다.

요나스가 요구하는 새로운 정치는 칸트의 이성의 공적 사용에 예견된 공적 토론문화를 세우는 데서 찾을 수 있을 것이다. 울리히 벡(Ulich Beck)의 아류정치(subpolitics) 개념은 그러한 이론적 시도로 볼 수 있다. 그것은 시민의 직접적인 참여와 토론을 기제로 하는 정치 형태다. 벡은 요나스와 마찬가지로 현대 사회의 '위험'에 주목하고, 그것에 대응할 수 있는 '새로운 정치'를 모색한다. 일반적으로 정치는 협의적으로는 권력을 쟁취하기 위한 게임으로, 광의적으로는 공적인 의사결정 과정으로 정의되고 있다. 벡은 이보다 더 광의적으로 정치를 개념화한다. 정치는 '삶의 조건을 구조화하고 변화시키는 일체의 행위'라는 것이다(Beck, 1992: 208). 이 개념에 따르면, 정치는 전통적인 제도적 정치, 즉 대의정치와 전통적인 정치와는 구별되는 '아류정치'를 아우른다. 요컨대 정치는 대의정치와 보완적인 아류정치의 상호 작용에 의해 이뤄지는 총체적인 과정으로 이해할 수 있다. 아류정치는 일국의 대의정치제도의 '바깥 또는 너머'에서 이뤄진다(Beck, 1996: 18). 그것은 내용적으로 다양한 형태의 참여와 토론이 핵심을 이루며, 공간적으로 지방적 · 국가적 · 지역적 · 전 지구적 수준을 망라한다.

제4절_ 나가며: 신자유주의의 책임관 비판

지금까지 칸트와 요나스의 책임관을 다름과 어울림의 측면에서 살펴봤다. 그 내용은 〈표 7-1〉과 같다.

〈표 7-1〉 칸트와 요나스의 책임윤리 비교

기준			이마누엘 칸트	한스 요나스
다름	기획	동기	보편적 법칙에 대한 경탄	존재론적 불안정성에 대한 염려
		성찰	근대적 성찰	성찰적 근대
		가치	자유	생명
	책임	주체	개인	인류
		대상	행위의 동기	행위의 결과
		심급	의무론: 보편적 도덕 법칙	목적론: 지속가능성
			너의 의지의 준칙이 항상 동시에 보편적 입법의 원리로서 타당할 수 있도록 그렇게 행위하라.	너의 행위가 지상에서 진정한 인간적 삶의 지속과 조화될 수 있도록 행위하라.
어울림			• 인간의 유한성과 절제의 미덕 • 정치적 책임과 시민사회의 토론문화	

신자유주의의 책임관이 갖는 한계에 대해 살펴보자. 신자유주의의 대명사라고 할 수 있는 영국의 마거릿 대처(Margaret Thatcher) 수상의 말은 신자유주의가 추구하는 책임윤리의 본질을 명확하게 보여 준다. "사람들은 자신에게 문제가 생기면 정부가 해결해 줘야 한다거나 … 노숙자들은 정부가 주택을 제공해 줘야 한다고 생각합니다. 그래서 사람들은 사회에 호소합니다. 그런데 사회는 누구를 말하는 것인가요? 세상에 그런 것은 없습니다. 남성과 여성 개개인과 가족만이 존재할 뿐입니다. 정부는 국민들을 통하지 않고서는 아무것도 할 수 없고, 국민들은 먼저 스스로를 살펴봐야 합니다. 우리는 먼저 우리 자신을 돌보고, 더 나아가 우리 이웃을 돌봐야 합니다. 사람들은 의무는 생각하지 않고 권리만 주장합니다. 의무를 먼저 다하지 않는다면, 권리 같은 것

은 존재하지 않습니다."⁴⁾ 대처는 자신의 문제를 스스로 해결하는 개인주의적 책임의 윤리 또는 자조정신을 강조한다.

신자유주의 거버넌스는 자기 규제 및 개인적 책임의 정신을 토대로 한다. 신자유주의 윤리는 시장 이데올로기와 가치를 반영한다. 신자유주의의 표면적인 목표는 철저한 초자본주의 사회를 건설하는 것이다. 이는 전 세계와 사회의 모든 방면을 완전하게 시장화할 수 있고 시장화된 곳으로 전환하는 것을 말한다. 신자유주의의 내적인 목표는 주관적으로 '시장 주체'를 형성하는 것이다. 시장 주체는 자본주의 사회의 인간 본성에 대한 근본적인 가정을 내면화하고 경쟁을 가장 중요한 실존의 원리로 삼는 존재를 말한다. 다시 말해서, 시장 주체는 이기적으로 자신의 이익을 극대화하기 위해 경쟁하는 가운데 자신의 선택에 대해 온전히 책임을 질 수 있을 때 자신이 진정으로 자유로운 삶을 살고 있다고 느끼는 존재다. 시장 주체가 바로 시장화된 공적 윤리를 실현하는 주인공이다. 시장화된 공적 윤리란 개인의 문제는 국가가 아닌 시장을 통해 스스로 해결하는 것을 규범화한 윤리를 말한다. 이러한 의미에서 신자유주의는 경제적 프로젝트이자 윤리·정치적 프로젝트라고 하겠다(Bloom, 2017: 9-13; Brown & Baker, 2012: 18-21). 경쟁을 기본 원리로 하는 신자유주의적 책임윤리는 목적론적 책임윤리이자 결과주의적 책임윤리이며 경쟁의 결과에 대한 책임을 전적으로 개인에게 묻는다는 점에서 개인주의적 책임윤리다. 시장과 경쟁 그리고 개인주의를 전제로 하는 신자유주의적 책임윤리는 다음과 같은 한계를 드러낸다.

첫째, 신자유주의적 책임윤리는 행위 주체는 물론이고 행위 대상을 도구화한다. 경쟁은 승자와 패자를 가르게 되고, 사람들은 승패에 대해 스스로 책임져야 한다. 경쟁에서 승리하기 위해 사람들은 다른 사람들보다 더 나은 능력을 계발해야 하고 더 많은 성과를 내야 한다. 따라서 사람들은 타의든 자의든 자기 자신에 대해 착취적인 태도를 취하지 않을 수 없다. 또한 다른 사람들은 물론 자연을 경쟁에서 승리하기 위한 도구로 이용하고 착취해야 할 대상으로 간주하게 된다. 자신과 타인 및 자연에 대한 사람들의 도구주의적 태도는 사회적 조화와 인간과 자연의 공생, 즉 공공성의 실현을 근본적으로 불가능하게 한다. 칸트에 따르면, 책임윤리는 자유로운 인간의 목적성을 전제

---

4) https://www.margaretthatcher.org/document/106689

로 하는 동시에 실현하기 위한 조건이다. 이러한 관점에서 보면, 신자유주의적 책임윤리는 인간의 목적성을 위협한다고 하겠다. 또한 요나스에 따르면, 책임윤리는 인간과 자연의 공존을 전제로 하는 동시에 실현하기 위한 조건이다. 이러한 관점에서 보면, 신자유주의적 책임윤리는 인간과 자연의 지속가능성을 위협한다고 하겠다.

둘째, 신자유주의적 책임윤리는 개인적 책임윤리로 보일 수 있으나, 사회적으로 공유된 규칙, 즉 시장의 원리를 전제로 한다는 점에서 사회적 책임윤리라고 하겠다. 공유된 원칙을 준수해야 하는 책임의 이행 여부가 사회 질서 유지의 근간이 되기 때문이다. 책임의 불이행에 대해서는 사회적으로 형사적 처벌이나 도덕적 처벌이 부과된다. 이 경우에 문제가 되는 것은 공유된 규칙의 공정성 여부다. 신자유주의는 시장의 경쟁 규칙을 책임윤리의 조건으로 제시한다. 그런데 그 경쟁 규칙은 다양한 체급의 선수들이 동시에 링 위에서 복싱을 하는 것과 같다. 이러한 경쟁 규칙을 공정하다고 할 수는 없다. 공정하지 않은 규칙은 공공성을 훼손한다.

셋째, 결과를 가져오는 원인은 다양하다. 행동과 그 결과 사이에는 다양한 요소가 개입할 수 있다. 그러다 보면 행위자 입장에서 전혀 예측하지 못하거나 의도하지 않았던 결과가 발생할 수 있다. 이 경우에 문제가 되는 것은 결과에 대해 전적으로 개인에게 책임을 묻는 것이 공정한가 하는 것이다. 자본주의적 시장 체제는 생산과 분배가 자본 축적이 용이하도록 구조화돼 있다. 그러다 보니 어떤 사람은 열심히 노동을 해도 성공하기 어렵고 어떤 사람은 상대적으로 성공하기 쉽다. 그러므로 개인의 성패를 오로지 개인의 능력 때문이라고 치부하는 것은 공정하지 않다. 시장 체제에서는 개인의 성패가 개인의 능력과 노력 이외에도 체제 자체에 내재된 편견이나 편향성에 따라 결정될 수 있기 때문에 개인에게만 책임을 물을 수는 없다. 그럼에도 불구하고 개인에게 책임을 묻는 것은 사회적 조화를 실현하는 데 도움이 되지 않는다. 그러한 문제에 대해서는 사회구성원들이 책임을 공유하는 것이 바람직하다.

제8장

결론

제1절_ 공공성 담론의 전제

사상가들은 공공성의 담론 자원이 엄청나게 매장돼 있는 광맥이다. 이 책은 그 가운데 지극히 일부의 사상가들을 대상으로 한 것에 불과하다. 나는 사상가들의 사상을 좀 더 분명하게 드러내기 위해 비교를 통해 사상의 다름과 어울림을 살펴보는 방식을 취했다. 지금까지의 논의를 바탕으로 공공성의 맥락, 공-전략의 행위 주체 측면, 통-전략의 절차적 측면 그리고 인-전략의 내용적 측면에서 공공성 담론을 좀 더 정교하게 다듬기 위해 전제로 삼아야 할 것이 무엇인지를 제시하고자 한다.

1 맥락 관련 공공성 담론의 전제

공공성 담론은 사람들이 시대적 상황에 창조적으로 대응하는 데 도움이 되는 것이어야 한다. 공공성은 정태적인 이념이 아니라 동태적인 이념이다. 사회와 시대를 초월하는 공공성의 원리는 존재할 수 없다. 공공성은 사회적·역사적 맥락에 대한 분석 위에서 추구될 때, 그것의 실질적인 실현을 기대할 수 있다. 공공성의 맥락과 관련해 공공성 담론이 전제로 삼아야 할 것은 다음과 같다.

1) 사회의 복잡성

사회는 행위 주체(개인, 집단, 계급, 조직, 기관 등)와 그 주체들 간의 관계로 구성된다. 행위 주체 및 행위 주체들 간의 관계는 질적으로 더욱더 다양해지는 추세이며, 양적으로도 행위 주체 및 행위 주체들 간 관계의 수가 더욱더 증가하는 추세다. 이것이 의미하는 바는 사회가 매우 복잡해지고 있다는 것이다. 사회의 복잡성은 행위 주체 및 행위 주체들 간 관계의 수 및 다양성과 함수 관계에 있기 때문이다. 공공성 담론의 구성 과정은 불가피하게 단순화를 수반한다. 그러다 보면 사회의 복잡성을 간과할 가능성이 있다. 따라서 공공성 담론을 구성하는 데 사회적 행위 주체 및 행위 주체들 간 관계의 수 및 다양성 문제를 의식적으로 고려해야 한다. 그렇지 않으면 공공성 실현을 위한 노력은 복잡한 사회의 미로에서 헤어나지 못할 것이다.

2) 사회구조

사회구조는 정형화된 사회적 관계를 기본 틀로 삼아 구축된 사회적 건축물이라고 할 수 있다. 사람들은 사회구조의 틀 안에서 욕구, 의식, 태도, 이해관계, 행동을 표현하며, 동시에 그러한 표현을 통해 구조를 강화한다. 그런 의미에서 사회구조는 사람들이 각자의 인생을 계획하고 살아가는 기반이라고 할 수 있다. 그러나 사회구조는 공정한 기반이 아닐 수 있다. 어떤 사람에게는 사회구조가 살아가기에 불편할 수 있고, 또 어떤 사람에게는 사회구조가 불편하지 않을 수 있다. 사회구조에는 어떤 편향성이 내재돼 있을 수 있다. 이러한 편향성 때문에 사회적 갈등이 발생하기도 한다. 따라서 공과 사의 조화를 추구하는 공공성 담론은 사회구조, 특히 사회구조에 내재된 편향성에 관심을 가져야 한다. 그렇지 않으면 공공성 실현을 위한 노력은 모래 위에 집을 짓는 것과 다를 바 없을 것이다.

3) 세계의 변화

세계는 인간과 사회 그리고 자연을 아우르는 말이다. 인간과 사회 그리고 자연의 상호 작용은 인간, 사회, 자연의 변화를 가져온다. 테크놀로지의 고도화는 인간과 사회 그리고 자연의 존재 방식의 변화를 가속하고 있다. 그 변화가 어디를 향하고 있는지 확실하게 알 수는 없지만 변하고 있다는 사실만은 확실하다. 변화는 다시 또 다른 변화를 자극한다. 변화의 과정에서 다양한 형태의 갈등과 위험이 발생한다. 그렇게 되면 공과 사의 지형 역시 변한다. 따라서 공공성 담론은 세계의 변화를 논의의 전제로 삼아야 한다. 그렇지 않으면 공공성 실현을 위한 노력은 시대착오의 함정에 빠지게 될 것이다.

2 공-전략의 행위 주체 관련 공공성 담론의 전제

공-전략은 행위 주체들이 조화롭게 함께 살아갈 수 있는 길을 찾는 것이다. 이를 위해서는 우선 행위 주체의 특성에 대한 인식이 전제돼야 한다. 공공성 담론을 구성하는 데 가장 기본적으로 고려해야 할 행위 주체는 인간과 국가라고 할 수 있다.

1) 인간의 다양성

경험적으로 누구나 확실하게 알 수 있는 것은 인간이 본래 선하다든가 아니면 악하다든가 하는 것이 아니라 인간이 서로 다르다는 사실, 즉 다양하다는 사실이다. 따라서 중요한 것은 인간의 다름과 다양성을 어떻게 받아들이느냐 하는 것이다. 인간의 다름과 다양성을 받아들이는 방식에 따라 사람들은 분열의 길을 갈 수도 있고 공존의 길을 찾을 수도 있기 때문이다. 그러므로 공공성 담론은 인간의 다름과 다양성을 논의의 전제로 삼아야 한다. 그렇지 않으면 상호 인정을 토대로 하는 공과 사의 조화를 실현하기 어려울 것이다.

2) 국가의 진리로서 민주공화정

정체(政體)는 일반적으로 지배자의 수에 따라 군주정, 귀족정, 민주정으로 분류된다. 그리고 지배의 방식에 따라 전제정과 공화정으로 분류된다. 현대 정부는 예외 없이 그 정당성을 민주정과 공화정에서 찾는다. 민주정은 인민의, 인민에 의한, 인민을 위한 통치를 중심 원리로 하는 정체다. 인민의 통치는 인민 주권을, 인민에 의한 통치는 인민 자치를, 인민을 위한 통치는 인민의 복지를 지향한다. 공화정은 법의 지배, 권력 분립, 공동선을 위한 인민의 참여를 강조하는 정체다. 현대 정부는 민주정과 공화정의 기본 원리의 실현 여부에 따라 정당화될 수도 있고 그렇지 않을 수도 있다. 그러므로 공공성 담론은 민주공화정이 국가의 진리라는 점을 논의의 전제로 삼아야 한다. 그렇지 않으면 인민 주권에 기반한 공과 사의 조화를 실현하기 어려울 것이다.

❸ 통-전략의 절차 관련 공공성 담론의 전제

공공성 담론은 절차적 측면에서 사람들이 공감과 상호 이해를 토대로 공적 의사결정을 실현하게 하는 것이어야 한다. 이를 위해서는 공론장을 활성화해야 하고, 민주적 의사결정 절차가 실질적으로 인민의 의사를 충분히 반영하는 것이어야 한다. 따라서 공공성 담론은 절차적으로 민주주의와 공론장에 주목해야 한다.

1) 불완전한 체제로서 민주주의

민주적 의사결정 방식은 인류가 발명한 작품 중에 최고의 걸작이라고 할 수 있다. 그러나 민주주의는 미완의 작품이다. 어쩌면 완성될 수 없는 작품이라고 말하는 것이 맞을지도 모른다. 직접민주주의든 대의민주주의든 한계가 존재할 수밖에 없다. 민주주의는 정형화된 체제가 아니라 사회적 조건과 상황에 맞게 지속적으로 갱신해야 한다. 공공성 담론은 민주주의는 지속적인 갱신이 필요한 불완전한 시스템이라는 사실을 논의의 전제로 삼아야 한다. 그렇지 않으면 현실에 적합한 참여 방식의 설계를 통한 공과 사의 조화를 추구하기 어려울 것이다.

2) 정치적 공간으로서 공론장

일반적으로 공론장은 공통의 문제에 대해서 다양한 의견을 가진 사회구성원들에 의해 여론이 형성되는 공간으로 인식되고 있다. 정치는 좁은 의미에서 권력을 쟁취하기 위한 게임으로 이해되고 있으나, 넓은 의미에서는 정치공동체의 구성원들이 소통(토론, 설득, 담론 투쟁 등)을 통해 사회가 나아가야 할 바를 결정하는 행위로 이해된다. 넓은 의미에서 정치적 행위가 집약적으로 이뤄지는 공간이 바로 공론장이다. 그러므로 공공성 담론은 공론장이 사회적 여론의 조성을 통해 사회의 나아가야 할 바를 결정하는 정치적 공간이라는 점을 논의의 전제로 삼아야 한다. 그렇지 않으면 다양한 의견의 소통을 통한 공과 사의 조화를 추구하기 어려울 것이다.

3) 공론장의 플랫폼으로서 미디어

공론장은 정보와 지식 및 의견의 교류와 공유를 통해 여론이 형성되는 공간이다. 공론장은 다양한 방식으로 형성될 수 있지만, 미디어는 그 무엇보다도 공론장의 형성에 결정적인 영향을 미친다. 미디어는 메시지다. 이 말은 미디어의 성격에 따라 사회적 관계 방식이나 공론장의 구성 방식 그리고 결과적으로 여론의 형성 방식이 달라진다는 것을 의미한다. 그런 의미에서 미디어는 공론장의 플랫폼이라고 할 수 있다. 그러므로 공공성 담론은 공론장이 미디어를 플랫폼으로 하고 있다는 사실을 논의의 전제로 삼아야 한다. 그렇지 않으면 여론의 진정한 의미를 이해하는 데 어려움을 겪게 될 것이고, 그만큼 공과 사의 조화를 추구하는 것이 어려워질 것이다.

4 인-전략의 내용 관련 공공성 담론의 전제

공공성 담론은 내용적 측면에서 인간이 참다운 자유를 실현하게 하는 것이어야 한다. 공공성은 사보다는 공을 우위에 두는 이념으로 오인될 수 있다. 그러나 그것은 공과 사의 조화를 통해 인간의 진정한 자유를 실현하는 데 초점을 맞춘다. 따라서 공공성 담론은 내용적 측면에서 궁극적인 목적으로서 자유와 그것을 위한 조건으로서 평등 그리고 모든 가치의 조건으로서 지속가능성에 주목해야 한다.

1) 궁극적인 목적으로서 자유

인간의 본질은 자유다. 그럼에도 불구하고 몸과 정신에 부여된 자연적 한계 때문에, 함께 살아야 하는 다른 사람들의 자유와의 조화라는 사회적 한계 때문에 인간의 자유는 제한적일 수밖에 없다. 공공성은 바로 자유의 한계를 설정함으로써 역설적으로 좀 더 자유롭게 사는 길을 모색한다. 그러므로 공공성 담론은 인간의 자유를 궁극적인 목적으로 하고 있다는 점을 논의의 전제로 삼아야 한다. 그렇지 않으면 공공성을 추구하는 노력이 개인의 자유를 억압하는 시도로 오인될 수 있다.

2) 자유의 조건으로서 평등

자유와 평등은 갈등하는 가치가 아니다. 평등을 강조한다고 해서 자유가 위축되는 것은 아니다. 오히려 평등은 자유의 조건이라고 할 수 있다. 평등이 향상될수록 자유는 더욱더 향상된다. 문제는 어떤 평등이 자유의 실현에 더욱 유익한가 하는 것이다. 그러므로 공공성 담론은 평등이 자유의 조건이라는 점을 논의의 전제로 삼아야 한다. 그렇지 않다면 공공성을 추구하는 노력은 자유와 평등 사이에서 방황하게 될 것이다.

3) 모든 가치의 조건으로서 지속가능성

다양한 위험이 인류를 위협하고 있다. 인간에 의해 야기된 위험이든 자연에 의해 야기된 위험이든 인간과 자연의 합작으로 야기된 위험이든 과거에 비해 위험이 인류에게 미치는 영향은 점점 더 치명적인 것으로 보인다. 자칫 인류가 멸종할 수도 있다는 위기의식이 점차적으로 일반화되고 있다. 인류가 존재해야 공공성이고 자유고 평등이고 말할 수 있을 것이다. 그러므로 공공성 담론은 지속가능성을 논의의 존재론적 전제로 삼아야 한다. 그렇지 않으면 공과 사의 조화를 추구하는 노력은 허망한 것이 되고 말 것이다.

제2절_ 사상 연구를 위해

사상가들에 대한 비교 연구는 또 다른 사상가들에 대한 더 많은 연구의 필요성을 느끼게 한다. 따라서 이후의 사상 연구를 위해 주목해야 할 가치가 있는 것 몇 가지를 공유한다.

첫째, 사상가는 시대의 아들이다. 사상가는 자신의 시대를 사유하고 비판하며 자신의 사상을 담금질한다. 그러므로 사상에 대한 연구는 그 사상이 등장한 시대에 대한 이해에서부터 시작해야 한다. 사상이 등장한 시대에 대한 이해 없이, 다시 말해서 아무런 맥락 없이 사상가가 사용한 용어들로 어떤 입장을 세우고 정당화하는 것은 용어에 담긴 본래적 의미를 저버리는 어리석음을 범할 수 있다. 그러므로 사상가가 살았던 시대에 대한 이해는 사상의 본래적 의미를 이해하고 드러내는 데 유익하다.

둘째, 모든 사상가에게서 공통적으로 발견되는 사유의 방법은 비판이다. 사상가들은 자신의 이성이 허용하는 한도까지 비판을 밀어붙였다. 그러다 보니 사상가들의 삶과 사상에서는 정도의 차이는 있지만 치열함이 느껴진다. 비판은 사유를 단련한다. 사상은 비판을 무기로 하는 담론 투쟁의 산물이다. 비판은 사상의 어머니다. 그러므로 사상가들이 비판의 대상으로 삼은 것이 무엇인지를 명확하게 파악하는 것이 사상의 정수(精髓)에 접근하는 데 유익하다.

셋째, 사상은 이상적인 상태를 추구한다. 이상적인 상태에 대한 상상은 사상가들이 마주한 당대의 질곡을 극복해야 한다는 절박한 문제의식에서 비롯된다. 사상가들에게서 공통적으로 발견되는 이상적인 상태는 조화로운 사회적 공동체다. 물론 그것을 이루기 위한 방법론이 다르기는 하지만 공과 사의 조화라는 대의에는 차이가 없다. 이러한 의미에서 모든 사상가는 공공성을 추구하는 사상가라고 할 수 있을 것이다. 그러므로 사상가들이 추구하는 이상적인 사회상에 대한 이해는 공공성 실현의 방법을 찾아가는 데 유익하다.

사상가들이 공공성을 추구하는 사람들에게 던지는 메시지는 이렇지 않을까?
"시대와 마주하라! 비판하라! 이상사회를 상상하라!"

참고 문헌

[국내 문헌]

강영안. 2000. 『도덕은 무엇으로부터 오는가: 칸트의 도덕철학』. 서울: 조합공동체 소나무.
강정인. 2009. 루소의 정치사상에 나타난 정치 참여에 대한 고찰: 시민의 정치 참여에 공적인 토론이나 논쟁이 허용되는가. 『한국정치학회보』, 43(2): 5-24.
고봉만. 2013. 인간의 본성과 교육: 루소의 에밀 읽기. 『프랑스사 연구』, 28: 29-55.
김광수. 2015. 『애덤 스미스: 정의가 번영을 이끈다』. 파주: 한길사.
김기순. 2018. J.S. 밀의 민주주의론. 『영국연구』, 40: 143-175.
김병곤. 2011. Adam Smith의 도덕과 정의. 『평화연구』, 19(2): 225-256.
김상환. 2019. 『왜 칸트인가: 인류 정신사를 완전히 뒤바꾼 코페르니쿠스적 전회』. 파주: 21세기북스.
김수행. 2012. 『마르크스가 예측한 미래사회: 자유로운 개인의 연합』. 서울: 한울.
김영례. 2015. 애덤 스미스에 있어서 빈민 그리고 복지. 『범한철학』, 79: 289-317.
김은희. 2008. 『롤즈와 왈저의 정치철학 비교연구: 방법론과 정치관을 중심으로』. 서울대학교 대학원 박사학위 논문.
김주형. 2016. 시민정치와 민주주의. 『한국정치학회보』, 50(5): 25-47.
김지원. 2010. 아담 스미스의 자연관과 뉴턴과학에 대한 이해. 『한국과학사회학회지』, 32(1): 69-90.
도메 다쿠오(堂目卓生). 2010. 『지금 애덤 스미스를 다시 읽는다』. 우경봉 옮김. 서울: 동아시아.
박상현. 2015. 계몽주의와 역사주의: 스코틀랜드 역사학파의 '이론적 역사'를 중심으로. 『사회와 역사(구 한국사회사학회논문집)』, 106: 283-314.
박서현. 2011. 하이데거에 있어서 '죽음'의 의미. 『철학』, 109: 177-201.
박세일. 2009. (부록) 아담 스미스의 도덕철학 체계: 철학·윤리·법학·경제학의 내적 연관에 대한 통일적 파악을 위하여. 박세일·민경국 옮김. 『도덕감정론』(개역판), 661-699. 서울: 비봉출판사.
박주병. 2008. 루소의 소극적 교육의 의미. 『도덕교육연구』, 19(2): 145-170.
박지웅. 2013. 자유로운 개인들의 연합에서의 자유, 개인 및 연합: 마르크스가 예측한 미래사회. 『마르크스주의 연구』, 10(1): 214-239.
박혁. 2009. 정치현상으로서 자유. 『사회와철학』, 18: 417-456.
사회와 철학 연구회. 2021. 『왜 지금 다시 마르크스인가: 마르크스 사상의 비판적 재해석 및 재구성에 관한 실천철학적 성찰』. 서울: 씨아이알.
소병철. 2013. 한스 요나스의 『책임의 원칙』에 나타난 생태정치의 정당성 문제. 『서강인문논총』, 36: 5-29.
송안정. 2007. 한스 요나스의 목적론적 사고. 『철학과 현상학 연구』, 33: 149-180.
야마와키 나오시(山脇直司). 2011. 『공공철학이란 무엇인가』. 성현창 옮김. 서울: 이학사.
오수웅. 2015. 루소의 시민교육: 개념, 역량 그리고 교육. 『한국정치연구』, 24(1): 277-301.
원용찬. 2015. 애덤 스미스의 메시지: 도덕의 손과 보이지 않는 손. 『인물과사상』, 126-139.
이근식. 2006. 『애덤 스미스의 고전적 자유주의』. 서울: 샘터사.
_____. 2006. 『존 스튜어트 밀의 진보적 자유주의』. 서울: 기파랑.
이득재. 2018. 마르크스와 어소시에이션. 『마르크스주의 연구』, 15(4): 76-104.
이상오. 2013. 해석학적 비교연구: 루소의 '소극적 교육'과 칸트의 '적극적 교육.' 『교육의 이론과 실천』, 18(1): 65-103.
이영석. 2014. 『지식인과 사회: 스코틀랜드 계몽주의의 역사』. 파주: 아카넷.

이유택. 2005. 요나스의 미래윤리와 책임. 『동서철학연구』, 36: 113-136.
이진우. 1991. 한스 요나스의 생태학적 윤리학. 『철학과 현실』, 12: 273-297.
임의영. 1988. 「Herbert A. Simon의 인간관 고찰」. 고려대학교대학원 행정학 석사학위논문.
_____. 1994. 신행정학의 규범적 가치로서 사회적 형평성: 민주주의의 기본 원리에 기초한 정치철학적 비판. 『한국행정학보』, 28(4): 1157-1174.
_____. 2003a. 공공성의 개념, 위기, 활성화의 조건. 『정부학연구』, 9(1): 23-50.
_____. 2003b. 사회적 형평성의 개념적 심화를 위한 정의론의 비교연구: Rawls에 대한 Nozick, Walzer, Young의 비판적 논의를 중심으로. 『한국사회와 행정연구』, 14(2): 47-64.
_____. 2006. 합리성의 철학적 논의구조와 H. A. Simon의 합리성 개념. 『한국행정논집』, 18(4): 981-1002.
_____. 2007. 사회적 형평성의 정의론적 논거 모색: R. Dworkin의 '자원평등론'을 중심으로. 『행정논총』, 45(3): 1-21.
_____. 2008. 사회적 형평성의 정의론적 논거 모색: '응분의 몫(desert)' 개념을 중심으로. 『행정논총』, 46(3): 35-61.
_____. 2009. 사회적 형평성의 정의론적 논거 모색: M. Walzer의 '다원주의적 정의론'을 중심으로. 『한국행정학보』, 43(2): 1-18.
_____. 2010a. Nozick의 정의론과 형평성: 최소국가론과 소유권리론을 중심으로. 『한국행정학회 춘계학술발표논문집』.
_____. 2010b. 공공성의 유형화. 『한국행정학보』, 44(2): 1-21.
_____. 2011. 『형평과 정의: 조화로운 삶의 원리를 찾아서』. 파주: 한울.
_____. 2012. Dwight Waldo의 행정학과 관료제 다시 보기. 『정부학연구』, 18(3): 67-91.
_____. 2014. H. A. Simon의 제한된 합리성과 행정학. 『행정논총』, 52(2): 1-35.
_____. 2015a. 경합공간으로서 공론영역과 행정: C. Mouffe의 급진민주주의를 중심으로. 『행정논총』, 53(2): 1-25.
_____. 2015b. 공공성의 인간적 토대와 행정. 『사회과학연구』(강원대학교), 54(2): 217-248.
_____. 2016. 관료제의 합리화 역설: M. Weber의 고전적 논의와 U. Beck의 위험사회론을 중심으로. 『행정논총』, 54(2): 149-180.
_____. 2017a. 공공성의 철학적 기초. 『정부학연구』, 23(2): 1-29.
_____. 2017b. 공공성의 윤리적 토대: Hans Jonas의 책임윤리를 중심으로. 『한국행정연구』, 26(4): 1-27.
_____. 2018. 공공성 연구의 풍경과 전망. 『정부학연구』, 24(3): 1-42.
_____. 2019a. 『공공성의 이론적 기초』. 서울: 박영사.
_____. 2019b. 공공성의 도덕철학적 기초: A. Smith의 공감을 중심으로. 『행정논총』, 57(2): 35-69.
_____. 2020. 공공성의 정치철학적 기초: J. J. Rousseau의 문명관과 일반의지를 중심으로. 『정부학연구』, 26(1): 37-73.
_____. 2021a. 공공성의 사상적 기초: J. S. Mill의 公과 私의 조화 논리를 중심으로. 『정부학연구』, 27(2): 1-34.
_____. 2021b. 공공가치의 윤리적 기초: I. Kant의 의무론과 J. S. Mill의 목적론을 중심으로. 『한국정책과학학회보』, 25(4): 89-114.
_____. 2022. 공공성의 철학적 기초: I. Kant의 사상을 중심으로. 『정부학연구』, 28(2): 1-28.
_____. 2023. 공공성의 사상적 기초: K. Marx의 소외론을 중심으로. 『한국정책과학학회보』, 27(1): 37-57.
임의영·고혁근·박진효. 2014. 한나 아렌트의 공공영역과 행정. 『정부학연구』, 20(3): 71-100.
임일섭. 2017. 애덤 스미스 구하기: 좋은 목적, 나쁜 방법. 『경상논총』, 35(1): 17-36.
정기철. 2007. 하이데거가 말한 죽음에 대한 비판적 고찰. 『범한철학』, 47: 205-225.
정문길. 1978. 『소외론 연구』. 서울: 문학과지성사.
정성진. 2015. 마르크스 공산주의론의 재조명. 『마르크스주의 연구』, 21(1): 12-46.
_____. 2019. 1990년대 이후 마르크스의 대안사회론 연구의 혁신: 어소시에이션을 중심으로. 『마르크스주의 연구』, 16(2): 111-141.
조현수. 1998. 도덕감정론과 국부론에서 나타난 아담 스미스의 정치이론적 의미에 관한 소고. 『국제정치논총』, 38(2): 23-42.
_____. 2016. 『이기적인 개인, 공감하는 도덕』. 서울: 사람의무늬/성균관대학교출판부.

주정립. 2011. 맑스의 정치경제학 비판에 있어 물신주의 비판. 『철학사상』, 42: 91-122.
홍원표. 2013. 『한나 아렌트 정치철학: 행위, 전통, 인물』. 고양: 인간사랑.

[국외 문헌]

Andrews, Charles M. 1901. *Ideal Empires and Republics. Rousseau's Social Contract, More's Utopia, Bacon's New Atlantis, Campanella's City of the Sun*.
Arendt, Hannah. 1958. *The Human Condition*. Chicago & London: The University of Chicago Press.
_____. 1970. *On Violence*. New York: Harcourt, Brace & World, Inc.
_____. 2002. 『칸트 정치철학 강의』. 김선욱 옮김. 서울: 푸른숲.
_____. 2004. 『혁명론』. 홍원표 옮김. 파주: 한길사.
_____. 2005a. 『과거와 미래 사이: 정치사상에 관한 여덟 가지 철학연습』. 서울: 푸른숲.
_____. 2005b. *The Promise of Politics*. edited and with an Introduction by J. Kohn. New York: Schocken Books. PP
_____. 2006a. 『전체주의의 기원 1, 2』. 이진우 · 박미애 옮김. 파주: 한길사.
_____. 2006b. 『예루살렘의 아이히만: 악의 평범성에 대한 보고서』. 김선욱 옮김. 파주: 한길사.
_____. 2011. 『공화국의 위기: 정치에서의 거짓말 · 시민불복종 · 폭력론』. 김선욱 옮김. 파주: 한길사.
Augier, Mie & March, James G. 2001. Conflict of Interest in Theories of Organization: Herbert A. Simon and Oliver E. Williamson. *Journal of Management & Governance*, 5(3/4): 223-230.
Becchi, Paolo & Tibaldeo, Robert F. 2016. The Vulnerability of Life in the Philosophy of Hans Jonas, in A. Masferrer & E. García-Sánchez(eds.). *Human Dignity of the Vulnerable in the Age of Rights*, Ius Gentium: Comparative Perspectives on Law and Justice 55, 81-120. Springer International Publishing.
Beck, Ulrich. 1992. *Risk Society: Towards a New Modernity*. translated by Mark Ritter. London · Newbury Park · New Delhi: SAGE Publications.
_____. 1996. World Risk Society as Cosmopolitan Society? Ecological Questions in a Framework of Manufactured Uncertainties. *Theory, Culture & Society*, 13(4): 1-32.
Benhabib, Seyla. 1992. Models of Public Space: Hannah Arendt, the Liberal Tradition, and Jürgen Habermas. Craig Calhoun(ed.). *Habermas and the Public Sphere*, 73-98. Cambridge, Massachusetts / London, England: The MIT Press.
Berlin, Isaiah. 1991. John Stuart Mill and the Ends of Life, in John Gray & G. W. Smith(eds.). *J. S. Mill On Liberty in Focus*. London/New York: Routledge.
_____. 2002. *Liberty*. edited by H. Hardy. Oxford: Oxford University Press.
Birch, T. D. 1998. An Analysis of Adam Smith's Theory of Charity and the Problems of the Poor. *Eastern Economic Journal*, 24(1): 25-41.
Bouton, Clark W. 1965. John Stuart Mill: On Liberty and History. *The Western Political Quarterly*, 18(3): 569-578.
Brown, Brack & Stillman II, Richard J. 1986. *A Search for Public Administration: The Ideas and Career of Dwight Waldo*. College Station: Texas A&M University Press.
Buchan, James. 2008. 『애덤 스미스 경제학의 탄생: 경제학의 아버지, 애덤 스미스의 삶과 살아 있는 아이디어』. 이경남 옮김. 서울: 청림출판.
Butler, Judith. 2016. Philosophy Has Become Worldly: Marx on Ruthless Critique. *PMLA*, 131(2): 460-468.
Camus, Albert. 2003. 『반항하는 인간』. 김화영 옮김. 서울: 책세상.
Carson, Rachel L. 1962. *Silent Spring*. Boston: Houghton Mifflin.

Claeys, Gregory. 1987. Justice, Independence, and Industrial Democracy: the Development of John Stuart Mill's Views on Socialism. *Journal of Politics*, 49 (1): 122-147.

Cohen, Joshua. 2010. *Rousseau: A Free Community of Equals*. Oxford/ New York: Oxford University Press.

Cook, Terrence E. 1975. Rousseau: Education and Politics. *The Journal of Politics*, 37(1): 108–128.

Crouch, Colin. 2011. *The Strange Non-Death of Neoliberalism*. Cambridge: Polity.

Crowther-Heyck, H. 2005. *Herbert A. Simon: The Bounds of Reason in Modern America*. Baltimore: The Johns Hopkins University Press.

Cyert, Richard M. & March, James G. 1963. *A Behavioral Theory of the Firm*. Englewood Cliffs, N.J.: Prentice-Hall.

Dahl, Robert A. 1961. The Behavioral Approach in Political Science: Epitaph for a Monument to a Successful Protest. *The American Political Science Review*, 55(4): 763-772.

Dickey, Laurence. 1986. Historicizing the 'Adam Smith Problem': Conceptual, Historiographical, and Textual Issues. *The Journal of Modern History*, 58(3): 579-609

Dinneen, Nathan. 2014. Hans Jonas's Noble 'Heuristic of Fear': Neither the Good Lie nor the Terrible Truth. *Cosmos and History: The Journal of Natural and Social Philosophy*, 10(2): 1–21.

Dworkin, Ronald. 2002. *Sovereign Virtue: The Theory and Practice of Equality*. Cambridge/ London: Harvard University Press.

Eisenberg, J. Mark. 2016. *John Stuart Mill's Philosophy of History*. Dissertation of Drew University.

Engels, Friedrich. 1884. *The Origin of the Family, Private Property and the State*. Marx-Engels Collected Works 26. Moscow: Progress Publishers/ London: Lawrence and Wishart/ New York: International Publishers. 1990.

Feuerbach, Ludwig. 1989. *The Essence of Christianity*. trans. by G. Eliot. New York: Prometheus Book.

_____. 2012. Preliminary Theses on the Reform of Philosophy, in *The Fiery Book: Ludwig Feuerbach Selected Writings*. translated and introduced by Z. Hanfi. London/ New York: Verso.

Frazer, Elizabeth & Lacey, Nicola M. 1995. Politics and the Public in Rawls' Political Liberalism. *Political Studies*, 43: 233-247.

Friedman, Milton. 1962. *Capitalism and Freedom*. Chicago: University of Chicago Press.

_____. 1979. *Free to Choose*. New York: Avon New York.

Gehardt, Volker. 2007. 『다시 읽는 칸트의 영구평화론』. 김종기 옮김. 서울: 백산서당.

Göçmen, Dogan. 2007. The Adam Smith Problem: Human Nature and Society, in *The Theory of Moral Sentiments and The Wealth of Nations*. New York/ London: Tauris Academic Studies. Journal of Economic Perspectives, 19(3): 109-30.

Grampp, William D. 1948. Adam Smith and the Economic Man. *Journal of Political Economy*, 56(4): 315-336.

_____. 2000. What Did Smith Mean by the Invisible Hand? *Journal of Political Economy*, 108(3): 441-465.

Grollios, Vasilis. 2011. J.S. Mill's Views on Democracy after 1848. *Critical Sociology*, 37(6): 871-887.

Guyer, Paul. 2007. *Kant's Groundwork for the Metaphysics of Morals: A Reader's Guide*. London/ New York: Continuum.

Habermas, Jürgen. 1977. Hannah Arendt's Communications Concept of Power. *Social Research*, 44(1): 3-24.

_____. 1979. *Communication and the Evolution of Society*, trans. by Thomas McCarthy. Boston: Beacon Press.

_____. 1996. *Between Facts and Norms: Contribution to a Discourse Theory*, trans. by William Rehg. Cambridge: The MIT Press.

Harvey, David. 2005. *A Brief History of Neoliberalism*. Oxford: Oxford University Press.

_____. 2007. Neoliberalism as Creative Destruction. *The Annals of the American Academy of Political and*

Social Science, 610(1): 21–44.
Hayek, Friedrich. 1944. *The Road to Serfdom*. Chicago: University of Chicago Press.
Hegel, Georg W. F. 1977. *Phenomenology of Spirit*, translated by A. V. Miller with Analysis of the Text and Foreword by J. N. Findlay. Oxford/New York/ Toronto/Melbourne: Oxford University Press.
Hinske, Norbert. 2004. 『현대에 도전하는 칸트』. 이엽·김수배 옮김. 서울: 이학사.
Hook, Sidney. 1973. Myth and Fact in the Marxist Theory of Revolution and Violence. *Journal of the History of Ideas*, 34(2): 271–280.
Hulliug, Mark. 1994. *The Autocritique of Enlightenment: Rousseau and the Philosophes*. Cambridge/ London: Harvard University Press.
Inston, Kevin. 2010. *Rousseau and Radical Democracy*. New York: Continuum.
Jonas, Hans. 1966. *The Phenomenon of Life: Toward a Philosophical Biology*. Chicago & London: The University of Chicago Press.
_____. 1979. Toward a Philosophy of Technology. *Hastings Center Report*, 9 (1): 34–43.
_____. 1984. *The Imperative of Responsibility: In search of an Ethics for the Technological Age*. translated by Hans Jonas with the collaboration of David Herr. Chicago & London: The University of Chicago Press.
_____. 1994. 『책임의 원칙: 기술시대의 생태학적 윤리』. 이진우 옮김. 파주: 서광사.
_____. 2005. 『기술 의학 윤리: 책임 원칙의 실천』. 이유택 옮김. 서울: 솔.
_____. 2007. 『물질·정신·창조: 우주의 기원과 진화에 관한 철학적 성찰』. 김종국·소병철 옮김. 서울: 철학과 현실사.
Jossa, Bruno. 2010. The Democratic Road to Socialism. *Rivista Internazionale di Scienze Sociali*, 118(3): 335–354.
Kant, Immauel. 1999. *Correspondence*. translated and edited by A. Zweig. Cambridge/ New York: Cambridge University Press.
_____. 2002. 『실천이성비판』. 백종현 옮김. 서울: 아카넷.
_____. 2005. 『윤리형이상학 정초』. 백종현 옮김. 서울: 아카넷.
_____. 2005. *Notes and Fragments*, edited by P. Guyer, translated by C. Bowman, P. Guyer & F. Rauscher. Cambridge/ New York: Cambridge University Press.
_____. 2006. 『순수이성비판』. 백종현 옮김. 서울: 아카넷.
_____. 2009. 『판단력비판』. 백종현 옮김. 서울: 아카넷.
_____. 2010a. On the Common Saying: This May be True in Theory But it does not Apply in Practice, in H. S. Reiss(ed.). *Kant Political Writings*. Cambridge/ New York: Cambridge University Press.
_____. 2010b. "What is Enlightenment?", in H. S. Reiss(ed.). *Kant Political Writings*. Cambridge/ New York: Cambridge University Press.
_____. 2010c. "What is Orientation in Thinking?", in H. S. Reiss(ed.). *Kant Political Writings*. Cambridge/ New York: Cambridge University Press.
_____. 2010d. Perpetual Peace: Philosophical Sketch, in *Kant Political Writings*. edited by H. S. Reiss. Cambridge/ New York: Cambridge University Press.
_____. 2012a. 덕이론. 백종현 옮김. 『윤리형이상학』. 서울: 아카넷.
_____. 2012b. 법이론. 백종현 옮김. 『윤리형이상학』. 서울: 아카넷.
_____. 2012c. 『윤리형이상학』. 백종현 옮김. 서울: 아카넷.
Kendall, Willmoore & Carey, George W. 1968. The 'Roster Device': J. S. Mill and Contemporary Elitism. *Western Political Quarterly*, 21(1): 20–39.
Kennedy, Gavin. 2009. Adam Smith and the Invisible Hand: From Metaphor to Myth. *Econ Journal Watch*, 6(2): 239–263.

Klein, Naomi. 2007. *The Shock Doctrine: The Rise of Disaster Capitalism*. Toronto: Knopf.
Kurer, Oskar. 1999. John Stuart Mill: Liberal or Utilitarian? *The European Journal of the History of Economic Thought*, 6(2): 200–215.
Laclau, Ernesto & Mouffe, Chantal. 1987. Post-Marxism Without Apologies. *New Left Review*, 166: 79–106.
_____. 2012. 『헤게모니와 사회주의 전략: 급진 민주주의 정치를 향하여』. 이승원 옮김. 서울: 후마니타스. [*Hegemony and Socialist Strategy: Towards a Radical Democratic Politics*. London and New York: Verso. 1985.]
Ladenson, Robert F. 1977. Mill's Conception of Individuality. *Social Theory and Practice*, 4(2): 167–182.
Lenin, Vladimir. I. 1940. *Left-Wing Communism: An Infantile Disorder*. New York: International Publishers.
Lindblom, Charles E. 2002. *The Market System: What It Is, How It Works, and What To Make of It*. New Haven: Yale University Press.
MacIntyre, Alasdair C. 1984. *After virtue: A Study in Moral Theory*. Notre Dame, Ind.: University of Notre Dame Press.
MacLean, Lee. 2002. *The Free Animal: Free Will and Perfectibility: in Rousseau's Discourse on Inequality*. University of Toronto, Dissertation of Ph.D.
March, James G. & Simon, Herbert A. 1958. *Organizations*. New York: Wiley.
Martin, Hans-Peter & Schumann, Harald. 1997. *The Global Trap: an attack on democracy and prosperity*. New York: Zed Books.
Martin, James. ed. 2013. *Chantal Mouffe: Hegemony, Radical Democracy, and the Political*. London: Routledge.
Marx, Karl. 1842. *Proceedings of the Sixth Rhine Province Assembly*. Marx-Engels Collected Works(MECW) 1. Moscow: Progress Publishers/ London: Lawrence and Wishart/ New York: International Publishers. 1975.
_____. 1843a. *Comments on the Latest Prussian Censorship Instruction*. MECW 1. Moscow: Progress Publishers/ London: Lawrence and Wishart/ New York: International Publishers. 1975.
_____. 1843b. *Contribution to the Critique of Hegel's Philosophy of Law*. MECW 3. Moscow: Progress Publishers/ London: Lawrence and Wishart/ New York: International Publishers. 1975.
_____. 1843c. *On the Jewish Question*. MECW 3. Moscow: Progress Publishers/ London: Lawrence and Wishart/ New York: International Publishers. 1975.
_____. 1843d. *To Arnold Ruge*. (March 13, 1843). MECW 1. Moscow: Progress Publishers/ London: Lawrence and Wishart/ New York: International Publishers. 1975.
_____. 1844a. *Contribution to the Critique of Hegel's Philosophy of Law, Introduction*. MECW 3. Moscow: Progress Publishers/ London: Lawrence and Wishart/ New York: International Publishers. 1975.
_____. 1844b. *Economic and Philosophic Manuscripts*. MECW 3. Moscow: Progress Publishers/ London: Lawrence and Wishart/ New York: International Publishers. 1975.
_____. 1845a. *German Ideology*. MECW 5. Moscow: Progress Publishers/ London: Lawrence and Wishart/ New York: International Publishers. 1976.
_____. 1845b. *The Holy Family*. MECW 4. Moscow: Progress Publishers/ London: Lawrence and Wishart/ New York: International Publishers. 1975.
_____. 1845c. *Theses on Feuerbach*. MECW 5. Moscow: Progress Publishers/ London: Lawrence and Wishart/ New York: International Publishers. 1976.
_____. 1848. *Manifesto of the Communist Party*(with F. Engels). MECW 6. Moscow: Progress Publishers/ London: Lawrence and Wishart/ New York: International Publishers. 1976.
_____. 1852. *The Eighteenth Brumaire of Louis Napoleon*. MECW 11. Moscow: Progress Publishers/ London:

Lawrence and Wishart/ New York: International Publishers. 1979.

_____. 1857–1861. *Grundrisse*. MECW 28. Moscow: Progress Publishers/ London: Lawrence and Wishart/ New York: International Publishers. 1987.

_____. 1859. *A Contribution to the Critique of Political Economy, Preface*. MECW 29. Moscow: Progress Publishers/ London: Lawrence and Wishart/ New York: International Publishers. 1987.

_____. 1863–1864. *The Economic Manuscript of 1863–64*. MECW 34. Moscow: Progress Publishers/ London: Lawrence and Wishart/ New York: International Publishers. 1994.

_____. 1867. *Capital I*. MECW 35. Moscow: Progress Publishers/ London: Lawrence and Wishart/ New York: International Publishers. 1996.

_____. 1871. *The Civil War in France*. MECW 22. Moscow: Progress Publishers/ London: Lawrence and Wishart/ New York: International Publishers. 1986.

_____. 1872. *On the Hague Congress. A Correspondent's Report of a Speech Made at a Meeting in Amsterdam*(September 8, 1872). MECW 23. Moscow: Progress Publishers/ London: Lawrence and Wishart/ New York: International Publishers. 1988.

_____. 1875. *Critique of the Gotha Programme*. MECW 24. Moscow: Progress Publishers/ London: Lawrence and Wishart/ New York: International Publishers. 1989.

_____. 1894. *Capital III*. MECW 37. Moscow: Progress Publishers/ London: Lawrence and Wishart/ New York: International Publishers. 1998.

Melzer, Authur M. 1980. Rousseau and the Problem of Bourgeois Society. *The American Political Science Review*, 74(4): 1018–1033.

_____. 1990. *Natural Goodness of Man: On the System of Rousseau's Thought*. Chicago / London: The University of Chicago Press.

Mill, John S. 1831. The Spirit of the Age, in *The Collected Works of John Stuart Mill (Vol. XXII): Newspaper Writings December 1822–July 1831* Part I, ed. Ann P. Robson & John M. Robson, Introduction by Ann P. Robson & John M. Robson. Toronto: University of Toronto Press/ London: Routledge and Kegan Paul. 1986.

_____. 1836. Civilization, in *The Collected Works of John Stuart Mill (Vol. XVIII): Essays on Politics and Society* Part I, ed. John M. Robson, Introduction by Alexander Brady. Toronto: University of Toronto Press/ London: Routledge and Kegan Paul. 1977.

_____. 1838. Bentham, in *Collected Works of John Stuart Mill (Vol. X): Essays on Ethics, Religion and Society*, edited by J. M. Robson & Introduction by F. E. L. Priestley, 75–115. Toronto and Buffalo: University of Toronto Press/ London: Routledge & Kegan Paul. 1969.

_____. 1840. Coleridge, in *Collected Works of John Stuart Mill (Vol. X): Essays on Ethics, Religion and Society*, edited by John M. Robson & Introduction by F.E.L. Priestley. Toronto and Buffalo: University of Toronto Press/ London: Routledge & Kegan Paul. 1969.

_____. 1843. System of Logic, Ratiocinative and Inductive, in *Collected Works of John Stuart Mill (Vol. IV VI)*: edited by John M. Robson & Introduction by R. F. McRae. Toronto and Buffalo: University of Toronto Press/ London: Routledge & Kegan Paul. 1974.

_____. 1859. On Liberty, in *Collected Works of John Stuart Mill(Vol. XVIII): Essays on Politics and Society*, edited by John M. Robson & Introduction by A. Brady, 213–310. Toronto and Buffalo: University of Toronto Press/ London: Routledge & Kegan Paul. 1977.

_____. 1861. Considerations on Representative Government, in *Collected Works of John Stuart Mill (Vol. XIX): Essays on Politics and Society*, edited by John M. Robson & Introduction by A. Bready. Toronto and Buffalo: University of Toronto Press / London: Routledge & Kegan Paul. 1977.

_____. 1861. Utilitarianism, in *Collected Works of John Stuart Mill (Vol. X): Essays on Ethics, Religion and Society*, edited by John M. Robson & Introduction by F. E. L. Priestley. Toronto and Buffalo: University of Toronto Press / London: Routledge & Kegan Paul. 1969.

_____. 1865. Auguste Comte and Positivism, in *The Collected Works of John Stuart Mill (Vol. X): Essays on Ethics, Religion, and Society*, ed. John M. Robson, Introduction by F. E. L. Priestley. Toronto: University of Toronto Press/ London: Routledge and Kegan Paul, 1985.

_____. 1866. Representation of the People(1866.5.31.), in *The Collected Works of John Stuart Mill (Vol. XXVIII): Public and Parliamentary Speech*, ed. John M. Robson, Introduction by B. L. Kinzer. Toronto: University of Toronto Press/ London: Routledge and Kegan Paul, 1988.

_____. 1867. The Admission of Women to the Electoral Franchise(1867.5.20.), in *The Collected Works of John Stuart Mill (Vol. XXVIII): Public and Parliamentary Speech*, ed. John M. Robson, Introduction by B.L. Kinzer. Toronto: University of Toronto Press/ London: Routledge and Kegan Paul, 1988.

_____. 1869. The Subjection of Women, in *Collected Works of John Stuart Mill(Vol. XXI): Essays on Equality, Law, and Education*, edited by John M. Robson & Introduction by S. Collini. Toronto and Buffalo: University of Toronto Press/ London: Routledge & Kegan Paul. 1984. [『여성의 예속』. 김민예숙 옮김. 서울: 이화여자대학교출판부. 1986.]

_____. 1871. Principles of Political Economy with Some of Their Applications to Social Philosophy. in *Collected Works of John Stuart Mill (Vol. II & III)*. Introduction by V. W. Bladen, Textual Editor John M. Robson. Toronto: University of Toronto Press/ London: Routledge and Kegan Paul, 1965.

_____. 1873. Autobiography, in *The Collected Works of John Stuart Mill, Volume I – Autobiography and Literary Essays*, 1-290. ed. John M. Robson & Jack Stillinger, introduction by Lord Robbins. Toronto: University of Toronto Press/ London: Routledge and Kegan Paul, 1981.

_____. 1879. Chapters on Socialism, in *The Collected Works of John Stuart Mill (Vol. V): Essays on Economics and Society*, Part II. ed. John M. Robson, & introduction by L. Robbins. Toronto and Buffalo: University of Toronto Press/ London: Routledge & Kegan Paul. 1967. 『존 스튜어트 밀의 사회주의론』. 정홍섭 옮김. 고양시: 좁쌀한알. 2018.

Montes, Leonidas. 2003. Das Adam Smith Problem: Its Origins, the Stages of the Current Debate, and One Implication for Our Understanding of Sympathy. *Journal of the History of Economic Thought*, 25(1): 63-90.

Mouffe, Chantal. 2005. *On the Political*. New York: Routledge.

_____. 2006. 『민주주의의 역설』. 이행 옮김. 서울: 인간사랑. [*The Democratic Paradox*. London and New York: Verso. 2000.]

_____. 2007. 『정치적인 것의 귀환』. 이보경 옮김. 서울: 후마니타스. [*The Return of the Political*. London and New York: Verso. 1993.]

_____. 2013. *Agonistics: Thinking the World Politically*. London/ New York: Verso.

Mouffe, Chantal ed. 1979. *Gramsci and Marxist Theory*. London/ Boston: Routledge / Kegan Paul.

_____. 1992. *Dimensions of Radical Democracy: Pluralism, Citizenship, Community*. London and New York: Verso.

_____. 1996. *Deconstruction and Pragmatism*. New York: Routledge, 1996.

Mouffe, Chantal · 곽준혁. 2009. 민주주의와 한국사회: 샹탈 무페 교수와의 대담. 『아세아연구』, 52(3): 129-186.

Nozick, Robert. 1974. *Anarchy, State, and Utopia*. New York: Basic Books, Inc., Publishers.

Oelkers, Jürgen R. 2002. Rousseau and the Image of 'Modern Education.' *Journal of Curriculum Studies*, 34(6): 679-698.

Oslington, Paul. 2012. God and the Market: Adam Smith's Invisible Hand. *Journal of Business Ethics*, 108(4):

429-438.

Overeem, Patrick. 2008. Beyond Heterodoxy: Dwight Waldo and the Politics-Administration Dichotomy. *Public Administration Review*, 68(1): 36-45.

Phillipson, Nicholas. 2023. 『애덤 스미스: 경제학의 아버지, 신화가 된 사상가』. 배지혜 옮김. 서울: 한국경제신문.

Piketty, Thomas. 2014. *Capital in the twenty-first century*. Cambridge: The Belknap Press of Harvard University Press.

Pimenta, Tomás Lima. 2020. Alienation and Fetishism in Marx's Critique of Political Economy. *Nova Economia*, 30(2): 605-628.

Rasmussen, Dennis C. 2008. *The Problems and Promise of Commercial Society: Adam Smith's Response to Rousseau*. University Park, PA: Penn State University Press.

Rawls, John. 1971. *A Theory of Justice*. Cambridge, Massachusetts: The Belknap Press of Harvard University Press.

_____. 1985. Justice as Fairness: Political nor Metaphysical. *Philosophy and Public Affairs*, 14(3): 223-251.

_____. 1993. *Political Liberalism*. New York: Columbia University Press.

_____. 1999. *A Theory of Justice*(revised edition). Cambridge, Massachusetts: The Belknap Press of Harvard University Press.

_____. 2001. *Justice as Fairness: A Restatement*. Erin Kelly(ed.). Cambridge, Massachusetts: The Belknap Press of Harvard University Press.

_____. 2005. *Political Liberalism*(expanded edition). New York: Columbia University Press.

_____. 2009. 『만민법』. 장동진 · 김만권 · 김기호 옮김. 서울: 아카넷. [*Law of Peoples*(with the Idea of Public Reason Revisited). Cambridge, Massachusetts: Harvard University. 1999.]

Reich, Robert B. 2012. *Beyond outrage: what has gone wrong with our economy and our democracy, and how to fix it*. New York: Vintage Books.

Reisert, Joseph R. 2012. Kant and Rousseau on Moral Education, Roth, Klas & Chris Surprenant, eds. *Kant and Education: Interpretations and Commentary*, 12-25. New York and London: Routledge. 2012.

Riccucci, Norma M. 2006. The Criteria of Action, in David H. Rosenbloom & Howard E. McCurdy eds. *Revisiting Waldo's Administrative State: Constancy and Change in Public Administration*, 55-70. Washington, D.C.: Georgetown University Press. 2007.

Riley, Jonathan. 2015. Is Mill an Illiberal Utilitarian? *Ethics*, 125(3): 781-796.

Rorty, Richard. 1989. *Contingency, Irony, and Solidarity*. Cambridge: Cambridge University Press.

Rothschild, Emma. 1994. Adam Smith and the Invisible Hand. *The American Economic Review*, 84(2), Papers and Proceedings of the Hundred and Sixth Annual Meeting of the American Economic Association (May, 1994), 319-322.

Rousseau, Jean-Jacques. 2005. On the Government of Poland, in J. J. Rousseau. *The Plan for Perpetual Peace, On the Government of Poland and Other Writings on History and Politics*(Collected Writings of Rousseau Vol.11), 167-240. ed. by C. Kelly, translated by C. Kelly & J. Bush. Hanover and London: University Press of New England.

_____. 2007a. 「산에서 보낸 편지」. 김현중 옮김. 『학문과 예술에 대하여 외』. 파주: 한길사. 2007. [J. J. Rousseau. 2001. Letters Written From the Mountain, in Jean-Jacques Rousseau *Letter to Beaumont, Letters Written From the Mountain, and Related Writings*(Collected Writings of Rousseau Vol.9.), 131-306. ed. by C. Kelly & E. Grace, translated by C. Kelly & J. R. Bush. Hanover and London: University Press of New England.]

_____. 2007b. 『고독한 산책자의 몽상』. 김중현 옮김. 파주: 한길사.

_____. 2007c. 『학문과 예술에 대하여 외』. 김중현 옮김. 파주: 한길사.

_____. 2008. 『신엘로이즈 Ⅰ, Ⅱ』. 서익원 옮김. 파주: 한길사.
_____. 2012a. 『고백록: 최초 현대인의 초상 1, 2』. 이용철 옮김. 파주: 나남.
_____. 2012b. 『대화: 루소, 장 자크를 비판하다』. 진인혜 옮김. 서울: 책세상.
_____. 2014a. 「보몽에게 보내는 편지 도덕에 관한 편지 프랑키에르에게 보내는 편지」. 김중현 옮김. 서울: 책세상. [J. J. Rousseau. 2001. Letter to Beaumont, in Jean-Jacques Rousseau *Letter to Beaumont, Letters Written From the Mountain, and Related Writings*(Collected Writings of Rousseau Vol.9.), 17-101. ed. by C. Kelly & E. Grace, translated by C. Kelly & J. R. Bush. Hanover and London: University Press of New England.]
_____. 2014b. 「에밀 또는 교육론 1, 2」. 이용철·문경자 옮김. 파주: 한길사. [J. J. Rousseau. 1979. *Emil or On Education, Introduction*, Translation, and Notes by A. Bloom. Basic Books.]
_____. 2015a. 「사회계약론」. 박호성 옮김. 『사회계약론 외』. 15-163. 서울: 책세상. 2015. [Social Contract, in J. J. Rousseau. 1997. *The Social Contract and other later Political Writings*, 39-152. ed. and translated by V. Gourevitch. New York: Cambridge University Press.]
_____. 2015b. 「정치경제론」. 박호성 옮김. 『사회계약론 외』. 229-274. 서울: 책세상. [Political Economy, in J. J. Rousseau. 1997. *The Social Contract and other later Political Writings*, 3-38. ed. and translated by V. Gourevitch. New York: Cambridge University Press.]
_____. 2018. 『인간불평등기원론』. 주경복·고봉만 옮김. 서울: 책세상.
Rousselière, Geneviève. 2016. Rousseau on Freedom in Commercial Society. *American Journal of Political Science*, 60(2): 352-363.
Rubin, Isaak I. 1973. *Essays on Marx's Theory of Value*.(3rd ed.). translated by M. Samardiija & F. Perlman. New York: Black Rose Books.
Sandel, Michael. 1982. *Liberalism and the Limits of Justice*. Cambridge; New York: Cambridge University Press.
_____. 1996. *Democracy's Discontent: America in Search of a Public Philosophy*. Cambridge/ London: Harvard University Press.
_____. 2020. *Tyranny of Merit: what's become of the common good?* London: Penguin Books.
Sass, Hans-Martin. 1986. 『포이에르바하』. 정문길 옮김. 서울: 문학과지성사.
Schaap, Andrew. 2007. Political Theory and the Agony of Politics. *Political Studies Review*, 5: 56-74.
Schaff, Adam. 1973. Marxist Theory on Revolution and Violence. *Journal of the History of Ideas*, 34(2): 263-270.
Scheler, Max. 2001. 『우주에서 인간의 지위』. 진교훈 옮김. 서울: 아카넷.
Schmitt, Carl. 2012. 『정치적인 것의 개념』. 김효전·정태호 옮김. 파주: 살림.
Shklar, Judith N. 1969. *Men and Citizens: A Study of Rousseau's Social Theory*. Cambridge: Cambridge University Press.
Simon, Herbert A. 1946. The Proverbs of Administration. *Public Administration Review*, 6(1): 53-67.
_____. 1947a. *Administrative Behavior: A Study of Decision-making Processes in Administrative Organizations*(1st). New York, Macmillan Co.
_____. 1947b. A Comment on "The Science of Public Administration." *Public Administration Review*, 7(3): 200-203.
_____. 1952. Development of Theory of Democratic Administration: Replies and Comments. *American Political Science Review*, 46(2): 494-496.
_____. 1955. A Behavioral Model of Rational Choice. *Quarterly Journal of Economics*, 69(1): 99-118.
_____. 1956. Rational Choice and the Structure of the Environment. *Psychological Review*, 63: 129-138.
_____. 1957. *Models of Man: Social and Rational; Mathematical Essays on Rational Human Behavior in Society Setting*. New York: Wiley.
_____. 1976a. *Administrative Behavior: A Study of Decision-making Processes in Administrative Organizations*(3rd ed.). New York: Free Press.

_____. 1976b. From Substantive to Procedural Rationality, in S. J. Latsis(ed.), *Method and Appraisal in Economics*, 129-148. Cambridge: Cambridge University Press.

_____. 1978. Rationality as Process and as Product of Thought. [Richard T. Ely lecture.] *American Economic Review*, 68(2): 1-16.

_____. 1983. *Reason in Human Affairs*. Stanford, Calif.: Stanford University Press.

_____. 1990. A Mechanism for Social Selection and Successful Altruism. *Science*, 250: 1665-1668.

_____. 1991. Organizations and Markets. *Journal of Economic Perspectives*, 5(2): 25-44.

_____. 1996a. *Models of My Life*. Cambridge, Mass.: MIT Press.

_____. 1996b. *The Science of the Artificial*(3rd). Cambridge. Mass.: MIT Press.[『인공학의 이해』. 이용필 옮김. 서울: 신유.]

_____. 1997a. *Administrative Behavior: A Study of Decision-making Processes in Administrative Organizations*(4th). New York: Free Press.

_____. 1997b. *Models of Bounded Rationality III: Empirically Grounded Economic Reason*. Cambridge, Massachusetts: The MIT Press.

_____. 1999. The Potlatch between Political Science and Economics, in James Alt, Margaret Levi, & Elinor Ostrom(eds.), *Competition and Cooperation: Conversations with Nobelists about Economics and Political Science*. New York: Russell Sage.

Simon, Herbert A. Donald W. Smithburg, & Victor A. Thompson. 1958. *Public Administration*. New York: Alfred A. Knopf, Inc.

Simpson, Matthew. 2006. *Rousseau's Theory of Freedom*. London / New York: Continuum.

Sloterdijk, Peter. 2005. 『냉소적 이성비판. 1』. 이진우·박미애 옮김. 서울: 에코리브르.

Smith, Adam. 1976. *The Theory of Moral Sentiments*(The Glasgow Edition of the Works and Correspondence of Adam Smith). edited by D. D. Raphael & A. L. Macfie. Oxford: Clarendon Press/ New York: Oxford University Press. [『도덕감정론』(개역판). 박세일·민경국 옮김. 서울: 비봉출판사. 2009.]

_____. 1978. *Lectures on Jurisprudence*(The Glasgow Edition of the Works and Correspondence of Adam Smith). eds. R. L. Meek, D. D. Raphael & P. G. Stein. Oxford: Clarendon Press/ New York: Oxford University Press.

_____. 1980a. The History of Astronomy, in *Essays on Philosophical Subjects*(The Glasgow Edition of the Works and Correspondence of Adam Smith). edited by W. P. D. Wightman & J. C. Bryce; with Dugald Stewart's Account of Adam Smith, edited by I. S. Ross; general editors, D. D. Raphael & A. S. Skinner. Oxford: Clarendon Press/ New York: Oxford University Press.

_____. 1980b. Contributions to the Edinburgh Review of 1755-56, in *Essays on Philosophical Subjects*(The Glasgow Edition of the Works and Correspondence of Adam Smith). edited by W. P. D. Wightman & J. C. Bryce; with Dugald Stewart's Account of Adam Smith, edited by I. S. Ross; general editors, D. D. Raphael & A. S. Skinner. Oxford: Clarendon Press/ New York: Oxford University Press.

_____. 1981. *An Inquiry Into the Nature and Causes of the Wealth of Nations*. R. H. Campbell & A. S. Skinner(general editors), W. B. Todd(textual editor). Indianapolis: Liberty Press.

_____. 1983. *Lectures on Rhetoric and Belles Lettres*(The Glasgow Edition of the Works and Correspondence of Adam Smith). edited by J. C. Bryce; general editor, A. S. Skinner. Oxford: Clarendon Press/ New York: Oxford University Press.

_____. 1987. *Correspondence of Adam Smith*. Edited by E. C. Mossner & I. S. Ross. Indianapolis: Liberty Fund, 1987.

Smith, Anna M. 1998. *Laclau and Mouffe: The Radical Democratic Imaginary*. London: Routledge.

Starobinski, Jean. 2012. 『장 자크 루소 투명성과 장애물』. 이충훈 옮김. 서울: 아카넷.
Stegenga, James A. 1973. J.S. Mill's Concept of Liberty and The Principle of Utility. *The Journal of Value Inquiry*, 7(4): 281–289.
Stiglitz, Joseph E. 2012. *The Price of Inequality*. New York: Norton.
Stillman II, Richard J. 2008. Dwight Waldo's The Administrative State: A Neglected American Administrative State Theory for Our Times. *Public Administration*, 86(2): 581–590.
Stivers, Camilla. 2008. The Significance of The Administrative State. *Public Administration Review*, 68(1): 53–56.
Taylor, Charles. 1989. *Sources of the Self: the Making of the Modern Identity*. Cambridge, Mass.: Harvard University Press.
Tibaldeo, R. F. 2015. The Heuristic of Fear: Can the Ambivalence of Fear Teach Us Anything in the Technological Age? *Ethics in Progress*, 6(1): 225–238.
Torfing, Jacob. 1999. *New Theories of Discourse: Laclau, Mouffe, Žižek*. Oxford: Blackwell.
Townshend, Jules. 2004. Laclau and Mouffe's Hegemonic Project: The Story So Far. *Political Studies*, 52: 269–288.
Turner, Piers Norris. 2014. Harm and Mill's Harm Principle. *Ethics*, 124(1): 299–326.
Villa, D. 2009. Hannah Arendt, 1906–1975. *The Review of Politics*, 71(1): 20–36.
Waldo, Dwight. 1948. *The Administrative State: A Study of the Political Theory of American Public Administration*. New York: The Ronald Press Company.
_____. 1955. *The Study of Public Administration*. Garden City, New York: Doubleday/ New York: Random House.
_____. 1952a. Development of Theory of Democratic Administration. *American Political Science Review*, 46(1): 81–103.
_____. 1952b. Development of Theory of Democratic Administration: Replies and Comments. *American Political Science Review*, 46(2): 500–503
_____. 1956. *Perspectives on Administration*. Alabama: University of Alabama Press.
_____. 1961. Organization Theory: An Elephontine Problem. *Public Administration Review*, 21(4): 210–235.
_____. 1965a. The Administrative State Revisited. *Public Administration Review*, 25(1): 5–30.
_____. 1965b. Public Administration and Culture, in Roscoe Martin ed. *Public Administration and Democracy*, 39–61. Syracuse, N.Y.: Syracuse University Press. 1965.
_____. 1968a. Scope of the Theory of Public Administration, in James C. Charlesworth ed. *Theory and Practice of Public Administration: Scope, Objectives and Methods*, 1–26. Philadelphia: American Academy of Political and Social Science.
_____. 1968b. Public Administration in a Time of Revolutions. *Public Administration Review*, 28(4): 362–368.
_____. 1977. *Democracy, Bureaucracy, and Hypocrisy*. Berkeley: Institute of Governmental Studies, University of California.
_____. 1980. *The Enterprise of Public Administration: A Summary View*. California: Chandler & Sharp Publishers, Inc.
_____. 1981. Politics and Administration: A Profound Disjunction. *Dialogue* 4(September–October): 1–6.
_____. 1982. *Bureaucracy and Democracy: Thinking about Conflict and Complementary*. Unpublished Manuscript.
_____. 1984a. Perdurability of the Politics–Administration Dichotomy: Woodrow Wilson and 'Identity Crisis' of Public Administration, in Jack Rabin & James S. Bowman eds. *Politics and Administration: Woodrow Wilson and American Public Administration*, 219–233. New York: Marcel Dekker.
_____. 1984b. *The Administrative State*(2nd ed.). New York: Holmes and Meier.

_____. 1987. Politics and Administration: On Thinking about a Complex Relationship, in Ralph Clark Chandler ed. *A Centennial history of the American Administrative State*, 89-112. New York: Free Press.
_____. 1990. A Theory of Public Administration Means in Our Time a Theory of Politics, in Naomi B. Lynn & Aaron Wildavsky eds. *Public Administration: the State of the Discipline*, 73-83. Chatham, New Jersey : Chatham House Publishers.
Waldo, Dwight. ed. 1971. *Public Administration in a Time of Turbulence*. Scranton: Chandler Pub. Co.
Waldo, Dwight & Marini, Frank. 1999. *Bureaucracy and Democracy: A Strained Relationship*. Unpublished manuscript.
Walzer, Michael. 1981. Philosophy and Democracy. *Political Theory*, 9(3): 379-399.
_____. 1983. *Spheres of Justice: A Defence of Pluralism and Equality*. New York: Basic Books.
_____. 1984. Liberalism and the Art of Separation. *Political Theory*, 12(3): 315-330.
_____. 1987. *Interpretation and Social Criticism*. Cambridge: Harvard University Press.
_____. 1988a. Socializing the Welfare State, A. Gutmann(ed.), *Democracy and Welfare State*, 13-26. Princeton: Princeton University Press.
_____. 1988b. *The Company of Critics*. New York: Basic Books.
_____. 1990. The Communitarian Critique of Liberalism. *Political Theory*, 18(1): 6-23.
_____. 1991. The Ideal of Civil Society: A Path to Social Reconstruction. Dissent, 293-304.
_____. 1994. *Thick and Thin: Moral Argument at Home and Abroad*. Notre Dame: University of Notre Dame Press.
_____. 1998. Pluralism and Social Democracy. *Dissent*, 45(1): 47-53.
_____. 2004. *Politics and Passion: Toward A More Egalitarian Liberalism*. Yale University Press.
_____. 2007. *Thinking Politically: Essays in Political Theory*. selected, edited, and an Introduction by D. Miller. New Haven & London: Yale University Press.
_____. 2010. Which Socialism? https://www.dissentmagazine.org/article/which-socialism
_____. 2020(Spring). What It Means to Be Liberal. https://www.dissentmagazine.org/article/what-it-means-to-be-liberal
_____. 2021. Individual and community. *Philosophy & Social Criticism*, 47(4): 402-407.
Walzer · 박정순. 2001. 특별대담: 자유주의의 공동체주의적 보완과 다원적 평등사회의 실현을 위한 철학적 선도. M. Walzer, 『자유주의를 넘어서』, 233-270. 서울: 철학과현실사, 2001.
Weber, Max. 2018. 『직업으로서의 정치』. 이상률 옮김. 서울: 문예출판사.
Wenman, Mark. 2003. 'Agonistic Pluralism' and Three Archetypal Forms of Politics. *Contemporary Political Theory*, 2: 165-186.
Wight, Jonathan B. 2017. 『애덤 스미스 구하기』. 이경식 옮김. 부천: 북스토리.
Williams, Jeffrey J. 2012. Criticism and Connection: An Interview with Michael Walzer. *symplokē*, 20: 1-2: 371-390.
Winner, Landon. 2000. 『자율적 테크놀로지와 정치철학』. 강정인 옮김. 서울: 아카넷.
_____. 2010. 『길을 묻는 테크놀로지: 첨단기술 시대의 한계를 찾아서』. 손화철 옮김. 서울: 씨 · 아이 · 알.
Witztum, Amos. 1998. A Study into Smith's Conception of the Human Character: Das Adam Smith Problem Revisited. *History of Political Economy*, 30(3): 489-513.
Wolin, Sheldon. 2008. *Democracy Incorporated: Managed Democracy and the Specter or Inverted totalitarianism*. Princeton: Princeton University Press.
Young-Bruehl, Elisabeth. 2007. 『한나 아렌트 전기』. 홍원표 옮김. 고양: 인간사랑.

찾아보기

[인명]

〈ㄱ〉
그람시(Antonio Gramsci) 132, 136

〈ㄴ〉
노직(Robert Nozick) 180, 182
뉴턴(Isaac Newton) 34, 235

〈ㄷ〉
다윈(Charles R. Darwin) 264
달(Robert A. Dahl) 80
대처(Margaret Thatcher) 268
데리다(Jacques E. Derrida) 121

〈ㄹ〉
라셰프스키(Nicholas Rashevsky) 81
라스웰(Harold D. Lasswell) 81
라클라우(Ernesto Laclau) 112, 120
레닌(Vladimir I. Lenin) 221
로크(John Locke) 134
롤스(John Rawls) 27, 65, 70, 130, 134, 145, 147, 154, 164, 175, 180
루게(Arnold Ruge) 188
루소(Jean-Jacques Rousseau) 26, 29, 30, 36, 42, 44, 53, 61, 67, 74, 134, 235
르포(Claud Lefort) 129

〈ㅁ〉
마르크스(Karl Marx) 27, 171, 185, 188, 195, 210, 225, 227, 229
마치(James G. March) 100
마키아벨리(Nicolò Machiavelli) 138
매킨타이어(Alasdair MacIntyre) 131
메리엄(Charles E. Merriam) 80
모어(Thomas More) 42
무페(Chantal Mouffe) 27, 65, 108, 112, 119, 128, 138, 143
문명사 44
미헬스(Robert Michels) 94
밀(John S. Mill) 27, 184, 185, 192, 198, 224, 227, 229

〈ㅂ〉
벌린(Isaiah Berlin) 141, 184
베버(Max Weber) 94, 232
벡(Ulrich Beck) 241, 267
벤담(Jeremy Bentham) 192

〈ㅅ〉
사이먼(Herbert A. Simon) 26, 78, 80, 87, 98, 103
사이어트(Richard M. Cyert) 100
샌들(Michael Sandel) 131
소크라테스(Socrates) 110, 115
슈미트(Carl Schmitt) 113, 119, 121, 160
슐츠(Henry Schultz) 81
스미스(Adam Smith) 26, 29, 33, 44, 57, 65, 71, 74

〈ㅇ〉
아렌트(Hannah Arendt) 27, 108, 109, 115, 122, 138, 143
아리스토텔레스(Aristoteles) 126, 131, 235
아우구스티누스(Augustinus) 125
야스퍼스(Karl Jaspers) 122
에이어(Alfred Jules Ayer) 87
엥겔스(Friedrich Engels) 214
오크숏(Michael Oakeshott) 132
왈도(Dwight Waldo) 26, 78, 83, 86, 91, 97, 103
왈저(Michael Walzer) 27, 131, 133, 145, 152, 159, 169, 175, 180
요나스(Hans Jonas) 28, 233, 239, 252, 261, 265, 268
윌리엄슨(Oliver E. Williamson) 100

〈ㅋ〉
카르납(Rudolf Carnap) 81, 87
카슨(Rachel L. Carson) 243
칸트(Immanuel Kant) 28, 233, 234, 244, 261, 268, 269
코페르니쿠스(Nicolaus Copernicus) 190, 237, 239
콩트(Auguste Comte) 192

〈ㅌ〉
테일러(Charles M. Taylor) 131

〈ㅍ〉
파스칼(Blaise Pascal) 171
포이에르바흐(Ludwig Feuerbach) 188, 190, 195
플라톤(Platon) 42, 110

〈ㅎ〉
하버마스(Jürgen Habermas) 65, 134, 154
하이데거(Martin Heidegger) 119, 122, 124
하이에크(Friedrich Hayek) 143
헤겔(Georg W. F. Hegel) 188, 195, 215
헤링(Edward P. Herring) 80
홉스(Thomas Hobbes) 37
흄(David Hume) 34
힌스케(Norbert Hinske) 266

[사항]

〈ㄱ〉
가격 체계 144
가난한 사람의 아들에 관한 예화(例話) 49
가언명법 263
가치론의 핵심 169
간섭 권력 227
간섭의 부재 200, 201
간접민주주의 220
갈등 142, 154
감정 65, 193
감정적 소통 65, 66
감정적 존재 58
개방성 225
개별의지 56, 69, 70
개인 16, 18, 24
개인 중심적 252
개인의 발견 239
개인적 다원주의 139
개인적 소유 222
개인적 책임 261
개인적 책임론 24
개인주의 130
개인주의적 책임의 윤리 269
개인주의적인 도덕적 주체 245
개혁의 주도자 194
거래비용이론 99, 100
거짓 민주주의 204
검소함 258
결과주의적 책임윤리 269
결사적 행위 127
결정의 공간 119
겸손 257
경쟁 39, 209, 242, 269
경쟁의 압력 242
경제 개혁 207
경제 혁명 222
경제외적 강제 210
경제인 57
경제적 강제 210
경제적 불평등 231
경제적 자유 229, 230
경제적 토대 196
경제적 평등 62
경탄 235
경합 121
경합적 공론장 115, 137
경합적 공론장의 창출 134, 137, 138
경합적 다원주의 114
경합적 민주주의 122, 142, 153, 154
경합적 행위 127
계급 도구적 국가 214
계급 투쟁의 역사 197
계몽 250
계몽된 공중 226
계몽의 본질 251
계몽의 시대 235
계몽주의 26, 30, 236, 240
계몽주의의 본질 245
계몽주의의 자기비판 31
계시종교 238
계획 223
공(公)과 사(私)의 조화 15, 17, 22
공(共)—전략 24, 26, 53, 74, 75, 77, 273
공감 35, 50, 58, 73
공감의 원리 50
공개성 123
공개성의 법법칙 249
공개성의 원칙 248
공공관료제 95
공공선택이론 99
공공성 13, 15, 22, 24, 53, 65, 72, 77, 97, 105, 139, 145, 176, 183, 224, 232, 271
공공성 담론 4, 21, 29, 30, 76, 273, 276
공공성에 대한 사상적 연구 14

공공성의 개념도	25	공-통-인(共-通-仁) 전략	25, 53
공공성의 내용적 측면	23	공평한 관찰자	50, 58
공공성의 실천전략	24	공포	252
공공성의 원리	22	공포/두려움	257
공공성의 이념	22	공포의 발견술	252, 253, 254, 257
공공성의 절차적 측면	22	공화정	250, 274
공공성의 행위 주체	22	공화주의	138
공공행정	78, 97	과학기술	264
공과 사의 관계	15, 16	과학기술의 발전	233, 240
공권력의 폭정	200	과학적 행정학	79
공동 책임	265	과학혁명	235
공동선	117	관계의 존재론	24
공동의 세계	123	관념론	189
공동의 자산	146	관념론적 변증법	188, 191, 195
공동적 자유	218	관념철학	190
공동체	22	관료제	93, 95, 97
공동체적 인간	55	관리의 해방	105
공동체주의	130, 133	관점 바꿔 보기	84
공동체주의에 내재하는 공동선	130	교육	42, 55
공론장	26, 65, 107, 109, 112, 117, 123, 126, 128, 138, 143, 144, 251, 275	교조주의	180, 193
		교환 성향	45
공론장의 복원	111, 122	교환의 수단	173
공론장의 플랫폼	275	구성	161
공법	249	구성의 방법	161
공사의 구분	130	구성적 외부	121
공산당의 독재	221	구성주의	155
공산주의	184, 196, 197, 198, 207, 218, 222, 224, 227	구조의 중심성	136
		구조적 결정성	136
공유된 규칙의 공정성	270	구조주의	136
공유적 책임론	24	구조주의의 한계	136
공익	16	국가 권력	173, 177
공적 권위	16	국가 형태의 진리	219
공적 소유	222	국가의 권위와 개인의 자유의 조화	183
공적 이성	157	국민성의 수준	202
공적 자유	111	국민의 의지	199
공적 정의관	149	권력	129, 226, 246
공적 책임	261	권력분립	86
공적 토론	206	권력의 비대칭성	260
공적 토론문화	267	권리를 가질 권리	110
공적(公的)인 것	97, 123, 158	권위주의	94
공적인 숙의	158	귀족정(貴族政)	62
공적인 자유	126	규범적인 접근 방법	79
공정성	69, 70	규제 완화	106
공정으로서 정의	147, 158, 164, 176	근대성	129
공정한 기회 균등의 원칙	166	근대의 수수께끼	184
공정한 조건	157	근대적 의미의 정치	115
공정한 협동 체계	148	근대적인 방식	234
공지성(公知性, publicity)	149, 158	근본주의	114
공통성	123	급진민주주의	108, 114, 134

급진민주주의의 핵심 전략	134	대항 헤게모니 담론	137
급진적 민주주의	142	대화	245
기만적 사회계약	40	도구에 대한 의존도	40
기본적 자유의 평등한 분배 원칙	165	도구적 가치	24
기술사회	253	도구적 소통	75
기술의 공적 성격 문제	243	도구화	269
기술의 노예	242	도덕	238
기술의 자율성	242	도덕 감정	49, 50
		도덕 감정의 타락	49
〈ㄴ〉		도덕 법칙	234, 235, 236, 238, 246, 247, 251, 252, 262
내재적 비판	185, 188		
냉소주의	20	도덕률	68
노동	215, 223	도덕성	249
노동노예제	196	도덕의 기원	58
노동분업	45, 47, 48, 223	도덕적 명법	254
노동하는 존재	215	도덕적 자유	43
노모스(nomos)	123	도덕종교	238
노예 상태	40	도덕철학	34, 160
노예제	210	도덕철학 체계	35
논거 제시의 제약 조건	158	도덕혁명	209
논리실증주의	82, 93, 98	독점	171, 177
논리적 모순	120	돈	173
논쟁	86, 162	동질화	142
농업 또는 경작의 단계	46	드러남의 공간	123
능력의 순수성	182	등가의 척도	173
〈ㄷ〉		〈ㅁ〉	
다른 인간으로부터의 소외	212	마르크스주의	113
다수의 사악한 이해관계	203	만족모형	90
다수의 폭정	199	맥락주의	84
다양성	142	머리와 심장의 동맹이론	191
다양한 정체성의 집합체	132	목적론	233, 237
다원주의	130, 133, 139, 149, 154, 174	목적론적 책임론	244
다원주의적 시민사회	174	목적론적 책임윤리	252, 254, 269
다원주의적 정의	169	목적의 나라 준칙	248
다원주의적 정의론	134, 147	목적적 가치	24
단순 평등	164, 176	목적적 권력	118
단순 평등 체제	168, 171	목축 단계	45
단일한 상황적 자아	131	목축사회	46
단일한 주체관	131	무연고적 자아	57, 130
담론	136	무자비한 비판의 원칙	188
담론 투쟁	20, 21, 26, 128, 134, 140	무정부 상태	223
대리인이론	99	무지의 장막	158
대안적 사회 상태	43	문명	25
대안적 사회 상태의 인간의 마음	43	문명사	44, 76
대의민주주의	63, 198, 265, 274	문명사적 과제	76
대의제	203	문명사회	39, 43
대표성	203	문명사회의 인간	39, 40
대항 담론	21	문명의 진보	193

문명화	193
물 자체(物自體, Ding an sich)	262
물신주의	213
미디어	275
미래적 책임	260
미래학	257
미성숙 상태	236
민영화	18, 105
민주공화정	274
민주사회주의 모델	179
민주성	78, 105
민주적 선거를 통한 사회주의로의 길	221
민주적 절차	23
민주적 절차와 정의의 가치가 변증법적인 관계	23
민주적 행정이론	91, 93
민주정	250, 274
민주주의	22, 61, 65, 93, 95, 97, 107, 108, 112, 114, 129, 135, 184, 199, 202, 203, 206, 214, 218, 219, 220, 227, 274
민주주의 전통	114
민주주의와 관료제의 최적 배합	95
민주주의의 급진화	114, 138
민주주의의 역설	114, 138
민주주의의 혁신	218
민주주의적 정치문화	148, 150, 154
민주행정이론	97
민주화	174

⟨ㅂ⟩

박애 원리	168
반(反)헤게모니 담론	21
반본질주의	113
반정치적 편견	110
반항하는 인간	32
발견	160
발견의 방법	160
배제 없는 합의	135
법	52, 56
법법칙	247, 248, 251, 252
법의 지배	70
법치	71, 72, 247
보상의 원리	168
보이지 않는 손	72
보통선거제	204
보편성	15
보편성 질문	170
보편성의 조건	247
보편적 노동	215
보편적 도덕 법칙	244
보편적 법칙	235
보편적 인권	248
보편적인 원리	155
보편주의적	251
복수투표제	205
복지국가	178
복합 평등	169, 176
복합 평등 체제	172
복합 평등사회	171
복합적 인간관	152
복합적 존재	58
복합적 주체관	131
본질주의	113, 114, 128
봉건제	196, 210
부르주아	54, 197
부르주아 독재	222
부르주아 민주주의	220
부수 현상	129
부수현상론	129
부의 불평등	39
부정의	67, 182
분리의 기예	153
분리의 존재론	24
분배 영역의 독자성	146
분배 영역의 자율성	170
분배적 정의	69
분배적 정의론	169
불멸의 명예	126
불안	124
불투명	40
불투명성	43
불평등	13, 17, 29, 39, 43, 45, 48, 67, 70, 75, 177
불평등의 극단	39
불평등의 기원	177
불확실성	240, 242
불확실성 문제	242
비교연구	14
비례 원칙	182
비례대표제	205
비본질주의적	128
비참한 문명	33
비참한 인간	40
비판	185, 187, 225, 251, 266, 277
비판적 이성	240
비판적 절충주의자	187
비판적 진보주의	44
비호혜적 책임	259

〈ㅅ〉

사랑	73
사변이성	246, 263
사상	277
사상가	277
사상가의 의무	186
사실과 가치의 분리	83
사유	245
사유의 방법	277
사유재산권	217
사유재산제도	208
사유재산제도의 기본 원칙	207
사익	16
사적 영역	108
사적 유물론	191, 195, 196
사적 자율	16
사적 자율성과 정치적 자율성의 관계	135
사적인 영역	230
사회	16, 18
사회 구성체의 혁명적인 질적 변화	196
사회 비판	163
사회 상태	38
사회 영역	108
사회 진보의 목표	208
사회계약	36, 40, 41, 43, 63, 67, 82
사회과학과 자연과학의 차이	82
사회구조	272
사회구조의 선택	218
사회변혁 전략	132
사회의 기본 구조	150
사회의 다원성	155
사회의 복잡성	272
사회의 이념	148
사회의 폭정	200
사회인	57
사회적 가치	169
사회적 가치의 목록	170
사회적 관계의 총화로서 인간	190
사회적 기본 가치	164
사회적 불평등	67
사회적 역학	95, 96
사회적 자아	57
사회적 자유	43, 218
사회적 적대	120
사회적 존재	57, 73, 217
사회적 책임윤리	270
사회적 협동	148
사회적 효율성	94
사회제도	148
사회주의	108, 133, 147
사회주의에 내재하는 경제주의	129
사회주의운동의 이론적 실천적 한계	112
사회주의적 상상력	130, 194
상대적 불평등	17
상대적 시작	125
상부구조	196
상상적 대화	246
상업 단계	46
상업 체제	47
상업사회	26, 29, 30, 33, 34, 36, 43, 46, 47, 48, 54, 67, 72, 74, 75
상업사회 비판	48
상업사회 비판론	29
상업사회 옹호론	29
상품 물신주의	213
상호 승인	149
상황의존적	137
새로운 정치	267
생명	256
생명과 죽음의 관계	239
생명체와 비생명체의 관계	256
생산 과정에서의 소외	212
생산력	196
생산물로부터의 소외	211
선거제도의 개혁	204
선관	150
선인(善人)	54
선험적인 범주	237
설득	116
설득의 기술	116
성공적인 숙의의 조건	64
성원권	172, 173
성원들 간의 불평등	171
성찰적 근대	235, 240
세계 내 인간의 현존	255
세계의 변화	273
세습자본주의	19
소극적 자유	184, 198, 224
소극적 자유의 전형	230
소극적 차원의 자유	245
소외	188, 190, 196, 211
소외와 노동	189
소외의 근원	211
소외의 전형	190
소용돌이의 시대	111, 145
소용돌이의 장	84
소유	39
소유권리론	180

소유의 분산	180	신자유주의 패러다임	14
소유적 민주주의	179	신자유주의 공론장	143
소통적 합리성	134	신자유주의의 물결	17
수다스러운 공간	123	신자유주의의 실패	20
수렵 단계	44	신자유주의의 자유관	229
수렵사회	44, 46	신자유주의의 정부관	104
수사(修辭, rhetoric)	117	신자유주의의 정의관	180
수수께끼 같은 사상가	187	신자유주의의 책임관	268
수용소	110	신자유주의의 한계	74
수행의 탁월성	126	신자유주의의 핵심적인 실천 원리	18
숙련의 실천 원리	263	신자유주의적 책임윤리	269
숙의	63, 108, 158, 219	신제도경제학	104
순수 도덕철학	238	실용적 절충주의자	187
순수의 시대	43	실재적인 대립	120
순수이성	246	실제적 대화	246
순진무구의 시대	38	실존주의	122, 124
순치성	101	실질적 책임	259
스코틀랜드 계몽주의	33	실질적인 문제 해결 능력	202
스코틀랜드 계몽주의자	44	실천	196, 216
시각의 원리	50	실천이성	155, 244, 246, 247, 262
시간	240	실천전략	24
시대의 아들	277	실체적 합리성	89
시민공화주의	108	실현 가능한 공산주의	220, 224
시민교육	56		
시민사회	174, 180	〈ㅇ〉	
시민사회의 공론장	266	아류정치	267
시민사회의 토론문화	265	아이러니스트(ironist)	21
시민사회의 파수꾼 역할	178	악의 평범성	111
시민적 덕	138	악인(惡人)	54
시민적 자유	43	안전	201, 217
시민종교	32	약속	127, 128
시작으로서의 행위 능력	128	약자의 권리 보호	72
시장	16, 144, 173, 223	양극화	17, 19
시장 실패	17	양심	68, 69
시장 이데올로기	269	억압 권력	227
시장 주체	269	언론의 자유	231
시장경제	99	에타스(societas)	132
시장의 식민지	144	여론이나 정서의 폭정	200
시장편향성	100	여성의 참정권	205
시장화	19	역사	36
시장화된 공적 윤리	269	역사 발전 4단계론	44
신공공관리론	104, 105	역사의 진보	198
신공공관리론이 지향하는 행정개혁	104	연계된 비판가	163
신관리주의	104	연대	133
신사회운동	112	연대적인 행위	127
신자유주의	13, 19, 24, 29, 57, 60, 74, 98, 103, 112, 143, 180, 229	연대하는 공동체적 인간	228
		연민	37, 40, 68, 75
신자유주의 담론	21, 112, 137	연약한 사람	59
신자유주의 이펙트	18, 19	염려	239, 241, 254

영리의 실천원리	263
영역 간의 불평등	171
영역의 다원성	134
영역적 다원주의	139, 153
예측불가능성	127
오류 수정 능력	186
완성가능성	38, 40, 43
요나스의 책임윤리	258
용기	257
용서	127
우니베르시타스(universitas)	132
우연성	146
원리주의	81
원초적 입장	65, 135, 157, 159
원칙	247
위치짓기(positioning)	132
위해(危害) 원칙	201
위험	253, 267
위험사회	241
위험에 대한 책임	254
유덕한 시민	55, 56
유물론	190, 195
유물론적 변증법	191, 195
유용성	187
유적 존재	190, 195, 212, 216
유적(類的) 존재(species being)로서 인간	190
유적(類的) 존재로부터의 소외	212
유토피아주의	42
유한성	264
윤리론	24, 237
윤리적 진공 상태	253
의무	232
의무감	51, 52
의무론	233, 237
의무론적 또는 형식적 윤리론	238
의무론적 책임론	244
이기심	36, 39, 50, 56, 58, 68
이기적 인간관	35
이기주의	103
이데올로기	196
이데올로기적 국가기구	137
이론이성	155, 262
이론이성(사변이성)에 대한 실천이성의 우위	262, 263
이상적인 담화 상황	65, 135
이상적인 사회상	278
이성	239
이성 비판	246
이성의 공적 사용	247, 251, 266, 267
이성의 능력	39
이성의 사용	236, 245
이성의 사용법	262
이성의 사적 사용	251
이성의 실천적 사용	247
이성의 실천적 사용 능력	244
이성의 이론적 사용	247, 262
이성적 소통	66
이성적 존재	244
이성종교	238
이세고리아(isegoria)	124
이소노미아(isonomia)	123
이윤추구 편향성	100
이전의 정의 원칙	181
이중적 인간	54
이타주의	101, 103, 172
인(仁)—전략	24, 27, 67, 75, 145, 183, 232, 276
인간 중심적	252
인간 중심적 책임	260
인간 행위의 본질	241
인간의 고유한 본성	225
인간의 다양성	116, 273
인간의 목적성	270
인간의 보편적 목적성	248
인간의 본성	241
인간의 본질	150, 262, 276
인간의 선한 본성	56
인간의 역사	197
인간의 유한성	124, 262
인간의 이념(idea of Man)	254
인간의 자유로운 존재 방식	118
인간의 지적 능력의 한계	186
인간의 탈자연화	55
인간적 비참	54
인공적 체제	72
인권 관념	216
인류 자체의 지속성	264
인류애	69
인류의 미래에 대한 책임	255
인민 주권	61
인민 통제	180
인민의 정기집회	63
인식론	24, 237
인식론의 대전제	186
인식론적 한계	262
인정의 욕구	59
일반규칙	51, 52
일반의지	42, 56, 61, 67, 69, 70
일반이익	220
일차적 근대	235, 240

〈ㅈ〉

자기 결정	173
자기기만	51
자기실현적인 자기 활동	223
자기애	37, 41, 51, 68, 75
자기의식	83
자기입법적 존재	247
자기제어	60
자본 형태에서 나타나는 물신주의	213
자본의 신바	214
자본주	184
자본주의	196, 197, 207, 216, 222
자본주의 사회	211
자비	51, 71, 72
자비 관념	52
자비의 실천	73
자생적 질서	143
자선	73
자아의 통일성	152
자연	41, 43, 241
자연 법칙	235
자연 상태	37
자연 상태에서의 인간의 마음	38
자연과학	82
자연적 불평	67
자연적 불평등	67
자연적 상태	192
자연적 자유	38
자연적 자유 체제	47, 71, 72
자연종교	32
자연주의적 교육모형	42
자유	18, 27, 71, 75, 111, 118, 126, 140, 165, 183, 191, 198, 200, 215, 216, 226, 228, 239, 244, 249, 262, 276
자유 개념	245
자유로운 개인들의 연합	219, 222
자유로운 언론의 비판	226
자유로운 인간	56
자유로운 주체	37
자유롭고 평등한 존재	15
자유민주주의	114
자유시장 체제	230
자유와 권력의 조화	118
자유의 고유 영역	202
자유의 공간	123
자유의 공론장	111
자유의 법법칙	249
자유의 법칙	235, 262
자유의 본질	225
자유의 실현	116
자유의 억압	115
자유의 영역	230, 246
자유의 원리	248, 250
자유의 의미	150
자유의 정신	250
자유의 조건	228
자유의사	259
자유의지	38, 262
자유주의	108, 130, 131, 135, 153
자유주의 전통	114
자유주의에 내재하는 개인주의	130
자유주의와 민주주의의 역설적 관계	134
자유주의자	198
자유주의적 다원주의	131
자유주의적 자유 개념	201
자유주의적 정당성의 원칙	151
자율	227, 245
자율적 개인	233
자존감의 사회적 기반	165
자치	199, 227
자치 원리	218
작은 불평등	176
적과 동지의 구별	119, 121
적극적 자유	184, 198, 210, 216, 217, 224
적극적 차원의 자유	245
적대	119, 120, 121
적자생존	101
전 지구적 책임	260
전도의 방법	191
전제정	250
전체주의	110, 111
전통적 철학 방법	159
전환적 상태	192
절대적 불평등	17
절제	258, 264
절차적 정의	182
절차적 합리성	90
절충의 기준	187
절충의 방법	187
절충주의	185, 186
점진적 개혁 전략	194
점진적 발전	192
점진적인 접근 방법	184
정당한 불평등	167
정부	16, 26, 45, 70, 77, 77, 106
정부 실패	17, 104
정신의 변증법적인 전개 과정	188
정신의 확장	118

정언명령	56, 247, 260	정치적 평등	62
정언명법	254, 256, 261, 263	정치적인 것	113, 115, 119, 121, 138
정의	27, 51, 71, 75, 148	정치적인 것의 개념	119
정의 관념	52	정치적인 것의 귀환	114
정의 영역의 다원성	133	정치적인 것의 복원	111
정의 원칙	156, 166, 167, 181	정치적인 것의 본질	114
정의감	149, 150	정치적인 것의 핵심	111, 141
정의관	69	정치제도	41
정의로운 법	71	정치철학	129, 130, 131, 155, 160, 175, 192, 265
정의로운 분배의 원칙	172		
정의론	146, 148, 164, 182	정치철학 급진민주주의 이론	113
정의론에 대한 관심	145	정치철학의 기본적인 과제	148
정의의 가치	145	정치-행정이원론	91, 92
정의의 가치	23, 145	제도의 공적 교육 잠재력	202
정체성	120, 121	제도적 순수성	153
정체성의 형성	121	제한된 보편주의	252
정치	116, 118, 119, 123, 126, 127	제한된 인지 능력	143
정치 개혁	202	제한된 합리성	89, 99, 100, 101, 103
정치 권력	151, 173	제한된 합리성(bounded rationality)	89
정치 없는 정치철학	130	제한된 합리성과 진화론을 접목	101
정치 영역	123	조건화되는 존재	122
정치 투쟁	180	조직경제	99
정치 혁명	218	조직화된 기억체	126
정치가	233	조화	141, 142
정치경제학	98, 99, 100	존재	256
정치과학	119	존재 당위	259
정치사상적 접근 방법	85	존재론	24
정치와 행정의 관계	92	존재론적 불안	235
정치의 철학적 전환	115	존재론적 불안정성	239
정치이론	85, 119	존재론적 책임윤리	264
정치이론의 부흥	146	존재론적 한계	262
정치적 결사체	132	존재론적인 것	119
정치적 공간	275	존재의 불안정성	239
정치적 관계	151	존재적인 것	119
정치적 구성주의	154, 155, 156, 165	종교	190, 238
정치적 급진주의	147, 152	죄책감	232
정치적 불평등	67	주권적 인민	226, 228
정치적 사고	117	주인과 노예의 변증법	189
정치적 삶	117	주체적 인간	55, 226
정치적 실존	122	죽은 노동	214
정치적 예술	117	죽음	254
정치적 인간관	150	준칙	247
정치적 자유	231	중상주의	47
정치적 자유주의	133, 147, 148, 156, 231	중첩적 합의	156, 157
정치적 정의 원칙	155	지배	170, 171, 177
정치적 주체	249	지배로서의 정치	115
정치적 책임	265	지속가능성	234, 254, 265, 270, 277
정치적 탄생	126	지혜(도덕)의 실천 원리	263
정치적 토론의 공간	159	직접민주주의	61, 62, 63, 203, 220, 274

진보	186, 191
진보와 질서의 관계	194
진보의 압력	242
진보의 전략	194
진보적 경향성	192
진보주의자	188, 191
진정한 민주주의	218
진정한 철학	190
진지전	133
진화론	101, 103, 255
진화론의 전도	255, 256
질서정연한 사회	149

⟨ㅊ⟩

차등 원칙	70, 146, 166, 167, 176
차이	121
착취적인 태도	269
참된 권력	227
참된 민주주의	204, 207
참여	203
창안	161
책임	23, 28, 232, 259
책임 있는 선택	124
책임윤리	232, 233, 244, 247, 251, 256, 258, 264, 268
책임윤리의 토대	252, 262
책임적 주체	233
철인왕	115
철인왕(哲人王)의 지배	110
철학과 정치 간의 긴장	160
철학의 새로운 패러다임	234
철학의 시작	235
철학적 기획	234, 246
철학적 동기	235
체제 자체에 내재된 편견이나 편향성	270
초연한 비판가	163
총제적 오류	266
총제적 오류의 불가능성 원리	266
최고선	93
최소국가	181
추상적 유물론	188, 191
추상화	154
추상화 방법	154
축차적 관계	167
취득의 정의 원칙	181

⟨ㅋ⟩

칸트의 책임윤리의 특성	251
코뮌	220

코페르니쿠스적 전회	190, 237, 238, 239, 244

⟨ㅌ⟩

타락의 시대	41
타락한 인간	54
탄생성	124, 125, 128
탈규제	18
탈정치적인 시대정신	119
탐욕	60
테크놀로지의 고도화	273
토론	225
토론문화	206
토론의 방식	266
토의민주주의	114, 134, 135, 136, 154
통(通)-전략	24, 26, 60, 107, 274
투명	43
투표권	205
특수성	15
특수성 질문	170
특수이익	220

⟨ㅍ⟩

파리 코뮌	219
판단	117
패러다임적 사고	236, 237, 240
편향성	272
평등	62, 130, 137, 138, 140, 145, 146, 164, 178, 201, 217, 228, 249, 276
평등관	175
평등의 의미	150
평등한 사람들의 자유공동체	41, 42, 43
포괄적 자유주의	148
포드주의 체제의 위기	113
포스트마르크스주의	113
폭력	118
폴리스	124
표현의 자유	206
표현적 행위	127
프롤레타리아	197
프롤레타리아 독재	221
프롤레타리아의 역사적 임무	197
필멸성	124, 264

⟨ㅎ⟩

합당성	134
합당한 것	156, 157
합당한 다원주의	151
합리모형	90
합리성	88

합리성에 관한 논의	88	혁명의 시대	84
합리적 관리행태모형	100	혁명적 발전	195
합리적 이성	236	혁명적인 접근 방법	184
합리적 합의	135	현대 기술의 능력	241
합리적인 것	156	현대의 과학기술	252
합리지향적 존재	89	현명한 사람	59
합법성	249	현실 속에서 철학하는 방법	159
합의	136, 154, 156	현실성	187
해방	141	현실주의적 접근 방법	159
해석	160	현실주의적인 태도	187
해석 논쟁	160	현재의 영원성	251
해석의 방법	162	현재적 책임	260
행복	59, 72	협동조합 체제	207, 208
행복 추구	61	협동조합사회주의	209
행복을 추구하는 존재	59	형식적 보편성	233
행위	116, 122	형식적 책임	259
행위 개념의 어원	125	형이상학	93
행위 당위	259	형평성을 기반으로 하는 조세 체계	70
행위 주체	60, 74, 77	호혜성	149
행정	97	호혜성의 원리	168
행정문화	97	호혜성의 이념	166
행정의 최고선	88	호혜적 책임	259
행태주의	80, 82	화해	122
허영심	58	확실성	240
헌법의 기본 요소	157	확실성 지표의 해소	129
헤게모니 개념	136	확장된 사유의 준칙	245, 267
헤게모니 담론	20, 137	환원론	129, 134
혁명	111, 221	환원불가능성	127
혁명 전략	194	효율성	78, 87, 91, 93, 105

저자 소개

임의영(林宜榮)

임의영은 1992년에 고려대학교에서 행정학 박사 학위를 취득하고, 현재 강원대학교 행정·심리학부 교수로 재직 중이다. 주요 관심 분야는 행정철학과 관료제이며, 공공성에 연구의 초점을 맞추고 행정학의 학문적 영역을 넓히는 데 주력하고 있다. 주요 저술로는 『민주주의와 행정윤리』(2002), 『행정철학』(2006/2016), 『형평과 정의』(2011), 『생각을 여는 행정학』(2015), 『공공성의 이론적 기초』(2019), 『관료제의 이론적 기초』(2020) 등이 있다.